本书系教育部人文社会科学规划项目《宋代治国理念及其实践研究》（09XJA770003）成果。

　　本书出版得到西北大学"211"工程重点建设学科暨陕西省重点建设学科经费资助。

宋代治国理念及其实践研究

陈峰 等著

目　录

序　言 ……………………………………………………………… 1

第一章　北宋之前中央王朝治国理念及其转变 ……………… 1
　　一、秦朝治国理念的渊源、表现及其实践 ………………… 2
　　二、两汉时期治国理念的变迁 ……………………………… 9
　　三、西晋时期的治国实践及其教训 ………………………… 20
　　四、隋唐王朝的治国理念及其转变 ………………………… 28
　　五、小结 ……………………………………………………… 40

第二章　宋朝治国理念的形成与发展演变 …………………… 42
　　一、宋太祖朝对治国理念及方略的探索 …………………… 44
　　二、宋太宗朝对治国理念的调整与定型 …………………… 54
　　三、北宋中叶对治国理念的沿袭与补充 …………………… 64
　　四、宋神宗朝试图对传统治国理念的突破及失败 ………… 74
　　五、北宋后期传统治国理念的延续及丧乱 ………………… 78
　　六、南宋抱残守缺下的治国理念及最终亡国 ……………… 83

第三章　宋朝治国中化解矛盾的怀柔方式及其倾向
　　　　　——以处理内外重大矛盾问题为中心 ……………… 91
　　一、宋初的怀柔举措及其倾向意识的奠定 ………………… 92

1

二、北宋中叶以后对怀柔方式的继承与发挥 …………………… 97
三、宋朝怀柔治国方式的根源及影响 …………………………… 106

第四章　宋代君臣治国理念讨论
　　　　——以经筵讲读为中心 ……………………………………… 110
一、宋代经筵讲读与治国理念关系 ………………………………… 111
二、经筵讲读中所见的宋代治国理念内容 ………………………… 129
三、经筵讲读所见的宋代治国目标 ………………………………… 158
四、小结 …………………………………………………………… 174

第五章　务实与防弊：宋代官制秩序的设计理念 ……………… 176
一、宋代治国理念及其实践与官制的关系 ………………………… 176
二、宋代官制秩序规则的确立 ……………………………………… 178
三、元丰改制的"改"与"承" …………………………………… 185
四、制约与分权 ……………………………………………………… 192
五、小结 …………………………………………………………… 198

第六章　选官与治国："出身"、"考任"背后的宋代国家意图
　　　　——以进士科和荐举改官为中心 …………………………… 202
一、两道门槛：仕宦之路的设计意图 ……………………………… 203
二、"出身"的意义 ………………………………………………… 210
三、"考任"的真相 ………………………………………………… 219
四、小结 …………………………………………………………… 228

第七章　分权制衡与以文驭武：宋代军制的设计思路 ………… 230
一、军事决策系统 …………………………………………………… 230
二、统军与指挥系统 ………………………………………………… 249
三、军队统帅职官设置——以都部署为例 ………………………… 267
四、小结 …………………………………………………………… 274

第八章　权力制衡规则下的宋代军制实践
——以军法为中心 …… 276
一、规矩:宋代军法的核心目标 …… 277
二、制衡:宋代军事司法制度的主题 …… 290
三、重内轻外:宋代治国理念与军法 …… 303
四、小结 …… 329

参考文献 …… 331

后　记 …… 344

序　言

在中国古代历史上，历代王朝都面临着如何治理国家的重大问题，这不仅关系到国家的发展方向，而且关乎王朝的生存与兴衰。因此，当政者必须制定各项方针、政策，以保障国家的发展，并解决现实中面临的各种困境。而各项方针及政策的出台，又要依靠一条核心治国思路，也就是说立国与发展的最高追求目标究竟是什么？主流的价值观是何种？这即是治国理念。中国古代王朝的治国理念，一般是在经历开国时期总结以往的经验教训和摸索自身的特质及定位之后，由最高统治者与执政大臣逐渐确定，同时也得到统治集团主流意识的认同，从而长期存在于当政者的精神深处。历朝历代，无不有其治国理念，并在其指导下确立相关的方针及政策，然后加以实施贯彻。方针、政策通常是动态的，随着内外形势的发展变化会不断加以调整，但治国理念相对却是常态的，一旦形成便会长期稳定下来，并发挥作用、影响。当然，不同的治国理念会造就不同的气象，也不免会带来自身相应的问题。到一个王朝陷于混乱、衰亡阶段后，统治集团顾此失彼、内外交困，其治国理念也就难以贯彻实施，自然便流于沦丧，而这是不可避免的历史结局。目前，有关中国古代治国理念问题的研究，许多论著在论述政治体制、政策以及边疆治理等问题时多有涉及，但专门而全面系统的探讨仍显不足。[①] 就宋代而言，情况亦大体

[①] 目前仅有国风著《中国古代的治国理念——读史札记二》（山西人民出版社2006年版）一书，在标题中明确提出"中国古代治国理念"的概念，但该书属于介绍中国古代各种政治制度与相关知识的普及读物，并未对治国理念及其演变本身进行分析论述。

如此。

早在夏商周三代时期,由于早期血缘国家的形态特点,邦国在政治上实行了等级分封制的统治模式,来维护以君王为核心的各级血缘贵族的利益,并凝聚向心力,即所谓的"君君"、"臣臣"、"亲亲"、"贵贵"、"父父"、"子子"。与此同时,为了应对周边异姓部族势力的威胁,王朝中央保持相对强大的军事武装,必要时则动员诸侯国的力量,力图采取积极的边防战略,适时地通过征伐的军事手段打压对手,以维护国家利益。到春秋时期,"礼乐征伐自天子出"的格局沦丧,权威下移,于是群雄逐鹿,诸侯纷争。此时,强国虽然都在争夺霸主地位,并试图接替天子号令天下的位置,但其原有的统治模式却大致得以延续。

进入战国时代,随着诸侯交战的加剧,弱国逐渐消亡,资源开始向大国集中,强国转而追求更高的目标——从独霸天下趋向统一天下。为了达到这一目的,列国统治者无不图强自存,一方面改革政治经济制度,增加财赋收入;一方面扩军备战,积极对外用兵。因此,现实政治更离不开武力方式的推动,战争成为助推滚滚历史车轮的强有力的手臂。孙子即指出:"夫将者,国之辅也,辅周则国必强,辅隙则国必弱。"①虽然墨家有"非攻""兼爱"的反战主张,道家有无为而治的理念,儒家有仁政的见解,但由于与列国交战、图存的现实需求相抵触,都难以大行其道。而法家、兵家更能适应时代的要求,如孙武"合于利而动,不合于利而止"②的用兵主张,商鞅"以战去战,虽战可也"③、尉缭"故兵者,所以诛暴乱、禁不义也"④的战争观,都将武力战争视作维护自身安全、打击对手的必要手段,并蕴含其正义的精神,从而满足了统治者现实利益的需要,因此军事竞赛成为各国的必然选择,也成为其治国的重要内容。正因为如此,当时出现的弭兵运动也难以为继。秦国以"农战"为施政的基本方针,便是讲求最

---

① 《孙子·谋攻第三》,林伊夫等注译:《武经七书新译》,齐鲁书社1999年版,第12页。
② 《孙子·火攻第十二》,《武经七书新译》,第48页。
③ 《商子》卷4《画策第十八》,《丛书集成初编》,商务印书馆1939年版,第31页。
④ 《尉缭子·武议第八》,《武经七书新译》,第142页。

直接的富国强兵功效,一方面积极鼓励百姓从事农业生产,以增加国家的收入;另一方面突出"军功"的导向内容,动员民众踊跃投军,走向战场。为了确保这一方针的贯彻,又辅之以严刑峻法,从而在制度上得到有力保障。战国后期的历史便诠释出这样的事实:秦自商鞅变法确立了走"农战"的强国之路,建立起了高速运转的国家机器,其军事实力迅速崛起,最终用战争手段统一天下。

值得注意的是,先秦时期随着华夏中心观念的形成,无论是在三代名义统一的格局下,还是在诸侯列国纷争的岁月中,围绕捍卫自身文明与安全利益的目的,中原政权产生了"尊王攘夷"的用兵战争观念,即对来自外部的威胁势力一致抗击,与此同时,因对内维护统治的需要,又有"大刑用兵"的认识。如唐代史家所说:"三皇无为,天下以治。五帝行教,兵由是兴。所谓'大刑用甲兵,而陈诸原野'。"①于是,在治国思想上大致奉行"国之大事,在祀与戎"之说的原则,②也就是以维系同姓血缘贵族利益为核心的政权建设与军事征伐手段并重的思想,正是这种现实政治需要的体现,并成为当权贵族的主流意识。其治国理念的要义便是文武并重,如孔子云:"有文事者必有武备,有武事者必有文备。"③

秦朝的统一,标志着东亚地区空前强盛的中央集权帝国的建立。就地缘背景而言,秦帝国一改以往"小国寡民"的地理格局,东临茫茫大海,西接青藏高原,南靠崇山峻岭,北面广袤草原,形成以黄河中下游为重心的辽阔疆域。从国防形势来看,秦朝具有相对封闭的簸箕形地理环境,其东、西和南面拥有阻隔外部的自然屏障,惟有北部相对开放。从周边部族的分布而言,由于地理和生产方式的差异,只有北部广阔草原地区能够集中人力、物力资源,形成强大的军事力量。当代学者在研究全球人类通史后认为:"在地处大草原西部的印欧各族和地处大草原东部的蒙古—突厥

---

① 杜佑:《通典》卷148《兵·序》,中华书局1988年版,第3779页。
② 《左传》成公十三年,辽宁教育出版社1997年版,第157页。
③ 司马迁:《史记》卷47《孔子世家》,中华书局1959年版,第1915页。

人之间,有一条最早的分界线,这就是阿尔泰山脉和天山山脉。这条分界线以东的大草原,地势较高、较干燥,气候通常也更恶劣……这一地理上的不平衡造成相应的历史上的不平衡,即出现了一个持久的、影响深远的、由东向西的民族大迁徙。""这些东方的游牧部族,由于其地理位置,不仅能进入欧洲、中东和印度,也能抵达中国;只要有机会,它们就不时地侵入中国。"①这里所说的中国,当然应是历史上的中原王朝。事实上,长期以来也惟有北方的游牧势力能够对中原的农耕政权造成军事威胁,所以御北成为秦朝及之后王朝的边防重点。这也决定了中原政权要想保持统一格局,就不得不依靠武力抗击北方游牧势力,耗费巨大的万里长城的出现也不是偶然。

秦帝国的建立,开创了大一统的中央集权体制的统治模式,而随着内外形势的巨大变化,其治国理念在继续以往基本思路的基础上,又进一步加以巩固和发展。概括而言,秦朝在内外并重的治国理念指导下制定了各项方针政策,旨在维系国家秩序与生产方式,同时保持强大的军事力量,以震慑天下,并维护边疆安全。同时,秦帝国力图在内政外交上采取平衡的国家大战略,既重视内部建设,也重视外部边防,从而维护了国内统一局面的存在,抵御了北方匈奴武力的南下。然而,由于秦统治者过度依赖暴力与刑罚手段,进行了无休止的征调,没有顾及百姓的承受能力,终于招致天下造反,十余年间便走向灭亡。但此后,秦帝国为维护中央集权与统一局面而奉行的治国理念精神,却并没有消亡,在很长的时期内,统一王朝都无不深受其影响。

西汉初期,基于国力的不足,同时汲取了秦朝迅速亡国的教训,故暂时实施了宽松的内外政策,重心置于恢复经济方面,于是既有轻徭薄赋的"文景之治",也有"白登之围"后对匈奴的和亲妥协,即一时实行"黄老无为"的统治思想来处理内外关系。但至汉武帝时期,随着统治力量的增

---

① [美]斯塔夫里阿诺斯:《全球通史——1500年以前的世界》,吴象婴、梁赤民译,上海社会科学院出版社1999年版,第151页。

强，当政者又接续了以往秦朝内外并重的治国理念，并灌注思想文化建设的内容，赋予强调秩序与大一统精神的儒家思想以正统地位，于是在实施的一系列政策中，蕴含了积极主动与文武并重的内容，意在快速恢复强盛的目标。因此，内部出现厉行中央集权统治的格局，外部出现拓展疆域的局面。不过，为了支持主动进取的各项内外活动，特别是持续的边防战争，统治者不得不放弃以往轻徭薄赋的政策，不断地征调全国的民力与财力，并对商业与商人的财富实施掠夺式征收，将"重本抑末"的措施推向极致。然而，汉武帝时代多年的北伐南征活动，虽然收到压制匈奴进攻、开辟西南疆域的效果，但却给民众的生产和生活造成巨大的影响，同时也削弱了自身国力，加剧了社会矛盾，进而埋下了危机的祸种。汉武帝晚年，对政策进行了一些调整，扶持生产，减缓农民的负担，不过随着各种矛盾的积累和发展，统治力已经下降。再历经数代，虽然暂时没有了外部匈奴的军事威胁，内部危机却不断加剧，西汉王朝由盛转衰，遂不可避免地趋于腐朽没落，最终走向灭亡。

东汉时期，在一定程度上延续了以往的治国理念，当国势鼎盛之时，同样追求文武并重与大一统的目标，也出现过一度内外强盛的局面，特别是通过巩固西北的边防活动缓解了匈奴的军事威胁。随后，东汉王朝也出现了严重的内外矛盾，尤其是统治集团内部存在斗争异常尖锐、地方豪强势力坐大以及日渐腐朽等问题，导致中央控制力逐渐下降、瓦解，遂同样走向消亡。可以说，历史大致再次被复制，东汉沿着西汉的道路走过类似的过程，而内部矛盾与危机更为突出，大一统的格局便难以持久地维持下去。

三国魏晋南北朝时期，除了西晋短暂的统一外，出现了长达数百年的割据纷争局面。在此阶段，北方诸多游牧民族的南迁，既加剧了战争冲突，也出现了民族融合，中央集权的模式与大一统的观念逐渐影响到这些少数民族建立的政权，最突出的则是北魏孝文帝的汉化改革。于是，先后产生的南北政权都试图以正统自居，并梦想完成统一大业。然而，传统的治国理念虽然萦绕在某些强权统治者的心头，却因为力量所限，几经碰壁而难以贯彻实施，因此只能维持有限范围的统治。

隋唐两朝初年，也由于初创时期内部尚未稳定和国力不足的问题，而受到北方突厥游牧势力的巨大威胁，因此不得不采取和亲甚至称臣的措施，以缓解边防压力。如隋文帝曾向突厥纳贡称臣；唐太宗即位初，西突厥一度兵临渭河北岸，使京城长安直接暴露在铁骑兵锋之下，令唐王朝上下为之震恐，不得已采取贡献资财的办法换取对方撤军。因此，隋唐两朝在稳定内部与发展的同时，具有强烈军功色彩的统治集团都积极着手加强国防，力图改变被动的局面。就此而言，隋唐两朝都有继承以往文武并重的治国理念的愿望和争取保持内外平衡的国家战略。但由于隋炀帝在位期间过度征调民力物力，没有充分顾及国力的承受程度，其浩繁的内外活动激化了社会矛盾，最终导致民众起义，遂迅速亡国。于是，这一使命留给了随后的唐朝。

唐太宗亲著的《帝范》，系统地反映了其治国思想，其中"阅武第十一"与"崇文第十二"两篇，概括了文武关系及其各自的意义："斯二者递为国用。至若长气亘地，成败定乎锋端，巨浪滔天，兴亡决乎一阵，当此之际，则贵干戈，而贱庠序。及乎海岳既晏，波尘已清，偃七德之余威，敷九功之大化，当此之际则轻甲胄，而重诗书。是知文武二途，舍一不可。与时优劣，各有其宜，武士、儒人焉可废也。"①即战时军事手段和武将发挥重要作用，平时文治建设与文臣则居于主导地位，两者互相配合，不可偏废。唐太宗的这一论断，其实也包含了对处理国家内外关系的认识，也就是说国家要建设与发展，还需要稳定的外部环境，如果边防形势处于严重的紧张和压力下，内部的发展必然难以正常进行，即使暂时取得成果，也会因边防失守被外来势力毁灭于一旦；与此同时，内部建设是国家存在发展的根本，若不顾及其需要而一味尚武与对外，则无法成就事业发展。因此，必须以强大的军事实力维护政权安全，主动解决边防问题，以有利于王朝的各项文治建设。由此可见，唐太宗的上述思考体现了文武并重治国理念的精神，也是对以往统一王朝政治运作基本范式的总结。事实上，唐太

---

① 李世民：《帝范》卷4，《影印文渊阁四库全书》第696册，第616、617页。

宗对边防极为重视,在位期间充分运用军事手段,不遗余力主动出击。历史的经验教训已经昭示,大国常常是通过武力战争手段实施其对内对外的政治目的,如西方近代军事鼻祖克劳塞维茨的名言:"战争是政治的继续。"

随着贞观年间稳定内部举措的初见成效与国力的恢复,唐太宗适时对西突厥发动反攻,终于取得决定性的胜利,从而巩固了西北边防。唐太宗主动出征的步伐并没有到此为止,随之又对西部和东北边防展开积极攻势,包括对高丽发动三次征伐。以后,唐高宗、武则天时期,继续了这一积极主动的对外态势,使唐朝的疆域拓展到前所未有的局面。应当看到的是,在有利的外部环境下,唐朝获得了充裕的资源,内部建设持续发展,典章制度、社会经济及对外贸易交往都取得巨大成就,从而呈现出"盛唐"气象。但与此同时,也因频繁的对外战争加重了国家的负担,并对百姓的生产生活带来相当大的影响,包括唐太宗的三次无果的东征也招致后世批评,所谓"以天下之众困于小夷,无功而还,意折气沮,亲见炀帝"。① 尤其是重兵云集边防前线,造成外重内轻的格局,进而导致安史之乱发生,唐王朝遂由盛转衰。以后,随着社会矛盾的激化、统治集团斗争消耗后果的产生,特别是藩镇割据局面的形成,造成唐中央控制力与国力迅速下降,吐蕃开始控制西北,契丹势力也在东北逐渐壮大,北方边防线便逐渐退缩,文武并重的治国理念以及内外平衡的战略自然难以为继。晚唐时代,拥兵自重的武装势力控制各地,武力因素超强干预政治与社会,加剧了统治危机,激化了社会矛盾,农民起义风起云涌,脆弱的唐朝最终因此走向衰亡。

五代时期,再度出现割据混战、政权林立的格局,武夫悍将跋扈,武力成为影响政治与社会的最大因素。此时,诸政权的当政者大都目光短浅,过度依赖武力手段维持统治,横征暴敛,致使统治秩序混乱,传统道德沦丧,社会经济破坏。在此形势下,保持大一统局面与内外并重治国的理念

---

① 范祖禹:《唐鉴》卷6《太宗四》,《国学基本丛书》,商务印书馆1937年版,第48页。

便消失殆尽。

　　由上可见,中国古代王朝在长期的治国过程中,为了满足内政外交的需要,都不能不注意文治与武功之间的互相配合。秦汉以降,大一统的观念不断深化,以汉族为主体的统一王朝在实施对内统治的同时,都试图保持强大的边防,筹划通过积极主动的战略部署来改善外部环境,文武并重的治国理念遂成为主流意识。汉、唐帝国强盛时,还追求运用武力手段开疆拓土,将边防线推进到塞外,以积极防御的态势压制北方游牧政权势力,削弱其军事威胁。个别时期统治者的欲望超过了极限,一时武功目标在国家政治生态中占据突出的位置,甚至出现"穷兵黩武"而导致祸国殃民的后果,遂给社会和民众的生产生活带来深重的灾难。因此出现民间反战的呼声和文人控诉战乱的诗文,如汉代乐府中的民间古诗《战城南》、唐朝杜甫的《兵车行》等等,不胜枚举,以致"铸剑为犁"还成为某些思想家及政治家的梦想。但统治集团出于各方面的需要,都无法放弃对武力的倚重,战争手段不仅是现实的必要选择,而且成为了立国御边的重要精神支柱。所谓"非兵不强,非德不昌"。① 汉代以来儒家学说虽然成为官方思想,然而"王道"的精神总是被现实中的"霸道"理由所支配,"仁政"的思想也总要服从王朝大一统的现实需求。正如汉宣帝对其子所告诫:"汉家自有制度,本以霸王道杂之,奈何纯任德教,用周政乎!"②

　　如所周知,北宋是在经历唐末、五代长达百余年割据战乱后所建立,因此宋初统治者对昔日的教训进行了深刻的反思。宋太祖君臣探讨以往长期动乱的关键所在时,一致认为系君弱臣强、藩镇割据所致,③尤为突出地表现是武力因素超强干预政治。如宋人所说:"大抵五代之所以取天下者,皆以兵。兵权所在,则随以兴;兵权所去,则随以亡。"④于是宋初统治集团高度重视内部秩序建设,以收兵权为首要手段,辅之以分化中央与

---

① 《史记》卷130《太史公自序》,第3305页。
② 班固:《汉书》卷9《元帝纪》,中华书局1995年版,第277页。
③ 李焘:《续资治通鉴长编》卷2,建隆二年七月戊辰,中华书局2004年版,第49页。
④ 范浚:《香溪集》卷8《论·五代论》,《丛书集成初编》,商务印书馆1935年版,第82页。

地方事权的方式,推行全面强化专制皇权的举措。为了政权的长治久安,对影响朝政的超强武力因素进行抑制,对沦丧的儒家思想文化加以振兴,力图恢复文治与武功之间的平衡。与此同时,宋太祖还继承了大一统的传统观念,积极进行统一战争,其"先南后北"的方略就是例证。就此而言,宋太祖朝也有延续文武并重治国理念的思路。

宋太宗时代,一方面继续推动内部的整顿与发展,另一方面则执行"先南后北"的统一部署。但在完成内地统一任务后,在之后两次对辽主动进攻的收复燕云行动中却惨遭失败。第二次北伐失败成为一个重要的转折点,从此宋统治集团眼光向内,采取"守内虚外"之策,①放弃了开疆拓土的举动,其积极防御的战略被消极防御的战略所取代,即追求内部统治稳定和"文治"功业成为施政的重心,边防则退为次要问题。② 这一思路显然具有重内轻外的特点,就此初步形成了崇文抑武的治国理念。宋太宗在治国思路理念上的转变,深深影响到后嗣诸君。

景德元年(1004年),面对辽军的大举南攻,宋真宗在抗战初见成效的情况下选择了议和,以付出经济条件为代价,与辽朝签订了"澶渊之盟"。如果说此举是像西汉初年对待匈奴、唐初对待西突厥那样,属于暂时采取的守势,然后聚集力量,待国力强盛后再适时发动反击,是审时度势下的权宜之计。但"澶渊之盟"后,宋朝却延续了消极的对外战略,将内部的稳定与文治建设作为朝政的主要目标,则标志着崇文抑武治国理念的定型。以后,宋仁宗朝与西夏签订的"庆历和议",其实与"澶渊之盟"精神相通,说明延续了崇文抑武及重内轻外的思路,议和遂成为化解边患的重要手段。北宋中后期,当政者基本维持以往的治国理念和处理内外关系的路线,并视其为祖宗之法,③虽然在个别阶段有所调整,如宋神宗时

---

① 参见漆侠:《宋太宗与守内虚外》,《宋史研究论丛》第3辑,河北大学出版社1999年版,第1—17页。
② 参见陈峰:《宋代主流意识支配下的武力战争观及其实践》,《历史研究》2009年第2期。
③ 宋朝祖宗之法历经发展,其说法和做法又不尽相同,但无疑对宋代政治具有极大的影响力。参见邓小南:《祖宗之法——北宋前期政治述略》,三联书店2006年版。

代以富国强兵为宗旨的变法,但总体思路却基本没有改变,直至被金军灭亡。

南宋时期,虽然长期处于外患的巨大压力下,民间要求抗战的呼声不断,但在长期惯性思维与理念的推动下,主和仍然成为影响朝廷的主流意识。南宋主和派长期当政,他们满足于偏安一隅,以内部建设为施政重心,不愿也无力主动收复北方失地,只得依赖议和缓解边防压力,最终仍是在边患压迫下亡国。

宋朝历史上,长期奉行崇文抑武的治国理念,以内部稳定为施政重心,强调文治建设,在边防上采取"守内虚外"之策,军事上处于守势。在对待文治与武功之间的关系上,权重明显倾斜到前者,可以说既是对以往教训的矫枉过正,也是现实主义的考虑,这与以往统一王朝发生了很大变化。先秦兵家孙子曾指出:"是故百战百胜,非善之善者也。不战而屈人之兵,善之善者也。"[①]这当然是从国家利益出发的最高制胜境界,而宋统治集团长期被动地以和缓战的做法,似乎就此寻找到"不战而屈人之兵"的理论依据。其以"议和"这种经济方式处理外患的做法,固然打着"化干戈为玉帛"的旗号,却明显具有现实主义的色彩。[②] 西方学者也认为:宋王朝"是以高度的现实主义政治为特征的","依靠军事手段不能打败契丹人的国家",便与辽议和,"宋辽缔结的澶渊之盟成了处理日后冲突的一个样板"。[③]

宋朝统治集团长期实行崇文抑武的治国理念,于是"双刃剑"的效用发挥了出来,即对外边防的相对失败与对内发展的相对成功。由于宋朝长期关注内部建设与发展,主要精力放在追求政治秩序与社会的稳定方面,倡导文治,注意缓和统治集团内部矛盾,为此制定的各项方针政策,具有明显的怀柔理性成分,从而保持了宋廷长期的控制力,同时也保障了社

[①] 《孙子·谋攻第三》,《武经七书新译》,第12页。
[②] 参见陈峰:《宋代统治集团以和缓战思想及其影响》,《中国军事科学》2008年第4期。
[③] [德]傅海波、[英]崔瑞德:《剑桥中国辽西夏金元史》"导言",史卫民等译,中国社会科学出版社1998年版,第21、22页。

会有较长时期的稳定局面。大致而言,这种治国理念对内取得的成效主要有:

其一,宋朝统治的稳定期相对较长,除了北宋与南宋末期外,在大多数时期内上层的矛盾斗争相对缓和,政治动荡相对较少,既没有产生如汉唐中央的宦官专权、权臣当道、外戚干政的突出问题,也没有出现地方上的豪强大族盘踞或藩镇割据的局面,更没有发生席卷全国的大规模农民起义;其二,宋朝的制度建设虽然不免繁杂,甚至以牺牲效率为代价,但选官、监察、法制等制度相对完备,大多数帝王与官员注重程序规矩,[①]从而使得其政治的文明程度超越了前后许多王朝;其三,在实行募兵制的情况下,一般的兵役与劳役由军队承担,民众明显减轻了所受干扰,对保护社会生产具有深远的积极影响;其四,社会经济发展水平极大地超过以往任何时代,特别是商品经济活跃,市场与城市呈现出前所未有的新格局,《清明上河图》便是其形象化的反映;其五,文化教育及科技快速发展,成就斐然,整体社会的文化知识水平显著提高;[②]最后,以往森严的社会等级观念发生松动,旧的贵族、门阀士族之类少数高高在上的特权阶层消失,普通地主及平民获得上升的机会,社会的上下流动加快,故被外国学者称之为"市民社会"、"近世社会"。[③] 正如南宋学者吕祖谦指出:本朝"文治可观而武绩未振,名胜相望而干略未优";[④]宋人又总结道:"汉唐多内难,而无外患,本朝无内患,而有外忧";[⑤]元代人修宋史时则评价道:"宋恃文教而略武卫。"[⑥]即明确地揭示了宋朝国运与以往时代不同的史实。由此,

---

① 参见陈峰:《政治选择与宋代文官士大夫的政治角色——以宋朝治国方略及处理文武关系方面探究为中心》,《河南大学学报》2007年第1期。
② 王曾瑜:《宋代文明的历史地位》,《河北学刊》2006年第5期。
③ 有关这一观点,主要见于日本学者内藤湖南、宫崎市定等"唐宋变革"说,参见李华瑞:《20世纪中日"唐宋变革"观研究述评》,《史学理论研究》2003年第4期。
④ 《宋史》卷434《吕祖谦传》,中华书局1977年版,第12874页。
⑤ 吕中:《类编皇朝大事记讲义》卷1《国势论》,张其凡、白晓霞整理,上海人民出版社2014年版,第42页。
⑥ 《宋史》卷493《蛮夷一·序》,第14171页。

两宋时期经济、文化及科技独领风骚,如现代史学家陈寅恪先生所评价:"华夏民族之文化,历数千载之演进,造极于赵宋之世。"①宋史学家邓广铭先生赞誉道:"两宋时期内的物质文明和精神文明所达到的高度,在整个封建社会历史时期之内,可以说是空前绝后的。"②也可以说,中国古代经历的唐宋社会变迁转型,就包含了这一重要的方面。

宋朝居于当时世界经济最发达、文明程度最高的地位,并在全球首先发明了火药武器,但先进的生产和雄厚的经济力量没有转化为强大的国防实力,火器这种巨大革命性技术的发明,也未能引发军事变革和应有的效用。宋朝长期处于对外被动挨打的境地,先后两次亡于边患,终以"积弱"为后世诟病。推究其原因,固然有多种解释,但根本还在于宋朝自身的治国理念及其实践的结果。

从今天的角度来看,所有国家都面临处理建设与国防、内政与外交之间关系的重大问题,尤其是作为大国,其国防与外部环境是否良好,对国内的建设有重要影响,反过来国内建设是否成功,又直接影响到其国防的实力。说到底,就是如何解决战争与和平这一人类社会长久遇到的两难问题的关系。仅满足于和平建设而轻视国防显然属于短见,穷兵黩武而忽视和平发展也同样无益。现代西方著名军事家利德尔·哈特认为:"战争的目的是要获得一个较好的和平,这当然是从你自己一方的愿望来说的……。一个国家,如果它把自己的力量消耗殆尽,那它也就不会有能力继续推行自己的政治,因而必然使其前途不堪设想。"③如果说这一深刻的认识,是在日益理性和多边制约的现代国际关系下,告诫人类要正确处理战争与和平之间的关系,包含着丰富的历史经验和强烈的现实关怀。那么宋朝片面总结了历史的经验教训,实施崇文抑武的治国理念,过早而

---

① 陈寅恪:《邓广铭宋史职官志考证序》,《金明馆丛稿二编》,上海古籍出版社1982年版,第245页。
② 邓广铭:《谈谈宋史研究的几个问题》,《社会科学战线》1986年第2期。
③ [英]利德尔·哈特:《战略论》第22章《大战略》,中国人民解放军军事科学院译,战士出版社1981年版,第494页。

被动走上了脱离扩张与主和的道路,可谓过犹不及。因为当时还是一个武力战争不受任何约束的时代,多少先进的文明都在惨烈的战火中毁灭,种族灭绝的悲剧也不会引发征服者心灵的战栗。宋朝不能保持自身的军事强势,对外长期采取守势,其军队和边防也就不足以维持长久的和平局面,一旦内外平衡被破坏,就最终陷于被动挨打乃至于亡国的境地。

总之,宋代以前诸统一王朝,在治国上寻求文武并重,力图保持内外发展平衡,特别是通过一系列的积极举措压制了塞外军事威胁,从而呈现一个时期的强势局面。但其外部压力虽然解决,随后内部矛盾危机却快速上升,造成统治秩序动荡的后果,终因内部的问题走向下坡、消亡。而听任外部威胁加剧,对统一王朝不仅是耻辱,而且会造成难以容忍的被动挨打结局,也会影响到内部建设与大一统的局面,这就成为一种悖论、矛盾。战争与和平的冲突,成为古今中外难以万全应对的重大难题,考验着当政者的政治智慧。宋朝崇文抑武的治国理念以及重内轻外的路线,保障了内部长期的稳定发展,却牺牲了外部环境,最终因此亡国,便是惨痛的教训。

研究宋朝治国理念及其实践,探究其相关内容与影响,对今天可以提供难得的历史经验和教训。

第一章 北宋之前中央王朝治国理念及其转变

在中国古代历史的演进过程中,一个王朝的治乱兴衰与其所确定的治国理念之间存在着密切的联系。在旧王朝基础之上建立的新政权,在渡过开国的震荡阶段后,随之而来的主要任务就是要全面思考确立怎样的治国思想和方略,以保持其统治的长治久安。以文德为表现形式的对内治理以及以武功为特征的对外经略,往往是一个政权治国理念中最为核心的两大要素。所以,如何正确处理两者之间的关系,始终是统治者所要思考和解决的重大问题。总的来看,以往学术界对于秦汉至隋唐时期中央王朝对内统治情况以及对外经略情况已经分别进行了深入的研究,①但对于两者之间联系尚有进一步关注的余地。此外,在中央集权体制创设之初,各种制度往往并不严密,统治者更为看重施政措施的实施效

---

① 在中国古代历史上,与中央王朝的对外经略产生关联的主要是北方少数民族政权。自秦统一天下之后,在中央王朝的对外经略中,逐渐形成了重北轻南的倾向。这一倾向在汉代得以继承,并对此后历代中央王朝都产生了深远的影响。(对于中央王朝"重南轻北"治边倾向的具体情况及原因,参见方铁、邹建达:《论中国古代治边之重北轻南倾向及其形成原因》,《云南师范大学学报》2006 年第 3 期,第 174—181 页)由此,本文所论及的对外关系主要是中央王朝同北方少数民族政权之间的互动关系。对于中国古代王朝的对外关系,郭沫若先生曾从宏观的角度,以"北方防御,南方浸润"八字加以概而言之。(参见邸永君:《陈连开先生访谈录》,《中国民族研究年鉴(2001 年卷)》,民族出版社 2002 年版,第 446 页)不过,从具体的某个历史时期来看,中央王朝对外关系的处理情况是千差万别,且存在着持续的发展演变。所以,自秦汉至隋唐之间,中央王朝在对外经略过程中又时常在"王者无外"和"夷夏之防"两个思想极端之间徘徊。(参见龚留柱:《"王者无外"和"夷夏之防"——秦汉时期边疆思想论略》,《南都学坛》2000 年第 4 期,第 1—5 页)

率。与此同时,由于初创期的制度往往相对粗疏,在执行过程中不可避免地会出现各种问题,所以统治者还会适时对其进行完善和调整。所以,本章希望梳理秦朝大一统局面出现后至北宋之间中央王朝对内治理及对外经略历史脉络,并努力找到彼此之间的有机联系。

一、秦朝治国理念的渊源、表现及其实践

作为中国历史上首个大一统王朝,秦朝的疆域"东至海暨朝鲜,西至临洮、羌中,南至北向户,北据河为塞,并阴山至辽东"。[①] 从国土的地缘特点上看,由于海洋、荒漠及崇山峻岭的阻隔,秦朝疆土的东、南、西三面相对封闭,惟有北面为广袤的草原,是大漠南北少数民族借以南下及西迁的通道。虽然此后历代中央王朝的疆土或有盈缩,但这种基本的地理格局却被继承下来。与此后出现的大多数统一王朝不同,秦朝脱胎于原本已可以充分表达君主意愿且治国理念已较为明确的秦国体制之上。所以,其在建国之初已通过各项制度的制定与施行,使治国理念得以充分的展现。

(一)秦朝治国理念的思想渊源

秦朝统一全国后,嬴政在政治、经济、文化各方向都进行过大幅度的改革。不过,秦朝的治国理念显然并非在统一全国后才逐渐形成的,而是与自商鞅变法以来施行于秦国内部的法治原则之间存在明显的继承关系。

秦国自商鞅变法开始,就深受以商鞅为代表的法家思想的影响,立足于现实的功利主义,故重力战重强兵。商鞅用以游说秦孝公的"霸道"强国之术,也就是强化君主集权,使用刑法,奖励耕战,以经济和军事实力称

[①] 《史记》卷6《秦始皇本纪》,中华书局1959年版,第239页。

霸天下的理论。① 以商鞅为代表的法家学派多认为人性恶而不善,其所确立的治国方略更为看重直接与实际的效果。其后,法家思想又经由韩非进一步发挥,从而成为秦朝统一全国后的治国指导思想。

从具体实施的层面上看,商鞅的法治政策,一方面是以严刑峻法防止民众作奸犯科,并促使其趋利而避害。如商鞅"令民为什伍,而相牧司连坐。不告奸者腰斩,告奸者与斩敌首同赏,匿奸者与降敌同罚"。② 而更重要的另一方面则是"以利诱民"。秦国以利诱民的主要方式之一就是制定军功爵制。商鞅规定"能得甲首一者,赏爵一级,益田一顷,益宅九亩,除庶子一人,乃得入兵官之吏";③"斩一首者爵一级,欲为官者为五十石之官;斩二首者爵二级,欲为官者为百石之官"。④ 官爵的升迁,与斩首之功相对应。但如果私自仇杀或者械斗,就要受到严厉的处罚。由此,秦国形成了"民勇于公战,怯于私斗"的社会风气。

商鞅变法在秦国获得成功,是秦国最终完成攻灭六国、统一全国大业的关键性因素。对于商鞅变法与秦朝统一的关系,学者指出自商鞅变法至秦始皇统一六国是一个以商鞅和商鞅学派的法治理念为主旋律,连贯的历史过程,内含变法革新、富国强兵、法令必行、任法而治、布衣将相、法制建设、帝国建制等重要内容。⑤ 通过商鞅变法,法家学说不仅作为秦国变法的指导思想,更成为秦国及此后的秦朝对内统治的核心思想。

统一全国后,秦始皇为了加强对六国故地的控制,同时也为了颂扬秦德,曾率群臣先后五次巡行全国,在峄山、泰山、琅邪台、芝罘、东观、碣石、会稽等七处立石刻字。根据这些石刻的内容,我们可以明显感受到其强烈的大一统理念。如琅琊刻石中有"六合之内,皇帝之土。西涉流沙,南

---

① 王绍东:《论商鞅变法对秦文化传统的顺应与整合》,《内蒙古大学学报(人文社会科学版)》2002年第5期,第94—99页。
② 《史记》卷68《商君列传》,第2230页。
③ 《商君书·境内篇》,中华书局2009年版,第165页。
④ 王先慎撰,钟哲点校:《韩非子集解》卷17《定法篇》,中华书局1998年版,第399页。
⑤ 马卫东:《商鞅法治路线与大秦帝国建立》,中国文化研究所编:《华夏文化论坛》第6辑,吉林文史出版社2011年版,第121—129页。

尽北户。东有东海,北过大夏。人迹所至,无不臣者。功盖五帝,泽及牛马。莫不受德,各安其宇"的内容;①峄山刻石上有"乃今皇帝,一家天下"之辞;②碣石刻石上则有:"皇帝奋威,德并诸侯,初一泰平……地势既定,黎庶无繇,天下咸抚"的记载。③ 据龚留柱先生研究,秦始皇的大一统理念思想的来源之一,即三代以来传统的"普天之下,莫非王土;率土之滨,莫非王臣"的朴素天下观。根据这种观念,天子应该做到"声教迄于四海",故所统辖的范围不仅仅包括中原华夏地区,还应该包括夷狄所活动的周边范围。此外,春秋以来的"尊王攘夷"观念也是秦朝大一统观念的思想来源。华夏民族的文化优越感,促使统治者形成了"以天下为家",即"王者无外"的理念。④ 秦朝统一全国之后对外的持续征服,正是因为秦始皇受到上述观念深刻影响的结果。

(二)秦朝治国理念的实施

随着大规模统一战争的结束,秦帝国在原秦国政权机构的基础上,创建了一整套从中央到地方的统治机构及专制主义制度,开创了中央集权体制的统治模式。其中,皇帝制度、以三公九卿为主体的中央官僚制度、摒弃分封制后所施行的郡县制以及维护各项制度运行的法律制度等无疑是秦朝对内统治体系的核心内容。

商、周和春秋战国时期,最高统治者一般都称"王"。秦王嬴政统一中国后,因为感觉到"王"的称号与其统一天下的功业不相称,遂提出:"今名号不更,无以称成功,传后世",并最终决定以"皇帝"为号。⑤ 除了自称皇帝外,秦始皇还采用五德终始说及到泰山封禅的方式,神化皇权。其目的

---

① 《史记》卷6《秦始皇本纪》,第245页。
② 吾衍《周秦刻石释音》,丛书集成初编本,第5页。
③ 《史记》卷6《秦始皇本纪》,第252页。
④ 对于秦嬴政"王者无外"思想的来源及实现方式,参见龚留柱:《"王者无外"和"夷夏之防"——秦汉时期边疆思想论略》,《南都学坛》2000年第4期,第2—3页。
⑤ 《史记》卷6《秦始皇本纪》,第236页。

就在于宣扬天命论,把皇帝与天帝联系起来,以更好地维护其统治。除了创立皇帝制度外,嬴政还在中央设置由丞相、御史大夫、太尉组成的三公;除三公外,中央政府还设置分管具体事务的其他中央高级官吏。中央官员由皇帝任免,对皇帝负责,从而保证了国家的军政大权独揽于皇帝一人之手。皇帝制度及中央官僚制度的确立,使得国家的高级官吏由皇帝任免,对皇帝负责,从而保证了国家的军政大权独揽于皇帝一人之手。相对于专制王权并不甚强大的中国早期文明阶段,秦朝行政效率显然要更高。秦始皇创立的各种统治制度,为建立专制主义中央集权的国家制度开创了新局面,对以后历代王朝的政治制度都有着深远的影响。

此外,在秦统一后,就如何将全国权力集中到中央,在秦朝统治集团内部曾展开激烈的讨论。丞相王绾认为六国刚平定,燕、齐、楚故地离秦都遥远,不实行分封难以控制。因此,主张封子弟为王,以加强对边远地区的统治。廷尉李斯则反对分封,主张实行郡县制。他指出:"周文武所封子弟同姓甚众,然后属疏远,相攻击如仇雠,诸侯更相诛伐,周天子弗能禁止。今海内赖陛下神灵一统,皆为郡县,诸子功臣以公赋税重赏赐之,甚足易制。天下无异意。则安宁之术也。置诸侯不便。"秦始皇最后采纳了李斯的意见,认为:"天下共苦战斗不休,以有侯王。赖宗庙,天下初定,又复立国,是树兵也,而求其宁息,岂不难哉!廷尉议是。"[1]于是,其下令在全国范围内尽罢诸侯,建立起单一的由中央政府直接管辖的郡、县二级地方行政体制。相对于以往的分封体制,郡县制在控制地方时,集中了政治、经济、军事、司法等权力,可以做到"摄制四海运于掌握之内",[2]有利于中央集权的实施并保障国家的统一。所以,虽然郡县制在全国全面推广后的秦始皇三十四年(前213年),秦朝统治集团内部仍然存在"郡县制"和"封建制"孰优孰劣的争论,但并没有动摇秦始皇在地方施行郡县制

---

[1]《史记》卷6《秦始皇本纪》,第239页。
[2] 柳宗元:《柳河东集》卷3《封建论》,上海人民出版社1974年版,第45页。

的决心。①

秦朝所创立的中央集权制度，对中国两千余年的帝制时代产生了极为深远的影响。皇帝的权力通过从中央到地方的这个严密的权力统治网和各级官吏最后传达至一家一户的农民，大大加强了对全国民众的控制和统治。秦以后的历代王朝，虽然政治制度及具体组织形式或有不同，但基本上都是秦朝所建立的这套专制中央集权制度的演变和发展。通过建立一整套从中央到地方的政治管理制度，中国古代行政机构的框架大体形成。

秦以后的统一王朝，往往要经历创建时期的不断调适，在建国数十年后才得以实现中央集权的复兴，而秦朝的发展道路却与此不同。秦朝脱胎于原本已可以充分表达君主意愿的秦国体制之上，在统一天下之时，秦帝国的中央集权的强度和权威已经接近峰值。秦帝国所创设的各种制度虽然有利于中央集权的加强，但并不完全符合当时，尤其是原山东六国地域内民众的传统观念。要想保障这些维护中央集权统治制度的实施并保持较高的施政效率，就必须借助法律的强制力量。在客观要求的驱使下，原本就深受以韩非为代表的法家思想影响的秦始皇将法律看成治理国家的有效工具。在完成统一大业后，为了保障中央所制定的各项制度的顺利实施和有效运转，秦王朝在包括政治、军事、经济等社会生活的各个方面都制定了类型完备、结构严密的法律。而在秦朝各项制度的制定和实施过程中，"法治"的思想贯穿始终。根据传世文献及秦代出土相关简牍的记载，秦代的各个行业都处在法律的严密控制之下。学者更是形象地指出，秦朝民众的社会活动，从统治集团掌管和实施的军国大政，到普通百姓的衣食住行及社会生产活动，无不处在法律的规定及约束之中。②由此可见，"事皆决于法"的思想在秦朝得到了真正的贯彻实施。③

---

① 《史记》卷6《秦始皇本纪》，第254—255页。
② 贺润坤：《论秦王朝的法律思想》，《秦文化论丛》第10辑，三秦出版社2003年版，第23—36页。
③ 对于秦律的内容及实施情况，可参见曹旅宁：《秦律新探》，中国社会科学出版社2002年版。

在通过强化法制等手段加强对内统治的基础上,秦帝国在南北两个方向分别发动了针对匈奴和南越的战争。秦朝统一天下之后,嬴政认识到南进至河套地区的匈奴是秦帝国所面临的重大军事威胁。所以在始皇三十二年(前215年)匈奴头曼单于率军南下侵扰秦朝北方边境之际,①嬴政即从上郡出巡北部边地,并遣大将蒙恬率军北击匈奴,夺取了"河南地"。②为了巩固北部的边防,秦朝于始皇三十三年,"西北斥逐匈奴。自榆中并河以东,属之阴山,以为(三)[四]十四县,城河上为塞。又使蒙恬渡河取高阙、(陶)[阳]山、北假中,筑亭障以逐戎人。徙谪,实之初县"。③在此基础上,秦朝派遣大军镇守北方边境,并在长城沿线设立郡县,大量移民前往开垦,以确保对北部边防地区的管辖和开发。在北征匈奴的同时,秦朝在其南部和东南部也进行了积极的开拓。通过在灭楚之后陆续征服"百越"地区,会稽、闽中、南海、桂林、象等郡得以顺利设置。通过积极对外经略,使得秦帝国的疆域达到了"东至海暨朝鲜,西至临洮、羌中,南至北向户,北据河为塞,并阴山至辽东"的宏大规模。④

由此看来,在统一天下之后,秦朝在实际统治过程中,一方面创建了维护中央集权的各项制度,并在法家思想的指导下强力推行,以维护国家的内部管理。同时,为了开疆拓土及消除少数民族的外在威胁,秦朝也非常注重对外的经略,对外采取的是一种积极开拓的策略。从实际效果来看,秦朝的对外经略在南北两个方向都取得了很大的成功。⑤

与此同时,作为对中国历史曾产生过重大影响的时代,秦朝衰败的速

---

① 对于秦朝与匈奴的关系,参见林幹:《匈奴史》,内蒙古人民出版社2007年版,第43—44页。
② 参见《史记·秦始皇本纪》、《蒙恬传》、《主父偃传》。对于"河南地"的范围,魏晋贤《"河南地"地理范围试析》(《甘肃省沿革地理论稿》,兰州大学出版社1991年版,第54页)认为:"河南地,必是夹于昭襄王长城与河塞之间的地方,而且东西延伸于整个陇西、北地、上郡三郡的北境。把它局限于汉朔方郡,或朔方与五原,以及把它理解为仅指鄂尔多斯之地,便都是误解。"
③ 《史记》卷6《秦始皇本纪》,第253页。
④ 《史记》卷6《秦始皇本纪》,第239页。
⑤ 方铁:《古代"守中治边"、"守在四夷"治边思想初探》,《中国边疆史地研究》2006年第4期,第7页。

度同样令人印象深刻。汉朝建立之后,高祖刘邦曾命陆贾著书以总结秦亡汉兴的经验教训。① 陆贾撰成十二篇,号曰《新语》,②其中的"无为"篇将秦亡的原因归纳为"举措太众"及"刑罚太极"两个方面。董仲舒则认为秦朝"师申商之法,行韩非之说,憎帝王之道,以贪狼为俗,非有文德以教训于天下也"。③《汉书·刑法志》亦言:秦始皇"兼吞战国,遂毁先王之法,灭礼谊之官,专任刑法,躬操文墨,昼断狱,夜理书,自程决事,日县石之一。而奸邪并生,赭衣塞路,囹圄成市,天下仇怨,溃而叛之。"④此外,学者通过考察秦法在六国故地的推行情况,以及比对后世典籍对秦法内容的描述与出土文献中秦朝律令记载之间的差异后,指出秦朝的速亡实际上是六国民众的法律意识与秦法产生激烈冲突的结果。秦始皇在全国范围内推行秦法的过程中,忽视了六国百姓对秦法的心理承受能力。六国民众在全国统一前的政治环境及心态与秦国百姓存在着巨大的差异,所以在秦始皇死后,国家出现政治动荡之际,"百姓怨望而海内畔矣",从而使得秦朝在由此产生的激烈冲突中迅速灭亡。⑤

概括言之,作为大一统的帝国,秦朝为了维系国家秩序,一方面注重对内控制,制定了以加强中央集权为目的的各项制度;同时,为了维护边疆的安全,其始终维持着一种积极对外经略的态势。在文武并重的治国理念指导下,秦帝国在法家思想的指导下积极进行内部的各项建设;同时也重视外部边防,并在积极开拓疆土的基础上成功地减弱了匈奴在北方所造成的军事威胁。由于注重对外经略,所以从总体上看,秦朝的外患并不剧烈,其对外经营的成效也比较显著。但是秦朝的对内统治并不成功,主要的体现就是秦朝统治者将严刑酷法作为其主要的统治手段,而没有

---

① 施丁:《再评〈过秦论〉》,《史学史研究》1996年第1期,第25—31页。
② 《史记》卷97《郦生陆贾列传》,第2699页。
③ 《汉书》卷56《董仲舒传》,中华书局1962年版,第2510页。
④ 《汉书》卷23,第1096页。《汉书》卷24上《食货志》亦载:秦时"重以贪暴之吏,刑戮妄加,民愁亡聊,亡逃山林,转为盗贼,赭衣半道,断狱岁以千万数"。
⑤ 对于秦法与秦朝灭亡之间的关系,参见马占军:《从秦简看秦亡的法律意识因素》,《简牍学研究》第3辑,甘肃人民出版社2002年版,第107—111页。

考虑到原秦国地区与山东六国之间在法律意识等方面所存在的根深蒂固的差异。此外,就是对民众进行无休止的征调,远远超过了百姓可以承受的界限。而这些都是导致其灭国的重要原因。

二、两汉时期治国理念的变迁

西汉在政治制度方面基本上沿用了秦朝旧制,此即班固所说的:"秦兼天下,建皇帝之号,立百官之职。汉因循而不革,明简易,随时宜也。"[①]不过,在西汉王朝200余年的历史进程中,根据形势的变化,中央的对内及对外统治政策经历了不断的演变及自我调适。东汉时期,随着国力及统治者统治思想的变化,统治者也对治国理念的内涵及实施模式进行了适时的调整,从而极大地影响了东汉的历史进程。

(一)从"汉承秦制"到"黄老无为"

汉朝建立之后,秦朝所创建的皇帝制度、中央官僚体制等国家政权的组织形态及运作方式,基本上得到了全面的继承。与此同时,由于刘邦将秦朝不行封建视作其二世而亡的主要原因之一,所以汉朝在地方采用了不同于秦朝郡县制的郡国并行体制。而在对内统治的过程中,秦朝的法治传统也大致得到了继承。

虽然刘邦在入关之初为了获得秦国故地百姓的支持,曾有"约法三章"之举。但即使如此,其时刑法仍然是极为残酷:"虽有约法三章,网漏吞舟之鱼,然其大辟,尚有夷三族之令。令曰:'当三族者,皆先黥、劓,斩

[①] 《汉书》卷19上《百官公卿表上》,第722页。李开元先生系统论述了秦楚汉历史的连续性并指出汉承秦制发端于汉中改制。卜宪群《秦制、楚制、汉制》(《中国史研究》1995年第1期)则阐明了秦楚汉制度的嬗变过程及其原因。虽然在西汉初年曾经出现分封异姓及同姓诸侯王的情况,但在刘邦统治时期,同姓诸侯王已被陆续清除;而通过晁错削藩、平定"七国之乱",以及武帝时期推行推恩令及酎金夺爵措施的施行,郡县制在地方行政中的核心地位继续得以保持。另外,本文还参考了李开元《汉帝国的建立与刘邦集团:军功受益阶层研究》(三联书店2000年版)关于西汉异姓及同姓诸侯国来源的解释。

左右止,笞杀之,枭其首,菹其骨肉于市。其诽谤詈诅者,又先断舌。'故谓之具五刑。彭越、韩信之属皆受此诛"。① 此后,又因为"四夷未附,兵革未息,三章之法不足以御奸,于是相国萧何攗摭秦法,取其宜于时者,作律九章"。② 其中,断裂人体的肉刑仍不在少数。直至文帝及景帝时期,才有废止肉刑及减轻笞数的措施。但正如学者所说,"汉初皇帝要以德化民,确曾蠲除了一些苛法。但汉律既以秦法为蓝本,以严刑峻法治理民众的基本精神就不会改变。所以,汉文帝虽然被称为'专务以德化民,是以海内殷富,兴于礼仪'的圣君,《史记·儒林列传》仍说他'本好刑名之言'。"③

通过对秦朝灭亡的持续反思,继萧何出任相国的曹参等人对中央政府的施政理念进行了调整,即改秦朝独尊法术下的严刑苛法为黄老无为而治。曹参继萧何为相国后,对于萧何以往的政策,"举事无所变更,一尊萧何之约束。择郡国吏木诎于文辞,重厚长者,即召除为丞相史。吏之言文刻深,欲务声名者,辄斥去之。"但实际上,曹参与萧何的治国理念却大不相同。早在相齐之时,曹参就向"善治黄老言"的胶西盖公请教治国之道。盖公指出为政者如能"贵清静"则百姓自然安居乐业。曹参以盖公所建议的黄老之术治齐,"故相齐九年,齐国安集,大称贤相"。④ 在出任相国之后,曹参又把黄老之学带进汉廷并在政治实践中加以推行,以黄老思想从事政治实践,从而在一定程度上修正了萧何时期的法治倾向。自曹参开始,黄老之学在汉廷流行开来,"孝惠皇帝、高后之时,黎民得离战国之苦,君臣俱欲休息乎无为,故惠帝垂拱,高后女主称制,政不出房户,天下晏然。刑罚罕用,罪人是希。民务稼穑,衣食滋殖。"⑤而继之为相的陈平也"本好黄帝老子之术"。文景时期,继续推行黄老思想。"窦太后好黄

---

① 《汉书》卷 23《刑法志》,第 1104 页。
② 《汉书》卷 23《刑法志》,第 1096 页。
③ 史建群:《儒道法治国方略与汉初政治》,《郑州大学学报》1990 年第 3 期,第 90 页。
④ 《史记》卷 54《曹相国世家》,第 2028—2029 页。
⑤ 《史记》卷 9《吕太后本纪》"太史公曰",第 412 页。

帝、老子言,(景)帝及太子诸窦不得不读《黄帝》、《老子》,尊其术。"①此外,《史记》又载:"魏其、武安俱好儒术,推毂赵绾为御史大夫,王臧为郎中令……太后好黄老之言,而魏其、武安、赵绾、王臧等务隆推儒术,贬道家言,是以窦太后滋不说魏其等。及建元二年,御史大夫赵绾请无奏事东宫。窦太后大怒,乃罢逐赵绾、王臧等,而免丞相、太尉。"②所以,到了景帝时期,黄老学说取代了秦朝法家学说成为汉朝具有主流地位的统治思想。③

在黄老思想的指导下,汉初的统治者一方面颁布法令,嘉奖农耕,减轻田租,减免徭役;另一方面,中央政府对包括郡国在内的地方经济的发展采取了不予过分干涉的经济政策,以期望达到"与民休息"的目的。④经过汉初数十年的政治实践,以"无为"为主导思想的治国理念起到了切实的效果。到了文帝和景帝时期,国家政治比较清明,百姓承担的徭役和赋税与前世相比有了大幅度的减轻,社会经济得以恢复,百姓安居乐业。对此,史书载:"百姓无内外之徭,得息肩于田亩,天下殷富,粟至十余钱,鸣鸡吠狗,烟火万里,可谓和乐者乎!"⑤对于这种旺盛的自给自足的小农经济,司马迁亦是赞誉有加:"文帝时,会天下新去汤火,人民乐业,因其欲然,能不扰乱,故百姓遂安。自年六七十翁亦未尝至市井,游敖嬉戏如小儿状。"⑥

西汉建立伊始,挟统一中原的余威,刘邦曾希望通过战争的手段一举消除匈奴在北方的军事威胁。但在经历了白登之围的挫败后,刘邦认识到西汉当时的军事实力还不足以与匈奴进行直接对抗,于是采取娄敬的

---

① 《史记》卷49《外戚世家》,第1975页。
② 《史记》卷107《魏其武安侯列传》,第2843页。
③ 对于西汉政府对黄老学说的接受过程,参见罗新:《从萧曹为相看所谓"汉承秦制"》,《北京大学学报》1996年第5期,第79—85页。
④ 参见郑建萍:《黄老思想及其对汉初治道之影响》,《陕西师范大学学报》1997年第3期,第74—80页。
⑤ 《史记》卷25《律书》,第1242页。
⑥ 《史记》卷25《律书》"太史公曰",第1243页。

建议,在对外政策方面进行了大幅度的调整,开始通过和亲的方式以缓和与匈奴的关系。和亲政策并没有给西汉带来真正的长治久安,所以桑弘羊才会指责匈奴"数和亲,而常先犯约,贪侵盗驱,长诈之国也。反复无信,百约百叛"。①但和亲政策毕竟在汉匈之间减少了爆发大规模战争的风险,有利于西汉王朝集中力量解决内部问题,巩固统治,恢复和发展经济。再加上当时汉朝的军力、物力不足,需要一个安定的环境发展经济,增强国力。因此,惠帝、吕后及此后的文景时期,一直坚持实行对匈奴的和亲政策。即使是在莫顿单于致吕后以谩书的情况下,西汉也不敢断绝与匈奴的关系,而只能是沿用和亲政策以保持双方相对脆弱的和平关系。正如班固所说:"汉兴已来,旷世历年,兵缠夷狄,尤事匈奴。绥御之方,其涂不一,或修文以和之,或用武以征之,或卑下以就之,或臣服而致之。虽屈申无常,所因时异,然未有拒绝弃放,不与交接者也。"②所以,在汉朝初建阶段,如何恢复国力并借此稳固对国家内部的统治是西汉君臣最为关注的问题。

(二)汉武帝时期国家治理重心的调整

经过汉初数十年的休养生息,到汉武帝刘彻即位之时,西汉王朝的经济实力已经获得充分的恢复和发展。故司马迁评价道:"至今上(武帝)即位数岁,汉兴七十余年之间,国家无事,非遇水旱之灾,民则人给家足,都鄙廪庾皆满,而府库余货财。京师之钱累巨万,贯朽而不可校。太仓之粟陈陈相因,充溢露积于外,至腐败不可食。众庶街巷有马,阡陌之间成群……故人人自爱而重犯法,先行义而后绌耻辱焉。"③通过经济的长期稳定发展,西汉的国力得以大幅提升。此外,汉武帝即位后沿用了文景时期所确立的不断加强中央集权的做法,通过颁布"推恩令"、"左

---

① 王利器校注:《盐铁论校注(定本)》卷8《和亲第四十八》,新编诸子集成本,中华书局1992年版,第514页。
② 《后汉书》卷40下《班固传》,中华书局1965年版,第1374页。
③ 《史记》卷30《平准书》,第1420页。

官律"、"附益法"等政策,并通过"酎金夺爵"的方式,进一步削弱诸侯的势力,着力加强对内统治,使得中央集权得到了进一步的强化。

根据《汉书·武帝纪》元光元年(前134年)五月所载的诏书,可知汉武帝所羡慕和追求的是唐尧、虞舜、夏、商、周那样的圣王盛世。① 武帝赞同大一统,强调中原王朝的核心地位,并对董仲舒提出的"春秋大一统者,天地之常经,古今之通谊"的思想表示认同。② 在汉匈实力对比发生根本性变化的前提下,针对西汉"饰子女以配单于,币帛文锦,赂之甚厚。单于待命加嫚,侵盗无已,边竟数惊"的现实,③武帝不愿再沿用此前对匈奴卑辞厚币以事之的和亲政策,而是开始考虑对治国理念进行调整。④ 虽然元光二年(前133年)武帝君臣精心筹划的"马邑之谋"并未成功,但却明确表明汉王朝放弃了自汉初以来长期沿用的和亲政策,从而开始使用武力手段解决对匈问题。武帝利用具有强制剥夺性质的算缗告缗政策以及盐铁官营等方式,获得大量的财富,目的就是为了彻底解决对匈问题。对此,桑弘羊《伐匈奴议》曾有切实的记述:"匈奴背叛不臣,数为寇暴于边鄙,备之则劳中国之士,不备则侵盗不止。先帝哀边人之久患,苦为虏所系获也,故修障塞,饬烽燧,屯戍以备之。边用度不足,故兴盐、铁,设酒榷,置均输,蓄货长财,以佐助边费。"⑤通过采取持续积极进取的对外经营策略,武帝不仅首次将河西地区纳入了中央王朝的统辖范围,更是彻底地扭转了自汉初以来所形成的汉王朝在汉匈关系中始终处于劣势的局面,基本上解除了匈奴对于西汉的军事威胁。

不过由于长期的对外战争超出了民众的承受能力,再加上武帝滥用民力、任用酷吏等弊政的推行,严重影响到了西汉王朝的对内统治。过度

---

① 《汉书》卷6《武帝纪》,第161页。
② 王绍东:《汉武帝转变对匈奴政策的原因新论》,《秦汉研究》第6辑,陕西人民出版社2012年版,第84—93页。
③ 《汉书》卷52《韩安国传》,第2399页。
④ 对于汉武帝转变对匈策略的情况,参见高荣:《论西汉对匈奴政策的演变》,《西北第二民院学报》2004年第1期,第18—22页。
⑤ 《盐铁论校注》卷1《本议第一》,第2页。

的经略也给西汉政府带了巨大的财政负担,由于"师旅之费,不可胜计。至于用度不足,乃榷酒酤,管盐铁,铸白金,造皮币,算至车船,租及六畜。民力屈,财用竭,因之以凶年,寇盗并起,道路不通"。① 所以,在成功消除外患的同时,西汉的内政治理却开始逐渐恶化。即使是正面评价武帝对外经略政策的陈忠,也不得不指出:"汉兴,高祖窘平城之围,太宗屈供奉之耻。故孝武愤怒,深惟久长之计,命遣虎臣,浮河绝漠,穷破虏庭。当斯之役,黔首陨于狼望之北,财币糜于卢山之壑,府库单竭,杼柚空虚,算至舟车,赀及六畜。"② 此外,在武帝统治后期,大规模的流民问题及连续的武装起义也动摇了中央王朝统治的根基。在此背景下,针对搜粟都尉桑弘羊等人在车师国王降附后,提议在轮台、渠犁实行大规模屯田,以巩固西汉在西域统治的建议,汉武帝下《轮台诏》予以拒绝。③ 诏书在全面反思以往政策的基础上,对此后的对内、对外政策进行了调整。④ 不过各种社会矛盾的集中爆发,已经严重削弱了西汉王朝对其内部的统治能力。

经过汉初至武帝统治末期之间的几度调适,西汉对内外关系的处理在昭宣时期基本上达到一种平衡状态。在这个阶段,西汉对内改变了汉武帝时期不恤民力的做法,开始采取恢复生产,稳定社会的措施。在对匈关系方面,汉朝一改此前过度依赖武力的方式,汉匈之间恢复了此前中断的和亲。⑤ 到了甘露元年,呼韩邪单于更是率领部众南下降附汉朝,匈奴的外在威胁基本上被消除。

从总体上看,西汉初年在国家及行政体系上沿袭了秦朝所开创的各项制度,不过鉴于秦朝因暴政而迅速灭亡的历史教训,故调整了对内统治的总体思路。其中,在指导思想上由严刑峻法转为推崇黄老思想,在具体

---

① 《汉书》卷96下《西域传下》,第3928—3929页。
② 《后汉书》卷88《西域传》,第2911—2912页。
③ 《汉书》卷96下《西域传下》,第3929页。
④ 参见田余庆:《论轮台诏》,《历史研究》1984年第2期,第3—20页;收入氏著:《秦汉魏晋史探微(重订本)》,中华书局2004年版,第30—62页。
⑤ 高福顺:《论昭宣时期的拨乱反正政策》,《长白学刊》2003年第2期,第75—78页。

的政治实践中实行"无为而治"的统治策略。在对外政策方面,汉初在"白登之围"后对匈基本上采取和亲妥协的消极政策。但至汉武帝时期,对内及对外政策为之大变。随着国力的恢复与提升,统治者对内通过强化中央集权统治,以提升中央对地方的控制能力;对外则放弃和亲策略,转而采取积极拓展疆域的进攻态势。不过,武帝时期的对外经略虽然取得了辉煌的成就,但因为超过了民众可以承受的范围,故导致了诸多社会矛盾的激化。为了扭转自身国力持续削弱的趋势,汉武帝在晚年对其前期的政策进行了调整。但随着统治集团日渐腐朽没落,西汉王朝对内的控制力也大幅度下降,并最终使统治集团的权力在内部发生了转移。

(三)东汉时期统治者的治国理念及其实践

自公元 25 年建立,至 220 年被曹魏取代,东汉国祚绵延近 200 年。综观东汉的历史,其大致可以分为两个时期:光武、明、章三世 60 余年的前期,以及此后百余年的后期。东汉前期主要的历史特征为中兴大治,后期则为外戚与宦官交替专权,朝政混乱不堪。所以,东汉前期的统治思想显然更能作为这一时期积极作为的特征。在东汉初年豪强地主势力的兴衰强弱、柔道思想内在矛盾的冲突统一、统治者的个性风格等因素的相互作用下,东汉前期的对内统治方略曾发生过由"柔道"到"严切",再转而"宽厚"的重大转变。[①] 与此同时,东汉王朝的对外经略也发生了相应的变化。

由于经历了新莽末年的长期混战,东汉初期的社会经济极为残破。即使到了建武十二年,中原地区仍然处于"中国未安,米谷荒贵,民或流散"的状况。[②] 除了经济状况不佳之外,东汉王朝所面临的政治状况也发

---

① 对于东汉前期统治理念的演变,参见曹金华:《汉明帝及其"严切"政治》,《扬州大学学报》1999 年第 3 期,第 59—64 页;曹金华:《东汉前期统治方略的演变与得失》,《安徽史学》2003 年第 3 期,第 12—17 页;杨建宏:《论东汉明章时期柔道政策的两极分化》,《长沙大学学报》1996 年第 4 期,第 64—68 页。

② 《后汉书》志第十《天文志上·光武十二》,第 3221 页。

生了很大的变化,豪强地主成为新王朝的统治核心。为了尽快恢复正常的经济和政治秩序,同时也为了调节皇权与统治集团的关系,光武帝刘秀在统治过程中采用了儒法并用的"柔道治国"策略。

从指导思想上看,光武帝的"柔道治国"与西汉初年所确立的"黄老无为"思想之间一脉相承,而且光武帝力图恢复统治秩序的措施与西汉初年的政策颇有相似之处。刘秀的"柔道治国"方略体现了儒家的为政宽和,但与此同时,其也不排斥对权力和法律的尊崇。在"柔道治国"治国思路的指导下,刘秀在政治层面上采取了"退功臣而进文吏"的举措。只不过刘秀在对待功臣方面的态度与西汉开国的高祖刘邦不同,并非通过大规模的暴力诛杀,而是通过经济赎买等相对和缓的方式予以实现。与此同时,在东汉初年的统治稳固后,刘秀对待功臣和外戚也是采取了严加防范的态势,故史书中才会有"光武承王莽之余,颇以严猛为政"的结论。①

在以"柔道"治国的理念指导下,光武时期的朝臣多持"获无用之房,不如安有益之民;略荒裔之地,不如保殖五谷之渊;远救于已亡,不若近而存存"的论调,②将对外经略与对内治理截然对立起来。终光武一朝,相对于对外经略,东汉政府更为关注的是内政的治理。所以,在西域诸国屡次提出愿遣质子入侍,并请东汉政府派遣西域都护镇抚的情势下,光武帝却以"中国初定,北边未服"为理由,"皆还其侍子"。当鄯善、焉耆等国在建武二十二年(46年)再次表示愿遣子入侍、请立都护时,光武帝竟以东汉"大兵未能得出,如诸国力不从心,东西南北自在也"答之。③ 西域诸国在请立都护的希望彻底破灭后,只好重新依附于匈奴。④ 即使是在匈奴发生分裂、南匈奴主动南下归附的情况下,东汉针对留居漠北的北匈奴也

---

① 《后汉书》卷41《第五伦传》,第1400页。
② 《后汉书》卷80《文苑传》,第2607页。
③ 《后汉书》卷88《西域传》,第2924页。
④ 陈金凤:《汉光武帝边防政策及其相关问题论析》,《史学集刊》2008年第1期,第49—55页。

只是采取了既不许和亲、又不中断往来的羁縻之策。① 对于原归属于匈奴的乌桓、鲜卑等少数民族,东汉则采取利诱的方式,将其内迁至东汉北部的缘边诸郡,以作为与匈奴之间的战略缓冲。光武帝"以夷制夷"的对外政策效果比较明显,得到了当时大多数朝臣的支持。故南匈奴单于在章和二年(88年)请求东汉"出兵讨伐,破北成南,并为一国"时,耿秉才会提出:"昔武帝单极天下,欲臣虏匈奴,未遇天时,事遂无成。宣帝之世,会呼韩来降,故边人获安,中外为一,生人休息六十余年。及王莽篡位,变更其号,耗扰不止,单于乃畔。光武受命,复怀纳之,缘边坏郡得以还复。乌桓、鲜卑咸胁归义,威镇四夷";② 尚书宋意也指出:"光武皇帝躬服金革之难,深昭天地之明,故因其来降,羁縻畜养,边人得生,劳役休息,于兹四十余年矣。"③

刘秀驾崩后,其第四子刘庄即位,是为明帝。由于刘秀在选择继承人过程中并未遵循立嫡立长的传统原则,所以在东汉王朝统治内部积聚了尖锐的矛盾。明帝在面对诸侯王对王权统治的威胁以及豪强地主、外戚势力膨胀等现实问题时,并没有沿用乃父"柔道治国"的统治方略,而是转而采用了"严切"的统治方式。④ 虽然根据《后汉书·明帝纪》的记载,明帝"遵奉建武制度,无敢违者",不过明帝在遵行"建武制度"的过程中,更多的是继承并发展了刘秀在稳固统治后所表现出来的尚法的一面,即所谓的"严猛为政",而放弃了东汉建立初年治国过程中尚柔尚儒的部分。对此,史书对于明帝颇为诟病。《后汉书·钟离意传》即载:"(明)帝性褊察,好以耳目隐发为明,故公卿大臣数被诋毁,近臣尚书以下至见提拽……朝廷莫不悚慄,争为严

---

① 马勇:《论东汉王朝对北匈奴的政策》,《云南民族大学学报》2003年第6期,第93页。
② 《后汉书》卷89《南匈奴传》,第2953页。
③ 《后汉书》卷41《宋意传》,第1416页。臧知非《"偃武修文"与东汉边防》(《人文杂志》2008年第4期,第132—137页)认为东汉时期之所以采取消极对外政策,根本原因在于刘秀所确定的偃武修文的治国方针。
④ 参见曹金华:《东汉前期统治方略的演变与得失》,《安徽史学》2003年第3期,第12—14页。

切,以避诛责"。① 在"政事严切"的环境中,作为中央朝官体系中最为尊崇的三公也不免饱受鞭杖之刑,"或失而其礼稍薄,至诛斥诘辱之累"。② 相对于公卿百官、功臣后裔以及外戚势力,明帝对于威胁到皇权的宗室诸王更是严密控制并打击。因为图谋作乱、交通方士或其他不法名目被杀或治罪的宗室诸王先后有山阳王刘荆、楚王刘英、淮阳王刘延、中山简王刘焉、济南王刘康等。虽然宗室中不乏如北海王刘睦,企图通过自称"志意衰惰,声色是娱,犬马是好"以自保者,但在明帝的政治高压下,刘秀九子中先后有七人因谋反及其他罪名获罪,"严猛"成为明帝时期对内统治中最为鲜明的特征。

与明帝对内"严猛"统治相适应,东汉王朝的对外政策出现了积极经略的趋势。③ 针对北匈奴胁迫西域诸国"寇抄边郡,焚烧城邑",河西"郡县城门昼闭"的严峻形势,永平十六年(73年)春二月,明帝"遣太仆祭肜出高阙,奉车都尉窦固出酒泉,驸马都尉耿秉出居延,骑都尉来苗出平城,伐北匈奴"。④ 在东汉的四路大军中,耿秉、来苗、祭肜等三路皆无功而返,西征的窦宪则大破匈奴呼衍王于天山,夺取了伊吾庐之地,并在此设置宜禾都尉以屯田,重新开始了对西域的经营。至此,"西域自绝六十五载,乃复通焉"。西域的于阗等国皆派遣子弟前往洛阳充当宫廷宿卫,以表示对东汉王朝的归附。东汉重新经营西域之初,明帝派遣郑众为中郎将居住在敦煌,以管理西域事务。永平十七年(74年),明帝又派遣窦固和驸马都尉刘张出敦煌昆仑塞,在蒲类海击破了白山虏。这一方面解除了来自北面的匈奴对伊吾的威胁,另一方面也打通了通往车师的道路。随后,汉政府在西域设置了西域都护和戊己校尉的管理机构,恢复了汉朝对西域的统治。

永平十八年明帝驾崩,太子刘炟即位,是为章帝。章帝即位后,接受

---

① 《后汉书》卷41《钟离意传》,第1409页。
② 《后汉书》卷33《朱浮传》,第1146页。
③ 对于东汉明帝时期的对外政策,参见高荣:《东汉西北边疆政策述论》,《学术研究》1997年第7期,第42—46页。
④ 《后汉书》卷2《明帝纪》,第120页。

了不满于明帝严切之政的第五伦等大臣的建议,凡事"惇惇归诸宽厚,将惩苛切之敝"。① 章帝即位之初,有鉴于明帝时期连年征战对于国力的耗损,乃以中原大旱、力有不及的名义,下令撤回西域都护和戊己校尉。建初二年(77年),章帝又罢除了屯田于伊吾卢的军队,北匈奴趁机出兵占领其地,东汉与西域的关系再次断绝。

在继章帝而即位的和帝时期,控制朝政的窦太后对章帝时期放弃对外经略的政策进行了调整。章和二年(88年)十月,窦宪被任命为车骑将军,率汉军并指挥南匈奴的军队讨伐北匈奴。窦太后主动对外经略的做法,在东汉统治集团内部遭到了众多朝臣的反对。以三公九卿为主体的朝臣在上书中指出:"匈奴不犯边塞,而无故劳师远涉,损费国用,徼功万里,非社稷之计。"尚书宋意认为应该利用北匈奴"西遁,请求和亲"的机遇,"因其归附,以为外扞"。② 除此之外,侍御史鲁恭、尚书令韩稜、骑都尉朱晖、议郎乐恢、侍御史何敞等人皆上书切谏,反对开边用兵。就是在大臣一致反对的声浪中,窦太后主导的东汉政府派遣车骑将军窦宪等"发北军五校、黎阳、雍营、缘边十二郡骑士及羌、胡兵出塞"。在南匈奴的配合下,东汉军队大破北匈奴于稽落山,北单于遁走,窦宪"遂登燕然山,去塞三千余里,刻石勒功,纪汉威德"。③ 此后,东汉先从北匈奴手中夺回了伊吾卢之地,又败北匈奴于金微山,"北单于逃走,不知所在"。④ 凭借一系列主动的对外经略,东汉在和帝时期取得了对北匈奴的绝对优势。不过,窦氏家族借助军功迅速崛起并把持朝政局面的形成,为此后和帝利用宦官集团清除外戚的行动埋下了伏笔。⑤

由于东汉建立初期经济残破,国家百废待兴,再加上此时国家统治的政治重心已由关中转移至中原地区,所以光武帝在处理内外关系时采取

---

① 《后汉书》卷41《第五伦传》,第1402—1403页。
② 《后汉书》卷41《宋意传》,第1416页。
③ 《后汉书》卷23《窦宪传》,第814页。
④ 《后汉书》卷23《窦宪传》,第818页。
⑤ 参见王健:《汉和帝铲除窦宪集团考论》,《中国史研究》2013年第3期,第21—39页。

的姿态明显与西汉武帝时期不同。"退功臣而进文吏"是光武帝"柔道治国"理念在对内政治时的主要表现形式之一；对外政策，尤其是西北边疆政策则由汉武帝时期的积极进取转化为消极防御、被动退守，①即所谓的"戢弓矢而散马牛"。虽然此后的明帝和章帝都曾依据实际情况，遵循"宽以济猛，猛以济宽"的原则对统治政策进行适度的调整，但其统治方略的调整都存在矫枉过正的弊病。尤其是章帝对明帝的"严切"之政有着大幅度的调整，故《后汉书·章帝纪》论曰："章帝素知人厌明帝苛切，事从宽厚。"②章帝的"宽厚"政策不仅为其继任者和帝全盘继承，更是得到了进一步的发展，以至于到了不可收拾的地步。在这一政策的影响下，不仅外戚的势力得到了空前的发展，也使得宦官势力迅速膨胀。也正是从这一时期开始，东汉皇权统治中的"孤儿寡母"的政治形态开始逐渐形成，这最终导致外戚和宦官交替专权成为东汉中后期政治的最大特色。由此，东汉朝政日益衰朽，最终在黄巾起义及统治集团内部激烈争斗的双重作用下，走到了历史的尽头。

三、西晋时期的治国实践及其教训

在经历了东汉末年的持续动乱之后，出现了魏、蜀、吴三国鼎立的局面。咸宁六年（280年）三月，曹魏的后继者西晋攻灭了偏安于江南的孙吴政权。由于在西晋建国之前，建都于成都的蜀汉已经亡于曹魏，故自东汉末年以来所形成的军阀混战局面至此结束。作为大一统的王朝，西晋的疆域大体上东至海，西达葱岭，西南至今越南的中、北部，北越大漠，此即卫瓘所言的"东渐于海，西被流沙，大漠之阴，日南北户，莫不通属"。③虽然在晋武帝统治时期出现了"太康之治"的盛世，但基于魏晋禅代、权臣

---

① 对于光武帝时期西北边疆政策的形成过程及影响，参见高荣：《东汉西北边疆政策述评》，《学术研究》1997年第7期，第42—46页。
② 《后汉书》卷3《章帝纪》，第159页。
③ 《晋书》卷21《礼志下》，中华书局1974年版，第655页。

篡权的历史教训,司马炎对曹魏时期的国家统治制度进行了调整。首先,针对曹魏苛禁宗室的政策导致诸王无力藩卫中央,从而被司马氏所取代的历史教训,晋武帝"惩魏氏孤立之敝,故大封宗室,授以职任"。① 其次,晋武帝为了防范出现威胁皇权统治的权臣,对包括平吴功臣在内的功臣群体采取了持续排挤的态度。② 而随着东汉末年至曹魏时期南匈奴等少数民族大量迁入,秦汉时期中央政府所面临的外患问题就转化为西晋王朝内部治理的重要问题之一。面对大量少数民族与汉族杂居于中原的现实,晋武帝并没有接受郭钦等人的"徙戎"提议,而是希望能够通过民族融合以实现"天下一统"的愿望。为了维持西晋王朝统治的长期稳定,晋武帝在施政中"事事曲设疑防,虑方来之患"。③ 但由于在继承人的选择上存在严重失误,再加上国家统治制度的设计也存在缺陷,武帝死后不久,西晋就爆发了历时16年之久的"八王之乱"。西晋统治集团内部矛盾的持续发展,使得西晋内部的民族矛盾日趋严重,最终"由藩王争权,自相诛灭,遂使戎狄乘隙,毒流中原"。④

(一)西晋时期对宗室分封

曹魏时期,曹丕一方面继承了西汉以来削弱诸侯王的策略,另外也因为在继嗣问题上与曹植存在矛盾,所以采取了苛禁宗室的政策。而这项政策在曹丕死后仍然得以贯彻实施。曹魏虽然也封建同姓王侯,正如陈寿所指出的那样:"魏氏王公,既徒有国土之名,而无社稷之实,又禁防壅隔,同于囹圄;位号靡定,大小岁易;骨肉之恩乖,常棣之义废。"⑤此外,《袁子》一书对于曹魏苛禁宗室的情况也有详细记述:"魏兴,承大乱之后,

---

① 《资治通鉴》卷79"晋武帝泰始元年"条,中华书局1956年版,第2493页。
② 对于晋武帝防范功臣的情况,参见董慧秀:《从平吴功臣的处置看晋武帝对异姓权臣的防范》,《南京师大学报》2012年第4期,第62—67页。
③ 《晋书》卷42《王浑传》,第1203页。
④ 《晋书》卷62《祖逖传》,第1694页。
⑤ 《三国志》卷20《魏志·武文世王公传》,中华书局1959年版,第591页。

民人损减,不可则以古始。于是封建侯王,皆使寄地,空名而无其实。王国使有老兵百余人,以卫其国。虽有王侯之号,而乃侪为匹夫。县隔千里之外,无朝聘之仪,邻国无会同之制。诸侯游猎不得过三十里,又为设防辅监国之官以伺察之。王侯皆思为布衣而不能得。"①曹魏外无藩屏的政治格局,是其最终为司马氏取代的重要原因。

  作为世家大族代表的司马氏为了获得大族的支持,其在取代曹魏之前就已经着手对封建制进行改造。曹魏咸熙元年(264年)五月庚申,司马炎主持实施了五等爵制。② 此后,司马炎鉴于曹魏禁锢诸王,帝室孤立而灭的教训,在西晋建国初年就大肆分封宗室。对此,《晋书·地理志上》中有明确的记载。③ 虽然晋武帝大量分封同姓诸侯王的初衷就是为了"惩魏氏孤立之敝",但从西晋诸侯王分封的范围、王国官吏的任用以及领兵数量上看,西晋封建的力度要远逊于西汉时期。正如祝总斌先生所言,西晋时期"封诸王以郡为国",在规模上要远逊于西汉初年"藩国大者,跨州兼郡,连城数十"的诸侯分封;此外,西晋时期除了有诸如"名山大泽不以封,盐铁金银铜锡,始平之竹园,别都宫室园囿,皆不为属国"的封地限制外,即使是所封区域内,诸侯王所食的户数也只能相当于全部民户的三分之一左右,再次,虽然西晋有诸侯王"自选其文武官"的规定,但在实际的运作过程中,王国官吏的任用上,王国却受到了中央政府很大的限制;最后,虽然王国根据等级不同,领兵数会有差异,但相对而言西晋王国的兵额并不是太大。所以,学者通过上述几个层面的考察,指出西晋的诸侯王在财权、政权、军权等方面都受到了中央王朝的限制和控制。④

  咸宁三年(277年),由于担心齐王司马攸在武帝死后对太子司马衷的统治带来威胁,卫将军杨珧与中书监荀勖建议武帝对户邑制度进行修订,以平原、汝南、琅邪、扶风、齐为大国,梁、赵、乐安、燕、安平、义阳为次

---

① 《三国志》卷20《魏志·武文世王公传》裴注引《袁子》,第591—592页。
② 《三国志》卷4《魏志·陈留王奂纪》,第150页。
③ 《晋书》卷14《地理志上》,第413—414页。
④ 祝总斌:《"八王之乱"爆发原因试探》,《北京大学学报》1980年第6期,第2—4页。

国,其余为小国。对于封邑不满万户的小国,皆增加至万户。此外,不满五千户的郡侯也设置由中尉统领的一军一千一百人。① 虽然这些诸侯王在名义上"徒享封土,而不治吏民",但晋武帝为了避免再次出现东汉末年以来地方势力膨胀的局面,往往又将封建制与都督制相互结合,以诸王出专方任,都督方州军事,同时还兼任州刺史。通过武帝所制定的宗王出镇制度的实施,出镇的亲王既拥有军队,又得以掌管州郡民政,实现了军政合一,达到了"诸王宜大其国,增益其兵,悉遣守藩"的目的。②

与此同时,晋武帝在平吴之后,为了显示天下太平,于太康三年(282年)剥夺了地方刺史的领兵权,并裁撤了作为维持国内统治重要军事力量的州郡兵,"州郡悉去兵,大郡置武吏百人,小郡五十人"。③ 虽然武帝将尚书仆射山涛"不宜去州郡武备"的言论视作"天下名言",但正如唐长孺先生所言,西晋州郡的武备却并没有得到恢复,刺史不加将军、不领兵的军民分治制度终武帝之世乃至惠帝初年都继续执行。④ 随着地方州郡武备的丧失,握有军队的宗室诸王成为反对中央集权统治的潜在威胁。这些诸侯王在晋武帝在世之时,尚不至于有太大的危害,但随着晋惠帝司马衷即位之后统治集团上层政治斗争的激化,诸王为了争夺权力,内讧不已,形成了所谓的八王之乱。

(二)民族矛盾的爆发与西晋统治的崩溃

随着东汉时期北方匈奴势力的分化及衰减,中央王朝自秦及汉初以来所面临的内外关系格局也发生了重大转变。南匈奴的内附及包括南匈奴在内的各少数民族部众大量进入中原腹地,在大幅度提升内迁少数民族汉化水平及经济文化水平的同时,以往中央王朝积极对外经略以对抗

---

① 《晋书》卷24《职官志》,第744页。
② 参见张军:《西晋时期的地方军府与州府》,《阆江学刊》2013年第5期,第73—82页。
③ 《晋书》卷43《山涛传》,第1227页。
④ 唐长孺:《魏晋州郡兵的设置和废罢》,收入氏著:《魏晋南北朝史论拾遗》,中华书局1983年版,第141—150页。

边疆少数民族政权威胁的模式基本上被消解,积极应对外族侵扰的对外经略问题转化为中央王朝如何正确处理国内民族关系的内政问题。晋武帝时期针对外部的少数民族,采取了招抚为主、镇服为辅,同时积极招纳少数民族内附的民族政策。① 虽然西晋内部存在大量少数民族与汉族杂居的问题,但由于晋武帝将民族融合视作符合历史潮流之举,故并未采取郭钦等人的"徙戎"主张,而是希望借此实现"天下一统"的局面。但是晋惠帝时期统治集团内部的分裂和持续争斗,致使西晋国祚日衰,原本隐藏在深处的民族问题借助西晋统治集团的权力争斗逐渐凸显。在长达10余年的高层持续内斗中,为了攫取更多的政治利益,包括宗室诸王在内的政治势力纷纷招引内属的匈奴及鲜卑等少数民族参与内战,这也使得已经进入中原腹地的少数民族贵族趁势而起,最终导致了西晋王朝统治的彻底崩溃。

随着南匈奴的大量内迁,在东汉末年至曹魏时期,匈奴已经遍布并、雍、凉、秦及司州。建安年间,曹操将南迁少数民族中分布最为集中的南匈奴分为五部,每部以匈奴贵族为帅,并任用汉人为司马对其进行监督。曹魏末年,又将五部帅改为都尉。此外,东汉及西晋时期,大量的羌、氐内迁,被安置在凉州及秦州等地。东汉时期曾三次从陇西强徙降羌到关中。永憙元年(145年),羌人5万余户、近30万人被安置于关中。曹操也曾徙武都氐人5万余落、25万众到扶风。②

西晋初年,北匈奴西迁后滞留在草原上的匈奴及其别部发生了剧烈的变动,纷纷内迁归附于西晋。生活在漠北的匈奴因为遭遇水灾,故其塞泥、黑难等部两万余众南下归附于西晋,被晋武帝安置在宜阳等地。此后,这些内迁的部族多与晋人杂居,并扩散至平阳、西河、太原、新兴、上党、乐平诸郡。曹永年先生据《晋书·武帝纪》及同书《四夷·北狄·匈奴

---

① 尚志迈:《晋武帝与太康之治》,《内蒙古大学学报(哲学社会科学版)》1996年第3期,第86—87页。

② 对于东汉末年至曹魏时期少数民族内迁的情况,参见陈琳国:《西晋内迁杂胡与杂胡化趋势》,《学术月刊》2007年第10期,第114—115页。

传》《宣五王·扶风王骏传》的记载,勾稽了当时匈奴及匈奴别部较大的规模8次内迁。① 除了匈奴大量内迁外,其他少数民族内附或内属的情况也非常频繁。陈琳国先生根据《晋书·武帝纪》的记载,发现仅在晋武帝时期,除匈奴之外的少数民族内迁的就达12次之多。②

东汉至西晋初年连续的少数民族南下大迁徙对西晋政局产生了深刻的影响。泰始七年,单于刘猛发动叛乱,占据了孔邪城。武帝派遣娄侯何桢持节前往平叛。何桢看到叛军甚为凶悍,"非少兵所制,乃潜诱猛左部都督李恪杀猛,于是匈奴震服,积年不敢复反。其后稍因忿恨,杀害长史,渐为边患"。③

针对西晋王朝内部民族矛盾日益尖锐的现实,泰始四年(268年),时任御史中丞的傅玄上疏,认为"胡夷兽心,不与华同,鲜卑最甚",故建议西晋政府以"素有恩信于西方"秦州刺史胡烈负责经略、迁居内地的少数民族,并建议在高平川新置一郡,"因安定西州都尉募乐徙民,重其复除以充之,以通北道,渐以实边"。④ 太康元年(280年),侍御史郭钦上疏武帝,明确提出了"徙戎"的主张。⑤ 在上疏中,郭钦明确指出众多少数民族散处西北对于西晋王朝统治所带来的巨大威胁。针对"西北诸郡皆为戎居"的现实,郭钦建议晋武帝一方面"徙三河、三魏见士四万家以充之",即以内地的汉族民众补充北地、西河、安定等边郡,以便在少数民族本部与西晋统治中心区之间构建军事防线;另一方面,通过较为缓和的方式,外徙已经进入中央王朝腹心地区的少数民族,以减少这些少数民族对于中央王朝统治的威胁。但郭钦的上疏并没有得到晋武帝的首肯,在此之后,西晋

---

① 曹永年:《拓跋力微卒后"诸部叛离,国内纷扰"考》,《内蒙古师范大学学报》1988年第2期。
② 陈琳国:《西晋内迁杂胡与杂胡化趋势》,《学术月刊》2007年第10期,第114—122页。
③ 《晋书》卷97《北狄·匈奴传》,第2549页。
④ 《晋书》卷47《傅玄传》,第1322页。
⑤ 《晋书·北狄·匈奴传》,第2549页。

仍然在大量地接纳少数民族的内迁。①

惠帝元康六年（296年）八月，氐帅齐万年在关中起兵并僭号称帝。这场叛乱直至元康九年（299年）正月才被西晋的左积弩将军孟观平定。在这样的背景下，江统写出了著名的《徙戎论》。② 对于当时少数民族在内地的分布情况，江统《徙戎论》中"关中之人百余万口，率其少多，戎狄居半"的记载，虽然可能略有夸张，但当与实际情况相差不远。此外，自东汉以来即已内徙的南匈奴人数也多达数万家。再加上匈奴生性骁勇善战，且具有极强的机动性特点。一旦南匈奴生变，不仅会对并州带来威胁，而且会极大地威胁西晋的都城洛阳。所以，江统建议西晋政府将众多少数民族迁徙至其原居地，以远离西晋统治的核心区域。从指导思想上看，江统提议徙戎所依据的不外乎《春秋》的"内诸夏而外夷狄"理论。从具体的实施步骤看，江统的徙戎设想中不再包含以汉族民众补充至边郡，以阻隔外徙的少数民族与西晋内地的内容；此外，对于少数民族外迁过程可能会遇到的困难，江统也事先进行了充分的考虑，指出"若有穷乏糁粒不继者，故当倾关中之谷以全其生生之计，必无挤于沟壑而不为侵掠之害也"，并建议外迁的民众"附其种族，自使相赡"。虽然江统认为通过"徙戎"，可以到达"慰彼羁旅怀土之思，释我华夏纤介之忧"的双重效果，但其建议再次被西晋王朝所否定。

对于西晋王朝拒绝"徙戎"的原因，陈寅恪先生指出："郭钦的意见，有历史作根据。他虽不是第一个提出迁出戎狄建议的人，但徙戎问题到郭钦，即到晋武帝平吴之初，已成为一个突出的问题了。主张徙戎的人也多了起来，如傅玄和《徙戎论》的作者江统均主张徙出戎狄。然而戎狄的内迁，到晋武帝称帝时还在继续。这是一个历史的现象，或者说一种历史的趋势，现在要把戎狄迁出去，反其道而行之，几乎无此可能。武帝之所以

---

① 对于西晋时期的"徙戎"问题，参见张爱波、亓凤珍：《论民族融合大势之下的西晋"徙戎"理论》，《东岳论丛》2012年第7期，第90—94页。

② 《晋书》卷56《江统传》，第1529—1534页。

未采纳郭钦的意见,原因在此。"①张爱波、亓凤珍两位先生则从西晋统治者在军事和经济上对少数民族的"取足"之用、对徙戎政策造成的不稳定因素的担忧以及西晋王朝统治者所具有强烈的"天下一统"的思想等三点,系统论述了"徙戎论"不被西晋统治者所接受的具体原因。②此外,李鸿宾先生在探讨"徙戎论"的最终结局时,指出:"作为中原文化的保护者和承传者,中原皇朝的统治阶级在维护皇朝运作的时候,首先强调文化的属性以接纳不同的群体。'大一统'观念本身就将不同群体的纳入作为考虑的首选,只不过在皇朝强盛之时,它吸纳其他群体更能加强自己的利益,就表现出异常的宽厚和开放。然而当它力量薄弱而感到周边民族对它形成威胁时,就转而阻止他们内向发展,'华夷有别'的观念也被刻意强化。"③

值得注意的是,在泰始元年(265年)十二月的南郊大典中,除了朝中的官僚外,还包括南匈奴单于及四夷使者数万人参与其中。这可以表明晋武帝在即位之初,在一定程度上已经具备了"天下一统"的思想。如《晋书》卷3《武帝纪》所言,司马炎本人"仁以御物,宏略大度",具有突出的政治才能。其利用代魏后"民和俗静,家给人足"的有利局势,"聿修武用,思启封疆"。其中,"马隆西征,王濬南征",是其此前"天下一统"思想的具体实施。《晋书·武帝纪》中"师不延时,獯房削迹,兵无血刃,扬越为墟"以及武帝"通上代之不通,服前王之未服"的记载,虽然有过誉之处,但由于西晋政治在武帝时期尚比较稳定,故隐藏在深处的内部民族问题并没有即时得以凸显。④不过随着皇嗣所选非人问题的不断演化,西晋的政治在武帝之后陷入了长期的混乱之中。

随着宗室诸王军事斗争的升级,此前已经生活在西晋内地的匈奴,以

---

① 万绳楠整理:《陈寅恪魏晋南北朝史讲演录》,贵州人民出版社2007年版,第71页。
② 张爱波、亓凤珍:《论民族融合大势之下的西晋"徙戎"理论》,《东岳论丛》2012年第7期,第90—94页。
③ 李鸿宾:《〈徙戎论〉的命运与"天下一家"的格局》,《河北学刊》2005年第3期,第78页。
④ 《晋书》卷3《武帝纪》,第81页。

及仍处于边境之外的乌桓等少数民族被引入到西晋统治集团内部的争斗当中。① 以此为契机,原本属于西晋统治集团内部争夺最高统治权的政治争斗,转化为内迁少数民族反抗中央统治的动乱,并最终导致了西晋的灭亡。

四、隋唐王朝的治国理念及其转变

东晋十六国及南北朝时期,南北双方均有统一全国的意愿,故双方之间的"南侵"和"北伐"时常发生。但由于南北政权本身内部均存在严重问题,双方实力并没有太大的差距,故彼此之间维持了长期的均势。北魏分裂之后,东西魏及继之而起的北齐、北周政权之间,除了要应对南朝的政治及军事压力之外,还需面对彼此之间及北方突厥的现实威胁。所以,两者在与突厥的三角关系中,一方面力图维持与突厥的关系,另一方面致力于攻灭对方。而南朝政权由于自身实力的衰减,故对于经略北方已兴趣不大。从国家经略层面上看,上述政权均已丧失了作为统一帝国而存在的秦汉时期的大一统理念,彼此之间虽不乏征战,但大都满足于维持现状而已。开皇九年(589年),继承了北周政治遗产的隋朝攻灭了偏安江南一隅的陈朝,从而结束了自西晋以来持续数百年的分裂局面。作为重新实现大一统政治格局的隋朝及继之而起的唐朝都有继承秦汉时期文武并重的治国理念的愿望,两者均将保持内外平衡作为国家的最高战略目的。隋唐时期不仅致力于对内统治制度的改造和完善,同时在某些具体时期也加强了对外经略的力度。而其对外经略的成败得失反作用于国内政局,与隋唐王朝统治的盛衰产生了密切的联系。

---

① 关于西晋宗室及地方势力引入少数民族势力参与政争的问题,参见王仲荦:《魏晋南北朝史》,上海人民出版社2003年版,第202页。

(一)隋朝治国理念的形成及其实践

隋朝建立之初,为了提升皇权权威、加强中央集权,隋文帝通过重用高颎等人及对原北周勋贵进行持续抑制和打击的手段,在一定程度上打破了狭隘的"关陇集团"对于中央朝政的垄断。[①] 故《隋书》载:"其草创元勋及有功诸将,诛夷罪退,罕有存者"。[②] 其后,针对北周在中央及地方体制中遗留下来的诸多问题,隋文帝进行了大规模的制度调整。

杨坚在中央官制方面最大的变革就是以三省制取代了此前由宇文泰所创立的以《周礼》为依据的"六官"制度。不过作为中央文官制度核心的"六官"制只是出于权宜之计,创制时间不长已经不能维持,故逐渐改移,开始重新向汉魏旧制回归。此外,正如《周书》所载:"于时虽行《周礼》,其内外众职,又兼用秦汉等官。"[③]由此可见,宇文泰的"六官"制度只能是新旧杂糅的暂时性举措。故陈寅恪先生针对北周官制,即指出:"此绾所以依托关中之地域,以继述成周为号召,窃取六国阴谋之旧文缘饰塞表鲜卑之胡制,非驴非马。取给一时,虽能辅成宇文氏之霸业,而其创制终为后王所捐弃,或仅名存而实亡。"[④]在西魏及北周的"六官"体制中,大冢宰(天官)为六官之长,总领各种政务。为了防止朝臣借此专权,在武帝及宣帝时期,北周已经对六官体系进行调整和限制。隋朝建国后,为了分散臣权尤其是相权而加强君权,隋文帝在参照北齐制度,并在魏晋南北朝时期所增设的中书省及门下省功能趋于完备的基础上,以三省制取代了此前北周的"六官"体制。[⑤] 在这种中央行政体制之下,原本属于宫官体系的

---

① 韩昇:《隋文帝的"雄猜"与开皇初期政局》,《史学月刊》1999年第3期,第31—36页。
② 《隋书》卷2《高祖纪下》,中华书局1973年版,第54页。
③ 《周书》卷24《卢辩传》,中华书局1971年版,第404页。
④ 陈寅恪:《隋唐制度渊源略论稿》,三联书店2001年版,第20页。
⑤ 参见韩昇:《隋文帝传》,人民出版社1998年版,第121—123页。魏晋南北朝时期,真正的决策机构已经由秦汉时期的宰相府转移至脱胎于内朝的尚书省,王素先生称之为由"个人开府宰相制"向"施政机构宰相制"的演变。(王素:《三省制略论》,齐鲁书社1986年版,第157—159页)。

中书省和尚书省转而进入朝官体系。为了防止出现权臣专政的局面，文帝通过相互制约的方式以达到分散相权的目的。在三省制的体系中，三省长官及其他得以参预朝政的官员在皇帝的直接领导下，得以商议和决定国家的大政方针。而在诏令制定的过程中，不仅三省之间可以相互制约，而且皇帝还发挥着至关重要的作用。为了提高行政办事效率以加强集权，隋文帝一方面对作为行政执行机构的诸寺机构进行了省并，以改善行政机构职责重叠的局面；另一方面通过明确尚书省长官职掌、扩大内史省官员员额等方式，提升三省在行政体系中的重要性。① 隋文帝所实行的三省制，以施政机构长官作为宰相群体成员之一部分的形式取代了秦汉以来的以个人担任宰相以统辖整个行政体系的模式，在很大程度上防止了权臣擅权局面的出现。②

在完成中央官僚体制的改革后，文帝随即展开了对地方政区体系的调整。南北朝时期，南北双方普遍在地方施行州郡县三级制，但政区的建置存在置废无常、分合不定等弊端，更重要的是政区的建置单位都发生了超常规的膨胀。如孙吴天纪四年（280年），其在疆域内仅设置有4州、47郡、340县。而到了陈朝祯明二年（588年），在大致相同的范围则设置了44州、145郡、568县。参照两个时期县级政区的增设比例，南朝时期州郡数量的增加比例显然与常理有悖，从而出现了严重的滥置倾向。③ 滥设州郡的情况在北方地区同样广泛存在。北齐文宣帝天保七年（556年），即使在"并省三州、一百五十三郡、五百八十九县"的情况下，仍存55州、162郡、385县。而在北周大象二年（580年），其境内设156州、346郡、739县。④ 其中，双头郡县及多头郡县的情况也不在少数。地方政区的滥置不仅给国家带来了沉重的财政负担，而且还导致行政效率低下，从

---

① 韩昇：《隋文帝传》，第123—128页。
② 王素：《三省制略论》，第159页。
③ 参见胡阿祥：《六朝疆域与政区述论》，《南京理工大学学报（社会科学版）》2003年第1期，第10—17页。
④ 对于北齐及北周地方政区的数量，参见韩昇：《隋文帝传》，第151—152页。

而影响到了中央权威在地方的正常行使。隋开皇三年（583年），针对"当今郡县，倍多于古，或地无百里，数县并置，或户不满千，二郡分领。具僚以众，资费日多，吏卒人倍，租调岁减……官少民多，十羊九牧"的现实情况，河南道行台兵部尚书杨尚希上表文帝，建议"存要去闲，并小为大。"① 文帝在深思熟虑之后，采取了更为激烈的改革措施，即直接在地方行政体系中罢除了郡一级，确立了州、县两级体制。对于县以下的基层组织，则"制人五家为保，保有长。保五为闾，闾四为族，皆有正。畿外置里正，比闾正，党长比族正，以相检察焉"。② 开皇九年，隋朝攻灭陈朝后，随即将原施行于北方的政区制度推行到南方。至此，自东汉末年以来相沿数百年之久的州郡县三级制又回归到州县二级制。通过减少地方行政层级，地方官吏机构得到了改革与精简，不仅减轻了国家的负担，还在很大程度上提升了地方行政机构的效率，使得中央对地方的控制也得以加强。

随着国家内部统治的稳定，以突厥为代表的北部边患问题以及割据江南的陈朝逐渐成为隋王朝最亟需解决的两大重要问题。受到隋文帝天下观的影响，在面对南北方向的两大敌对势力时，隋朝采用了不同的应对措施。早在隋初建立之初，对于偏安于江南一隅的陈朝，隋文帝就曾有"我为百姓父母，岂可限一衣带水，不拯之乎"的言论。而隋朝新都大兴城在设计思想方面，则充分体现了隋文帝当时的天下观念。如大兴城平面近方形的设计是当时国土观念的体现，而宫城、皇城置于都城之北体现了"王者受命创始建国，立都必居中土"的传统观念。所以，大兴城的平面结构所象征的正是文帝心中假想的隋朝天下的缩影。③ 深受华夏文化影响的陈朝统治区被隋文帝纳入了"天下"的视野之内，而作为少数民族政权存在的突厥及吐谷浑等则被排除在外。文帝对于北方的突厥及西北的吐谷浑，所期望的只是建立起对等以至于藩属的关系。

---

① 《隋书》卷46《杨尚希传》，第1253页。
② 《隋书》卷24《食货志》，第680页。
③ 尚民杰：《隋唐长安城的设计思想与隋唐政治》，《人文杂志》1991年第1期，第90—94页。

早在西魏初期,突厥已经崛起于漠北草原,占据了东自辽海,西至西海,南自沙漠,北至北海的辽阔疆域。为了避免突厥的攻击,东魏和西魏及继之而起的北齐和北周争相以财货厚赂突厥。隋朝代北周之后,因战略形势已经发生变化,故文帝并没有延续北周、北齐以厚赂结好突厥的做法,从而导致双方的关系急剧恶化。开皇二年(582年),突厥自固原进犯,致使"武威、天水、安定、金城、上郡、弘化、延安六畜咸尽"。① 虽然文帝即位后采取的是以防御为主的治边战略,但为了解除突厥对隋朝的威胁,其还是采取了一系列主动的应对策略。其中,为了增强抗击突厥的军事实力,文帝在北部边疆建立起了一套与军事及行政密切结合的军事防御体系。此外,隋朝还修缮和增修了长城等关防设施,强化了对北疆的防戍力度。② 除了运用积极防御的措施外,隋文帝还采取了长孙晟所提出的"远交而近攻,离强而合弱"的策略,成功促使突厥分裂为东、西二部,③并最终迫使东突厥沙钵略可汗于开皇五年(585年)向隋朝上表称臣。

受到儒家"天下定于一"思想的影响,对于割据南方的陈朝及后梁,文帝完全将其视为华夏中国的内部问题,必欲灭之而后快。所以,隋朝在稳固北方及西北边防之后,随即展开了武力统一南方的战略步骤。文帝先是在开皇七年趁后梁主萧琮入朝之机,废梁国。开皇九年正月,隋朝又展开了针对陈朝的大规模兼并战争,最终统一全国。但仅仅在攻灭陈朝的数月之后,文帝就颁发诏书,宣布:"禁卫九重之余,镇守四方之外,戎旅军器,皆宜停罢","人间甲仗,悉皆除毁"。④ 开皇十年五月,文帝又下诏对此前的府兵制进行了改革,"凡是军人,可悉属州县,垦田籍帐,一与民同。军府统领,宜依旧式。罢山东、河南及北方缘边之地新置军府。"⑤根据上述诏书,学者指出隋朝在完成国家统一后,开始推行偃武修文政策。除了

---

① 《隋书》卷84《北狄传》,第1866页。
② 王力平:《隋朝的边疆经略》,《中国边疆史地研究》1999年第1期,第1—14页。
③ 《隋书》卷51《长孙晟传》,第1331页。
④ 《隋书》卷2《高祖纪》"开皇九年四月壬戌"条,第33页。
⑤ 《隋书》卷2《高祖纪》"开皇十年五月乙未"条,第35页。

裁撤中央及边防之外的众多军队外，更是通过改革，使得此前身份单一的府兵实现了庶民化及户籍地著化的转变。① 由此可见，文帝对于地处华夏之外的突厥等地区并无军事征服的意图。相对于对外经略，文帝更为重视国家的内部治理。而隋朝前期内政外交政策的制定和实施，显然受到了文帝天下秩序观的直接影响。

经过隋朝前期的发展，炀帝即位之时，国家在经济上已经达到一个高峰。随着国力的增强，隋炀帝不再满足于文帝时期所确定的以稳固内部统治为第一要务的治国策略，而是转而"慨然慕秦皇、汉武之事"。对此，《隋书》记载："（炀帝）以天下承平日久，士马全盛，慨然慕秦皇、汉武之事。乃盛治宫室，穷极侈靡，召募行人，分使绝域。诸蕃至者，厚加礼赐，有不恭命，以兵击之。盛兴屯田于玉门、柳城之外。"②

仁寿四年八月，炀帝派遣杨素平定了并州总管汉王杨谅的叛乱。当年十一月，炀帝即颁发诏书，宣布在洛阳营建新都。对于营建东都的目的，其诏书中载为："今者汉王谅悖逆，毒被山东，遂使州县或沦非所。此由关河悬远，兵不赴急，加以并州移户复在河南。周迁殷人，意在于此。况复南服遐远，东夏殷大，因机顺动，今也其时。群司百辟，佥谐厥议。但成周墟堵，弗堪葺宇"，所以"于伊、洛营建东京，便即设官分职，以为民极"。③ 对于炀帝营建东都的目的，雷家骥先生指出其是为了方便统治中国，兼有以洛阳作为天下之中心，用以经略华夏四方以及蕃国四夷之意。而此后隋朝对于吐谷浑及高丽的武力征服，都可以视为炀帝为了践行自己"王者无外"的天下秩序观念所进行的尝试。

隋炀帝通过大业四年（608年）及五年两次征伐吐谷浑的战役，占领了吐谷浑故地，并于此设置了西海、河源、鄯善、且末等四郡。隋朝灭吐谷浑的举动，对西域诸国产生了巨大的震慑作用，"及灭吐谷浑，蛮夷纳贡，诸番慑

---

① 雷家骥：《隋史十二讲》，清华大学出版社2012年版，第154—155页。
② 《隋书》卷4《炀帝纪下》，第94页。
③ 《隋书》卷3《炀帝纪上》，第61页。

服,相继来庭"。① 大业五年,伊吾的吐屯设听到吐谷浑国灭的消息后,当即献西域数千里之地。地处西域门户之地的高昌,由于倾慕隋朝文物风华,故在大业四年、五年之际,多次遣使到隋朝进奉,彼此之间建立起了密切的联系。隋朝对吐谷浑及西域的经略取得了良好的效果,使得中央王朝对西域的控制进一步加强。② 但隋炀帝自大业七年(611年)所开始连续发动的三次针对高丽的战争,却导致了"六军不息,百役繁兴,行者不归,居者失业。人饥相食,邑落为墟……黎庶愤怨,天下土崩"的严重后果。③

炀帝内外政策的实施显然是希望通过宣扬大隋的声威,从而践行"王者无外"的普遍王权观念,攻灭吐谷浑、巡狩北方、出击高丽均属此类。但其在处理内外关系时却不再以国家内部秩序的稳定作为基本前提。到了大业十年(614年)隋炀帝第三次征伐高丽之时,国内已经是"人多流亡","军多失期"。除此之外,炀帝对北疆的多次巡幸、征用劳役修筑长城等活动均给普通民众带来了沉重的负担,从而最终导致国家内部统治危机的出现和爆发。

从总体上看,隋朝前期,文帝在"内中国而外诸夏,内诸夏而外四夷"思想的指导下,形成了"务安诸夏,不事荒要"的国策,以及"不以四邻劳中国,不以无用害有用"的务实原则。④ 隋文帝在保持积极的对外防御及经略的同时,更为重视对内的经营与治理,在对内及对外的关系方面尚能保持一种稳定的状态,所以在开皇及仁寿年间,统治稳定,经济发展,外部的威胁也不大。而炀帝即位后,对文帝时期的国策多有变更,除了通过兴建东都以表达其"天下无外"的统治意识外,更是希望通过积极开疆拓土的方式,以实现"混一戎夏","用夏变夷"。此时,对外经略超越对内治理,成为隋王朝统治的核心问题。随着与东突厥关系的恶化,尤其是随着三次东征高丽的失败,其过于注重对外经略的负面效应开始凸显。由于隋炀

---

① 《旧唐书》卷63《裴矩传》,中华书局1975年版,第2407页。
② 吴玉贵:《突厥汗国与隋唐关系史研究》,中国社会科学出版社1998年版,第119页。
③ 《隋书》卷4《炀帝纪下》,第95页。
④ 雷家骥:《隋史十二讲》,第168页。

帝过度使用民力,使得社会矛盾加剧,极大地削弱了国家对基层的控制,并最终导致隋朝对内统治恶化及其灭亡。

(二)唐朝政局变化对其治国理念的影响

唐朝建立之初,争取尽快统一全国并巩固边防以保持国家的安全稳定,是唐王朝所要解决的首要问题。李渊占领长安之际,其所统辖的范围仅限于关中及河东等地。由于此时的核心任务之一是通过战争统一天下,尚无暇进行系统化的制度建设,所以当时的制度除了很大程度上沿袭隋朝之外,很多措施还具有临时性的特点。如为了规范社会秩序,高祖命刘文静等人以《开皇律》为基础,撰定律令。另外,唐朝还制定五十三条格以作为律令的补充,从而起到了"务在宽简,取便于时"的效果。为了维持行政机构的运转,并为统一战争打下充足的物质基础,唐朝建立之初还明确了成年男子每年租二石、绢二丈、绵三两的租调定额。随着武德七年(624年)统一战争的基本结束,唐高祖开始在全国范围之内推行新制,以取代此前的临时性措施。除了进行大规模的制度建设之外,唐高祖还积极兴办学校,尊崇儒学,从思想上巩固新建的政权。[①] 在对内统治方面,李渊秉承了"安人静俗,文教为先"的方针,[②]也就是其在诏令中所说的:"今寇贼已平,天下无事,百姓安堵,各务耕织,家给人足,即事可期。所以新附之民,特蠲徭赋,欲其休息,更无烦扰,使获安静,自修产业。"[③]

在对外关系方面,由于受到实力的限制,李渊被迫采取了较为保守的策略。隋朝末年,突厥强盛,窦建德、王世充、刘武周、薛举、梁师都等北方割据势力均"北面称臣,受其可汗之号"。[④] 为了获得突厥的支持,李渊也不得不遣"刘文静聘其国,引以为援"。[⑤] 但随着唐朝统一的逐步完成,尤

---

① 牛致功:《唐高祖传》,人民出版社1998年版,第229页。
② 《唐大诏令集》卷107《阅武诏》,商务印书馆1959年版,第552页。
③ 《唐大诏令集》卷111《禁止迎送营造差科诏》,第578页。
④ 《隋书》卷84《突厥传》,第1876页。
⑤ 《通典》卷197《边防十三·北狄四·突厥传上》,中华书局1988年版,第5407页。

其是对隋末北方各割据政权的扫除，使得唐朝与突厥之间的关系发生了根本性的变化。武德末年，突厥连年入寇，数次兵逼长安，从而使得唐朝君臣甚至萌生了迁都以避其锋芒的念头。由于外有强大突厥势力的威胁，内有太子集团与秦王集团之间的储位争斗，这使得高祖在内外两个方面只能疲于应付，其治国理念并未得到很好的实施。

通过玄武门政变，李世民取得了储位之争的最终胜利，自此统治集团的内部危机暂时得以消除。针对当时"国家未安，百姓未富"的现实，唐太宗提出了"当静以抚之"的对内施政方针。① 从本质上看，太宗此时的施政理念与高祖相比并没有太大的区别，但内外环境的大幅度改善，使得贞观时期治国实践的效果更为显著。武德九年十一月，太宗在朝臣讨论止盗问题时，针对百姓多因"赋繁役重"、"官吏贪求"、"饥寒切身"等原因而沦为盗贼的现实，归纳出了"去奢省费"、"轻徭薄赋"、"选用廉吏"、"使民衣食有余"等四项治国措施。② 随后，太宗进一步阐释了君与民之间的相互依存关系，指出："刻民以奉君，犹割肉以充腹，腹满而身毙，君富而国亡。故人君之患，不自外来，常由身出。夫欲盛则费广，费广则赋重，赋重则民愁，民愁则国危，国危则君丧矣。"③贞观初年，太宗又先后提出了"为君之道，必须先存百姓"、"人君简静"乃可以治国的理念。④ 据此，学者指出太宗在贞观年间已经形成了以"存百姓"为宗旨，以"简静"为特征的治国方略。⑤ 对于太宗的治国理念，或以"无为而治"名之，但同时指出其并不是要回到政治上无所作为、对社会放任自流的"小国寡民"社会，而是儒家所提倡的加强君权的大一统社会。通过加强对臣权的限制、对地方的控制，为以后高度的中央集权创造了条件。⑥ 在此原则的指引下，唐朝政

---

① 《资治通鉴》卷191"唐高祖武德九年八月乙酉"条，第6020页。
② 《资治通鉴》卷192"唐高祖武德九年十一月丙午"条，第6025页。
③ 《资治通鉴》卷192"唐高祖武德九年十一月丙午"条，6026页。
④ 吴兢撰，谢保成集校《贞观政要集校》卷1《君道第一》，中华书局2009年版，第11页。
⑤ 赵克尧、许道勋：《唐太宗传》，人民出版社1984年版，第99—101页。
⑥ 沈世培：《唐太宗政治思想探源》，《中国史研究》1995年第2期，第103—110页。

府更为重视内部的稳定。通过"去奢省费,轻徭薄赋,选用廉吏,使民衣食有余"的方式,从而达到了教化清明、国富户殷的效果。①

贞观初年,太宗君臣将主要的精力放在了政治、经济和军事等事业的建设上。通过实施"抚民以静"的治国方略,唐朝的内部统治趋于稳定。但在太宗掌握中央权力之初,北方强大的突厥势力对唐朝仍然是巨大的威胁。武德九年八月,由颉利可汗率领的突厥大军甚至抵达渭水之滨,直接威胁到了唐朝的统治。为了从根本上扭转高祖时期被动的国防形势,并实现"去既往之长劳,成将来之永逸"的最终目的,太宗对国防战略进行了调整,即将高祖时期的守势战略转化为攻势战略,转化后的战略的指导原则,也就是雷家骥先生所总结的"远程防御、国外决战",并以此维持国际秩序及国家安全。② 利用东突厥内部统治衰弱的机会,太宗积极展开对东突厥的攻势,在贞观四年(630年)收到了"颉利成擒,其酋长并带刀宿卫,部落皆袭衣冠"的实际效果。③ 而太宗在此后所发动的针对吐谷浑、薛延陀、高昌、高丽等政权的战争,无一不是在上述战略原则指导下实施的。

虽然唐王朝通过武力成功地解决了东突厥问题,但在如何处理对内治理与对外经略的关系方面,朝臣们之间却存在着激烈的争论。太宗最终并未接受"宜震耀威武,征讨四夷",即片面注重对外经略的建议,而是以"偃武修文,中国既安,四夷自服"作为处理内外关系的治国指导思想。贞观四年十二月,太宗在与长孙无忌等人对话时,指出正是因为其接受了魏征"偃革兴文,布德施惠,中国既安,远人自服"的建议,才得以"天下大宁。绝域君长,皆来朝贡,九夷重译,相望于道。"④ 贞观五年(631年),康国请求内附,"太宗谓侍臣曰:'前代帝王,大有务广土地,以求身后之虚

---

① 赵晶:《略论贞观时期的民族政策》,《晋阳学刊》1989年第6期,第72—74页。
② 雷家骥:《武则天传》,人民出版社2008年版,第417—418页。
③ 《资治通鉴》卷193"太宗贞观四年十二月"条,第6085页。
④ 《旧唐书》卷71《魏征传》,第2558页。《资治通鉴》卷193将此事系于"太宗贞观四年十二月"条。

名,无益于身,其人甚困。假令于身有益,于百姓有损,朕必不为,况求虚名而损百姓乎!康国既来归朝,有急难不得不救。兵行万里,岂得无劳于人?若劳人求名,非朕所欲。所请归附,不须纳也。'"①学者据此认为唐太宗是成熟有为的政治家,应该重视其关于前代帝王之积极拓边是为了"务广土地,以求身后之虚名"的见解。② 在贞观十年十二月朱俱波及甘棠遣使入贡之时,太宗再次重申了"中国既安,四夷自服"的治国理念。③

唐朝在贞观年间所形成的以内部稳定作为对外经略前提的基本国策,以及以"远程防御、国外决战"为指导原则的攻势国防战略,在太宗之后基本上得以延续。以太宗为代表的唐朝统治者,对边疆与内地结为一体的重要性以及应以较平等的态度对待边疆民族有较深刻的认识,因此具有重要的积极意义。④

随着高宗至玄宗时期社会矛盾的激化,作为唐朝建国根基性制度的均田制及租庸调制皆破坏严重。由于唐前期土地兼并现象非常普遍,再加上赋役的负担颇为繁重,尤其是兵役的沉重,导致均田农民大量逃亡,故均田制在玄宗时期已危机重重。此外,与均田制相联系的租庸调制在玄宗时期也已经不能适应时代的要求,所以赋税制度方面发生了诸如纳绢或纳钱代役的普遍化等变化。⑤ 不过,均田制的彻底废弃及作为新税制的两税法取代租庸调制,却要迟至建中元年(780年)及之后。而作为唐朝基本制度之一的府兵制,虽然其出现严重破坏的时间与均田制及租

---

① 吴兢撰,谢保成集校《贞观政要集校》,第 476—477 页。对于太宗拒绝康国内附之事,《资治通鉴》卷 193 系于"太宗贞观五年十二月壬寅"条。
② 方铁:《古代"守中治边"、"守在四夷"治边思想初探》,《中国边疆史地研究》2006 年第 4 期,第 7 页。
③ 《资治通鉴》卷 194"太宗贞观十年十二月戊寅"条,第 6123 页。沈世培《唐太宗政治思想探源》(《中国史研究》1995 年第 2 期)一文指出唐朝之所以在贞观时期形成"中国既安,四夷自服"的立国方针,主要是源自道家"无为而治"思想及儒家文德治世思想。
④ 方铁:《论唐朝统治者的治边思想及对西南边疆的治策》,《云南民族学院学报》2001 年第 2 期,第 52 页。
⑤ 对于唐代均田制及租庸调制崩溃的过程,参见唐长孺:《魏晋南北朝隋唐史三论——中国封建社会的形成和前期的变化》,武汉大学出版社 1992 年版,第 256—313 页。

庸调制基本在同时，但促成其崩溃的除了唐朝基本经济制度趋于崩溃的内因外，还伴随有西北地区吐蕃和东北地区奚及契丹兴起之后，严重威胁唐朝国防的外部因素。在双重因素的作用下，唐政府在内部基本经济制度问题尚未彻底解决之前，首先完成了对外军事体制的转型，传统的行军作战体制被以藩镇为表现形式的镇军体制所代替。与此相适应，国家战略的重点也由内外并重转换为更为重视对外经略。伴随着军事体制的重大变化，国家的重兵云集于缘边藩镇，唐前期"内重外轻"的军事格局为"外重内轻"所替代，这也直接导致了安史之乱的发生。

安史之乱爆发后，随着内部矛盾的激化，唐政府被迫对玄宗时期所形成的偏重对外经略的国策进行调整。出于抵御叛军的需要，此前仅设置于边防要地的藩镇遍布全国。这种统治模式并没有随着安史叛乱的平定而消亡，而是延续到了唐朝灭亡。这一方面在很大程度上消解了此前的"外重内轻"格局，但同时也带来了藩镇跋扈及藩镇割据的恶果。此外，为了理顺平定安史叛乱过程中所出现的中央与地方之间混乱不堪的预算收支关系，德宗在建中元年开始实施两税法，以取代此前的租庸调制。两税法所确立的"留州"、"送使"、"上供"的三分制模式，开启了中央与地方争夺财政收入的新的斗争模式。①

由于内部存在严重的问题，再加上国力有限，唐后期中央政府基本上放弃了对外的经略，而把内部统治的稳定和延续作为施政的主要目标。在骄兵叛将的影响下，唐政府对于被吐蕃长期占领的河陇地区无从收复，只能是满足于守境而已。对于强盛期的回鹘，虽然其使者曾屡次于长安作奸犯科，但为了保持北部边疆的安全，同时也为了保持共同对付吐蕃的联盟关系，唐朝只能隐忍不发。即使是在文宗开成年间漠北回鹘汗国崩溃的背景下，唐朝也只是将进入唐境之内的回鹘击溃并分割同化，对于漠北广大地区并没有介入的意愿。

---

① 陈明光：《唐朝两税三分制的财政内涵试析》，《中国社会经济史研究》1988 年第 4 期，第 24—31 页。

会昌二年（842年），以吐蕃王国内部的政治动乱为契机，唐政府获得了重新收复此前被吐蕃占领的河陇之地的机会。其后，驻守在河陇地区的吐蕃部族由于国乱而无所归，故以秦、原、安乐三州以及萧关等七关降附唐王朝。虽然唐政府对新收复的三州七关比较重视：不仅对其政区进行了新的调整，还将其分属凤翔等西北边镇管理，但唐政府对于仍处在吐蕃控制之下的大片河陇失地的态度并不积极。① 在唐政府于大中三年八月颁发的《收复河湟德音》中，仅允许山南西道、剑南、山川边界"有没蕃州县，量力收复"。② 而对于收复失地所需要的军力，则"委本道差遣"。诏书中"取不在广，贵保其金汤"、"今则便务修筑，不进干戈"等论调，与杜佑的"天生烝人，树君司牧，是以一人治天下，非以天下奉一人，患在德不广，不患地不广"③的言论如出一辙。所以，对外经营的保守态度可以看作是唐后期多数君臣的共识。懿宗咸通四年（863年）八月，黠戛斯遣使求取经籍并希望每年遣使走马请历之余，又提出"欲讨回鹘，使安西以来悉归唐"的请求。但当时的唐朝君臣显然已经没有了重新经略西域的意愿和勇气，黠戛斯的提议只能是不了了之。④ 最终，随着内部统治的日渐衰坏，黄巢趁势而起，虽然其没有能灭亡唐王朝，但唐朝也已经行将就木了。

五、小结

　　随着秦帝国大一统局面的形成，以嬴政为首的统治集团为了维护中央集权与国家的统一安定，逐渐形成了内外并重的治国理念。为了维护处于初创时期的中央集权制度并保障国防安全，同时也为了保障各项措施的高效实施，律法成为秦朝最为倚重的统治工具。虽然因为对内统治

---

① 对于晚唐政府对河陇失地的态度，参见李军：《晚唐政府对河陇地区的收复与经营——以宣懿二朝为中心》，《中国史研究》2012年第3期，第113—133页。
② 《唐大诏令集》卷130，第709页。
③ 《通典》卷171《州郡一·州郡序》，第4450页。
④ 《资治通鉴》卷250"懿宗咸通四年八月"条，第8107页。

过于严苛,从而导致国祚短促,但如同其所创建的各种制度,秦王朝的治国模式对后世产生了深远的影响。秦朝以后的历代王朝,在其草创时期,囿于国力的限制,通常更为重视国家内部的治理。西汉初年,刘邦在尝试使用武力解决汉匈关系失败之后,采取了力图维持对匈和平关系的政策,从而为汉王朝进行内部建设提供了重要的外部条件。由于汲取了秦朝速亡的教训,西汉王朝暂时放弃了以追求实效为主要目的的法制理念,而以"无为而治"作为恢复民力的主要手段。此后,光武帝屡次主动放弃经略西域的机遇,隋唐建立者在与突厥的关系中所刻意保持的低姿态,在本质上都与西汉初年的境况有相近之处。而在国内统治逐渐稳固之后,随着君主权威的日渐加强,统治者的注意力往往会被吸引到积极对外经略层面。为了追求切实的功效,统治者往往会以部分牺牲国内旧有秩序为代价,如汉武帝对商人的剥夺,隋炀帝修建运河、建设东都、三征高丽等举动,唐太宗对高丽的多次征伐均属此类。而在实际操作过程中,内外经营的平衡状态很难真正达到,所以汉武帝的对匈作战以及隋炀帝三次征伐高丽都是在倾全国之力的条件下进行的。虽然中央王朝的对外经略有其合理性及必要性,但对国内民力与财力的过度使用往往会导致对内统治的恶化。所以,在经历过度重视对外经略的阶段之后,中央王朝经常会对其内外政策进行调整,力图使治国的重心重新回到内外并重的轨道上来。

第二章　宋朝治国理念的形成与发展演变

宋朝有无治国理念,从文献史料记载来看,似乎找不到直接或明确的宣示,惟有在不同时期帝王公开的诏书与言论、臣僚的议论及学者著述中有与此相关的主张,除了宣扬"仁政"、追求三代"理想"之类的表面文字具有一贯性之外,其他内容却不免各有侧重,甚或有自相矛盾之处。虽然史籍没有直接完整的表述,但从宋朝历史存废的过程考察,支离破碎的史料依然隐约透露出存在着治国理念,尽管前后不尽相同,有些看起来还似是而非。事实上,宋朝存在或追求过一条核心的治国思路,它是长期指导各项方针及政策的最高原则,是立国与发展的最高目标,并得到统治集团主流意识的认同,此治国理念是看不见的隐形之"手"。

宋亡以后,一些史家学人对宋代的王朝政治及国运有过点评,如元人所修《宋史》等,特别是王夫之的《宋论》对两宋历朝诸帝的施政有独到的议论。现代学者从祖宗之法的角度研究,分析了对宋朝政治深具影响的祖宗之法的内涵及其演变,为透视宋代政治与施政的特点提供了一个窗口,①从中可观察到涉及其治国理念的许多重要内容。还有诸多研究者

---

① 参见邓小南:《祖宗之法——北宋前期政治述略》,三联书店2006年版。

的论著，在论述宋代政治及制度时从各自角度解析了宋朝治国的特征。①这些成果都为我们的研究提供了重要的基础。

在宋朝历史上，其治国理念经历了探索、形成与逐渐调整的演变过程。其中开国时期的宋太祖朝，是最初的探索阶段，包含了对历史经验的总结和自身实践思考的提炼，因此而推行了一系列的内外施政方略与措施，并收到相应的效果。宋太宗即位初期，基本上延续了以往的发展路线，但在第二次北伐失败后，则对以往探索的思路做出了较大的调整，由此初步形成了对之后影响深远的治国理念的核心精神。宋真宗时代，在承袭既定治国理念的同时，又根据内外形势对其中的内容有所发展，主要体现在处理对外关系与边防方面。宋仁宗至宋英宗时期，基本延续以往的精神，以应对内外重大问题。宋神宗在位期间，为了对长期存在的积弊着力改革，试图对显然已经保守的治国理念有所突破。宋哲宗朝，大致上属于延续传统的阶段。宋徽宗即位到北宋亡国之时，因为乱政而逐渐丧失了统治能力，其传统治国理念虽然延续，其实已形同虚设，日趋瓦解。

到南宋王朝，因为对外长期受到巨大的战争打击与压力，建立在原有内外格局上的治国理念受到冲击，但为了满足偏安一隅的需要，又不得不在恢复传统理念的同时，而继续加以调整。概括而言，除了宋孝宗朝等少数时期曾试图有所改变之外，其余大部分阶段都进一步收缩了北宋既有

---

① 代表性成果主要有：林瑞翰：《宋代政治史》，（台湾）正中书局1989年版；朱瑞熙：《中国政治制度通史》第6卷《宋代》，人民出版社1996年版；何忠礼：《宋代政治史》，浙江大学出版社2007年版；王曾瑜：《宋代军制初探》（修订版），中华书局2011年版；江应梁：《北宋的文人政治》，《前途》1935年第6期；沈忱农：《两宋和战论》，《青年月刊》1936年第1期；漆侠：《赵匡胤与宋专制主义中央集权制的发展》，《求实集》，天津人民出版社1982年版；徐规：《评宋太祖"先南后北"的统一战略》，《宋史研究论文集》，河南人民出版社1984年版；王云海：《宋太宗的"右文"政策》，《河南大学学报》1986年第1期；何忠礼：《试论宋代科举制的特点及其历史作用》，《宋史研究论文集》，河南人民出版社1984年版；张其凡：《"皇帝与士大夫共治天下"试析——北宋政治架构探微》，《暨南学报》2001年第6期；梁天锡：《从〈遵尧录〉看宋初四朝之军事与政治》，《大陆杂志》1965年第6期；刘子健：《略论宋代武官群在统治阶级中的地位》，《两宋史研究汇编》，台湾联经出版事业公司1987年版；陈峰：《武士的悲哀——北宋崇文抑武现象研究》（修订版），人民出版社2010年版；陈峰：《北宋武将群体与相关问题研究》，中华书局2004年版等。

治国理念内核中的积极因素,基本上只能勉强维持其更趋保守的内容而已。

一、宋太祖朝对治国理念及方略的探索

显德七年(960年)初,赵匡胤通过陈桥兵变代周建宋。建国伊始,面对五代遗留下的内部秩序混乱与外部四分五裂的局面,宋太祖君臣在开启清理整顿秩序、统一各地进程的同时,也在不断着手思考长治久安的问题,即一方面在治国实践的过程中逐渐摸索发展路线,另一方面则不断总结历史的经验教训。可以说,通过治理大量严峻而错综复杂的现实问题,不仅会带来统治观念上的认识与反思,也势必会不断凝练出治国的基本思想倾向,于是就此开始了宋初治国理念的探索历程。

(一)对兵权与治国关系的思考及举措

唐末五代以来,由于皇权式微,兵权旁落,因此兵变不断,不仅祸乱朝政,而且严重影响到社会的安定与发展。当此之时,武力因素主导了国家走向,可谓"枪杆子里出政权",如以后宋人所总结:"大抵五代之所以取天下者,皆以兵。兵权所在,则随以兴;兵权所去,则随以亡。"[①]宋太祖登基之初,面临着五代遗留下的禁军将帅与各地藩镇控制军队的状况,这对新生的宋朝无疑是最直接也是最大的威胁,赵匡胤自身正是由此而改朝换代成功的,所以对兵权的重要性有极为深刻的认识。故宋太祖与心腹臣僚最急迫要做的事莫过于解决兵权失控的问题,为此采取了旨在收兵权的一系列举措,并在实践中不断总结经验,随时对相关政策加以调整,以达到长远、稳定的治国目的。

在即位后第一年的建隆元年(960年),宋太祖采取安抚笼络的态度,除了对参与兵变建国的石守信等一批功臣加官晋爵、给予分管禁军要务

---

① 范浚:《香溪集》卷8《论·五代论》,《丛书集成初编》,商务印书馆1935年版,第82页。

外，又用"将欲取之，必先与之"之策，将禁军最高职位授予韩令坤、慕容延钊两位宿将，以此手法赢得他们的支持，确保禁军的稳定。而对各地的旧藩镇则予以保留，仅对当年公开反抗的李筠、李重进等藩镇迅速镇压。①

建隆二年（961年），统治者开始着手解决禁军兵权问题。宋太祖采用先缓后急之法，当年闰三月，先解除慕容延钊和韩令坤的殿前都点检、侍卫亲军马步军都指挥使的军职，令其归镇。② 七月，以"杯酒释兵权"的方式解除功臣大将高怀德、王审琦、张令铎及罗彦瓌等人禁军要职，也令其归镇。石守信虽形式上保留侍卫马步军都指挥使一职，"其实兵权不在也"，③空缺出的禁军帅职分别由资历浅的亲信将领接管。宋中央因此拥有了强大的军事后盾，随之使用各种手段陆续对拥兵自重的地方藩镇加以打压，或废黜，或徙镇。到开宝二年（969年）十月，宋太祖采取了一次意义不亚于"杯酒释兵权"的行动，即"后苑之宴"，将武行德等一批代表性的老藩镇宣召入朝，解除其节度使，皆安置为环卫虚职。④ 所谓"召前朝慢令恃功藩镇大臣，一日而列于环卫，皆俯伏骇汗，听命不暇"。⑤至宋太祖朝末年，中央禁军与地方军队已基本受到皇权的有效控制，曾经最棘手的兵权失控的痼疾大致化解。

由上可见，宋太祖君臣怀有超越五代绝大多数统治者的追求，不满足于维持现状，故对关系国家长治久安的要害——兵权有着清醒的认识，也为此探讨解决之道。其中，对殿前司、侍卫亲军马步军司这两个禁军最高

---

① 参见聂崇岐：《论宋太祖收兵权》，《燕京学报》1948年第34期；王育济：《论"杯酒释兵权"》，《中国史研究》1996年第3期；樊文礼：《从宋初的改革措施看唐末五代藩镇的割据统治》，《内蒙古大学学报》1982年第2期；齐勇峰：《五代藩镇兵制和五代宋初的削藩措施》，《河北学刊》1993年第4期；顾吉辰：《宋太祖加强中央集权的举措》，《学术月刊》1995年第7期；陈峰：《宋太祖朝节度使类别及其转型述论》，《河北大学学报》2012年第4期等。

② 李焘：《续资治通鉴长编》（以下简称《长编》）卷2，建隆二年闰三月甲子，第42页。

③ 《长编》卷2，建隆二年秋七月庚午，第49、50页；脱脱等：《宋史》卷250《石守信传》、《罗彦瓌传》，中华书局1977年版，第8810、8828页。

④ 《长编》卷10，开宝二年冬十月己亥，第233页。

⑤ 王明清：《挥麈录·余话》卷1《〈祖宗兵制〉名〈枢廷备检〉》，上海书店出版社2001年版，第220页。

统帅机构不仅在人事上重新做出安排,以资历浅的亲信取代了功臣宿将,又将侍卫亲军马步军司逐渐架空,而由其下的马军、步军司分别管军,形成"三衙"互相牵制的局面。① 与此同时,以枢密院掌握军事机要与调兵权,三衙将帅仅保留管辖禁军的一般职权。如宋人指出:"祖宗制兵之法,天下之兵本于枢密,有发兵之权而无握兵之重;京师之兵总于三帅(即三衙),有握兵之重而无发兵之权,上下相维,不得专制,此所以百三十余年无兵变也。"② 为了保证皇权对军队的绝对控制,进而在体制设计上逐渐定型为:"政事归于中书,故外戚不得挠,宦官不得干;兵典以枢密,宰相可知之而不可总之,三帅可总之而不可发之;发兵之权归枢密,而枢密置使必置副,欲彼此相制也。"③对于地方节度使也在制度上不断加以改造,如早在建隆二年收功臣大将兵权之际,宋太祖就与谋臣赵普商议藩镇问题,定下了"稍夺其权,制其钱谷,收其精兵"的方针,以解决"方镇太重,君弱臣强"的顽症。④ 于是在兵权、财权、行政管理权等制度方面,陆续实施各种举措加以改造,逐渐瓦解了藩镇割据地方的基础。⑤ 由此,影响宋初统治秩序的最大问题得到解决,当政者在开国实践中取得关键的成效,并将严密控制兵权确定为治国的要义,从而奠定了有宋一代治国的基本规则之一。

但在此过程中,针对禁军统帅权的问题也曾发生过反复。典型的例证如:当"杯酒释兵权"之举才收夺了功臣大将的军权不久,时隔数月的乾德元年(963年)春,历仕五代中三朝的老藩镇,也是前朝周世宗和皇弟赵光义岳父的魏王符彦卿入朝,宋太祖或许出于敬慕之类的因素,竟一度考虑请其主掌禁军。这显然与既定方针相悖,故赵普对此一再坚决反对,宋

---

① 参见王曾瑜:《宋朝军制初探》(增订本),中华书局2011年版。
② 范祖禹:《范太史集》卷26《论曹诵札子》,《影印文渊阁四库全书》第1100册,第305页。
③ 罗璧:《识遗》卷1《有国二权》,《影印文渊阁四库全书》第854册,第519页。
④ 《长编》卷2,建隆二年秋七月戊辰,第49页。
⑤ 有关这方面的论述颇多,可参见季子涯(漆侠):《赵匡胤和赵宋专制主义中央集权制度的发展》,《历史教学》1954年12期。

太祖最终醒悟过来,才收回了成命。① 以后,符彦卿先被调离本镇,再遭到御史的弹劾,最终被打发到洛阳赋闲。

(二)统一方略的确定与治国思路的关系

宋初在对外方面的形势是:南方存在着诸多割据政权,彼此对立、争斗,其军事实力大都较弱,经济上却相对富裕;北方则存在着雄踞长城内外的辽朝及其傀儡——割据河东的北汉政权,不仅军事力量强大,而且拥有中原传统上的国防生命线:长城以内的燕云十六州,具有攻守自如的便利,给内地带来巨大的边防压力。如后晋末年,契丹军队南下,借后晋将领叛变之机,如入无人之境,迅速兵洗汴都,灭亡后晋政权。② 事实上,这种局面在此之前已存在了数十年之久,一直困扰着中原当政者,并对有志恢复统一江山的几代君主造成极大的挑战。

如所周知,后周世宗在位期间,有意统一各地,遂在加强中央统治力量之后,开始征讨四方。周世宗先征服南唐的淮南地区,既解除了后顾之忧,又获得了相当多的资源支持,接着便将统一的关键目标锁定在北部的燕云地区,而非弱势的南方各地。于是,后周集中兵力对强敌辽朝发动进攻,收复了包括"三关"要隘在内的河北部分区域。虽然此次北伐行动因柴荣英年病死而告终结,但却留下了统一天下的思路与成果。即周世宗果敢北伐,试图收复长城防线,逐游牧势力于塞外,掌握攻防结合的北部国防主动权,再南下用兵,对分散的割据政权各个击破,以恢复汉唐传统疆域的统一格局,故其设计思路属于追求宏大的战略目标,具有相当大的积极进取或敢于冒险的精神与勇气。

宋太祖继承了后周已有疆域格局,是当时中原最强大的政权,当然不满足维持现状,势必要追求统一的治国目标。但在确定如何完成统一、结束分裂的方略时,不可避免地面临着周世宗的遗产,究竟是继续优先北

---

① 《长编》卷4,乾德元年二月丙戌,第83、84页。
② 《辽史》卷4《太宗本纪下》,第53—59页。

伐，还是转而南征，待成功之后再考虑北伐？于是，宋太祖君臣就此重大问题进行了讨论。宋太祖在多次征求亲信大臣赵普、宿将张永德等人意见的基础上，做出了统一的方略："先南后北"方案，①即暂时放弃了周世宗的路线图，而采取第二种思路。

在"先南后北"统一方略的指导下，宋太祖朝依此不断用兵，先后歼灭了南方的荆南、湖南、后蜀、南汉、南唐等小王朝，并迫使吴越政权及割据福建漳、泉地区的势力走到归顺的边沿。应当说，第一步的"先南"计划取得了预期效果。与此同时，宋太祖还曾两度对北汉发动过试探性的进攻，还曾考虑过以赎买的方式从辽朝手中获取燕云十六州。②至于对西南边疆的既有大理政权，则采取默认其存在的态度，如以后宋人所云的"宋挥玉斧"之说。③但尚未实施到第二步的"后北"的北伐阶段，就因宋太祖突然死去，原定的统一方略到此停顿。

从宋太祖君臣设计的统一方略来看，显然是基于先易后难考虑的结果，属于一种稳妥的方案，反映出决策者现实主义的抉择。其实，之所以如此，很大程度上还与统治者汲取以往内乱的教训有关，周世宗亲自指挥的全力北伐固然有望成功，但却未能顾及其他问题的发生，特别是防范内部的兵变夺权，此当被宋太祖所引以为戒，即在风险与成功之间寻求最有利的选择。对此，后世有指责其缺乏周世宗的气概，在解决统一的问题上过于保守，丧失了最佳的北伐时机。④这些议论是否成立，已不重要，皆属读史者自己的见解。揆诸史实的结果，是赵匡胤充分考虑到面临的内

---

① 参见徐规：《评宋太祖"先南后北"的统一战略》，《宋史研究论文集》，河南人民出版社1984年版。

② 宋太祖曾设立封桩库，储积金帛，并告诉近臣：此库金帛是专用于向辽朝赎买燕云地区，如果遭到的拒绝，再以此项经费支持武力收复行动。有关记载见于《长编》卷19，太平兴国三年十月乙亥，第436页。

③ 《宋史》卷353《宇文常传》，第11149页；周煇：《清波别志》卷上"邛部川蛮"条引《西南备边录》，刘永翔、许丹整理，《全宋笔记》第5编第9册，大象出版社2012年版，第145页。

④ 参见王夫之：《读通鉴论》卷30《五代下》，"宋祖有志焉，而不能追惟王朴之伟论，遂绌曹翰之成谋，以力敝于河东，置幽、燕于膜外，则赵普之邪说蛊之也……惜哉！其不遇周主，使不得试樊爱能之欧刀也"。中华书局1975年版，第961页。

外复杂环境,从长远的治国目标出发,在统一问题上走了符合自身期望和特点的路径。

(三)恢复秩序与治国理念的萌生

收兵权之举,无疑是宋开国初迈出的最迫切与最关键的一步,不过仅仅如此还远远不够,就内部各方面而言,仍有大量错综复杂的矛盾和问题存在,尤其是统治与社会秩序有待全面恢复、加强,同样关乎治国的成败,也是关系到王朝长治久安的重大问题。

首先,需要恢复国家机器与官僚队伍分工运作的正常秩序,宋廷就必须解决极为突出的文武失衡的问题。唐末五代以来,武夫跋扈,悍将称雄,如以后宋太宗所说:"自梁、晋已降,昏君弱主,失控驭之方,朝廷小有机宜,裨将列校,皆得预御坐而参议,其姑息武臣乃如此。"① 而文臣深受压制,文官武将之间的关系严重失衡,导致朝政紊乱,地方割据愈演愈烈。长期存在的这种武力左右政局的局面,影响十分深远。西方学者也认为:"在960年以前,北方一直被一系列不稳固的、短命的军事政权所统治。正是在这一时期,军事力量决定着政治状态,并继续成为宋初几十年间的一个主要因素。"②

宋朝开国伊始,武人跋扈习气依旧,如一介中级将官王彦升在任京城巡检时,竟敢夜闯宰相王溥家门进行敲诈。③ 各地藩镇欺压文官的现象,更是比比皆是。结合历史的教训和自身的兵变经历,宋太祖清楚地看到,不仅政权面临的直接威胁是过于强势的武将群体,文官队伍的施政条件也受到极大的干扰,这种秩序残破局面的存在,必然将严重地影响长远的

---

① 《长编》卷37,至道元年五月丙寅,第815页。
② [德]傅海波、[英]崔瑞德:《剑桥中国辽西夏金元史》"导言",中国社会科学出版社1998年版,第7页。
③ 《宋史》卷250《王彦升传》仅记载王溥被敲诈事,第8829页;而王曾:《王文正公笔录》则称王溥被迫"遗以白金千两",张剑光、孙励整理,《全宋笔记》第1编第3册,大象出版社2003年版,第263页。

治国目标。因此，在采取一系列的"收兵权"措施的同时，又着手解决积淀已久的文武关系失衡的问题，以便保证官僚队伍与机构的正常运行，并从体制上牵制武将集团。于是，宋太祖结合收兵权的目的，一方面对骄兵悍将逞强的状况进行大力整顿，另一方面则提高文官士大夫的地位，维护其角色的应有权威，概括而言，有关这方面的措施主要有：

其一，在中枢机关逐步恢复文臣应有的角色。在宋太祖朝，除保留前朝宰相范质、王溥及魏仁溥外，先后任用赵普、薛居正、沈义伦、吕余庆及卢多逊等人为宰执，恢复其行政权力，同时禁止将帅对行政的干预，其中亲信赵普更深受信任，"事无大小，悉咨决焉"，①枢密院则协助皇帝管理军事机要及决策，这就扭转了五代时将帅、枢密使肆意干扰宰臣的局面。其二，宋太祖在位期间，不断从中央派出文臣到各地任职，"更用侍从、馆殿、郎官、拾遗、补阙代为守臣"，②陆续取代原来藩镇手下的部属，致力于恢复地方机构的正常运作。赵匡胤对此的看法是："五代方镇残虐，民受其祸，朕令选儒臣干事者百余，分治大藩，纵皆贪浊，亦未及武臣一人也。"③其三，宋太祖注意保护文臣免遭武将的迫害，在处理文臣武将之间的纠纷时，有意支持文官。如亲信干将王彦升因骚扰宰相王溥而被逐出京师；宠将史珪诬陷国子监丞、知德州梁梦升加害武将郭贵，宋太祖不仅没有治梁氏之罪，反而加以提拔，并继续令其留任。④ 赵匡胤还在太庙之中立碑，告诫后世继承者勿杀文臣士大夫。⑤ 其四，重视科举制度，在宋太祖朝不仅科举录取人数较以往有所扩大，而且开创"特奏名"先例，又固定"殿试"制度，着力恢复并发展这一重要的选官制度。宋人对此给予高度评价："故圣朝广开科举之门，俾人人皆有觊觎之心，不忍自弃于盗贼奸

---

① 《宋史》卷256《赵普传》，第8932页；司马光：《涑水记闻》卷1，中华书局1989年版，第9、10页。
② 王明清：《挥麈录·余话》卷1《〈祖宗兵制〉名〈枢廷备检〉》，第220页。
③ 《长编》卷13，开宝五年十二月乙卯，第293页。
④ 《长编》卷15，开宝七年二月庚辰，第317页。
⑤ 李心传：《建炎以来系年要录》卷4，建炎元年四月丁亥，中华书局2013年版，第128页。

究。"①通过以上主要举措的推行,到宋太祖朝结束时,从中央到地方、从行政到军事的政权运行规则大致趋于恢复正常状态。

其次,针对以往存在的法典废弛、刑政紊乱的问题,宋廷致力于法制建设,以促进秩序恢复。建隆四年(963年),判大理寺卿窦仪上言:"《周刑统》科条浩繁,或有未明,请别加详定。"②宋太祖遂诏令窦仪等人编修本朝系统的成文法典——《宋刑统》,颁布天下,以收"使率土以遵行,国有常科,吏无敢侮"③之效。乾德四年(966年),又对《宋刑统》进行了必要的修订。④而针对各种特殊的现象,则不断诏敕加以解决,如宋真宗咸平元年(998年)朝臣柴成务在奏言中所列举的,⑤反映出统治者急于恢复法制秩序的需要。由此开创了高度重视立法、编敕等方面的传统,影响深远,以至于南宋人认为:"细者愈细,密者愈密,摇手举足,辄有法禁。"⑥

与此同时,宋太祖即位后,开始陆续建立严格的军法军纪制度,从各方面约束军队和军人的行为,其核心原则是要求军兵和各级军官逐级绝对服从,军队最终无条件听命皇权。⑦

最后,宋统治者通过恢复并推崇儒家思想、伦理规范的行动,以推动对世风的整顿以及社会的教化。宋建国之前,传统的儒家纲常思想观念已遭到破坏,犯上作乱的现象姑且不论,如冯道之流的官僚朝秦暮楚的行为也司空见惯,这都侵蚀了君主集权体制的神圣性和合法性,也进一步加剧了社会的动荡。如后晋时大将安重荣所说:"天子,兵强马壮者当为之,宁有种耶!"⑧正反映出皇权在社会观念中的式微。多年来,统治者或一

---

① 王栐:《燕翼诒谋录》卷1,中华书局1981年版,第1页。
② 徐松辑:《宋会要辑稿》刑法1之1,中华书局1957年版,第6462页。
③ 窦仪:《进刑统表》《宋刑统》,薛梅卿点校,法律出版社1999年版,第1页。
④ 《宋会要辑稿》刑法1之1,第6462页。参见郭东旭:《〈宋刑统〉的制定及其变化》,《宋朝法制史论》,河北大学出版社2001年版,第48—61页。
⑤ 《宋会要辑稿》刑法1之1—2,第6462页。
⑥ 叶适:《水心别集》卷12《法度总论二》,叶适:《叶适集》,中华书局1961年版,第789页。
⑦ 参见张明:《宋代军法研究》,中国社会科学出版社2010年版。
⑧ 薛居正:《旧五代史》卷98《安重荣传》,中华书局1976年版,第1302页。

味追逐武力治国,或无所作为,无暇顾及精神思想领域的建设,所谓"五代以来,四方多事,时君尚武,不暇向学"。① 因此,社会上还形成强烈的重武轻文风气,世人大都视军旅为发迹要途,甚至许多文人学子也弃文从武。②

宋朝开国后,为了配合加强中央集权方针的贯彻,君臣也开始在思想文化领域推行相关举措,以发挥其教化社会、整顿世风的作用。宋太祖称帝不久,就下令扩修儒家先圣祠庙,亲自为孔子作赞文,并率群臣幸临国子监,拜谒孔庙。建隆三年(962年),又下诏对文宣王庙行使一品礼仪,在庙门两侧竖起16枝戟,③纠正了以往孔庙失去祀礼和不受重视的状况。④ 显而易见,这些举动都是恢复儒家官学的行为,意在向天下宣示崇儒的志向。宋太祖还特别要求武将学习儒经:"今之武臣,亦当使其读经书,欲其知为治之道也。"⑤此举的目的在于要求武将明了并遵循儒家的君臣之道,而非一般性地鼓励武臣增进文化素养,或培植文人学子进入武将队列的意愿。这都向朝野传递了尊儒重文的信息,旨在结束纲常沦丧、重武轻文的世风。可以说,宋太祖君臣在反观历史经验教训中,已逐渐意识到惟有恢复并强化儒家意识形态化的道德规范,重振纲常伦理,方可维系世道人心,控制社会,并更大限度地稳定新生的统治秩序。宋人范祖禹对此高度评价道:"儒学复振,实自此始,所以启佑后嗣,立太平之基也。"⑥除采取以上措施外,宋太祖还亲自做出崇文的姿态,如赵匡胤不仅自己读书,而且要求大臣赵普等也多读书,以便为天下做出表率。据记载,"太祖尝谓赵普曰:'卿苦(若)不读书,今学臣角立,隽轨高驾,卿得无

---

① 范祖禹:《帝学》卷3《太宗》,《影印文渊阁四库全书》第696册,第745页。
② 如历仕三朝节镇的焦继勋,早年喜好读书,但以后却发誓道:"大丈夫当立功异域,取万户侯。岂能孜孜事笔砚哉?"《宋史》卷261《焦继勋传》,中华书局1977年版,第9042页。
③ 《长编》卷3,建隆三年六月辛卯,第68页。
④ 《宋史》卷105《礼志八》,第2547页。
⑤ 司马光:《涑水记闻》卷1,中华书局1989年版,第15页。
⑥ 范祖禹:《帝学》卷3《太祖》,《影印文渊阁四库全书》第696册,第742—743页。

愧乎？'普由是手不释卷，然太祖亦因是广阅经史"。① 宋太祖曾公开表示："宰相须用读书人。"②这同样是对臣僚的一种导向性指引。

宋太祖朝的上述举措，无疑反映出在治国上已初步萌发了"崇文抑武"的意识倾向。南宋人陈亮甚至认为："艺祖皇帝用天下之士人，以易武臣之任事者，故本朝以儒立国，而儒道之振，独优于前代。"③这当然属于后人的夸张美化之词，宋初脱胎于五代，又处于统一四方之时，尚不可能完全以儒立国。④事实上，这些举措的实质仍在于一方面调整以往严重失衡的文武关系，力图使文官武将回归各自正常的位置；另一方面，则在落实"可以马上打天下，不可以马上治天下"的政治规则，以尽快结束动乱，恢复君主专制和中央集权统治秩序。因此，其所采取措施的宗旨，更大程度上乃在于将过低的文臣地位提升，以制衡超强的武臣势力，同时提倡儒学中的君臣大义和纲常伦理，在思想上解决臣民意识混乱的问题。如元人评说："艺祖革命，首用文吏而夺武臣之权，宋之尚文，端本乎此。"⑤

总之，化解长期的内部积弊矛盾，尽快恢复秩序，是宋太祖朝施政的中心议题，从这一意义上说，便被后人总结是"以防弊之政，为立国之法"，⑥故在对外统一上便采取了稳妥的"先南后北"的方略，而非沿着周世宗的路径，首先发动带有冒险性的大举北伐。就此厘清当时对内对外的施政过程与主线，大致就能够窥视出宋太祖朝初步萌生的治国理念，即：追求以恢复并强化君主专制与中央集权秩序为施政中心，同时稳妥地推进统一规划的完成，最终实现建立长久稳定的大一统帝国的最高目标。

---

① 文莹：《玉壶清话》卷2，中华书局1984年版，第19页。
② 《长编》卷7，乾德四年五月乙亥，第171页。
③ 《宋史》卷436《陈亮传》，第12940页。
④ 参见陈峰：《宋朝开国史与士人的记忆及改造——以宋朝"崇文"气象为中心的考察》，《人文杂志》2010年第5期。
⑤ 《宋史》卷439《文苑传·序》，第12997页。
⑥ 虞云国：《祖宗之法：在因革两难之间》，《东方早报·上海书评》编辑部：《两百年的孤独》，上海书店2010年版。

不管这一理念是否能够完成,但却是宋太祖朝统治集团充分汲取以往经验教训,在治国实践过程中达成的共识,并逐渐形成的清晰思路,是极端现实主义与理性探究的产物,也是历史发展的逻辑结果。后世评价宋太祖的施政具有一定的保守性,开创不足,专注于"防弊",从其治国理念的倾向性来看,不能不说也有一定的道理。

二、宋太宗朝对治国理念的调整与定型

宋太宗登基之初,在治国理念上基本持延续成宪的态度,但由于其称帝是通过篡位所实现,[1]因此在实施时怀有复杂的心态,一方面既要对臣下刻意防范,以确保帝位的稳固,如所宣示:"先皇帝创业垂二十年,事为之防,曲为之制,纪律已定,物有其常。谨当遵承,不敢逾越。"[2]另一方面又急于要建立功业,以树立自己的崇高威信。这便出现了急功近利的问题,以至于顾此失彼。到第二次北伐失败后,宋太宗君臣基于对内外形势的重新判断,对原有的治国思路做出较大的修正与调整,确立了更为保守的发展目标,从此影响深远的宋朝治国理念基本定型。

(一)从两度北伐到"守内虚外"

宋太宗以非常手段即位后,除了采取各种措施保证帝位稳固外,最迫切需要做的事莫过于建功立业,以超越乃兄,树立崇高威信,并转移群臣视线。显然,以往历史上的经验对其有很大的启示,典型的例证如:通过政变上台的唐太宗便是如此。当时宋廷在内部建设上已初见成效,而对外的统一大业则尚未完成,这无疑是王朝追求远大目标所面临的最大挑战,特别是宋太祖曾亲征北汉受挫,燕云十六州地区更未触及。因此,宋

---

[1] 参见邓广铭:《宋太祖太宗皇位授受问题辨析》,邓广铭:《邓广铭治史丛稿》,北京大学出版社1997年版。

[2] 《长编》卷17,开宝九年冬十月乙卯,第382页。

第二章　宋朝治国理念的形成与发展演变

太宗在位初期将以北伐为主的统一江山任务视为施政的重点。

在此前宋太祖南征的余威之下,到宋太宗即位不足一年半,即太平兴国三年(978年)四月、五月,割据漳泉地区的陈洪进与两浙的吴越王钱俶先后纳土归顺,至此"先南后北"方略中的前半阶段目标实现。随之,宋太宗着手筹划讨伐北汉。次年年初,当北伐行动准备开始之际,虽然宰相薛居正等人委婉表示应当从缓,但宋太宗在征求枢密使曹彬肯定的意见后,还是决断用兵。[①] 宋太宗原定的亲征行动,至五月灭亡北汉顺利完成。不过,宋太宗受到胜利的鼓舞,不顾包括一些将帅在内的许多官员的反对,又临时改变计划,对辽朝控制的燕云十六州中心——幽州发动进攻,正反映其急于建功立业的目的和心态。结果功亏一篑,大败而归。

次年,宋太宗一度又试图出兵幽州,引起许多非议,如文臣张齐贤上疏反对继续伐辽,"臣闻家六合者以天下为心,岂止争尺寸之事,角强弱之势而已乎?是故圣人先本而后末,安内以养外。人民,本也;疆土,末也。五帝三王,未有不先根本者也"。[②] 宋太宗虽暂时打消了用兵的念头,却并未放弃北伐的用心。雍熙三年(986年),在再次积极的筹备阶段,宋太宗"独与枢密院计议,一日至六召,中书不预闻"。[③] 说明中书大臣的反对意见给宋太宗一定的压力,才使其抛开中书仅与枢密院合谋。但随后的再度收复燕云行动仍惨遭失败。

从第二次北伐前后的文献记载来看,文官执政群体对此先是少数人反对,之后则基本上持批评态度。[④] 除了宰相李昉等相继上疏议论外,赋闲在外的元老重臣赵普也上疏劝谏:"远人不服,自古圣王置之度外,何足介意","岂必穷边极武,与契丹较胜负哉?"他进而指出小人(主要指武将)

[①] 《长编》卷20,太平兴国四年正月丁亥,第442页。
[②] 《宋史》卷265《张齐贤传》,第9151页。并见《长编》卷21,太平兴国五年十二月辛卯,第485页。
[③] 《长编》卷27,雍熙三年六月戊戌,第618页。
[④] 参见王明荪:《宋初的反战论》,邓广铭、漆侠主编:《国际宋史研讨会论文选集》,河北大学出版社1992年版,第483—485页。

好战,"事成则获利于身,不成则贻忧于国";又从维护皇帝个人利益出发,特别提出"兵久则变生"的告诫,对宋太宗触动很大。① 宋太宗因此受到极大的压力及影响,在召见枢密院大臣时,表示"推诚悔过",参与组织此次军事行动的枢密使王显、副使张齐贤、王沔等皆愧疚难当。② 清人王船山对此评说道:张齐贤六年前曾"力陈不可",但以后却参与其间,"则岐沟之役,齐贤实赞成之"。③ 这只能说明,在宋太宗的一味要求下,收复燕云曾一度是当时统治者坚持的目标。

  第二次收复燕云之役的失败成为一个重要的转折点,宋太宗由急于对外建功立业转为消极保守、心灰意冷,就此改变了国家对外的军事战略及路线,即放弃北伐,转而以全面防御取代主动用兵,于是原定的第二阶段的统一行动至此彻底终结。从此,宋廷在北部防线驻扎重兵,依托城池、堡寨以及河沟水泽,被动消极地防御辽朝。必须指出的是,这一军事战略的转变,是宋统治集团在共同讨论后所确定的路线。端拱(988年—989年)初,御辽前线形势紧张,宋太宗诏文武群臣"各进策备御"。宰相李昉"引汉、唐故事,深以屈己修好、弭兵息民为言,时论称之"。④ 不久,知制诰田锡又上奏反对北上用兵,认为:"欲理外,先理内,内既理则外自安。"⑤ 淳化四年(993年),宋太宗与宰臣吕蒙正讨论到战争议题,吕氏以隋、唐动武之害为例,认为隋唐两朝数十年间,四次讨伐辽东,人不堪命。隋炀帝全军覆灭,唐太宗亲自指挥作战,也无功而返。因此治国的关键在于内修政事,才能边境安稳,"且治国之要,在内修政事,则远人来归,自致安静。"宋太宗当即表示:"炀帝昏暗,诚不足语。唐太宗犹如此,何失策之甚也。且治国在乎修德尔,四夷当置之度外。"又对以往的伐辽战争表达

---

① 赵普的议论,见于《宋史》卷256《赵普传》,第8934—8936页;《长编》卷27,雍熙三年五月丙子,第614—617页。第一次北伐期间,曾发生了部分将领试图拥戴宋太祖之子称帝的事件,宋太宗对此一直耿耿于怀。此事见于司马光:《涑水记闻》卷2,第36页。
② 《长编》卷27,雍熙三年六月戊戌,第618页。
③ 《宋论》卷2《太宗五》,第35页。
④ 《宋史》卷265《李昉传》,第9137页。
⑤ 《长编》卷30,端拱二年正月乙未,第678页。

了追悔之意。① 此时,边境相对平静,宋太宗君臣的讨论应当是理性而清醒的。文官大臣的以上主张,还被"时论称之",则说明这种认识已成主流意识。

宋太宗晚年,曾对身边人说:"外忧不过边事,皆可预防。惟奸邪无状,若为内患,深可惧也。帝王用心,常须谨此。"②表明统治者眼光向内,在处理内外关系上采取重内轻外的态度,即宋人所说的"守内虚外"。③也就是说,当政者在军事战略彻底转变后,对原有的治国理念进行了重要的调整,不再追求大一统的目标,不愿或不敢通过积极手段解决北部边患问题,而满足于内部稳定与建设的成就。正因为如此,宋太宗朝后期遂尝试通过议和的手段缓和与辽朝的紧张关系,但未能成功。如淳化五年(994年),宋廷曾先后两次遣使入辽议和,不过都遭到对方的拒绝。④ 甚至面对西北一隅的党项势力也消极应对,当军事重镇灵州遭到长期围攻后,还曾一度打算放弃。⑤

(二)"事为之防,曲为之制"的原则与保守的治国理念

宋太宗即位后,为了巩固帝位,本已对臣僚特别是将帅严加防范,在政策条规制定上采取了许多措施,如其登基初所宣示的"事为之防,曲为之制"的原则。随着北伐的失败,被迫收缩了既定追求的治国目标与理念,对外统一战争从规划思路中消失,而以满足专制皇权与中央集权为核心的内部稳定、建设,遂成为国家发展的惟一目的。因此,厉行严密控制军政体系,以巩固专制统治秩序,成为宋太宗时代施政的主要内容。

宋太宗作为最高统治者,自然要考虑国家大政与建设,不过其更在意

---

① 《宋史》卷265《吕蒙正传》,第9147页;《长编》卷34,淳化四年十一月甲寅,第758、759页。
② 《长编》卷32,淳化二年八月丁亥,第719页。
③ 参见漆侠:《宋太宗与守内虚外》,《宋史研究论丛》第3辑,河北大学出版社1999年版,第1—17页。
④ 《辽史》卷13《圣宗纪四》,第145页。
⑤ 《长编》卷39,至道二年五月壬子,第838页。

的还是自己的皇位。赵光义以"金匮之盟"为口实称帝,总顾虑他人的不服,特别是在第一次北伐幽州期间,曾发生部分将领拥戴宋太祖之子德昭的未遂事件,①对其刺激、教训尤大。赵德昭被逼死后,宋太宗便费尽心机要结束"金匮之盟"这一帝位传承的说法,于是制造出秦王廷美狱案,就此排除来自皇室内部的威胁,并可顺利将皇位传之后嗣。围绕宋太宗出于个人狭隘目的迫害对手的活动,同时伴随两度北伐及其失败后的方针政策调整,皇权对百官、中央对地方的控制力度已达到前所未有的地步,统治秩序可谓异常严密,但宋廷也因此在政治上呈现出日益保守的趋势,从而深刻地影响着施政的诸多方面。

首先,宋太宗专断朝政,对执政群体的控制日益加强。从这一时期的宰执大臣的构成与任期来看,无论是前朝遗留者还是随后任命者,大都不仅属于顺从之流,而且在位时间也大致有限。在第二次北伐失败后,这种局面就更为突出,其中赵普一改从前主动强硬的风格,惟以迎合为能事;李昉在中书,"小心循谨,无赫赫称";②贾黄中更是"专务循默、无所发明",以至于连宋太宗也觉得过分。③其余如吕蒙正之类,也都以循规蹈矩著称,被后世史家评为"将顺德美",正反映在宋太宗独断专权的特点下,形成"有是君则有是臣,有是臣则足以相是君"④的朝政局面。惟有张齐贤、寇准稍有作为,但也忽入骤出。故王船山对此评说道:"宋自雍熙以后,为平章、为参知、为密院、总百揆掌六师者,乍登乍降,如拙棋之置子,颠倒而屡迁。""夫宋之所以生受其弊者,无他,忌大臣之持权,而颠倒在握,行不测之威福,以图固天位耳。"⑤

其次,宋太宗进一步钳制将帅,以严密控制军队。宋太祖朝采取的一

---

① 《长编》卷20,太平兴国四年八月甲戌,第460页。
② 《宋史》卷265《李昉传》,第9138页。
③ 《宋史》卷265《贾黄中传》,第9160—9162页;钱若水:《宋太宗实录》卷76,燕永成点校,甘肃人民出版社2005年版,第158页。
④ 《宋史》卷265《吕蒙正传》、《贾黄中传》及"论曰",第9144—9149,9161—9163页。
⑤ 《宋论》卷2《太宗》,第46页。

系列收兵权举措,旨在解决以往武人跋扈、兵变篡位的痼疾,并收到很大的成效。宋太宗在位期间,在这方面则不断变本加厉,其表现主要有:启用资望俱浅的武将掌管禁军,以达到既铲除乃兄遗留宿将的目的,又获得降低将帅影响力的结果;在逼死皇侄德昭后,通过贬责从征的重要将帅石守信、刘遇等人,①严厉地教训了带兵将领;对武将处处设防,实施"将从中御"之法,②用监军牵制、监视主帅,更多地使用"阵图"约束战场指挥官的行动等,以获取严密控制军队的效果。尤其值得关注的是,雍熙元年(984年),宋太宗亲自考核禁军各级军官,"皆按名籍参考劳绩而升黜之,凡逾月而毕"。其要求武臣的主要标准在于"循谨"的条件,所谓:"朕选擢将校,先取其循谨能御下者,武勇次之。""自是,率循其制。"③按照这一考核规则,武将即使缺乏必须的武勇敢战的品格,只要具有循谨、顺从的特点,反而受到重用,由此势必对武将群体带来巨大的导向性影响。以至于大多数军事将领无所作为,在战场上被动挨打。太平兴国三年发生的秦州驻军将领被李飞雄一度控制的荒唐事件,④即说明武臣已丧失果敢自主的精神。如王船山对此指出:"宋所忌者,宣力之武臣耳,非偷生邀宠之文士也。"⑤由此可见,这一时期统治者对军队的整顿,不仅属于继续巩固中央集权的体现,更是对将帅过度防范、钳制的行为。

第三,在各级机构及其政务运行上,进一步发展制衡的作用,通过分化臣僚权力,以达到强化皇帝对中央与地方机构有效控制的目的。如所周知,宋太祖时代,为了革除唐末五代权威下移的积弊,以强化皇权对国家的控制,已开始在中枢及各地组织建设中强调分权制衡的规则。其中以中书和枢密院分掌行政与军务大政;又创设通判一职,与府州一级地方机构的长官相互制约;还初步形成更大区划的路级建制,设置转运使、提

---

① 《长编》卷20,太平兴国四年八月戊申、甲寅,第459页。
② 参见王曾瑜:《宋朝军制初探》(增订本),中华书局2011年版,第522—526页。
③ 《长编》卷25,雍熙元年二月壬午,第573页。
④ 《长编》卷19,太平兴国三年五月壬寅,第429、430页。
⑤ 王夫之:《宋论》卷2《太宗》,中华书局1964年版,第37页。

点刑狱等官职及机构,分管不同政务,同时互相牵制。

宋太宗一朝,随着内地统一的基本完成,在中央和地方机构的设置及运行上进一步细化了分权制衡的设计。除了中书和枢密院分掌大政外,中央其他许多重要机构也大都互相制约;地方大区的路级建制及制衡制度大致推广完成,而府州机构长官与通判的彼此权责也得到明晰。如此一来,各级机构及政务运行皆受到皇权的有效控制。即使如此,宋太宗还事必躬亲,总担心大权旁落。他晚年曾对臣僚说:自己即位以来,"鸡鸣而起,听四方之政,至于百司庶务,虽微细者,朕亦常与询访……"①因此不免引发官员出现奇怪行为,典型的例证有:淳化四年(939年),京畿有人闯入登闻鼓院击鼓,申诉家奴丢失一头猪。官员按例逐级竟然反映到宫廷,连宋太宗都感到可笑,但仍亲自过问处理。②

在宋太宗朝,伴随着内外形势的发展变化,统治者逐渐转为内向发展,从而影响并调整了其治国理念的内容。为了实现对内统治的长久稳定,特别是绝对的皇权,"事为之防,曲为之制"遂成为施政的重要原则。宋太宗晚年曾总结道:"自晋、汉以来,朝廷削弱,主暗臣强,纪纲大坏,仅成邦国。朕承丧乱之后,君临大宝。即位之始,览前王令典,睹五代弊政,以其习俗既久,乃革故鼎新,别作朝廷法度……朕执心坚固,靡与动摇,昼夜孜孜,勤行不殆,于今二十载矣。"③正说明着力内部秩序稳定,是统治集团关注的主要目标。

(三)崇文抑武与社会价值趋向

宋太宗在位期间,无论是出于个人狭隘的防范心理,还是因治国思路调整后确定的保守战略路线,都决定了军事手段在王朝施政过程中要退居次要的位置,而以意识形态化的儒家思想为核心的文治则日益受到推

---

① 《长编》卷38,至道元年十二月丙申,第824页。
② 《长编》卷34,淳化四年十月丁丑,第757页。
③ 《长编》卷38,至道元年十二月丙申,第824页。

崇。据李攸《宋朝事实》卷 3《圣学》记载："上览兵法《阴符经》，叹曰：'此诡诈奇巧，不足以训善，奸雄之志也。'至论《道德经》，则曰：'朕每读至兵者，不祥之器，圣人不得已而用之。未尝不三复以为规戒。王者虽以武功克敌，终须以文德致治。'"即表明统治者对文治武功的不同评价。因此，"崇文抑武"成为治国的重要方略，①并融入其治国理念之中。

一方面，抑制武将影响与军功意识，成为统治集团的主流认识。宋太宗晚年，曾与近臣有过以下一段对话：

> 上尝与近臣论将帅，因言："前代武臣，难为防制，苟欲移徙，必先发兵备御，然后降诏。若恩泽姑息，稍似未遍，则四方藩镇，如群犬交吠……今且无此事也。"吕蒙正曰："上之制下，如臂使指，乃为合宜。倘尾大不掉，何由致理！"上曰："今之牧伯，至于士卒，尽识朕意，苟稍闻怨负，固无矜恕之理，所以人人各务检身也。"②

宋太宗君臣的对话，从对五代教训的继续反思，到对本朝不断整顿成效的评价，都表明他们视武将势力为危害秩序的主要潜在对象的意识根深蒂固，故理所当然地要坚持实行压制的政策。在北伐失败后实施保守的、被动防御的战略背景下，不仅将帅无所作为，而且军功的价值与荣耀也受到挤压。事实上，军功阶层至此已在政治上消亡，③入伍从军为世人所鄙视。以后宋人所说"宋之待武臣也，厚其禄而薄其礼"④的政策，当定型于此时。有关这方面的具体情况已见上述，故不再赘述。

另一方面，与此同时则大张旗鼓地推行"崇文"的方针举措。雍熙元

---

① 参见陈峰：《北宋武将群体与相关问题研究》第 6 章第 3 节"宋太宗'崇文抑武'方略的确立"，中华书局 2004 年版，第 266—275 页。
② 《长编》卷 32，淳化二年正月乙酉，第 710 页。
③ 参见陈峰：《宋代军功集团在政治上的消亡及其影响》，《中国史研究》2008 年第 4 期；《从呼延赞事迹看宋初朝政路线的演变》，《人文杂志》2009 年第 1 期。
④ 章如愚：《群书考索》后集卷 4《官制门·总论国初元丰官制》，《影印文渊阁四库全书》第 937 册，第 64 页。

年(984年),宋太宗对近臣说:"夫教化之本,治乱之源,苟无书籍,何以取法?"①即承认载有历史经验教训与道德观念、典章制度兴废的典籍,是规范臣民思想、行为的依据,只有重视文教建设,特别是提倡以儒家思想为核心的价值观,才能有利于国家的长治久安。有关这方面的具体史实极为丰富,举其突出者如下:

宋太宗称帝后,先后率群臣三谒文宣王庙,②而对武成王庙仅去过一次。③这虽属表面上的礼仪活动,却昭示出对儒学的尊崇和对武事的轻视。

宋太宗即位初便亲自主持科考,录取进士、诸科及特奏名达五百多人,不仅人数大大超过以往,又对他们超等任官,连执政大臣都觉得过分。但史称"上意方欲兴文教,抑武事,弗听"。④这就再清楚不过地反映出其"兴文教,抑武事"的决心。南宋人也称:"国朝科举取士,自太平兴国以来,恩典始重。"⑤

宋太宗对号称天下文渊之薮的昭文馆、集贤院和史馆进行迁址和大规模重建,又亲赐名为"崇文院",以示"崇文"的态度。又为翰林学士院题写"玉堂之署",以示尊崇。时人评说道:"自唐置学士来,几三百年,今日方知贵矣。"⑥李昉有"君恩无似此时深"的诗句,⑦集中表达了士大夫的感激之情。宋代文献中有关这一时期崇文的记载还有很多,如淳化三年(992年),新建的秘阁落成后,宋太宗不仅率文臣登楼观书,还要求三衙将帅也来参观,所谓:"上意欲武将知文儒之盛也。"⑧另据记载,宋太宗当

---

① 《长编》卷25,雍熙元年春正月壬戌,第571页。
② 《宋史》卷105《礼志八》,第2547页。
③ 《长编》卷36,淳化五年十一月丙寅,第801页。
④ 《长编》卷18,太平兴国二年正月丙寅,第394页。
⑤ 洪迈:《容斋续笔》卷13《科举恩数》,中华书局2005年版,第374页。
⑥ 苏耆:《次续翰林志》,洪遵:《翰苑群书》卷9,《影印文渊阁四库全书》第595册,第386页。
⑦ 李昉:《御书飞白"玉堂之署"四字颁赐禁苑,今悬挂已毕辄述恶诗一章用歌盛事》,洪遵:《翰苑群书》卷7《禁林宴会集》,第372页。
⑧ 《长编》卷33,淳化三年九月己未,第739页;《宋史》卷266《李至传》,第9176、9177页。

第二章　宋朝治国理念的形成与发展演变

时登上秘阁后,"观群书齐整,喜形于色,谓侍臣曰:'丧乱以来,经籍散失,周孔之教,将坠于地。朕即位之后,多方收拾,抄写购募,今方及数万卷……"①

宋太宗本人也为此做出表率,史称:"太宗崇尚儒术,听政之暇,观书为乐。"②又研习翰墨,常为臣下馈赠所书字幅,③因此赢得了文臣的好感。以后,宋真宗朝宰相王旦还对此赞颂道:"以文章化人成俗,实自太宗始也。"④

可以说,大致到宋太宗朝中后期,文官已在政坛上占据主导地位,武臣则被排挤到边缘位置,其精神状态也呈现一派颓势,并受到士大夫的轻蔑。面对如此局面,就连当时一些清醒的文官都觉得过分。如端拱二年,王禹偁上奏道:"自陛下统御,力崇儒术,亲主文闱,志在得人,未尝求备。大则数年便居富贵,小则数月亟预官常。或一行可观,一言可采,宠锡之数,动逾千万","但恐授甲之士,有使鹤之言,望减儒冠之赐,以均战士之恩"。王禹偁甚至提出了"抑儒臣而激武臣"的激进主张。⑤

在"崇文抑武"方针的带动下,社会价值取向自然朝着统治集团所引导的方向发展。如上所述,宋太宗即位初,在大行科举时的超常举动,已具有"方欲兴文教,抑武事"的动向,随后的一系列举措更向朝野表明了提倡"崇文抑武"的导向。太平兴国八年(983 年),宋太宗曾对近臣表达了重用文士的用心:

天下州县阙官,朕亲选多士,忘其饥渴,召见临问,以观其才,岂望拔十得五,但十得三四,亦岩穴无遗逸,朝廷多君子矣。朕每见布

---

① 程俱撰,张富祥校证:《麟台故事校证》卷1《储藏》,中华书局 2000 年版,第 38 页。
② 范祖禹:《帝学》卷 3《太宗》,第 745 页。
③ 徐松辑:《宋会要辑稿・崇儒》,苗书梅等点校,河南大学出版社 2001 年版,第 319、320 页。
④ 《宋会要辑稿・崇儒》,第 322 页。
⑤ 《长编》卷 30,端拱二年正月乙未,第 673 页。

衣缙绅间有端雅为众所推举者，朕代其父母喜，或召拜近臣，必择良日，欲其保终吉也。朕于士大夫无所负矣。①

因此，在宋太祖朝重在扭转文武关系失衡问题的基础上，此时进一步逐渐营造"崇文抑武"的社会价值取向及氛围。于是，五代时武人侯章所说"我粗人，以战斗取富贵"②的豪情，至此已失去了感召力。世风转变之下，"崇文"固然成为庙堂上的鲜明旗帜，而从文也受到社会的热烈追捧，以至于稍有文采的某些武官都试图转为文臣。如吴越王之子钱惟演随父归顺后，不满于依惯例获授的武职，向朝廷献上诗文，请求转换为文职。③还是宋太宗时，夏竦因"父殁王事"获得武官头衔，也自恃能文，不愿居于武臣之列，终以进献诗文如愿改任文官。④尚武从军，则被排挤到社会主流价值之外。⑤

要之，宋太宗从初期承袭宋太祖朝萌生的治国理念，到第二次北伐失败后对其加以调整修正，即：采取全面防御的战略维持既有疆域，放弃对外主动用兵，而以内部建设为施政中心，确立建设稳固的君主专制的中央集权秩序为最高治国目标，将"守内虚外"与"崇文抑武"视为施政的主要指导方针。也就是说，宋太宗较之于宋太祖朝而言，其所形成的治国理念更为保守。

三、北宋中叶对治国理念的沿袭与补充

宋真宗即位后，全盘接受了宋太宗时代确立的保守治国理念，在"澶

---

① 钱若水：《宋太宗实录》卷26，第3页。
② 《宋史》卷252《侯章传》，第8859页。
③ 《宋史》卷317《钱惟演传》，第10340、10341页。
④ 魏泰：《东轩笔录》卷2，中华书局1983年版，第20页；《宋史》卷283《夏竦传》，第9571页。
⑤ 参见陈峰：《从"文不换武"现象看北宋社会的崇文抑武风气》，《中国史研究》2001年第2期。

渊之盟"以后,"守内虚外"与"崇文抑武"被作为祖宗之法不仅加以延续和贯彻,并进一步得到巩固与发展。宋真宗曾公开宣称:"朕每念太祖、太宗丕变衰俗,崇尚斯文,垂世教人,实有深旨。朕谨遵圣训,绍继前烈……"①即表明了坚持不变的态度与决心。宋仁宗在位期间,虽内外形势有所变化,但在内政外交上一仍旧制,并大致延续到宋英宗时代。

宋真宗登基之初,因得益于前两代整顿内部秩序的成效,故在宰臣吕端等人的辅助下很快就稳定了帝位,并推行各项施政举措,但对外却面临辽朝不时南下进犯的严峻形势,一时只能依照既有的防御体系穷于应付。景德元年(1004年)秋,辽军主力大举南下决战,宋廷遭遇巨大的威胁与挑战,统治集团陷于空前的危机之中。显然,单纯的被动防御已不能化解这一困境,可供的选择无外乎南逃或者抵抗,庙堂上争议的结果,是当政者被迫采取了主动抗击的行动。值得特别关注的是,宋真宗虽同意抗战,但自始至终怀有议和的企图。据记载,当年闰九月,辽军南下过程中曾令降将王继忠写信试探宋廷态度,宋真宗当即回信表示:"朕丕承大宝,抚育群民,常思息战以安人,岂欲穷兵而黩武。"②当辽军终因难以持久而正式释放和谈的信息时,宰相寇准最初坚决反对议和,但宋真宗及多数臣僚力主和谈,所谓"帝厌兵,欲羁縻不绝而已"。③ 又据记载,寇准曾给宋真宗提出过应敌对策,指出若实施该策可保朝廷百年无边患,而议和仅能维持数十年,以后则难保对方不变心。然而,宋真宗却说:"数十岁后,当有能扞御之者。吾不忍生灵重困,姑听其和也。"④从这段记载可再清楚不过地看出宋真宗只顾眼前安宁,急于通过议和解脱边防困境,而将潜在的外部威胁留给后世,不敢走出"守内虚外"的规划设计的心态,对外采取了更为保守的战略方针。最终双方妥协,签订"澶渊之盟"。

---

① 江少虞:《宋朝事实类苑》卷3《祖宗圣训·真宗皇帝》,上海古籍出版社1981年版,第24页。
② 《长编》卷57,景德元年闰九月乙亥,第1269页。
③ 《宋史》卷281《寇准传》,第9531页。
④ 《长编》卷58,景德元年十二月戊戌,第1298页。

"澶渊之盟"的订立,使宋王朝避免了与辽军的一场殊死决战,统治集团由此片面地获得了一种启示:通过金帛赎买的办法也能够消弭边患,并且代价比用兵更小。因此,宋与辽议和后,当政者通过实践进一步补充了"守内虚外"的内容,视议和为解决边患的一种重要手段。① 景德二年(1005年),西夏新首领李德明接受宋中央的招抚,长期困扰宋廷的西北战事也随之停息,由此来自外部的边患问题似乎皆以议和方式化解。于是,宋统治者在沿袭既有治国理念的基础上又有所发展,在处理内外关系上更加偏重于内政,坚持"崇文抑武"路线,对外则继续全面被动的防御战略,而对积极主动的边防战争的价值持怀疑、否定的态度。如宋真宗对身边的朝臣说:"自契丹约和以来,武臣屡言敌本疲困,惧於兵战,今国家岁赠遗之,是资敌也……武臣无事之际,喜谈策略,及其赴敌,罕能成功。好勇无谋,盖其常耳。"②代表当政主流意识的大臣冯拯则提出"边方不宁,武臣幸之以为利"的观点。③"澶渊之盟"以后,宋真宗君臣不仅继续强调内部统治秩序及各项建设,甚至不惜耗费财力物力,长期从事大规模的"天书"祥瑞活动,为王朝及其施政路线的合法性寻找神圣的依据,并以此营造太平盛世气象。

宋仁宗朝前期,由于外部环境相对安定,因而除了对遗留的"天书"祥瑞后遗症之类的政治弊端加以铲除外,施政的路线大致一仍旧制。宝元元年(1038年),西夏首领元昊称帝,随后宋夏之间发生战争。宋廷首先对西夏采取的强制措施,其实并非是试图消灭对方,主要还在于拒绝承认这一割据西北一隅势力的分庭抗礼要求,也就是说并无武力收复西夏控制区域的意图。因此,在交战的过程中,宋仁宗君臣也在考虑以议和手段结束冲突。如庆历元年(1040年)十月,知谏院张方平上疏指出:自用兵

---

① 《剑桥中国辽西夏金元史》作者也认为:北宋王朝"是以高度的现实主义政治为特征的","依靠军事手段不能打败契丹人的国家",便与辽议和,"宋辽缔结的澶渊之盟成了处理日后冲突的一个样板"。见该书《导言》,中国社会科学出版社1998年版,第21—22页。
② 《长编》卷68,大中祥符元年三月丁卯,第1528页。
③ 《长编》卷67,景德四年十二月戊午,第1514页。

以来,"王师数出无功",死伤不计其数,军费浩大,"自古以来,论边事者莫不以和戎为利,征戎为害"。宋仁宗当即表示赞同,所谓"上喜曰:'是吾心也'"。宰臣吕夷简看完奏疏,马上也对张方平称道:"公言及此,社稷之福也。"① 庆历二年(1042年),辽朝乘机以武力要挟,索要更多的经济利益,从外部进一步促使宋廷考虑和谈方案。于是,当西夏终于被战争拖累得难以忍受而提出议和愿望时,虽然所提出的要求不免过分,宋廷内部也曾发生了争论,不过主政大臣仍一度同意予以接受,所谓"两府厌兵,欲姑从之"。② 到庆历四年(1044年),宋与夏在互相妥协的情况下终于订立"庆历和议",宋廷虽然名义上保留了宗主的颜面,但其实质却与"澶渊之盟"精神相通,即以付出经济代价换取边境安宁,以达到不影响内政建设的目的。

"庆历和议"之后,随着紧张的边防形势得到舒缓,针对长期积存的内外矛盾,尤其是内政上的诸多积弊,部分官员要求改革的呼声开始高涨,这突出地反映了宋王朝统治能力的下降,已引起有识之士的警觉。宋仁宗在一时舆论的压力下,仓促下诏实施改革,史称"庆历新政"。然而,以范仲淹为首的改革派提出的新政主张,虽然涉及面相当广泛,主要还是针对官僚机构弊端的问题,并未能触及内政外交的根本性痼疾,也与既定的治国理念无关,即使如此,仍遭到既得利益集团及保守势力的反对。最终,新政仅宣示不足一年,就在犹豫不决的宋仁宗的叫停下流产。宋仁宗统治后期,既无法变革朝政现实,遂只能继续在传统治国理念的支撑下,维持局面。嘉祐(1056年—1063年)时期,文彦博、富弼、韩琦等人执掌国政,他们皆属以后宋人眼中的名臣,故有"嘉祐之治"之誉,③其实不过是内外形势尚属安定,统治危机也尚未爆发而已。

宋英宗在位仅有四年时光,本有革除昔日积弊的打算,用理学家朱熹

---

① 《长编》卷134,庆历元年十月壬寅,第3194页。
② 《长编》卷142,庆历三年七月癸巳,第3408页。
③ 参见曹家齐:《"嘉祐之治"问题探论》,《学术月刊》2004年第9期。

的话说就是："有性气要改作。"①但却因以外藩身份即位,初有曹太后垂帘听政的掣肘,后又受到诸多因素约束,加之身体多病,故难有作为,大致上仍延续以往的施政路线。

从宋真宗、仁宗到英宗的三朝,其统治基本遵循已有的治国理念,在沿袭中有所补充的是,注重议和方式对化解边防危机的作用,如宋仁宗朝,朝臣富弼所指出:"真宗嗣位之始,专用文德。于时旧兵宿将,往往沦没,虏骑深入,直抵澶渊,河朔大骚,乘舆北幸。于是讲金帛啖之之术,以结欢好,自此河湟百姓,几四十年不识干戈。岁遗差优,然不足以当用兵之费百一二焉。则知澶渊之盟,未为失策。"②之所以如此,皆因服务于以内部建设为施政中心的目的。概括而言,在处理内外关系上继续采取"守内虚外"之策,又辅之以议和手段;在对待文治武功关系上,更进一步推动"崇文抑武"方针。以至于过犹不及,造成政府机构运行效率低下、边防上被动挨打,甚至统治力逐渐减弱的后果,故其施政具有因循保守的特点。

在此阶段,施政中对外方面已见上述,无须多言,在对内方面则在围绕稳定中央集权与君主专制秩序的固有宗旨下,继续追求"文治"成就,因此开展各项建设与治理。有关这方面的表现,可谓不胜枚举,现举其要者如下:

首先,重视儒家思想,尤其是其纲常伦理对稳定社会秩序的作用,在价值取向上进一步强调文尊武卑的观念,以营造崇文的气象与氛围。如景德二年,也就是澶渊之盟订立不久,宋真宗在幸国子监时即肯定儒学的意义,并对文教取得繁盛的局面表示满意:"国家虽尚儒术,然非四方无事,何以及此。"③宋人曹彦约对此感慨道:"此古之圣贤所以偃武而后修文,息马而后论道也。真宗皇帝四方无事之语发于景德二年,是时澶渊之盟契丹才一年耳,而圣训已及此,则知兵革不用,乃圣人本心,自是绝口不谈兵矣。"④宋真

---

① 黎靖德编:《朱子语类》卷130《自熙宁至靖康用人》,中华书局1986年版,第3095页。
② 富弼:《上仁宗河北守御十三策》,赵汝愚编:《宋朝诸臣奏议》卷135,上海古籍出版社1999年版,第1501页。
③ 《长编》卷60,景德二年五月戊辰,第1333页。
④ 曹彦约:《经幄管见》卷1,《影印文渊阁四库全书》第686册,第36页。

宗在东封泰山途中专程巡幸曲阜,以超规格拜谒文宣王庙,表达对儒家宗师的崇敬之意,"初有司定仪肃揖,帝特展拜,以表严师崇儒之意,亲制赞,刻石庙中"。① 而代表武学宗师的武成王庙,无论是地位还是影响力都远远不能与文宣王庙相比。② 有特奏名进士李正辞论文武先后,"以为文者本乎静,武者本乎动,动以止乱,而至乎静,则先后可知"。即从理论上定义出文尊而武卑,宋真宗对此大加赞赏,"嘉其近理"。③ 一时,军队将领也受到不同程度的影响,其中不乏以崇尚文儒为荣者,如殿前都指挥使高琼请求宋真宗赏赐经史。宋代史家对此评说道:"上崇尚文儒,留心学术,故武毅之臣无不自化。"④而宋仁宗"崇文"方面较之于乃父,更有过之,故宋人范祖禹认为:"仁宗皇帝在位四十二年,以尧、舜为师法,待儒臣以宾友。"⑤影响所至,官场皆好崇儒之名,如宋仁宗时的一道诏书曰:"顷者尝诏方州增置学官,而吏贪崇儒之虚名,务增室屋,使四方游士竞起而趋之……"云云,即从反面说明了当时各地崇儒尚文蔚然成风。⑥ 宋仁宗深受传统教育熏陶,在经筵中经常与讲官讨论儒家经典要义,充分肯定其纲常伦理的价值。他还效法先帝,读书之余研习书法,给大臣赐予御笔作品,并表示自己"听政之暇,无所用心,特以此为乐尔"。⑦

北宋中叶,还通过总结以往的历史经验教训,为本朝的治国路线提供借鉴。如欧阳修、司马光及范祖禹等史家通过修史,批判了汉唐黩武追求,他们虽承认唐太宗的功业超越以往诸多帝王,但对其征伐活动却予以谴责,"好大喜功,勤兵于远,此中材庸主之所常为"。⑧ "太宗于天下无事,不知用之于礼义,而惟以战胜为美也……兵威无所不加,四夷震慑,而

---

① 《宋史》卷 105《礼志八》,第 2548 页。
② 参见陈峰、胡文宁:《宋代武成王庙与朝政关系初探》,《中国史研究》2012 年第 2 期。
③ 《长编》卷 60,景德二年五月己未,第 1341 页。
④ 《长编》卷 60,景德二年六月乙未,第 1347 页。
⑤ 范祖禹:《帝学》卷 6《仁宗》,《影印文渊阁四库全书》第 696 册,第 765 页。
⑥ 《长编》卷 155,庆历五年三月辛未,第 3760 页。
⑦ 《宋会要辑稿·崇儒》,第 324 页。
⑧ 欧阳修:《新唐书》卷 2《太宗纪》"赞曰",中华书局 1975 年版,第 48、49 页。

玩武不已,亲击高丽,以天下之众困于小夷,无功而还,意折气沮"。① 宋人对秦汉至隋唐及其帝王将相征伐活动的否定,固然隐含有改造现实的用意,但主流意识从理论上否定汉、唐"盛世",便意味着反对追求"霸道"和武功,同样具有为现实"崇文抑武"方略服务的意义。而宋朝儒学家的思想观念与倾向,也深入到国家的意识形态之中,必然会与使用武力战争的政治追求产生冲突,其结果便是武力战争的手段逐渐遭到质疑、抵触。事实上,宋初以来主流执政者对汉、唐动武教训的批判,也与宋儒的价值取向始终互动着。

其次,大兴科举,重用文臣治国。在此期间,科举规模继续扩大,由此入仕者已成为官僚队伍的骨干力量,甚至不惜造成严重的冗官后果。若对北宋时期的宰相进行统计,不难发现在七十一名宰相中,出身进士或制科者竟占据六十四人,其余非科举出身者仅有七人,其中三人又为开国功臣,而所有的宰相竟无一人出身武臣。② 有关这方面的情况,学界已有充分的论述,③故不再赘述。如宋仁宗一朝十三榜,"其甲第之三人凡三十有九,其后不至于公卿者,五人而已"。④ 不仅如此,对文官士大夫更加以礼遇,并公开表示在刑典上予以宽容。如宋人评说:"大中祥符二年诏曰:'朕念四方士子虽应刘楚之求,未著赎刑之典,深可悯恻。继自今曾应举士人有犯公私罪,杖以下听赎。'此意尤为忠厚,所以士大夫亦罕犯法。"⑤ 因此,社会风尚深受影响,科举从"文"成为宋代世人追求的目标,如当时人所反映:"状元登第,虽将兵数十万恢复幽蓟,逐强敌于穷漠,凯歌劳还,献捷太庙,其荣亦不可及也。"⑥

正因为如此,至北宋中叶已完全形成文臣治国的局面,几乎当时国家

---

① 范祖禹:《唐鉴》卷3《太宗下》,上海古籍出版社1984年版,第77—78页。
② 《宋史》卷210、卷211、卷212《宰辅年表》,第5416—5531页。
③ 参见何忠礼:《试论北宋科举制的特点及其历史作用》,《宋史研究论文集》,河南人民出版社1984年版。
④ 《宋史》卷155《选举一》,第3616页。
⑤ 俞德邻:《佩韦斋辑闻》卷3,《影印文渊阁四库全书》第865册,第594页。
⑥ 田况:《儒林公议》,《影印文渊阁四库全书》第1036册,第278页。

各方面的重要职位皆由文官承担,如时人所云:"今世用人,大率以文词进。大臣文士也,近侍之臣文士也,钱谷之司文士也,边防大帅文士也,天下转运使文士也,知州郡文士也,虽有武臣,盖仅有也。故于文士,观其所长,随其才而任之,使其所能,则不能者止。"①元朝人修《宋史》时因此云:"时治平而文德用,则士之负艺者致位政府,宜矣。"②甚至在中央最高军事机构的枢密院和在外军事统军体系中,文臣也成为主宰者,武将则沦为辅助性的角色,文臣主掌中央与地方军事组织的情况遂日益制度化。③这种"以文驭武"之规,既是崇文抑武方针的重要体现,实际上也是牵制军事将领的手段,通过文武制衡来达到控制军队的目的。

其三,通过重视教育、图书典籍等文教建设,发挥以儒学为核心精神的教化作用,以培植稳定社会的基础。宋初以来,诸帝都对文教表现出日益重视的态度,特别是到宋真宗以降,宋廷在这方面的投入力度逐渐加大。其中在教育领域,除了京师的宗学、国子监、太学受到支持外,对地方教育也逐渐加以扶持,常常赐给九经等书籍。宋仁宗朝,对地方学校高度重视,先后下诏要求地方办学,"自明道、景祐间,累诏州郡立学,赐田给书,学校相继而兴。"④庆历四年(1044年),又专门下诏各地,"诏诸路州、府、军、监,除旧有学外,余并各令立学"。⑤ 此外,还对书院也给予资助,这都说明到北宋中叶,教育得到显著的发展。⑥ 当然,宋统治者之所以如此,主要在于重视其教化作用,如宋仁宗朝官员王洙所说:"庠序之设,教化所先。"⑦

---

① 蔡襄:《蔡襄集》卷22《国论要目》,吴以宁点校,上海古籍出版社1996年版,第384页。
② 《宋史》卷292"论曰",第9784页。
③ 参见陈峰:《北宋枢密院长贰出身变化与以文驭武方针的影响》,《历史研究》2001年第2期;《都部署与北宋武将地位的变迁》,《安徽师范大学学报》2001年第4期。
④ 《宋会要辑稿·崇儒》,第82页。
⑤ 《宋会要辑稿·崇儒》,第82页。
⑥ 有关宋代教育的状况,学界已有较多研究,参见苗春德:《宋代教育》,河南大学出版社1992年版;李弘祺:《宋代官学教育与科举》,(台湾)联经出版事业公司1994年版。
⑦ 《宋会要辑稿·崇儒》,第39页。

宋朝开国以来，设置并不断扩充馆阁机构，一方面整理编修图书典籍，另一方面则不断访求民间书籍。宋仁宗在嘉祐五年（1060年）的一道诏书，反映了宋廷对此的不懈努力："国家承五代之后，简编散落。建隆之初，三馆聚书仅才万卷。祖宗平定列国，先收图籍，亦尝分遣使人，屡下诏令访募异本，补辑渐至。景祐中，尝诏儒臣校定篇目，伪谬重复，并从删去。"宋仁宗还在这一诏书中表白："朕听政之暇，无废览观。"①宋初以来，对献书者往往给予奖励，甚至赐官。《宋会要辑稿》"崇儒"中就有"献书升秩"专篇，记录了相关的大量事例。必须指出，此类文化建设的内容，仍以服务于大政路线为最终目的。

与以上"崇文"形成鲜明对比的是，在日益加剧的"抑武"举措之下，不仅武将群体受到更大的压制和排挤，军功在治国中的作用也继续遭到抑制，军事与边防建设因此受到持续影响。虽然募兵的规模相当庞大，军费开支前所未有，但武臣在统治集团中不过扮演陪位的角色而已。如王安石即指出："本朝太祖武靖天下，真宗以文持之，今上接祖宗之成，兵不释戮者盖数十年，近世无有也。"②在此，王安石将"以文持之"视为这一阶段统治的突出特点，正说明"崇文抑武"方略深化的事实。

正因为如此，将帅在政坛的地位日益被边缘化。有这样一段记载颇能说明宋真宗君臣对武将的态度：景德元年，在抗击辽军进攻期间，殿前都指挥使高琼支持宰相寇准请天子渡河亲征的主张，"高琼亦固以请，且曰：'陛下若不幸北城，百姓如丧考妣。'签书枢密院事冯拯在旁呵之，琼怒曰：'君以文章致位两府，今敌骑充斥如此，犹责琼无礼，君何不赋一诗咏退敌骑耶？'"③由此可见，即使在战事危急时刻，文臣冯拯也不允许禁军大帅发表意见。值得关注的是，在高琼讽刺冯拯之时，宋真宗的态度如何没有记录。但当战事稍缓后，"上命寇准召琼诣中书，戒之曰：'卿本武臣，

---

① 《宋会要辑稿·崇儒》，第238—239页。
② 王安石：《王文公文集》卷2《上田正言书二》，上海人民出版社1974年版，第29页。
③ 《长编》卷58，景德元年十一月丙子，第1287页。

勿强学儒士作经书语也.'"①这说明宋真宗对武将高琼言语顶撞文官大臣的举动,一直心怀不满,并最终要加以警告。武臣马知节在任职枢密院期间,长期遭到主政集团的冷遇,无法作为。据当时的宰相王旦之子王素以后追忆:马知节与文臣王钦若、陈尧叟"同在枢府。一日,上前因事相忿。上召公,至则见冀公(即王钦若)喧哗不已,马则涕泣"。② 由此可窥见其所受到的压制状况之一斑。在宋仁宗朝,"自来武臣在边,多被文臣掣肘"③的情形已非常突出。于是,出现了欧阳修所说的"大凡武臣尝疑朝廷偏厚文臣,假有二人相争,实是武人理曲,然终亦不服,但谓执政尽是文臣,递相党助,轻沮武人"④的现象,这从侧面说明武臣因长期遭受压制而产生了怨气。

狄青是北宋中叶进入枢密院高位的极个别将帅之一,但在位几年期间几乎默默无闻,最终还在朝臣的各种反对声中卸任。其中欧阳修在《上仁宗乞罢狄青枢密之任》中认为:

> 臣切见枢密使狄青,出身行伍,号为武勇……自其初掌机密,进列大臣,当时言事者已谓不便。今三四年间,虽未见其显过,然而不幸有得军情之名。推其所因,盖因军士本是小人,面有黥文,乐其同类,见其进用,自言我辈之内出得此人,既以为荣,遂相悦慕。加又青之事艺实过于人,比其辈流又粗有见识,是以军士心共服其才能。国家从前难得将帅,经略、招讨常用文臣,或不知军情,或不闲训练。自青为将领,既能自以勇力服人,又知训练之方,颇以恩信抚士。以臣愚见,如青所为,尚未得古之名将一二。但今之士卒,不惯见如此等事,便谓须是我同类中人,乃能知我军情而以恩信抚我。青之恩信,

---

① 司马光:《涑水记闻》卷6《高琼请幸北城》,第114页。
② 王素:《文正王公遗事》,储玲玲整理,《全宋笔记》第1编第5册,大象出版社2003年版,第181页。
③ 《长编》卷150,庆历四年六月癸卯,第3630页。
④ 《长编》卷148,庆历四年四月丙辰,第3590页。

亦岂能遍及于人？但小人易为扇诱，所谓一犬吠形，百犬吠声，遂皆翕然喜共称说。且武臣掌机密而得军情，不唯于国家不便，亦于其身未必不为害。①

欧阳修的奏言代表了当时文官的一般见解：狄青乃一介武人，竟赢得社会声望，势必会造成军功业绩受到世人的崇拜；像狄青这样的大将掌握了枢密院的机密，对朝廷而言则构成隐患。②而另外一位武臣出身的枢密使王德用，也在不久遭到罢黜。③事实上，从狄青、王德用离开直到北宋亡国，枢密院几乎皆为文臣掌管。

还需指出的是，北宋统治者长期对武将实行愚昧政策，考核和提拔军官时，侧重弓矢等武功，而轻视文化水平。景德三年（1006年），甚至公开下诏，严禁民间流传兵书，违者处以死刑。④据范仲淹在宋仁宗朝初期反映："今孙吴之书，禁而废学，苟有英杰，受亦何疑？且秦之焚书也，将以愚其生人，长保天下；及其败也，陈胜、吴广岂读书之人哉！"⑤可知《孙子兵法》一直遭到查禁。庆历七年（1047年），宋廷又明确将《阴符》等兵书列为禁书。⑥这固然不利于武将素质的提高，其实也是对社会中尚武风气的抑制。

四、宋神宗朝试图对传统治国理念的突破及失败

宋神宗即位之时，宋王朝已延续百年有余，虽尚无重大危机爆发，但

---

① 欧阳修：《上仁宗乞罢狄青枢密之任》，赵汝愚编：《宋朝诸臣奏议》卷46《百官门·宰执上》，第494页。
② 王称：《东都事略》卷72《欧阳修传》，孙言诚、崔国光点校，齐鲁书社2000年版，第600、601页，而《宋史》卷319《欧阳修传》则在此事上为欧阳修多有隐讳。
③ 《长编》卷184，嘉祐元年十一月辛巳，第4451页。
④ 《宋大诏令集》卷199《禁天文兵书诏》，中华书局1962年版，第734页。
⑤ 范仲淹：《范文正公文集》卷9《书·上执政书》，《范仲淹全集》，四川大学出版社2002年版，第222页。
⑥ 《长编》卷161，庆历七年十二月庚午，第3893页。

第二章　宋朝治国理念的形成与发展演变

朝政积弊丛生，内有财政紧张、官僚机构臃肿、效率低下以及社会矛盾不断显现等突出问题，外则面临被动挨打的局面，军队与边防建设长期陷于困境。宋神宗是宋代历史上少有的果敢有为的帝王，他不愿继续维持现状，立意实施变法，扭转已然下降的国势，并希望在振兴中实现恢复汉唐大一统帝国的目标。宋神宗时代的变法，范围不仅广泛，深度更是前所未有，学界已有众多研究成果，[①]故在此对变法本身不再赘述，而着重关注其与治国理念之间的互动关系。

宋初，开国统治者萌发的治国理念，是基于当时内外形势异常严峻、混乱而产生的，也是统治力量明显不足之下的产物，所以虽有远大的设想，但仍确定适合自身发展的务实而有限的目标。宋太宗朝，随着国力的逐渐增强与内地统一的完成，遂试图追求更高的大一统强国目标。当两次北伐辽朝失败后，出于对辽朝强大军事实力的重新认识，宋廷从原来的理想主义退为现实主义，在发展路线上做出重要调整，以内部建设为施政中心，对外则采取全面防御的战略，终止开疆拓土行动，其治国理念更趋于务实、保守。到宋真宗至宋英宗时期，统治集团基本因循以往的发展路线，其中内部统治秩序相对稳定，文治成就斐然，但制度建设日益成熟以至于繁琐，所谓"今朝廷法严令具，无所不有"，[②]各种制衡机制带来墨守成规、效率低下以及冗官冗员的后果。与此同时，对外更加消极保守，边防长期处于被动挨打的状态，不得已又对议和化解冲突的方式抱有依赖。因此，治国理念在长期的沿袭中呈现日渐僵化保守之势，这固然有利于巩固中央集权与君主专制体制，相对平稳的统治秩序也有利于文教、经济的发展，但积弊丛生，内外交困，积累已久的社会矛盾引发下层不满甚至造反，然而当政大臣却无所作为，一味维持现状。如王安石在嘉祐三年（1058年）给宋仁宗上的著名万言书所反映："而方今公卿大夫，莫肯为陛

[①] 代表性成果主要有：邓广铭：《北宋政治改革家王安石》，三联书店2007年版；漆侠：《王安石变法》，上海人民出版社1979年版；王曾瑜：《王安石变法简论》，《中国社会科学》1980年第3期。李华瑞：《王安石变法研究史》对此有系统介绍，人民出版社2004年版。

[②] 王安石：《王文公文集》卷1《上皇帝万言书》，上海人民出版社1974年版，第1页。

下长虑后顾,为宗庙万世计。"①宋神宗对积习已久的现状极为不满,特别希望改变对外被动屈辱的局面,因此只有摆脱以往因循守旧的路线,力图通过变法改革振兴国家,但规划的这一蓝图势必触及相沿已久的治国理念,换言之就是要有所突破,即采取更积极的态度处理内政外交。从这一意义上说,"变法"便是对传统治国理念的突破与修正。

宋神宗追求的宏大目标,自然超越了以往传统保守的政治观念,遂遭到众多的传统派官员的反对。其中在边防问题上,传统的主流意识仍具有很大影响。如宋神宗就积极经营边防征求元老大臣富弼、文彦博及张方平的意见时,都遇到抵触。富弼更直接告诫道:希望天子二十年"口不言兵"。司马光、范纯仁、郑獬等一批官员也先后上奏批评对西夏用兵的企图。②宋神宗于是启用以王安石为首的变法派,在熙宁、元丰年间进行了全面的积极改革,其内容涉及理财、整军以及官员选拔任用等方面,旨在富国强兵。其中"募役法"、"青苗法"、"市易法"、"均输法"及"方田均税法"等,主要属于理财方面的措施;"置将法"、"保甲法"、"保马法"及设置军器监等,则都是围绕提振军力的强兵措施。这些举措的推出,反映了宋神宗不同以往的施政态度,虽然对传统治国理念未根本改变,却注入了一定的积极有为的新精神的内容。没有动摇内部统治秩序稳定、文治建设为主轴的发展方向,依旧大体保持怀柔的统治方式,但注重提高内部治理的效率,试图以强军为后盾来改善边防状况。

正因为如此,宋神宗朝在继续坚持文治及"崇文"路线不变的同时,顺应内部现实形势的需要,对以往政务运行中过度强调制衡机制而导致的效率低下的问题,进行了一定程度的调整与改革,裁撤了包括三司在内的一批中央机构,恢复三省六部制,即"元丰改制"。当然,这种改革不可能从根本上放弃君主专制下的制衡机制,特别是对权力中枢的分权原则,如枢密院控制军事决策的体制并没有终结。但对于传统上钳制将帅的做法

---

① 王安石:《王文公文集》卷1《上皇帝言事书》,第13页。
② 参见李华瑞:《宋夏关系史》,中国人民大学出版社2010年版,第65—67页。

第二章 宋朝治国理念的形成与发展演变

做出了一定的调整,不仅以"置将法"取代"更戍法",以解决将兵分离造成的战斗力低下的问题,而且在一定程度上提倡军功的感召力。如元丰时期曾一度打破惯例,允许武官申请考核词赋水平,凡能通过测试者,便可换为文资官衔。宋神宗此举,显然有打通久已隔阂的文武之间的关系,以减弱歧视武人的偏见。宋神宗曾对此表态说:"三代、两汉本无文武之别。"①元丰元年(1078年),宋神宗还放松了对馆阁帖职的限制,对边关功臣也授以馆职,这显然也含有鼓励军功的意义。② 曾六次落第的何去非,在元丰五年以特奏名通过省试,他饱读兵书,善于论军谈兵,因此在殿试时得到宋神宗的赏识,被授予武职。③ 通过以上变法举措,宋廷巩固了中央集权,强化了对地方的统治,压制了下层的反抗,并在一定程度上提振了军队的士气,从而提升了宋王朝的国力。

与此同时,宋神宗朝对边防还采取积极的军事部署,特别是对西夏采取主动攻势,这体现出不同于以往的治国追求。熙宁年间,宋廷主要对河湟地区实施积极拓边的措施,控制了吐蕃诸部。④ 而主帅王韶之所以能在西北打开局面,取得一系列的战果,便与此时改变控制指挥权有莫大关系。宋神宗及宰相王安石都给予其大力支持,排除诸多干扰,使王韶得以放手用兵。⑤ 其间,包括天子派去的亲信宦官李宪,也必须服从主帅王韶的调遣。⑥ 宋神宗曾特意派人到前线给王韶带话:"将在军,君命有所不受。"⑦这一表态,恰与以往传统上实行阵图、监军之类的"将从中御"的做法形成了鲜明的对比。熙宁年间,还发生交趾因与宋关系恶化而大举侵

---

① 王称:《东都事略》卷89《苏颂传》,第759页。
② 《长编》卷287,元丰元年春正月戊辰,"诏秦凤等路转运副使、同经制熙河路边防财用、太常博士赵济候经画就绪,与除馆职。"第7018页。
③ 苏轼:《苏轼文集》卷29《举何去非换文资状》,中华书局1986年版,第836—837页;何薳:《春渚纪闻》卷6,中华书局1983年版,第157页。
④ 《宋史》卷328《王韶传》,第10579—10581页。
⑤ 《长编》卷230,熙宁五年二月癸亥,第5594页。
⑥ 《长编》卷243,熙宁六年三月己未,第5920页。
⑦ 《长编》卷252,熙宁七年四月丁酉,第6180页;《宋史》卷328《王韶传》,第10581页。

略的事件,宋神宗派大军南征,赋予武臣统帅郭逵指挥大权,从而大败交趾军队。

可以说,血气方刚的宋神宗有意走汉唐之路,不仅主张积极对西夏采取攻势,甚至还考虑过未来解决燕云十六州的问题。但这一设想显然超出了主政大臣的预期,宰相王安石虽对强国抱有期望,支持拓边河湟地区的军事行动,但对用兵作战仍持慎重的态度。① 王安石对保持与辽朝的盟约关系持肯定态度,如熙宁五年(1072年)讨论有关应对辽朝挑衅问题时,王安石明确要求宋神宗坚守双方盟约,"臣愿陛下于薄物细故,勿与之校,务厚加恩礼,谨守誓约而已"。② 王安石在《澶州诗》中,也有"欢盟从此至今日,丞相莱公功第一"的诗句③。到元丰时期,宋神宗亲自主导变法,抛开朝臣的反对意见,一度对西夏发动军事进攻,其主要的支持者与参与者多为武将和宦官。然而对西夏发动的大规模五路征伐,以及随之不断修筑堡寨压迫对方的举措,④都以失败告终。宋神宗信心大受打击,史称"深自悔咎,遂不复用兵,无意于西伐矣"。⑤ 宋神宗因此忧愤成疾而死,主动用兵的主张遂宣告终止。

宋神宗时代的改革变法措施,是试图对传统治国理念的突破与修正,虽在一定程度上收到了效果,但却并未实现所规划的宏大目标,特别是在对外用兵上受挫,导致最高统治者停止了进一步的激进行动。

五、北宋后期传统治国理念的延续及丧乱

宋哲宗元祐年间,传统派官员主政,因一直对宋神宗朝的变法举措持反对意见,所以力图全面废除变法措施,同时也将对夏的主动军事活动视

---

① 参见漆侠:《王安石变法》,上海人民出版社1979年版,第222、223页。
② 《长编》卷236,熙宁五年闰七月己巳,第5752页。
③ 王安石:《王文公文集》卷47《澶州》,第532页。
④ 参见曾瑞龙:《拓边西北——北宋中后期对夏战争研究》,北京大学出版社2013年版。
⑤ 《宋史》卷334《徐禧传》,第10724页。

为弊政,全面加以清算,并恢复了传统的治国理念,故史称"元祐更化"。从此,宋廷内部虽然在对变法的议题上不时发生激烈争议,还有对西夏是否"开边"的论争,甚至以后在收复燕云地区的问题发生过投机活动,执政大臣也因此几度更替,但总的说来,是否继承"变法"已成为官僚集团权力斗争的标签,变法的实质精神其实遭到抛弃。自此,日渐腐朽的当政集团无力追求更高的统治成就,不过是在延续传统的既定施政路线过程中徘徊,自我满足而已。

元祐时期,宋统治集团一方面恢复"祖宗之法",①坚持继承以内部稳定为主轴的文治建设,排斥反对派,另一方面则要结束此前的西北军事活动,并抑制军功的趋向。当变法措施遭到清算时,此前曾出现的武臣换文资的制度也被视为一种弊政。元祐二年(1087年),朝臣们反映:武官通过考词赋换文资后,"待之至厚",乃产生了请托、侥幸的"恶习"。于是,在他们的强烈要求下,这一制度被废除。② 不久,与以上举措相配合,右正言刘安世又向执政大臣反映:祖宗创设儒馆(即馆阁),意在养育人才,"名卿贤相,多出此途"。但近年来,或凭借门第出身,或通过理财聚敛,或以"军功",皆可获得馆职。因此,他要求恢复旧制,以文学出身及才能作为入馆标准,严格限制入选人数。③ 也就是说,要将兵武色彩清扫出馆阁之外。值得关注的是,范祖禹在经筵为年幼的宋哲宗讲解经史与治国之道时,献《帝学》一书。从《帝学》的各项内容,可以清楚地看出儒家学说及其价值观对宋朝帝王思想所形成的巨大影响,也可以窥见"崇文抑武"在天子观念中延续的轨迹。范祖禹认为:"本朝累圣相承百三十有二年,四方无虞,中外底宁,动植之类蒙被涵养,德泽深厚,远过前世,皆由以道德仁义文治天下,人主无不好学故也。"④元祐七年(1092年),苏轼在就任翰林侍读学士时,上书总结经筵讲读中关于王、霸道的议题,"讲读之官,谈王

---

① 参见邓小南:《祖宗之法——北宋前期政治述略》,三联书店2006年版。
② 《长编》卷407,元祐二年十一月乙亥,第9904页。
③ 《长编》卷412,元祐三年七月壬戌,第10029页。
④ 范祖禹:《帝学》卷8《神宗下》,《影印文渊阁四库全书》第696册,第778页。

而不谈霸,言义而不言利。"①这些表述正折射出长期以来占统治地位的主流意识。这一时期被以后的南宋人视为全盛时期之一,其实只是恢复到旧有的力图保持稳定的状态,尤其是相对南宋勉强维持半壁江山的局面而言,其内政外交路线正集中代表了宋朝传统的价值取向和追求目标,事实上仍是保守僵化的治国理念的体现,并且出现了不同派系的党争。如朱熹不满地指出:"本朝全盛之时,如庆历元祐间,只是相共扶持这个天下,不敢做事,不敢动。被夷狄侮,也只忍受,不敢与较,亦不敢施设一事,方得天下稍宁。"②如实施"弃地"议和,将之前获得的缘边部分土地及城寨退回西夏;③将对夏统军作战的宦官李宪以"贪功生事"之罪,予以贬官监管④等等,以维持边防的安宁。

宋哲宗亲政期间,提出"绍圣绍述"的口号,看似恢复宋神宗时代的变法主张,其实更大程度上还是排斥异己,落实"一朝天子一朝臣"的政治惯例,将元祐"旧党"驱逐出朝,旨在维护其绝对权威。而当时在西部前线的一些举动,有研究者认为是发生了军事战略转变,出现了"缓进攻略路线"。⑤但从总体上看,其影响却未超出局部"蚕食"的范围,即宋廷没有转而采取全面进攻的大战略,特别是对辽朝依旧维持议和局面。因此,统治集团基本维持以往的内政外交路线,特别是消极防御的思想,并视其为祖宗之法。虽然在宋哲宗朝前后阶段对政策有所调整,然而其主体精神基本上未被放弃,对西夏采取的主动"开边"举措,不过是有限的军事行动。

宋徽宗时代,传统的治国思想与理念虽然根深蒂固,但由于统治集团

---

① 苏轼:《上哲宗论王道六事》,赵汝愚编:《宋朝诸臣奏议》卷3《君道门·君道三》,第33页。
② 黎靖德编:《朱子语类》卷127《本朝一》,中华书局1986年版,第3051页。
③ 见司马光:《上哲宗乞还西夏六寨》,范纯仁:《上哲宗答诏论西事》,《宋朝诸臣奏议》卷138,第1552—1556页。
④ 《宋史》卷467《宦者二·李宪传》,第13640页。
⑤ 曾瑞龙认为:宋哲宗亲政后,实施的弹性防御,也不排除攻势,同时将防御性据点向西夏境内推进。《拓边西北——北宋中后期对夏战争研究》第4章,北京大学出版社2013年版。

第二章　宋朝治国理念的形成与发展演变

日趋腐朽,先是"党争"愈演愈烈,"元祐党人"遭到严厉打击,导致官僚集团的分裂。之后,宋徽宗奢靡享乐与好大喜功的特点不断暴露,而蔡京父子倡"丰亨豫大"之说以迎合,加上与王黼、童贯、梁师成、朱勔及李彦等所谓"六贼"为代表的官僚先后主政,政策短视、混乱,因而在政坛投机风气的冲击下,延续已久的相关举措以及许多制度也遭到不同程度的破坏,致使在施政中捉襟见肘。诸如纲纪败坏、大兴土木、卖官鬻爵、贪赃枉法、屡变茶盐法以及花石纲、西城括田所之类弊政,层出不穷,民间还有"三千索,直秘阁。五百贯,擢通判"的讽刺民谣流传。① 当政者既追求享乐,面对危机又手足无措,顾此失彼,从而导致统治秩序与武备趋于涣散瓦解,遂引发各地农民不断造反,特别是方腊起义还一度占据了两浙核心地区。由此可见,以稳定专制集权统治为核心的内部秩序建设日益沦丧,以文治成就为特征的发展路线也名存实亡。

与此同时,宋徽宗君臣在边防上则陷于矛盾之中,缺乏清晰思路,既因循保守,又不免于投机。原本已充满积弊的"以文驭武"规则下的文臣统军体系,此时还受到宦官势力的深度介入,更暴露出严重的弊端。② 其中权宦童贯长期执掌枢密院和充当重大战事的主帅,其边防活动往往具有相当大的随意性,就连蔡京之子都承认:童贯"遂浸领枢筦,擅武柄,主庙算"。③ 其所作所为,即使宋徽宗以后也坦承:"贯以昏耄,所施为乖谬,故相隐匿,蔽不以闻,致边事机会差失,为朝廷之害,莫大于此。"④主政的少数权贵集团先对处于弱势的西夏继续"开边",继之一度对辽冒险用兵,随后对强大的金朝又一味求和。其过程大致是:在权宦童贯的主导下,对西夏时断时续地发动蚕食战争,虽取得了局部战果,但这些军事活动却缺

---

　　① 朱弁:《曲洧旧闻》卷10《王将明卖官鬻爵有定价》,中华书局2002年版,第225页。
　　② 参见陈峰:《北宋后期文臣与宦官共同统军体制的流弊》,《国学研究》第17卷,北京大学出版社2006年版。
　　③ 蔡絛:《铁围山丛谈》卷6,冯惠民点校,中华书局1983年版,第109、110页。
　　④ 徐梦莘:《三朝北盟会编》卷6,宣和四年五月九日丙寅引《北征纪实》,上海古籍出版社1987年版,第39页。

乏完整的战略规划与目标,在当时和后世都遭到许多官员的抨击。正如以后宋人所说:"士大夫多以讳不言兵为贤,盖矫前日好兴边事之弊。"①从重和元年(1118年)开始,宋统治集团还不顾一些人的批评意见,②利用辽朝即将灭亡的机会,与新崛起的金联系并订立所谓的"海上之盟":允诺联手灭辽后,将原本输送给辽的岁币转给金,金则同意将燕云地区归还于宋。就此仓促进行了联金攻辽的投机活动,试图假手他人收复燕云。然而,在长期存在的恐辽心理之下,宋廷的北伐行动一再拖延,至宣和四年(1122年),才先后两次出兵进攻辽朝的燕京,结果都大败而归。最终,宋廷以付出巨大的经济代价从灭辽的金军手中获得燕京等地。在如此严峻的局面下,宋徽宗君臣竟盲目陶醉,对王黼、童贯、蔡攸及赵良嗣等加官晋爵,下令撰写《复燕云碑》,歌功颂德,粉饰太平,自认为完成了祖宗以来的未竟事业。正因为宋廷丧失对金朝动向的清醒判断,缺乏边防形势巨变后的战略规划与部署调整,没有及时做出应对金军进攻的充分准备,幻想再度重现"澶渊之盟"的功效,遂不可避免地遭受致命打击。

当金军第一次大举南攻时,宋廷才从幻想中觉醒,宋徽宗自知无力抵抗,被迫匆忙传位太子并南下避祸。随之,宋统治集团一方面火速从西北调兵入援京师,并征召各地军队抵抗,另一方面宋钦宗与主和派仍对议和抱有一线希望,试图以和谈方式换取对方撤军。然而,由于长期以来积累的各种政治积弊和社会矛盾,特别是宋徽宗时代的腐朽统治,此时的统治力已降低到即将崩溃的边缘。与此同时,原本被动保守的军事与边防体系也因腐败而趋于涣散瓦解。总之,靖康期间的内外形势是宋廷遭遇到的前所未有险境,匆忙登基的宋钦宗及其施政集团既要维持新老交替带来的内部稳定,更主要的则是要应对剧烈的边患危机,也就是说已然名存实亡的传统治国理念受到空前严峻的挑战。在主和、主战的纷争中,宋廷

---

① 叶梦得:《避暑录话》卷下,《全宋笔记》第2编第10册,徐时仪整理,大象出版社2006年版,第331页。

② 徐梦莘:《三朝北盟会编》卷1,政和八年四月二十七日己卯,第3、4页;卷8,宣和四年六月三日庚寅,第52—55页。《宋史》卷335《种世衡传附种师道传》,第10751页。

先后两次进行了开封保卫战,其间当议和的幻想破灭后,宋廷有限的抗战力量终于无法挽救覆灭的结果。

六、南宋抱残守缺下的治国理念及最终亡国

南宋时期,原来的北方大部分疆域已沦陷,其统治范围仅有半壁江山,此即史称所谓"偏安江左"。在如此内外形势发生重大变化的状态下,特别是面对先后并存的强大对手金朝与蒙元,当政集团虽仍有意讲求祖宗之法,也就是试图维持传统的治国理念,其实也只能更多着力于内部的统治秩序建设,对外则进一步从被动防御退缩至维持现有格局,而远离大一统的追求。

总体来说,宋高宗一朝,在靖康亡国的废墟上恢复重建,虽然长期处于金朝的巨大军事进攻与压力之下,民间要求抗战的呼声不断,许多文官武将也不甘屈辱现状,但统治者不敢也不愿将主动抗战确定为施政的主要方向,而是希望能维持已有控制地区,以满足对内有效的集权统治。从这一意义上说,在长期惯性保守思维与制度的沿袭下,原本以被动议和作为边防不力下的无奈之举的传统,至此已成为影响朝廷主和的主流意识,惟恐因北伐的失败带来巨大的军事风险,而失去对军队的控制,抗战主张便长期受到压制,如朝臣汪藻指责武将的话:"平时飞扬跋扈,不循朝廷法度,所至驱掳,甚于夷狄。"①这种对外战略路线其实是服务于对内狭隘统治的迫切需要,即内部统治秩序的稳定以及文治成就仍然成为追求的最高目标,故号称的"中兴"不过是偏安而已。与此同时,因长期遭受战争压迫,军费开支极为浩大,百姓的生产和生活因此受到无穷的影响,统治集团既不敢也无心抗战,计算经济得失往往成为其主和的一项重要理由。正因为如此,只有在遭受金军打击之时,宋廷才不得不抵抗,一旦出现一线机会便积极议和,宋高宗君臣甚至不惜借杀害岳飞之举,压制主战派力

---

① 李心传:《建炎以来系年要录》卷31,建炎四年正月辛未,第714页。

量,促成与金朝的"绍兴和议"。宋高宗赞扬秦桧的"尽辟异议,决策和戎",①就充分反映了当政者主和避战的一贯态度。秦桧死后,宋高宗还特别告诫执政大臣要延续既定路线:"两国和议,秦桧中间主之甚坚,卿等皆预有力,今日尤宜协心一意,休兵息民,确守勿变,以为宗社无穷之庆。"②"绍兴和议"订立后,随着边防形势的缓和,宋高宗与主政大臣自认为获得了强化内部统治的机会,遂着手整顿秩序,再度"收兵权",试图恢复北宋"崇文抑武"及"以文驭武"的方针策略,统治集团由此获得享乐富贵的机会。因此,绍兴十三年(1143年),宋高宗在诏书中宣称的"国家用武开基,右文致治"③的话,便是为施政确定的指向。

其后,惟有在宋孝宗、宁宗朝,抗战主张曾一度冲击了传统的主和意识,并有过两次主动北伐行动,反映了强烈的抗战要求,不过北伐行动既短暂,又皆以失败告终。战场的失利再度引发失败主义弥漫庙堂,主和派很快又占据主政地位,遂先后出现"隆兴和议"、"嘉定和议"。揆诸其时其势,不满现状的宋孝宗虽心有不甘,也不免最终厌战。如宋人词云:"自胡马、窥江去后,废池乔木,犹言厌兵。"④据记载,开禧北伐开始时宋宁宗便心存疑虑,事后他对大臣说道:"恢复岂非美事? 但不量力。"⑤以宋宁宗名义下达给将士的诏书云:"岂不知机会可乘,仇耻未复,念甫伸于信誓,实重起于兵端。故宁咈廷绅进取之谋,不忍绝使传往来之好,每示固存之义,初无幸衅之心。"⑥说明之所以坚守议和盟约,关键在于不愿引发战祸。这其实表达的正是当时主政者及朝廷主流意识的主张。如南宋名臣真德秀所批评:"以忍耻和戎为福,以息兵忘战为常,积安边之金缯,饰行

---

① 《建炎以来系年要录》卷160,绍兴十九年九月戊申,第3030页。
② 《建炎以来系年要录》卷170,绍兴二十五年十二月乙未,第3244、3245页。
③ 《宋会要辑稿·崇儒》,第251页。
④ 姜夔:《扬州慢》,姜夔著,夏承焘校,吴无闻注释:《姜白石词校注》,广东人民出版社1983年版,第1页。
⑤ 佚名:《续编两朝纲目备要》卷16,嘉定十七年闰八月丁酉,汝企和点校,中华书局1995年版,第303页。
⑥ 《续编两朝纲目备要》卷15,嘉定十年六月庚戌,第283页。

第二章　宋朝治国理念的形成与发展演变

人之玉帛。女真邦尚存，则用之于女真，强敌更生，则施之于强敌，此苟安之计也。"①因而，抗战派长期处于在野状态，如辛弃疾与陆游的诗词、陈亮及真德秀的上疏，集中体现了强烈抗战的愿望，却大都受到冷遇。

南宋后期，统治集团日益腐朽，始终处于被动应对边患的局面。以宋理宗绍定四年（1231年），蒙古"遣使约夹攻金"一事为例：按理宋金百年世仇，在此之前数年又刚发生了金朝南下扩地战争，南宋援蒙出兵灭金是必然选择。然而定计之前，"群臣议不许"。② 反对的理由，主要是己方准备不足，如"中原机会之方来，而外治规模之未立，灞上棘门如儿戏耳"。③更有完全从实际利益角度，认为"得城不过荆榛之区，获俘不过曖昧之骨"。④ 总之，南宋朝野或出于持重守成，或出于畏险避战，对外主和的言论，层出不穷。即便在灭金战争胜利之时，被宋理宗"嘉纳之"的来自南宋朝堂上的声音依然是："宣和海上之盟，厥初甚坚，讫以取祸，其事不可不鉴。"⑤南宋的这次北进，不过是在"祖宗陵寝，隔阔三十年，不得以时洒扫祭祀，心实痛之"⑥名义下，又一次投机活动而已。

稍加考究不难发现，南宋这种习惯性治国思路的形成，与北宋先是军政实践，而后才提炼、形成治国理念的顺序不同。首先，南宋直接继承了北宋治国理念，其次，又有熙丰以来的新旧党争和靖康之变的亡国教训。在外侮与内政之间，孰先孰后、孰轻孰重，就需要南宋统治阶层做出判断。于是，从宋高宗"朕最爱元祐"，⑦到宋理宗"寻以王安石谓'天命不足畏，

---

① 刘时举：《续宋中兴编年资治通鉴》卷14，嘉定七年八月，王瑞来点校，中华书局2014年版，第344页。
② 佚名撰，王瑞来笺证：《宋季三朝政要笺证》（以下称《宋季三朝政要》）卷1，理宗辛卯绍定四年，中华书局2010年版，第52页。
③ 洪咨夔：《平斋集》卷25《启二·通崔安抚启》，《影印文渊阁四库全书》第1175册，第279—280页。
④ 《宋史》卷418《吴潜传》，第12516页。
⑤ 《宋史》卷41《宋理宗本纪一》，第799页。
⑥ 《宋史》卷373《洪迈传》，第11571页。
⑦ 《建炎以来系年要录》卷79，绍兴四年八月戊寅朔，第1487页。

祖宗不足法，人言不足恤'，为万世罪人，岂宜从祀孔子庙庭，黜之"。① 南宋确立起了王安石祸乱政事才导致北宋亡国的官方论调，"王安石自任己见，非毁前人，尽变祖宗法度，上误神宗皇帝。天下之乱，实兆于安石，此皆非神祖之意。"②基于此，南宋在治国理政时，就要时时处处以熙丰、靖康教训为戒，开边扩地被归为王安石、蔡京的弊政之一，当然需要后来人谨慎对待，所谓"上策莫如自治而已。自治之策无他，在力救前日之弊耳"。③ 甚至由于有了这种先入为主的救弊的观念作祟，南宋自身实力如何、敌方实力如何……这类具体的操作性问题，都已经很难再被客观评估，或者说已经很少被南宋朝野上下关心了。

这样一来，上述两个背景的叠加，就构成了南宋的治国理念及实践的基本立足点，即：举恢复、御侮之名，行安内之实。恰如真德秀评价史弥远："恢复名义甚正，但故相不曾做得工夫。"④此话不仅针对史弥远，更点中了南宋长期奉行的治国理念及实践的要害。这种口号与政策两相分离的现象，也可以看成是一种名、实分离。在平时，只是体现在"度"的拿捏上，就像宋孝宗与虞允文之间关于对金作战战略实施上的几番讨论。但是到了决定战和之际，就会出现就名、还是就实的分歧。所以，在南宋喊了百年的恢复故土的口号后，面对突然出现的联蒙灭金的历史机遇，先浮现出来的却是质疑自己的论调："陛下自视今日比孝宗时何如耳？兵不如昔之强，将不如昔之勇，财殚民薄不如昔之厚，官邪赂彰不如昔之严……方今国家譬如久病羸怯之人，元气已衰，他证未作。谨固汤剂，休养岁月，尚有痊安之理。若直投瞑眩之药，必使之遽离枕席，亟走而疾趋，则鲜有不蹶且颠矣。"⑤而且不仅是文人士大夫，身处战场一线的名臣赵葵，其观

---

① 《宋史》卷42《宋理宗本纪二》，第822页。
② 《建炎以来系年要录》卷79，绍兴四年八月戊寅朔，第1487页。
③ 《建炎以来系年要录》卷6，建炎元年六月，第192页。
④ 《宋季三朝政要》卷1，理宗端平元年，第79页。
⑤ 吴泳：《鹤林集》卷19《札子·论中原机会不可易言乞先内修政事札子（小字注：癸巳八月十九日）》，《影印文渊阁四库全书》第1176册，第187页。

点亦然:"今国家兵力未赡,姑从和议,俟根本既壮,雪二帝之耻,以复中原。"①而一旦金朝覆灭,南宋君臣又重归宋徽宗灭辽后的麻痹状态。正如当时人所批评:"且陛下知慕崇政受俘之元祐,独不鉴端门受降之崇宁乎?"②这种既不忘战、又不愿战的矛盾治国心理,伴随南宋一世,直到宋蒙战争全面爆发,国家再度陷于危局。

总之,南宋主和派长期当政,在抵抗女真、蒙古军队进攻时,不能不现实地选择军事手段反抗,然而不敢也无力收复北方失地,只能偏安江南,满足于对内的统治。南宋统治者聊以自慰的主要成就,还在于内部统治秩序的相对稳定与文治方面。

概括而言,其一,除了宋宁宗与理宗朝初期及南宋末年存在过权臣外,大部分时期里专制皇权仍然得以延续,中央对军队与地方的控制也较为有力。如宋高宗时代,岳飞、韩世忠及张俊等手握重兵的大帅,都可以被轻易调离甚至遭到杀戮;宋孝宗朝末年的宰相周必大针对时弊指出:"陛下练兵以图恢复而将数易,是用将之道未至;择人以守郡国而守数易,是责实之方未尽。"③即说明宋孝宗独断专行的特点。南宋后期主持四川防务有功的名将余玠,也能在问责诏书下达之日无奈自杀。即使如宋理宗即位之初,围绕济王遭权臣史弥远冤杀之事,真德秀仍敢登殿上奏鸣冤,并强调道:"三纲五常者,扶持宇宙之栋干,奠安生民之柱石。人而无此,冠裳而禽犊矣。国而无此,中夏而裔夷矣。""我朝立国,根本仁义。先正名臣,或以为家法最善,或以为大纲甚正"云云。④ 还有许多士人也先后敢于批评朝政,而专权者也无法完全阻挡,更不敢篡位夺权,正表明维护皇权的秩序仍得到朝野的认同。

其二,文臣治国的局面得到继承。在延续"崇文抑武"方针、发展科举制度的状态之下,科举出身的文臣继续承担政坛主角,武将群体依旧处于

---

① 《宋史》卷41《宋理宗本纪一》,第799页。
② 《宋史》卷460《洪咨夔传》,第12266页。
③ 《宋史》卷391《周必大传》,第11967页。
④ 《宋季三朝政要》卷1,理宗宝庆元年,第5页。

从属地位。通过《宋史·宰辅年表》，可以清楚地看到南宋宰执大臣基本由科举出身构成的事实。在此阶段共有宰相62人，其中51人出身科举，其余非科举出身的11人中，6人出身太学生，惟有1人为武臣。① 与此同时，枢密院的地位逐渐下降，由宰相兼任枢密使往往成为定制。即使在边防危机日益严重的形势下，武将及守边臣僚依然受到极大的制约，如宋理宗召武臣出身的赵葵入朝，欲任命为右丞相，"葵到京，时言者谓，宰相须读书人"，赵葵只得主动请辞。② 端平元年（1234年）边防紧张之际，大臣魏了翁上奏指出："天下者，祖宗之天下也。今日之疆事，天下之存亡系焉。陛下其忍以祖宗天下存亡之机而付之二三边臣，听其自为而略不加之意乎？其忍以私恩意而用之，私情嘱而比之乎？今秋防正急，卤莽特甚。事关国家，日夜痛心。若一败涂地，而归罪于儒生之误国，虽身膏鈇钺，死无所益。"③魏了翁所言，固然有批评守边弊端的用意，但也从侧面反映出"儒生"长期执掌国政的事实，正所谓："满朝朱紫贵，尽是读书人。"④

其三，南宋当政者继续倡导儒学、文教与世风建设。如所周知，南宋时期，思想界继续在王霸义利观上存在争论，并深刻地影响着现实，特别提倡王道的理学日益受到重视，南宋后期更得到了极大的弘扬。绍兴八年（1138年），宋高宗已表态："王伯（当为"霸"之误）之道，不可兼行，当以三王为法。今之诸将不能恢复疆宇，他日朕须亲行，不杀一人，庶几天下可定。"⑤此话当然不免虚伪，但却反映出其价值取向。端平初，大儒真德

---

① 据《宋史》卷213、卷214《宰辅年表》记载，可知57人出身情况，第5543—5655页。其余沈该、曾怀、钱象祖、留梦炎和吴坚等5人出身背景，则考诸其他史籍获知，见陈骙：《南宋馆阁录》卷7《官联上》，中华书局1998年版，第77页；《宋史》卷34《孝宗纪二》，第653页；陈耆卿：《赤城志》卷33《人物门·本朝》，《宋元方志丛刊》第7册，中华书局1990年版；《宋史》卷43《理宗纪三》，第830页；陈骙：《南宋馆阁录·续录》卷8《官联二》，中华书局1998年版，第308页。
② 《宋季三朝政要》卷2，理宗淳祐三年，第137页。
③ 《宋季三朝政要》卷1，理宗端平元年，第81页。
④ 张端义：《贵耳集》卷下，中华书局1959年版，第77页。
⑤ 《宋史全文续资治通鉴》（以下简称《宋史全文》卷20《宋高宗五》，《宋史资料萃编》第2辑，文海出版社1969年影印本，第1453页。

秀献《大学衍义》后,宋理宗表示"卿所进《大学衍义》一书,有补治道,朕朝夕观览。"① 淳祐元年(1241 年),宋理宗在诏书中向天下宣示:"朕惟孔子之道,自孟轲后不得其传,至我朝周敦颐、张载、程颢、程颐,真见实践,深探圣域,千载绝学,始有指归。中兴以来,又得朱熹精思明辨,表里混融,使《大学》、《论》、《孟》、《中庸》之书,本末洞彻,孔子之道,益以大明于世。朕每观五臣论著,启沃良多,今视学有日,其令学官列诸从祀,以示崇奖之意。"② 至于对官私学校、图书典籍等方面的支持与投入,在财政困难的情况下也仍然坚持不断。有关这方面的内容,在《宋会要》"崇儒"中有大量的记载保留,如建炎三年(1129 年),南宋尚处于初创之时,财用极度匮乏,但宋高宗还给各路下诏,要求资助地方学校,"今后赡学钱粮,并从户部置籍拘催,诸路提刑司收桩,敢有隐漏不实,并依供报无额钱物隐漏法断罪。"③ 绍兴十二年(1142 年),宋高宗下诏太学"养士"。以后逐渐增加太学招生名额,宰相秦桧还因此表示:"国朝崇儒重道,变故以来,士人虽陷虏者,往往能守节,乃教育之效也。"④ 宋孝宗朝,不断下诏在边远地区州郡设置教授一职,如乾道八年(1172 年),下诏在西部的威、茂、金、凤、西和、文、龙州及大安军等地"并复置教授"。⑤ 宋宁宗因此认为:"朕惟开设学校以垂万世之统,恢崇儒术以追三代之风,粤稽我朝具存家法。"⑥ 宋高宗及以后诸帝同样高度重视图书典籍,如宋高宗在绍兴十三年(1143 年)表示:宋初以来,"大开献书之路,明张立赏科,简编用出于四方,卷秩遂充于三馆,藏书之盛视古为多"。自靖康战火以来,图书典籍损失颇大,故朝廷必须大力恢复。⑦ 以后,宋廷不断投入刊刻图书,并搜求民间的遗

---

① 《宋季三朝政要》卷1,理宗端平元年,第83页。
② 《宋史》卷42《理宗纪二》,第821页。
③ 《宋会要辑稿·崇儒》,第124页。
④ 《宋会要辑稿·崇儒》,第43页、第49页。
⑤ 《宋会要辑稿·崇儒》,第140页。
⑥ 潜说友:《咸淳临安志》卷11《行在所录·太学·嘉泰三年幸学诏》,《宋元方志丛刊》第4册,中华书局1990年版,第3454页。
⑦ 《宋会要辑稿·崇儒》,第251页。

书,甚至不惜以提拔或奖授官职来号召,如绍兴十五年(1145年)官员反映:"奉诏下诸路搜访遗书及先贤墨迹图画,如愿径赴秘阁投献者,并许从本所保明,依故事推赏。"① 即使到内外交困的南宋后期仍然如此。如宋理宗时下令,"求遗书及名儒著述"。② 正因为宋廷的继续提倡,世人读书科举之风仍然盛行,如宋人所言:"今也举天下之人总角而学之,力足以勉强于三日课试之文,则嚣嚣乎青紫之望盈其前,父兄以此督责,朋友以此劝励。"③

南宋末年,内外交困,江河日下,统治者面对空前强大的蒙古军的猛烈进攻,更难以应对,只能一面抵抗,一面继续寻求议和的解决之道,于是又产生了贾似道与忽必烈达成的议和密约。至此,当政集团陷于混乱之中,在施政上已谈不到治国理念了,只能穷于应付。当元朝大军兵临临安城下之际,宋廷已经失去和谈的资本,依旧寄希望于议和,最终因遭到拒绝而亡国。

---

① 《宋会要辑稿·崇儒》,第253页。
② 《宋季三朝政要》卷2,理宗淳祐十一年,第189页。
③ 叶适:《水心别集》卷13《科举》,叶适:《叶适集》,中华书局1961年版,第799页。

第三章　宋朝治国中化解矛盾的
怀柔方式及其倾向
——以处理内外重大矛盾问题为中心

中国古代王朝在治国的过程中，不可避免地面临内外各种复杂、严峻的矛盾与挑战，统治者为了生存与发展，就必需加以应对。但如何应对，则须符合自身的治国理念与目标，有所偏重，有所取舍，为此而制定各项方针政策，同时运用必要的方式手段，以力争获得相应的效果。可以说，秦汉隋唐等王朝在治国中采取的方式手段上，固然有怀柔或妥协的一面，但往往更注重直接而强硬的另一面。诸如面对来自上层集团、将帅势力、外患威胁、民族冲突等重大矛盾问题时，就常采取直接打击的方式。这体现了强调进取功效的理念，具有敢于冒险的精神，其特征当与中国古代前期帝制处于上升阶段相关。与以往较为明显不同的是，北宋统治者在对待以上重大矛盾问题时，虽然也采取了一些直接强硬的手段应对，但更倾向于运用怀柔的方式化解，反映了追求维稳的理念，其精神深处则是回避冒险，因此而形成了鲜明的时代特征，此当与中国传统帝制步入成熟后期有一定关系。关于"怀柔"的概念，《诗·周颂·时迈》有"怀柔百神"之语，毛诗传解释为："怀，来；柔，安。"颜师古注相同。[①] 又《礼记·中庸》云："送往迎来，嘉善而矜不能，所以柔远人也。继绝世，举废国，治乱持危，朝聘以时，厚往而薄来，所以怀诸侯也。"[②] 在此特用其政治上的怀柔术之

[①]《毛诗正义》卷19之2，阮元校刻：《十三经注疏》，中华书局1980年版，第588页。
[②]《礼记正义》卷52，阮元校刻：《十三经注疏》，中华书局1980年版，第1630页。

意,主要指温和拉拢、笼络与安抚的方式,与武力、暴力或强制性的方式相对,含有妥协、让步的用意在内。对于宋朝统治的怀柔现象,学界虽从某些方面有所关注,并分析了其表现,①但作为治国理念下的突出统治方式,加以系统而深入的论述还明显不足,故有必要予以深入探究。

一、宋初的怀柔举措及其倾向意识的奠定

北宋建立伊始,便开始探索运用怀柔的方式解决内外重大矛盾问题,历宋太祖、太宗两朝,在总结历史与自身经验教训的基础上,遂逐渐形成了强烈的怀柔倾向意识,由此转化为与其治国理念相匹配的重要施政方式之一。

赵匡胤称帝前,无论是出身还是资历都不突出,远非一批重量级的宿旧、亲贵将帅可比肩,这种因机缘而致高位的情形,加之其沉稳的性格因素,都决定了他谨小慎微的行事风格特点。因此在"陈桥兵变"夺权过程中,赵匡胤充分运用安抚手段,严禁杀戮,不仅保全、优待后周宗室,还留用了原有宰相以下的官僚队伍,从而使历来血腥动荡的政变在平稳过程中完成。故古今史家都指出:陈桥兵变具有"兵不血刃,市不易肆"②的特点。陈桥兵变建宋的成功,可以说是怀柔方式的一次顺利尝试,也为此后

---

① 目前,论者对宋太祖"陈桥兵变"、"杯酒释兵权"及"先南后北"的论述颇多,并涉及本文所提出的怀柔方式,代表性成果如王育济《论"陈桥兵变"》指出:"酿造出一种文明理性的'立国气象',从而对唐宋之际的'治乱分合'以及两宋政治产生了深刻而有益的影响",《文史哲》1997年第1期;另见氏著《宋初"先南后北"统一策略的再探讨》,《东岳论丛》1996年第1期;《论"杯酒释兵权"》,《中国史研究》1996年第3期。王云裳:《宋太祖任边帅"皆富于财"的怀柔政策及影响》,主要论述宋太祖对边将在经济上的优厚待遇,《浙江师范大学学报》2010年第1期。对待大理政权怀柔态度,见段玉明:《大理国的周边关系》,《云南社会科学》1997年第3期。另外,从传统羁縻的角度出发观察宋与周边民族关系的研究,郭声波:《试论宋代的羁縻州管理》,《中国历史地理论丛》2000年第3期;麦思明:《地域经济与羁縻制度——宋代广西左右江地区羁縻制度研究》,《广西民族研究》2009年第1期。

② 《宋季三朝政要》卷6《卫王本末》,第508页;现代学者的代表性看法见王育济:《论"陈桥兵变"》,《文史哲》1997年第1期。

处理重大矛盾问题提供了启示与经验,即首选温和手段,以尽可能小的代价换取尽可能大的结果。随后,宋太祖君臣在应对内外矛盾、冲突时,都首先考虑使用怀柔的方式,即使不得不兵戈相见,也尽量辅之以怀柔善后。最典型的方面有:灭诸国与北伐、收兵权与削藩、处理文武关系、制约外戚与宦官以及对待周边民族政权的态度等。

  北宋建国伊始,五代遗存的各地割据政权众多,为了统一天下,必须逐一加以消灭,为此确定了先南后北的方略,即先征服内地,然后收复燕云。在实施过程中,统治者一方面在用兵时尽可能减少杀戮活动,另一方面则运用怀柔方式解决善后问题。如:在以武力征服后蜀政权后,主帅王全斌等一批将领虽然完成军事任务,在以往可被视为功臣,但因带头并纵容部下抢掠而遭到贬官严惩;①在对坚持顽抗的南唐用兵之前,宋太祖汲取灭蜀的教训,慎重地挑选了以稳重出名的曹彬为主帅,不仅告诫尽量避免杀戮,还特别赋予可斩杀副将以下的尚方宝剑,因此在兵入建康城之际,市井所受破坏有限。②对待割据两浙的钱氏势力,宋廷不遗余力笼络,既利用其协助打击南唐,又通过怀柔的方式竭力拉拢。到宋太宗时,仍然是以利诱加压力的办法促使其最终走向主动归顺。③ 特别值得指出的是,不仅对所推翻的后周皇室优礼有加,而且在灭诸国后继续采取不同于以往"灭国毁祀"的传统做法,对所有亡国君王及其宗族、大臣都加以安抚,将其迁居京城开封,给予各种名义上与物质上的优待,令其终老而死。④ 这既体现了前所未有的宽容气度,其实更是通过怀柔方式缓解与新征服地区势力矛盾的最佳选择。

  关于收复契丹控制的燕云十六州地区的问题,宋太祖最初考虑过优

---

 ① 《长编》卷8,乾德五年春正月,第187页。
 ② 《长编》卷15,开宝七年十月,第324页。
 ③ 《宋史》卷480《吴越钱氏·钱俶传》,第13899—13904页。
 ④ 《宋史》卷119《宾礼四》,第2796—2799页;《宋史》卷478《南唐李氏》、卷479《西蜀孟氏》、卷480《吴越钱氏》、卷481《南汉刘氏》、卷482《北汉刘氏》、卷483《湖南周氏、荆南高氏、漳泉陈氏》,第13853—13966页。

先采用经济赎买的方式,其次才是运用武力手段解决,①这当然还是想发挥怀柔方式的功效。但由于燕云关系到契丹的重大战略利益,因此辽朝不可能接受,并继续支持北汉傀儡政权,故彼此依然存在冲突。不过,宋太祖后期已尝试缓和与辽的紧张关系。②开宝七年(974年),宋主动遣使"请和",辽也派地方官"与宋议和"。③ 此后,宋辽使臣往来逐渐频繁,还互致国书、礼物,双方关系一度缓和。④宋太祖此举还对后世产生了示范作用,曹彬就曾对真宗言及对辽关系时说:"太祖英武定天下,犹委孙全兴经营和好。"⑤当时的官员朱台符也在上奏中提出:"今若垂天覆之仁,假来王之便,必欢悦慕义,遣使朝贡,因与之尽弃前恶,复寻旧盟,利以货财,许以关市,如太祖故事,结之以恩,彼必思之。两国既和,则无北顾之忧。"⑥宋太宗即位后,在招抚手段无效的情况下,以武力征服北汉。随之又先后两次发动收燕云的战争,但皆以失败告终。从此,宋廷对辽采取守势,放弃了主动进攻的战略。

在实施统一天下行动的同时,宋统治者更在思考如何恢复统治秩序和长治久安的重大问题。宋太祖君臣探讨以往长期动乱的核心症结时,一致认为是臣强君弱所致,其祸根则是武力因素超强干预政治的结果。⑦如宋人总结:"大抵五代之所以取天下者,皆以兵。兵权所在,则随以兴;

---

① 宋太祖曾设立封桩库,储积金帛,并告诉近臣:此库金帛是专用于向辽朝赎买燕云地区,如果遭到拒绝,再以此项经费支持武力收复行动。有关记载见于《长编》卷19,太平兴国三年十月乙亥,第436页。
② 陶晋生:《宋辽关系史研究》,中华书局2008年,第13—15页。
③ 脱脱等:《辽史》卷8《景宗纪上》,中华书局1974年版,第94页。
④ 《长编》卷16,开宝八年三月己亥、七月庚辰、八月壬戌,第337、343、344页;《宋史》卷3《太祖纪三》,第44—46页;《辽史》卷8《景宗纪上》,第94、95页。参见傅乐焕:《宋辽交聘表稿》,载氏著《辽史丛考》,中华书局1984年版,第181、182页。
⑤ 《长编》卷44,咸平二年五月乙巳,第945页。
⑥ 《长编》卷44,咸平二年三月,第932页。
⑦ 《长编》卷2,建隆二年七月戊辰条记载:宋太祖云:"天下自唐季以来,数十年间,帝王凡易八姓,战斗不息,生民涂地,其故何也?吾欲息天下之兵,为国家长久计,其道何如?"赵普答道:"此非他故,方镇太重,君弱臣强而已。"第49页。

兵权所去,则随以亡。"①于是,收兵权成为强化君主集权的关键举措,而收兵权首先是收夺功臣将帅的兵权。前朝历史上收夺功臣兵权常常是伴随血腥杀戮,最典型的莫过于汉初残杀韩信、英布等将帅的例子。至于后世明太祖朱元璋滥杀功臣的现象,更是惨绝无比。但宋太祖却是耗费心机运用怀柔方式,"杯酒释兵权"其实便是通过赎买的办法,即给予功臣将帅及其家族优厚的经济待遇,换取他们握有的禁军权力。② 这种处理方式无疑减少了因暴力剥夺而带来的严重震荡后果,对稳定新生政权发挥了颇大的积极作用。事实上,为了顺利推动"杯酒释兵权"举措的进行,宋太祖还采取了与功臣将帅联姻的办法,就此形成了宋朝皇室与武将通婚的传统,③从而进一步化解了彼此的矛盾。随之,宋太祖又在对藩镇势力实施削藩的过程中,除了武力镇压个别对抗者外,继续采取以怀柔为主的方式加以解决,如先利用一些旧藩镇年老、生病、故去以及犯法等机会,解除其节度使之衔,并终止其后嗣继任。开宝二年(969年),再通过类似"杯酒释兵权"的"后苑之宴",集中解除了一批旧藩镇的节钺,安排他们到位高无权的虚职上,④"召前朝慢令恃功藩镇大臣,一日而列于环卫,皆俯伏骇汗"。⑤ 宋太宗即位后,继续采取以上方式方法收兵权与削藩,长期困扰中央的将帅拥兵自重与藩镇割据的局面遂告终结。

　　对于唐末五代以来长期存在的文武关系严重失衡的问题,宋太祖采取了调整与调和的思路,一方面对过于强势的武臣予以压制,对处于弱势的文臣有意识地加以扶持和保护。如在中央重用赵普为首的文官大臣,排除将帅对决策的干扰,同时不断派出文官到各地任职,陆续取代原来藩镇手下的爪牙。赵匡胤对此的理解是:"五代方镇残虐,民受其祸,朕令选

---

① 范浚:《香溪集》卷8《论·五代论》,《丛书集成初编》,第82页。
② 《长编》卷2,建隆二年七月庚午,第49—50页。
③ 参见陈峰:《北宋皇室与"将门"通婚现象探析》,《文史哲》2004年第3期。
④ 《长编》卷10,开宝二年十月己亥,第233页。
⑤ 王明清:《挥麈录·余话》卷1《〈祖宗兵制〉名〈枢廷备检〉》,第220页。并参见陈峰:《宋太祖朝节度使类别及其转型述论》,《河北大学学报》2012年第4期。

儒臣干事者百余,分治大藩,纵皆贪浊,亦未及武臣一人也。"①另一方面,宋太祖不仅不杀文官大臣,更在太庙之中立碑,即所谓著名的"誓碑",告诫后世继承者勿杀文臣士大夫与言官,或曰:不杀大臣,②实际上也包含了武臣将帅,这便与以往帝王随意诛杀大臣形成鲜明对比,也具有了更深层次的怀柔意义。于是,后周宰相范质等一批大臣不仅没有受戮,还得到留用,而失宠的臣僚大都以赋闲的办法安置于地方,即使如盘踞定州多年的节度使孙行友心怀不满,"乃缮治甲兵,将弃其孥,还据山寨以叛",宋太祖仅以废黜其节钺的办法处理。③ 宋太宗在这方面的所为更为显著,不仅宽恕犯罪的文官士大夫,如赵普第二次为相后打击政敌卢多逊,将其与赵廷美谋乱之事相联系,告其与秦王交结,但卢氏最终只是被削夺官爵,"并家属流崖州",并未被诛杀,这不能不说是宋太宗的宽大处置。④ 并且赵光义对不杀大臣的誓约无限放大,即使是败军将帅也一律免死,北伐失败的将帅如此,更有临阵逃脱导致君子馆之战全军覆没的大将李继隆也不予严惩的典型例证。⑤

对以往曾长期困扰影响朝政、甚至颠覆王朝的外戚、宦官问题,宋初两代统治者也通过制度建设,既给予其各种待遇,特别是对外戚给予名位与经济上优待,又杜绝了其干政的门径。从而开创了一种制约外戚与宦官的政治传统,基本为后嗣所继承。⑥

宋神宗朝,朝臣张方平在回答关于"祖宗御戎之要"的问题时曾指出:

---

① 《长编》卷13,开宝五年十二月,第293页。
② 《建炎以来系年要录》卷4,建炎元年四月丁亥,第128页。有关誓碑的研究成果颇多,刘浦江的论文《祖宗之法:再论宋太祖誓约及誓碑》则有总结性论述,均肯定了誓碑及其内容的真实性,《文史》2010年第3辑。
③ 《长编》卷2,建隆二年八月己酉,第52页;《宋史》卷253《孙行友传》,第8873页。
④ 《长编》卷23,太平兴国七年四月,第516、517页。参见张其凡:《赵普评传》,北京出版社1991年版,第211—213页。
⑤ 《长编》卷27,雍熙三年十二月,第625—626页。参见陈峰:《北宋武将群体与相关问题研究》,中华书局2004年版,第314页。
⑥ 参见张邦炜:《宋代皇亲与政治》,四川人民出版社1993年版,第200—333页。

"太祖不勤远略,如灵夏、河西,皆因其酋豪,许之世袭。"① 实际上不止对于西部、北部边疆如此,在对待南疆周边的既有政权上,宋太祖君臣也基于现实主义的考虑,同样采取怀柔的方式处理彼此的关系,最突出的莫过于对大理国的态度。宋师消灭后蜀之后,对于是否继续征讨西南的大理的问题,宋史上有"宋挥玉斧"的说法,即宋太祖对着地图,挥着玉斧指大渡河以外不再用兵。② 此即默认大理国的存在,也就是采取怀柔的态度对待此前曾处于中央控制之下的这一地区。宋太宗一度利用交趾内乱的机会,试图出兵征服这一地区,但在兵败之后,则转而采取怀柔的态度保持与其政权的关系。③

历经宋太祖、太宗两朝,怀柔方式在统治过程中的不断运用,就此形成明显的倾向意识,并对后嗣产生了影响深远。

二、北宋中叶以后对怀柔方式的继承与发挥

宋真宗作为深宫中成长的守成君主,原本就缺乏开创精神,又深受宋太宗后期保守的政治氛围熏陶,故登基后对开国以来的大政方针基本都加以沿袭,其中对治国中的怀柔方式不仅抱有依赖感,而且更进一步加以深化,以应对内外各种复杂重大的问题。即使遭遇碰壁,特别是在边防上更是如此,但已视之为祖宗之法的重要内容,自觉、不自觉或主动、被动地加以沿袭并发挥。如宋真宗在答复陈彭年的话中宣称:"太祖、太宗丕变弊俗,崇尚斯文。朕获绍先业,谨遵圣训,礼乐交举,儒术化成,实二后垂裕之所致也。"④

---

① 《宋史》卷318《张方平传》,第10357页。
② 《宋史》卷353《宇文常传》,第11149页;周煇:《清波别志》卷上"邛部川蛮"条引《西南备边录》,第145页。并参见前引段玉明论义,如宁超:《"宋挥玉斧"辩》,《思想战线》1978年第4期等。
③ 《宋史》卷488《外国四·交趾》,第14058、14059页。
④ 《长编》卷79,大中祥符五年十月辛酉,第1798—1799页。

从第三代的宋真宗朝起,直至靖康亡国,宋统治集团面临的内外重大问题既有之前延续而来者,也有发生或多或少变化者,也有异常困扰的新旧交织的矛盾,其中边患问题又尤其突出。可以说,宋廷通常首选的解决方式仍然是怀柔,实际上也是妥协,其次才不得不考虑使用武力或其他的强制方式。

从对外来说,来自北方契丹及西北的党项势力是治国面临的主要外部威胁,宋真宗统治集团在对方军事进攻下,不得不加以抵抗,但始终不放弃使用怀柔的方式。"澶渊之盟"的最终订立,既是宋与最大对手辽朝的妥协,也属于一种怀柔方式应对的产物。随之,再招抚了西夏新首领李德明。宋朝与辽、夏议和后,调整了军事部署,裁减了前线驻军,减免了对地方的征调。其中在对辽前线,"罢诸路行营,合镇、定两路都部署为一","省河北戍兵十之五,缘边三之一","放河北诸州强壮归农,令有司市耕牛给之"。① 在西北前线,"缘边屯戍量留步兵,余悉分屯河中府、鄜州、永兴军,以就刍粟"。② 为了表示和平的诚意,宋真宗还下诏将前线原敌对性的地名改为通好之意的名称,如威虏军改为广信军,破虏军改为信安军,定羌军改为保德军等。③ 与辽、夏议和的完成,使宋廷自认为化解了边防上的长期困境。从此,直到宋徽宗时期与辽朝反目为止,宋辽基本上维持了百余年的和平关系。而宋与西夏的君臣关系,也保持了二十多年,直到元昊称帝后双方才再度交战。但"庆历和议"的签订,仍是宋统治者再度运用怀柔方式缓解彼此矛盾的体现。此后,宋夏之间虽时战时和,不过怀柔的主张还有很大的影响,如元祐年间,宋廷对西夏"专务安静",主动守边者受到压制,正如当时一位官员所指出:元祐初以来,薄军功之赏,"务以息邀功之士"。④ 至于西北吐蕃势力,宋廷基本采取笼络的态度,封

---

① 《宋史》卷7《真宗纪二》,第127页。
② 《长编》卷64,景德三年十月辛巳,第1429页。
③ 《长编》卷58,景德元年十二月甲辰,第1301页。
④ 《长编》卷443,元祐五年六月辛丑,第10657页。

赏官爵、赏赐财物,保持较为稳定的关系,以制衡西夏。①

北宋南疆地区虽然没有重大的威胁,但各种复杂的势力却长期存在,并在某些时期构成一定的挑战,宋廷对此总体上采取怀柔的方式应对,在不得已的情况下才用兵解决危机。其中对待南方的大理政权,宋廷延续宋初的不加干涉的态度,保持着经济文化交往。当交趾李朝建立后,内部一度发生激烈的权力斗争,宋真宗拒绝了乘机出兵的建议,认为:"祖宗开疆如此其大,慎守而已,安用劳民,以贪无用之土乎?"②景德四年,宋廷还接受李朝的朝贡,授予对方旌节,以怀柔态度对待。③ 此后,虽发生过交趾北部地方官员或部族势力骚扰的事件,宋仁宗基本采取安抚的办法处理。④ 当交趾地方势力侬智高发起叛乱,不断请求归顺宋朝之时,宋仁宗不愿恶化与交趾的既有关系,一再加以拒绝,因此最终酿成侬智高北上攻击两广的乱局。宋廷不惜遭受侬智高进攻并劳师镇压,其实正是希望保持对交趾怀柔政策的一贯性。⑤ 熙宁年间,交趾因与宋关系恶化而大举侵略。宋神宗派军南征,在大败交趾军、兵临其都城的情况下,宋军还是班师返回,仅获得对方献出的边界五州疆土。到元丰时期,在交趾的一再要求下,宋廷最终又归还了五州土地。⑥

对唐朝时期曾经一度臣服过的高丽,宋廷因担心辽朝猜忌的缘故采取低调的官方交往,而长期保持与其频繁的民间层面的交流。宋神宗时期,加强了与高丽的官方往来,接待高丽使团甚至造成不小的经济负担,

---

① 参见李华瑞:《宋夏关系史》,中国人民大学出版社 2010 年版,第 296—309 页。
② 陈均:《皇朝编年纲目备要》卷 7,景德三年六月,许沛藻等点校,中华书局 2006 年版,第 144 页。
③ 《长编》卷 66,景德四年七月辛巳,第 1475 页。
④ 《宋史》卷 488《外国四·交趾传》,第 14067—14068 页。
⑤ 司马光:《涑水记闻》卷 13,中华书局 1989 年版,第 256—264 页。
⑥ 《宋会要辑稿》蕃夷 4 之 35—4 之 40,第 7731—7733 页;《涑水记闻》卷 13,第 248、249 页;《宋史》卷 488《外国四·交趾传》,第 14069、14070 页。

所谓"待高丽之礼特厚",①也同样属于怀柔对待外藩的性质。

从对内而言,宋真宗以来的统治者为了稳定统治,同样大肆运用怀柔方式处理各种矛盾及问题。在稳定统治上层方面,首先依照"崇文抑武"的方针处理文武关系,对文官士大夫在各方面给予重用,如北宋中叶人所云:"今世用人,大率以文词进:大臣,文士也;近侍之臣,文士也;钱谷之司,文士也;边防大帅,文士也;天下转运使,文士也;知州郡,文士也。虽有武臣,盖仅有也。故于文士观其所长,随其材而任之,使其所能,则不能者止。"②宋高宗也承认:"祖宗涵养士类垂二百年,教以礼乐,风以诗书,班爵以贵之,制禄以富之,于士无负。"③而对武将采取"厚其禄而薄其礼"之术,也就是对武将虽在权威与礼仪上予以压制,在物质待遇上却给予优容、优待,如拥有节度使头衔的武臣,其俸禄甚至高于宰相,观察使级武臣的俸禄与参知政事相等。④而皇室则继续保持与武将联姻的传统。

在控制军队方面,从宋太宗后期即开始尝试用文臣参与统军,到北宋中叶,"以文驭武"制度定型,不仅最高军事决策机要机构枢密院由文臣掌控,并且无论是出征作战还是镇守地方,也基本由文官担任主帅,武将出任副职。⑤这种相互牵制的机制,虽然不断造成效率低下的结果,但却一直得到贯彻,其实也是一种另外意义上的怀柔性的控制军权举措。

宋太祖誓碑誓约的精神,在北宋中后期奉行不悖,此类例证不胜枚举。文臣即使参与了皇位争夺这类历来不被帝王容忍的大事,也不过受到贬官流放的惩处。如宋真宗即位后,除了将曾反对自己继承帝位的宦

---

① 参见杨渭生:《宋丽关系史研究》,杭州大学出版社1997年版。陶晋生:《宋辽关系史研究》,中华书局2008年版,第141—148页。李立:《宋朝与高丽的外交关系》,《城市研究》1995年第5期。吴玉亚、包伟民:《变动社会中的外交模式——从宋廷对高丽使臣接待制度看宋丽关系之流变》,《山东师范大学学报》2004年第1期。
② 蔡襄:《上英宗国论要目十二事》,赵汝愚编:《宋朝诸臣奏议》卷148,上海古籍出版社1999年版,第1695页。
③ 李纲:《梁溪集》卷34《戒励士风诏》,《影印文渊阁四库全书》第1125册,第802页。
④ 《宋史》卷171《职官志一一》,第4101—4103页。
⑤ 参见陈峰:《北宋武将群体与相关问题研究》,第107—146、194—250页。

第三章　宋朝治国中化解矛盾的怀柔方式及其倾向

官王继恩贬为右监门卫将军,监管均州外,对参与此事的参知政事李昌龄仅贬为忠武军节度行军司马,知制诰胡旦被除名流放浔州,其余一概不问。① 宋仁宗在位期间,范仲淹因与西夏元昊私下通信,宋廷获悉后虽有大臣提出斩杀的建议,最终却只是予以贬责。② 甚至于宋钦宗即位后,对祸国殃民、引起公愤的蔡京、童贯等一批前朝大臣,也没有挥舞斧钺,仅贬官流放。③ 而对于败军之将,宋统治者继续予以宽容,如宋真宗朝造成御辽防线溃败的大帅傅潜,即使朝臣一致要求诉诸刑典,却不过暂时免官流放,以后又恢复官爵。④ 败军之将王超、王荣之流,也都是暂时加以贬降。⑤ 宋仁宗朝,对夏作战失败被俘的大将石元孙,因一时下落不明而被赠官优抚,庆历和议后被送回,宋廷也不过是将其监管地方而已。⑥ 至于宋徽宗朝刘延庆之类临阵逃脱的主将,也无刀斧之虞。⑦ 可以说,宋朝对罪大恶极的官僚与无能的败军将帅的宽纵,已将怀柔术用到过头的地步。因此,其虽消极影响极大,不过从缓和上层矛盾的角度看,的确满足了其设计的目的。

北宋时期,下层反抗的现象不绝于史,特别是北宋中叶以后,农民及士兵的造反活动日益增加。宋廷对其中突出者固然武力镇压,但也不放弃招安,对一般的"盗贼"常采用招安手法应付,北宋后期更频繁地下诏招安。如咸平三年(1000年),宋真宗曾遣使招抚西川造反首领王均,诏书有"如能递相劝率,效顺革心,当赐生全,别加录用"之语。⑧ 现代学者何

---

① 《长编》卷41,至道三年五月甲戌,第865、866页。
② 《宋史》卷314《范仲淹传》,第10271页。
③ 《宋史》卷200《刑法二》,第5000、5001页。
④ 《宋史》卷279《傅潜传》,第9473、9474页。
⑤ 《宋史》卷278《王超传》,第9465页;《长编》卷47,咸平三年十月丙辰,第1029页;《宋史》卷280《王荣传》,第9500页。并参见陈峰:《北宋武将群体与相关问题研究》,第317页。
⑥ 《宋史》卷250《石元孙传》,第8814、8815页;曾巩撰,王瑞来校证:《隆平集校证》卷19《石元孙传》,中华书局2012年版,第563页。参见何冠环:《败军之将刘平——兼论宋代的儒将》,载氏著《北宋武将研究》,(香港)中华书局2008年版,第317、318页。
⑦ 《宋史》卷22《徽宗纪四》,第410、411页;卷357《刘延庆传》,第11237页。
⑧ 《宋大诏令集》卷217《遣使谕王均等诏》,中华书局1962年版,第827页。

竹淇编纂的《两宋农民战争史料汇编》①辑录宋代各类武装造反活动433次（其中北宋203次），其中就有不少招安的事例。于是，宋人张知甫《可书》称："故谚云：若要富，守定行在卖酒醋。若要官，杀人放火受招安。"②北宋统治者的招安政策，其实也属于解决下层激烈矛盾的一种怀柔方式，这恰与前代通常采取的武力镇压方式形成对比，有助于缓和下层矛盾，具有某种降低社会冲突的效果。

通览南宋历史，不难发现建立在废墟之上的南宋朝廷，其统治区域与国力较之于以往已大为缩小，先后来自北方的金朝与蒙元始终构成强大的军事威胁，统治集团中的主和派长期主导朝政，不敢也无力恢复中原，而满足于偏安江左，故在内政外交上更倾向于用怀柔的方式应对重大挑战。

在对外方面，经历靖康之难剧烈打击后登基的宋高宗，信心完全丧失，在精神上延续并进一步加剧了对武力方式应对冲突的怀疑与抵触，主政集团遂倡导主和的理念，全力应对金朝的进攻与威胁，以满足于偏安江南的局面，至于大理、安南等其他外部政权，则维持既有的关系。他们只有在遭遇女真军队进攻时，才不得不选择战争手段加以抵抗，"多谓敌前两至，朝廷先失之畏，而不为守计，故但退避，彼得乘以渡江；后失之怯，而不为战计，故仅能守，彼师老得以善去。"③因而抗战主张受到压制，宋高宗君臣甚至不惜借杀害岳飞之举，压制主战派力量，促成与金朝的"绍兴和议"。这种屈辱求和的路线，其根源固然是传统的怀柔方式作祟，但却过度发挥，并已突破了一般意义上的怀柔的底线。不过，宋统治集团仍以延续怀柔之策为借口，用宋高宗赞扬秦桧的话说，就是"尽辟异议，决策和戎"。④ 秦桧死后，宋高宗还坚持认为："两国和议，秦桧中间主之甚坚，卿

---

① 何竹淇编：《两宋农民战争史料汇编》，中华书局1976年版。
② 张知甫：《可书》"绍兴谚"条，中华书局2002年版，第417页。
③ 叶梦得：《建康集》卷7《书·又与秦相公书》，《影印文渊阁四库全书》第1129册，第649页。
④ 《建炎以来系年要录》卷160，绍兴十九年九月戊申，第3030页。

第三章 宋朝治国中化解矛盾的怀柔方式及其倾向

等皆预有力,今日尤协心一意,休兵息民,确守无变,以为宗社无穷之庆。"①可以说,"休兵息民"又成为其怀柔议和的理由,宋理宗因此评说道:"高宗畏天爱民,真可为法。"②其后,惟有在宋孝宗、宁宗朝,抗战主张曾一度冲击过传统的主和意识,并有过两次主动北伐行动,不过北伐既短暂,又告失败,主和派再度恢复主政地位,于是先后出现"隆兴和议"、"嘉定和议"。如开禧北伐结束后,宋宁宗对大臣说道:"恢复岂非美事?但不量力。"③说明统治者及朝廷主流意识对主和路线的奉行不悖。

南宋末年,金灭蒙兴之际,在宋蒙双方尚未开始正面冲突前,宋理宗询问"待敌之道当如何",大臣张烨的回答是:"金虏世雠,一旦灭亡,战、守、和三策当有定算。但和议之说难恃,要须选将练兵,储财积粟,自固吾圉。且俟小使回,若可和,姑与之和。然战守之具,不可一日废。"④从这里透射出,其实"和"才是南宋对外战略的首选。此后,南宋统治者面对强大的蒙古军的猛烈进攻,更难以应对,只能一面抵抗,一面继续寻求议和的解决之道。嘉熙元年(1237年)二月,宋理宗与王万就战和问题有一番对话,"(王万)奏云:'一和字沮众误国。'上曰:'和亦不可废。'奏云:'若专立为题则不可,要当并为战守规模。'"⑤可见,到了南宋时代,尤其是在皇帝、大臣的层面,已经基本摒弃了"征服"的意识,更不会有与敌玉石俱焚的决心。"和"成为南宋统治集团主流意识的主要选项。事实上,南宋长期处于对外战争状态,面临的外交风险远超北宋,对南宋朝野上下来说,应对之法,无外乎"战"(包含"守")、"和"、"降"三种。投降自然不算做一种策略,剩余的就是战与和二选其一,也就是是选择强硬手段,还是选择怀柔手段,以处理来自外在的挑战,所谓"自金人构难以来,天下之论,或以谓必讲和议,或以谓必须用兵。二说

---

① 《建炎以来系年要录》卷170,绍兴二十五年十二月乙未,第3244—3245页。
② 《宋史全文》卷31《宋理宗一》,《宋史资料萃编》第2辑,文海出版社1969年影印本,第2460页。
③ 《续编两朝纲目备要》卷16,嘉定十七年闰八月丁酉,中华书局1995年版,第303页。
④ 《宋史全文》卷32《宋理宗二》,第2500—2501页。
⑤ 《宋史全文》卷33《宋理宗三》,第2532页。

胶扰，曾无一定之论"。① 南宋王朝的选择是："内力为守备，使纤悉无遗策，外示以战形，使知吾无所惮。姑存和议，佯为小屈，以观其衅。"②所以，如果说北宋时，对辽、夏战争是强硬、怀柔并用，到了对金、蒙战争之时，就已变成是议和为主，辅之以战。这不仅是对北宋策略的继承，更是一种发挥，所谓"和议成，我固受其利；不成，我无所失。此韩、范之说也"。③ 到元朝大军终于兵临城下之际，宋廷仍寄希望于议和，德祐元年（1275年）二月，"宋京如军中，请称臣、奉岁币，不得请而还"，④最终因遭到拒绝而亡国。元人总结道："赵宋虽起于用武，功成治定之后，以仁传家……然仁之弊失于弱，即文之弊失于儒也。"⑤

在对内方面，南宋统治者大致延续了北宋的传统，在处理内部重大矛盾问题时依旧倾向怀柔方式。诸如对上层集团特别是文官士大夫的宠遇、继续保持皇室与武将联姻的传统、对军队将领的优厚待遇、对造反农民采取镇压与招安并用的手段等，而在遵循宋太祖不杀大臣方面，除了残害岳飞父子之外，一般也能得到沿袭。如宋高宗绍兴三十一年（1161年），有官员对解决军兵和山水寨问题的两个建议，强调的都是使用优抚手段，"（汪澈）入对素幄，复言：讲和之久，将帅养骄、军兵惰弊，军士之廪给，薄者几无以自活，宜优恤之以养其力。又言：淮南山水寨，旧来乡豪自相结集，当随宜存恤，使自为守，无令监司州县扰之，庶收其万一之用"⑥。而在对待从北方南下的归顺军民的问题上，南宋的怀柔之策体现得更为典型。南宋朝臣对他们的认识是"至若忠义之人源源而来，不立定额，自

---

① 吕颐浩：《忠穆集》卷2《奏议·论并谋独断事·贴黄》，《影印文渊阁四库全书》第1131册，第275页。
② 叶梦得：《又与丞相书》，收入周应合《景定建康志》卷35《文籍志三·书》，《宋元方志丛刊》第2册，中华书局1990年版，第1915页。
③ 叶梦得：《建康集》卷8《书·与曾天游书》，《影印文渊阁四库全书》第1129册，第651页。
④ 《宋史》卷47《瀛国公本纪》，第925页。
⑤ 《宋史》卷47"赞曰"，第938页。
⑥ 徐梦莘：《三朝北盟会编》卷228《炎兴下帙》，绍兴三十一年五月二十八日庚子，第1643页。

第三章　宋朝治国中化解矛盾的怀柔方式及其倾向

为一军,处之北岸,则安能以有限之财应无穷之须？饥则噬人,饱则用命,其势然也。"①即只有在忠义军民安身饱暖之后,才能为本朝所用。同样,史弥远处置李全的思路和方法也是如此,"弥远惧激他变,欲姑事涵忍而后图之"。② 另外,即使在权臣史弥远专权期间,对敢于提出异议的反对者,通常只能采取贬责的手段予以打击,却无法公开杀戮。如真德秀等官员多次为秀王鸣冤,抨击朝政弊端,最终不过是遭到贬谪的结果。贾似道专权后,为了减轻舆论的压力,对士大夫及太学生竭力拉拢,所谓"务以权术驾驭,不爱官爵,牢笼一时名士,又加太学餐钱,宽科场恩例,以小利啖之。由是言路断绝,威福肆行"。③ 这也都从侧面反映出怀柔方式在南宋沿用的事实。

宋人对本朝怀柔之术在各方面的运用极为自得和自信,如北宋大臣苏颂所说:"臣尝谓自尧、舜以来,经史所著用刑详慎,未有及我朝之仁恕平允者也。"④然而,与对外策略不同,宋代对内怀柔策略,本应区分两类对象:一类是忠臣顺民,二类是奸臣贼子。按照一般看法,似乎应该以怀柔对前者,以强硬对后者。而宋朝则不然,实在将怀柔之术发挥到极致。宋人陈瓘提到这样一个认识:王安石、吕惠卿纷争后,天下士人分为两党,交相攻讦,不利朝廷。而宋神宗的做法是对王、吕二人,都不再召回,这样朋党之人失去各自首领,反而都能为宋神宗所用。陈瓘进而总结,消除朋党之法,在于罢斥朋党之首,这样才能留住朋党中的大多数人。"且京、卞用事以来,笼络荐引天下之士,处要路得美官者,不下数百千人。其间材智艺能之士,可用之人诚为不少,彼皆明知京、卞负国,欲洗心自新,舍去私门,顾朝廷未有以招之耳。臣谓京在朝廷,则此数千百人皆指为蔡氏之党,若去朝廷,则此数百千人皆反为朝廷之用。所以消去朋党广收人才,

---

① 《宋史》卷403《贾涉传》,第12207页。
② 《宋史》卷476《叛臣中·李全传上》,第13828页。
③ 《宋史》卷474《奸臣四·贾似道传》,第13784页。
④ 苏颂:《上神宗乞春夏不断大辟》,赵汝愚编:《宋朝诸臣奏议》卷99《刑赏门·恤刑》,第1064页。

正在陛下果于去京而已,此亦已用之术"①。这也算是宋人对怀柔术的一种肯定与理解。

三、宋朝怀柔治国方式的根源及影响

宋王朝在治国的过程中,倾向运用怀柔方式处理内外矛盾,固然彰显出其相对保守的政治色彩,更体现了追求统治稳定为要义的治国理念。其根源既与总结历史经验教训有关,也与自身发展历程中的探索有关。

宋朝开国君臣充分汲取前代王朝暴政亡国的教训,特别是唐末五代乱世的前车之鉴,自始至终强调防弊,注重秩序稳定与长治久安,因此施政举措皆围绕此宗旨而行,即所谓"事为之防,曲为之制"。② 在宋太宗两次北伐失败后,更将注意力转向内部,以维持稳定为核心的内部建设成为国家的发展路线。③ 从此,这一路线被后嗣君臣所继承,并被视为祖宗之法的主要内容而长期贯彻执行。这正是其怀柔方式盛行的大的背景根源,即为了稳定的目的,竭力缓和矛盾,减少冲突,即使为此付出高昂的代价,以及牺牲功效,也在所不惜。

在收兵权举措与崇文抑武方针的影响下,崇尚武力的军功集团在宋初便逐渐消亡,以科举出身为背景的文官士大夫迅速成为统治集团的主体力量。宋朝以儒家思想文化为背景的科举文官集团长期执政,武将群体受到压制,这就极大地制约了尚武力量及其方式对政治生活的影响,从而导致统治集团内军功观念意识的弱化,历史上盛行的"出将入相"现象也消失殆尽。因此,国家政治的走向受到深刻的影响,即:摆脱了以往积

---

① 罗从彦:《豫章文集》卷9《集录·陈瓘论蔡京》,《影印文渊阁四库全书》第1135册,第729页。
② 《长编》卷17,开宝九年十月乙卯,第382页。
③ 漆侠:《宋太宗与守内虚外》,《宋史研究论丛》第3辑,河北大学出版社1999年版,第1—17页。

极进取、强硬暴政及盛世开疆的思路,转而推崇内向性的发展、建设。① 这便造就了宋廷政治长期所具有的保守特点,提倡文治,惧怕内外冲突,而抵触武力与强硬路线,遂进一步巩固并加剧了维稳的意识倾向。

宋开国后,基于教化臣民的需要,致力于提倡儒家思想文化。宋仁宗朝以降,讲求"义理"的宋学(特别是其中的理学)兴起,儒家注重君臣关系的秩序认识,讲求仁政、中庸与反对暴政的政治思想及重义轻利的价值取向,强调以三纲五常为主的伦理道德观,②这些核心价值观渗透到宋朝的统治思想之中,虽然不可能都获得实现,许多内容还常常成为虚伪的遮羞布,但却无疑推动了国家发展及价值评判的趋向。就政治理想而言,主流宋儒们追求的是三代"圣王"之道,而非秦汉以降的"霸道"。如有学者指出:"在政治思想方面,他们都同有超越汉、唐,复归'三代'的明显倾向。"③苏轼即反映:当今士大夫,"仕者莫不谈王道,述礼乐,皆欲复三代,追尧舜。"④宰相王安石劝告宋神宗不必效仿汉唐盛世,而应"法先王之政";⑤理学家二程批评周代以下已无圣王,"先王之世,以道治天下;后世只是以法把持天下";⑥朱熹则认为自尧舜至周公是内圣与外王合一的理想时代,他还在与对立派关于王霸义利的争辩中,将汉、唐与尧舜、三代剥离开来,反对把汉唐与先王时代"合而为一"。⑦ 而真德秀等南宋理学家的继承与发挥,则进一步达到极致。欧阳修、范祖禹等史家则通过修史,批判汉唐黩武追求,如他们虽承认唐太宗的功业超越以往许多帝王,但对

---

① 参见陈峰:《宋代军功集团在政治上的消亡及其影响》,《中国史研究》2008年第4期。
② 参见邓广铭:《略谈宋学》,邓广铭、徐规等编:《宋史研究论文集》,浙江人民出版社1987年版,第1—15页;陈来:《宋明理学》,三联书店2011年版。
③ 余英时:《朱熹的历史世界》,三联书店2004年版,第194页。
④ 苏轼:《苏轼文集》卷48《应制举上两制书》,孔凡礼点校,中华书局1986年版,第1392页。
⑤ 王安石:《王文公文集》卷1《上皇帝万言书》,上海人民出版社1974年版,第2页。
⑥ 朱熹编:《河南程氏遗书》卷1《端伯传师说》,程颢、程颐:《二程集》,王孝鱼点校,中华书局1981年版,第4页。
⑦ 朱熹:《晦庵先生朱文公文集》卷36《答陈同甫》(第八书),《四部丛刊初编》。

其征伐活动却予以谴责。① 至于一些民间士大夫阐述《春秋》大义,提倡尊王攘夷,特别是如陈亮等南宋士人倡导效法"汉唐",主张"义利双行,王霸并用",②但这些激进的思想处于非主流的地位,未能被朝廷所接受。总之,这些都从理论上支持了以维护内部稳定为目的的怀柔方式的推行。

值得注意的是,在北宋中叶以来的经筵制度下,帝王深受文治与儒学思想的影响,不仅文官士大夫代表了主流意识,高踞政治舞台前列,而且君臣在价值观与施政的理念上更为契合。如范祖禹所说:"仁宗皇帝在位四十二年,以尧、舜为师法,待儒臣以宾友。"③宋高宗也认为:"祖宗涵养士类垂二百年,教以礼乐,风以诗书,班爵以贵之,制禄以富之,于士无负。"④宋理宗更在经筵上表态要遵守祖宗仁义立国的家法,"祖宗以仁立国,朕当以仁守之。"⑤儒学中原本存在的王霸、义利倾向的对立,被宋儒进一步发挥,这对怀柔方式的延伸与扩大,自然起到了推波助澜的作用。

宋代商品经济的发展,也潜移默化地对统治集团处理内外矛盾的方式产生了前所未有的影响。在宋王朝收入中,货币在税收中的比重日益加大,其中商税和专卖的收入逐渐超过农业收入。⑥而这种变化对宋朝统治者的决策,无形中产生了影响,即计算成本的意识增强。早在宋太祖收复燕云的问题上已有经济赎买的考虑,自不待言。北宋中叶,朝臣富弼指出:宋真宗为对付辽朝进攻,"于是讲金帛啖之之术,以结欢好。自此河湟百姓,几四十年不识干戈。岁遗差优,然不足以当用兵之费百一二焉。则知澶渊之盟,未为失策"。⑦ 说明宋执政者在计算得失的思考下,着手以怀柔性的经济手段应对边患,并认为是合理与合算的。宋廷给文武官

---

① 《新唐书》卷2《太宗纪》"赞曰",中华书局1975年版,第48、49页;范祖禹:《唐鉴》卷3《太宗下》,上海古籍出版社1981年版,第84、85页。
② 有关陈亮的激进思想,可参见邓广铭:《陈龙川传》,三联书店2007年版。
③ 范祖禹:《帝学》卷6,《影印文渊阁四库全书》第696册,第765页。
④ 李纲:《梁溪集》卷34《戒励士风诏》,《影印文渊阁四库全书》第1125册,第802页。
⑤ 《宋史全文》卷31《宋理宗一》,第2432页。
⑥ 参见汪圣铎:《两宋财政史》下册,中华书局1995年版,第688—694页。
⑦ 富弼:《上仁宗河北守御十三策》,《宋朝诸臣奏议》卷135,第1501页。

第三章 宋朝治国中化解矛盾的怀柔方式及其倾向

僚、外戚的优厚待遇,自然是以经济方式化解与上层矛盾的重要途径,不免与商品经济对观念的渗透有关。至于应付下层造反时,也愿意考虑以招安应对,同样具有考虑降低成本的用意。就此而言,与直接强硬对付相比,这些都属于怀柔方式的范畴。

宋朝统治者在治国中使用怀柔方式的倾向,对处理内外重大问题带来了特有的效果,这便是内部的冲突与矛盾相对缓和,皇权与中央集权相对稳定,统治的稳定期也相对较长;但保守有余而开拓不足,国家机器的效率相对低下,尤其是边患严重,其治世不免落于文明"显"而格局小的结局。北宋中叶人程颐指出:"尝观自三代而后,本朝有超越古今者五事:如百年无内乱;四圣百年;受命之日,市不易肆;百年未尝诛杀大臣;至诚以待夷狄。"①此话赞颂了宋朝超越三代以下各朝的时代特征,属于正面肯定怀柔方式的意思,其实背后也隐含着自身无力解决边患的无奈。值得玩味的是,南宋时孝宗皇帝曾对一味容忍文武官僚失职的传统深表不满,愤懑道:"国朝以来,过于忠厚,宰相而误国者,大将而败军师者,皆未尝诛戮之。"却因在朝中引起轩然大波,不得不表示收回原话以示妥协,才平息了臣僚的不满。②

诚所谓:矫枉过正,一利必有一弊。宋朝对怀柔方式的过分重视,也带来了相应的积弊,并相沿至南宋亡国。如南宋学者吕祖谦沉痛地指出:本朝"文治可观而武绩未振,名胜相望而干略未优";③宋人又总结道:"汉唐多内难,而无外患,本朝无内患,而有外忧;"④元代人修宋史时则评价道:"宋恃文教而略武卫。"⑤都在肯定宋朝成就的同时,多少点出了其一味以稳定为目的的怀柔方式的弊端。

---

① 朱熹编:《河南程氏遗书》卷15《入关语录》,程颢、程颐:《二程集》,第159页。
② 李心传:《建炎以来朝野杂记》乙集卷3《孝宗论用人择相》,中华书局2000年版,第545、546页;《宋史》卷396《史浩传》,第12068页。并见前引刘浦江论文。
③ 《宋史》卷434《吕祖谦传》,第12874页。
④ 吕中:《类编皇朝大事记讲义》卷1《国势论》,第42页。
⑤ 《宋史》卷493《蛮夷一·序》,第14171页。

第四章　宋代君臣治国理念讨论
——以经筵讲读为中心

宋代"崇文抑武"治国理念和方略,包含"崇文"和"抑武"两个方面。以"崇文"一事言之,"先用儒生"①与"恢崇儒术"②二种涵义兼而有之,故"崇文"即"崇儒"。

右文崇儒肇端于宋太祖,定型于宋太宗,发扬于宋真宗,待到宋仁宗继统,刘太后垂帘时,特创"经筵"之制,是为崇儒在皇帝层面的实践。经筵的表面是辅导舞勺之年的宋仁宗"讲读经史",内里实是为着传承"祖宗家法"。换言之,经筵讲读就是以西汉董仲舒改造过的儒家思想意识形态为表相,以宋代"崇文抑武"等"祖宗家法"为内瓤,发掘、阐释儒家经典和本朝掌故的契合点,参合二者,总结、完善本朝军政治国理念和实践,以此"君德成就",实现"王道"。

宋代经筵讲读所辅养的"君德",除了指皇帝的"仁孝品德"和"经史学识"外,"识断能力"也是重要内容。藉此,学术性质的经筵,随之被添加了"询察政事"职能。宋代君臣在经筵讲读中讨论治国理念,遂成为可能。

宋代君臣在经筵讲读中讨论的"治道"、"治体"等,大致与治国理念涵义等同。包括:怎样治国(治道、治体、治国理念)、治国目标(王道)两个层面。

---

① 王应麟:《玉海》卷26《帝学·史、祖训·宝元读〈三朝宝训〉(元祐、绍兴、淳熙)》,江苏古籍出版社、上海书店1987年版,第528页。

② 潜说友:《咸淳临安志》卷11《行在所录·太学·嘉泰三年幸学诏》,《宋元方志丛刊》,中华书局1990年版,第3454页。

宋代治国的理念和实践,立意于"革弊",原则是"防渐"。按照这样的思路,宋代经筵讲读中提出的本朝治国理念,是在皇帝、臣民、外国三个方面革弊、防渐,即对皇帝的"事亲"、"事天"理念;对臣民的"施刑"、"人才"理念;对外国的"用兵"、"夷夏"理念。

宋代皇帝和文官士大夫群体,尤其是经筵官们,在经筵讲读中以本朝军政状况为前提,与治国理念相衔接,同时呼应儒家价值观体系,最终烹炼出"王道"治国目标。同时,王道治国目标的论证,也影响着修文偃武、守内虚外等治国理念及实践,使之丰富和升华。

一、宋代经筵讲读与治国理念关系

两宋三百年间,历代皇帝均有读书养德、亲近儒臣的传统,宋仁宗时期又添设经筵之制,更使得皇帝受业问学常态化、专门化、制度化。宋朝皇帝如此重学崇儒,最根本的原因,恐怕是寄望于通过经筵讲读,形成若干经过儒家经史知识和价值观念体系包裹的、关于祖宗先帝的治国理念及实践的言论表述和认知评价,从而为在位皇帝治国理政提供理论依据和理由。

经筵制度创制的一个重要背景是宋仁宗初年,临朝听政的刘太后要向世人展示自己继承祖宗真宗事业的决心和成果,而之所以选择经史讲座这种形式,一则是因为"崇文抑武"是宋朝既定治国方略,再则是因为此前实行"崇文抑武"的结果是所培养的文人士大夫群体,他们有参与治国实践的意愿和能力。因此,阐述、丰富祖宗治国理念,是宋代经筵讲读的一个天然使命,

(一)经筵创制与宋代治国理念传承

在宋代第二、三代皇帝太宗、真宗父子治世时期,确立起"崇文抑武"、"守内虚外"的治国理念和方略等一系列"祖宗家法",并在嗣后成为朝野上下、庙堂内外一致认同的,从而构成有宋一代治国理念的核心精神,当

无疑义。故有田锡评宋太宗之言:"吾朝以圣文之德抚育中区。"①还有之后王安石评宋真宗之言:"本朝太祖武靖天下,真宗以文持之。"②

至于原因及目的,如果说宋太宗是迫于外战不利的现实,而选择了"守内虚外"的治国思路,那么面临更加危殆的外交情况的宋真宗,加倍努力地提倡文治教化、甚而在国内掀起持续十几年的祥瑞运动,于情于理也就可以理解了。总之,此处体现的都是自上而下的君主自主推动的选择。

然而,继宋真宗之后,尚在幼年的宋朝第四代皇帝宋仁宗,根本无法自主地为国家发展划出确定的方向。于是,不论是当时的实际最高决策者刘太后,还是宰执群体,都需要帮助新皇帝建立起一套合乎大宋国家意识形态的价值观体系,也就是向宋仁宗灌输宋朝开国以来,尤其是宋太宗后期、宋真宗的治国理念。这种由下而上的学术教育模式的实践平台,即是在此时正式建立起来、并被以后历代皇帝沿用的经筵制度。

按"经筵"的字面意思,经指学术典籍,"筵,""竹席也。"③就是学术讲座,不过,经筵中的"经",原指的是佛经,因为经筵一词最早在唐代用于佛教活动,意指学术活动性质的佛经研习讲座,且并不是水陆道场。④ 嗣后,含义扩大,包括了一切学术讲座,如儒家学术讨论、道教经典讲座等。到宋代,"经筵"一词才被挪用来专指为皇帝一人所举办的经史学术讲座。既然经筵一词最核心的含义在于学习,那么,宽泛地讲,古往今来一切传授最高统治者文化知识、价值观念的学术教育活动,大概都可以冠以经筵之名。

中国自古就重视为政者的教育问题,春秋时,郑国大夫子产说过:"侨闻学而后入政,未闻以政学者也。"⑤意即治学在为政之前。就制度方面

---

① 田锡:《咸平集》卷22《私试策·第一道:对》,巴蜀书社2008年版,第353页。
② 王安石:《王安石全集》卷2《书·上田正言书二》,上海古籍出版社1999年版,第23页。
③ 许慎撰,段玉裁注:《说文解字注》五篇上《竹部》,浙江古籍出版社2002年版,第192页。
④ 参见赞宁:《宋高僧传》卷6《唐京师崇福寺惟悫传》,范祥雍点校,中华书局1997年版,第113页;卷25《梁扬州禅智寺从审传》,第640页。
⑤ 杨伯峻:《春秋左传注》襄公三十一年,中华书局1981年版,第1193页。

来看,可以一直上溯到先秦时期的"保傅制",到两汉有"侍讲制",南北朝又出现"执经制",到了唐代,伴随着翰林学士院等机构,出现了"皇帝侍读"等官职,并在五代、辽朝得到沿袭。

作为皇帝亲身参与的御前学术讲座,在设计、运行过程中,存在两个先决问题,必须澄清:

其一,皇帝和老师,二者地位孰高孰低?像保傅制规定,"师、保、傅""参职天子"[1],在政治、教育、礼仪三方面,具有高过最高统治者的权限,这当然与秦统一以后的君主专制体制相悖,必然要遭到废止。所以,东汉的侍讲制,包括之前西汉的随机选拔讲授者的机制,都规定,给皇帝讲学的人,不能称作老师,只能叫侍讲,即侍候皇帝学习,而非教育皇帝学习。

其二,怎样保证讲授者学有所长且价值观正确?西汉时,汉宣帝担心太子刘奭(后来的汉元帝)过于亲近儒生,"俗儒不达时宜,好是古非今,使人眩于名实,不知所守,何足委任。"[2]五代时,冯道提醒辽太宗,"此时佛出救不得,惟皇帝救得。"[3]这些事例都反映了当皇帝(或其继承人)接受的学说思想,与国家主流意识形态偏离时,可能会导致施政治国失误。这个问题一直到隋唐,借力于科举制度的确立和推行,始得以最终解决,大量秉持国家意识形态标准、通过文化知识考试的学者,为皇帝教育制度注入新的活力,他们当仁不让地成为当时最有资格和能力为皇帝传授知识的群体。

宋代经筵制度,正是基于以上两个前提,最终定型。特指北宋创立的皇帝教育制度,具备专门机构、专门官职、专门法规、固定时间、固定场所和固定科目等六个基本特征。承担"讲读经史"、"辅养君德"、"询察政事"

---

[1] 马端临:《文献通考》卷48《职官考二·三公总序》,中华书局2003年版,第443页。又,保傅制的记载主要在《伪古文尚书》、《周礼》等书中,当然不可能是先秦时代实有其事的存在,奈何中国古代王朝习惯于援引上述书籍,以为制定本朝制度的依据,所以不可用今日学术的见解强改古人看法。

[2] 班固:《汉书》卷9《元帝本纪》,中华书局1962年版,第277页。

[3] 欧阳修:《新五代史》卷54《杂传第四二·冯道传》,中华书局1974年版,第614页。

等三项不同层次的职能。经筵之于皇帝个人的意义，在辅养"君德"；之于家国社稷的意义，在通达"王道"。

简言之，正式的宋代经筵，就是在专门机构组织操作下（名"说书所"，庆历初更名"讲筵所"。初设于乾兴元年，官长由内侍出任，称"管勾讲筵所"，具体职掌是安排经筵官讲读、保管经筵讲义、发放皇帝赏赐等），有专门规则条令保障（名《讲筵式》。推测在宋仁宗天圣年间已经制定出来，是说书所工作的具体章程），由授予专门官职的文臣（宋代前后共设有翰林侍读学士、翰林侍讲学士、侍读、侍讲、天章阁侍讲、崇政殿说书、迩英殿说书七种专门经筵官。宋神宗元丰改制之后，按职位高低排序，只保留侍读、侍讲、崇政殿说书三种，其中侍读、侍讲的任职条件是两制以上①，崇政殿说书则要升朝官以上），在固定时间（一年分为两个时段，二月至五月、八月至十一月。② 每段的时间安排是隔日一次，有时逢单日，有时逢双日。每日的时间是经筵早讲是在上午辰时末开始，由于勤政的皇帝还会在上午巳时去后殿视事，所以经筵也会推迟至午时开始，到下午申时末结束③）、固定场所（宋仁宗即位之初在延义阁，后改迩英阁。南渡后，宫室不备，采取临事摘换匾额的办法急就，举行经筵之处多以"讲殿"称之，或称"讲筵阁"。宋理宗时定名为"缉熙"。特殊之处是新君甫一即位，也会继续留在原来的皇子讲堂，如北宋哲宗时，是"资善堂"，南宋度宗时，则是原东宫讲堂"新益堂"，改建后名之为"熙明殿"）向皇帝传授儒家经、史知识和价值观体系（宋代经筵讲读书目包括经部典籍《易》、《诗》、《书》、《礼记》、《周礼》、《春秋左氏传》、《论语》、《孝经》、《孟子》等，还有史部典籍《史记》、《汉书》、《后汉书》、《旧唐书》等，以及经筵专门教材，分三类，第一类是本朝历代皇帝为政故实和思想，有《正说》、"宝训"、"圣训"等，第二类

---

① 刘挚：《忠肃集》卷3《奏议·乞慎择讲读官奏》，中华书局2002年版，第62页。
② 李焘：《续资治通鉴长编》（以下简称《长编》）卷358，元丰八年秋七月庚申，中华书局2004年版，第8574、8575页。
③ 脱脱等：《宋史》卷118《礼志·宾礼三·百官转对》，中华书局1977年版，第2785、2786页。

是古代统治者求学事迹,有《帝学》、《续帝学》等,第三类是史学著作,有《资治通鉴》、《唐鉴》等)的御前学术讲座。

此外,经筵制度在设置、运行方面,还有许多细节和特例,姑补充注说之。经筵官除授的总原则是摘选醇学硕儒、老成持重之人,在任经筵官没有人数限制(宋哲宗时曾规定侍读三人,但日后尤其是南宋并未严格执行)。因为宋代经筵讲读分"听读"、"讲授"两个步骤,所以经筵官有讲书分工,一般侍读、侍讲"讲"经书,崇政殿说书"读"史书。① 宋代经筵讲读专门用语"几讲几读",意在于此。时至宋宁宗庆元元年(1195年)十二月,又创经筵晚讲,规定正常开经筵日,单日早讲一讲,单日晚讲两讲一读。而停经筵日,并不停晚讲,两读两讲。② 也就是说,早讲只在开经筵日的单日进行,内容也仅只一讲而已。此后,经筵晚讲实质上已经取代了早讲。

在宋仁宗之前,宋太祖、太宗、真宗在位时期,已经有召集文臣讲读的例子,如崔颐正分别为宋太宗讲解《庄子》、为宋真宗讲解《尚书》,事见"(雍熙中)太宗召见,令说《庄子》一篇,赐钱五万……(咸平元年)因访达经义者,(李)至方参知政事,以(崔)颐正对。曰:'朕宫中无事,乐闻讲诵。'翌日,召颐正于苑中说《尚书·大禹谟》,赐以牙绯。自是,日令赴御书院待对,说《尚书》至十卷。"③ 宋真宗时,甚至已经设置了翰林侍读、侍讲学士等专门官职。不过,这期间,在时间、地点、内容等方面,并没有固定规定。总之,除专门官职外,宋代经筵制度的其他五个基本特征,还是在宋仁宗时期成型,兼且宋仁宗也对经筵官职建设颇费了不少功夫,因

---

① 例如绍兴三十二年(1162)七月,宋孝宗初开经筵,"七月,上初御讲筵,翰林学士承旨洪遵进读《三朝宝训》,给事中金安节、礼部侍郎黄中讲《周礼》,权工部侍郎张阐讲《尚书》。"徐松辑:《宋会要辑稿》崇儒7之9,中华书局1957年版,第2293页。原因是"以史传有褒贬,难于讲授,退而观阅,罔不该详。"《玉海》卷26《帝学·咸平侍讲侍读·天圣真宗讲席记·三朝讲经》,第516页。

② 《宋会要辑稿》崇儒7之22,第2299页。

③ 《宋史》卷431《崔颐正传》,第12822页。另,据《宋史》卷6《真宗本纪》载,苑中说《尚书》一事,时在咸平元年(998)春正月丁丑,第106页。

此,基本可以认定:宋代经筵制度的正式确立,就是在宋仁宗朝。① 那么,经筵创制得以在宋仁宗朝最终完成,自然有其原因和目的。

北宋乾兴元年(1022年)二月,宋真宗不豫,太子年幼,政归刘皇后,"太子虽听事资善堂,然事皆决于后,中外以为忧。"②对于这样微妙的形势,宋真宗不得不多次强调,这种局面是出于自己安排,必须维系:"上每言:'皇后所行,造次不违规矩,朕无忧也。'"③有了宋真宗的坚持,臣下们才稍安心:"敢有异议,乃是谋危宗社,臣等罪当万死。"④同月戊午,宋真宗一夕而崩,遗诏太子即位,并尊刘皇后为太后,"军国重事,权取处分"⑤,至此,刘太后成为赵宋政权实际决策者。然女主临朝,实非王朝常态,时任参知政事王曾就说:"政出房闼,斯已国家否运。"⑥面对"中外汹汹"的局面,素称头脑清醒的刘太后知道,惟有高张宋真宗的旗号,才能团结主流,平弭各方意见,保持自己的地位,巩固刘太后、宋仁宗二元体制。

这样,刘太后除了抓住机会剖白:"吾不作此负祖宗事。"⑦她还需要一个平台,向世人展示自己和宋仁宗效法祖宗先帝的决心和成果,经筵遂得以创制。所以,她要求宋仁宗:先学习祖宗治国经验,再亲身理政。在宋仁宗即位头十一年里,刘太后派给宋仁宗的事责有二:一是"听断",二是"讲习经史",史载:"后称制凡十一年,自仁宗即位,乃谕辅臣曰:'皇帝听断之暇,宜诏名儒讲习经史,以辅其德。'于是设幄崇政殿之西庑,而日命今臣侍讲读。"⑧换句话说,虽然经筵正式制度化是在宋仁宗在位时期,但经筵制度的实际创立者,莫若说是刘太后更切合实际。

---

① 参见邹贺:《宋代政治文化举隅:经筵、文献及其他》上编之三《宋朝经筵制度成因论析》,陕西人民出版社2012年版。
② 《宋史》卷310《王曾传》,第10183页。
③ 《长编》卷98,真宗乾兴元年二月甲寅,第2270页。
④ 《长编》卷98,真宗乾兴元年二月甲寅,第2270页。
⑤ 《宋史》卷242《后妃上·刘皇后传》,第8613页。
⑥ 《长编》卷98,真宗乾兴元年二月甲寅,第2270页。
⑦ 《宋史》卷242《后妃上·刘皇后传》,第8615页。
⑧ 《宋史》卷242《后妃上·刘皇后传》,第8615页。

第四章 宋代君臣治国理念讨论

一方面,宋仁宗十三岁即位,的确还需要继续完成儒家经史教育。早在宋真宗大中祥符八年(1015 年),五岁的寿春郡王赵祯就开始了启蒙教育,一年后,即大中祥符九年(1016 年)二月"甲午,诏以皇子就学之所名资善堂。"①这也就是日后的宋代皇子资善堂教育制度。简单地讲,宋仁宗即位后的经筵讲读,不过是资善堂教育的自然过渡。

另一方面,通过经筵讲读,规避了宋仁宗在准备未足的情况下,过早地介入军政实务,而给天水王朝带来可能的风险。在国内政局稳定、国际关系和平、时间充裕、专门制度等条件的保障下,宋仁宗不受打扰地继续学业,待到他在知识、修养和能力等方面直追祖宗先帝,实现"君德日就",四十二年太平时代也就指日可待了。史评"太后保护帝既尽力"②,当然有这方面的原因。

在刘太后的严厉管教下,年少的宋仁宗性格柔顺,遵守规矩,所谓:"仁宗恭俭仁恕,出于天性。"③宋仁宗难得的个人素质,使得他诚心尊敬经筵讲官、用心领悟经筵讲读,能够完全理解尊奉祖宗事迹的意义,他曾经说:"朕躬阅先帝《圣政纪》,掇其事之要者,纂为此书,将以纳于皇堂也。"④以上诸般因素,都为通过经筵讲读传承祖宗家法进行了必要铺垫。

皇帝经史讲读,更多时候,类似于提升、深造式的"培训"。史载,宋真宗重复学习同一部经典,"命侍讲邢昺说《尚书》,凡八席,《诗》、《礼》、《论语》、《孝经》皆数四焉。"⑤除了加深对既往知识的巩固和理解,"日日新、又日新"也是重要目的,而继承和发挥祖宗治国理念,正是日新的重要内容。经筵讲读区别于普通知识讲座的关键,正在于兹。

这一点,早在经筵创制之初即已确定。宋代自来有编纂、保留祖宗、

---

① 《宋史》卷 8《真宗本纪》,第 159 页。
② 《宋史》卷 242《后妃上·刘皇后传》,第 8615 页。
③ 《宋史》卷 12《仁宗本纪》,第 250 页。
④ 《长编》卷 99,仁宗乾兴元年九月戊子,第 2298 页。
⑤ 《玉海》卷 26《帝学·咸平侍讲侍读·天圣真宗讲席记·三朝讲经》,第 516 页。

先帝言论的传统,如"《太宗文明政化》十卷,《真宗正说》十卷。"①这样,在宋仁宗景祐四年(1037年)到宝元二年(1039年)间,宋真宗御撰《正说》(即《真宗正说》)一书,被列为经筵讲读书目,直接体现出了继承祖宗、遵奉真考的意味。宋仁宗自己也表示,在经筵上学习《正说》一书的目的,就是领会祖训,语见"上曰:'先帝训言,敢不遵奉。'"②这说明,经筵讲读《正说》,是有宋一代确立"遵祖宗训"原则的重要步骤之一。

经由经筵讲读,在宋仁宗的内心里,逐渐清晰了祖宗家法的相关概念。时至庆历四年(1044年)三月,他亲自拟就"治道三十五事"③,其中前四事:"遵祖宗训"、"奉真考业"、"祖宗艰难,不敢有坠"、"真宗爱民,孝思感噎"④,强调了宋太祖、太宗、真宗的权威地位。其后的内容,则清楚地带有宋真宗《正说》的痕迹。案《正说》一书,共十卷五十篇,"真宗读经史,摭其可为后世法者……备言鉴古为治之意。"⑤现已散佚,现存篇目名有"正心"、"刚断"、"大中"、"谨罚"、"化民"、"养民"、"净臣"等。⑥ 透过这些篇名可以发现,"治道三十五事"中的条目,像"守信义"、"不巧诈",呼应的是《正说》"正心篇";还有"功无迹"、"戒喜怒",呼应的是《正说》"大中篇";再有"从民欲"、"伤暴露兵"、"哀鳏寡民",呼应的是《正说》"养民篇"等,二者合辙之处颇多,避繁不述。

借由经筵制度创制,尤其是以《真宗正说》一书进入经筵讲读为代表,宋代统治阶层逐步成功地树立起"法祖宗"理念,所谓"欲法祖宗者,当以我朝仁宗为法……方其初年,从李淑之请而作《三朝宝训》之书,则固已有意祖宗之治,及迩英进读,则又以《真宗正说》先之,其后御紫宸而诏三馆

---

① 《玉海》卷28《文明政化(小字注:见御集)》,第556页。
② 《玉海》卷26《景祐迩英读〈正说〉(小字注:淳熙)》,第527页。
③ 《宋史》卷11《仁宗本纪》,第217页。
④ 《长编》卷147,庆历四年三月己卯,第3565、3566页。
⑤ 《玉海》卷28《圣文·杂御制·天禧〈正说〉》,第557页。
⑥ 《玉海》卷26《帝学·史·景祐迩英读〈正说〉(小字注:淳熙)》,第527页;卷28《圣文·杂御制·天禧〈正说〉》,第557页。

近臣以观《三朝训鉴之图》，则一言一动未尝不以祖宗为心。"①宋仁宗自己也被后世认定为"遵祖宗训"的标杆，像范祖禹在宋哲宗经筵上所言："臣愿陛下欲法尧舜，惟法仁祖而已。法仁宗则可以至天德矣。"②

要之，在宋仁宗初年，经筵制度之创制，对传递宋太祖、太宗、真宗治国理念，有莫大助益。透过经筵制度的各项规定，彰显了宋代经筵的制度化、组织化、计划性和目的性。越是健全的机制、精细的组织、长期的计划、确定的目的，越有助于影响皇帝形成重视经筵的心理。对教育者（经筵官）与受教育者（皇帝）来说，这是达成经筵讲读负载的职能的必要前提，对以经筵为核心产生的其他关系，如家长（皇太后）、旁听者（宰执、史官）等来说，更是通过经筵讲读传承祖宗治体——也就是宋代治国理念——的客观基础。

又案《正说》一书，先后在宋仁宗、孝宗经筵上，两次被读。想来，宋孝宗之世，由于太上皇宋高宗的存在，所以特别强调通过经筵讲读，标榜和承继前代皇帝理念和事业，这与宋仁宗即位初年的状况，其实异曲同工。

（二）经筵讲读与宋代治国理念讨论

宋哲宗时，经筵官程颐提出过一个著名观点："天下治乱系宰相，君德成就责经筵。"③将成就君德定为经筵讲读目标，与天下之乱相对，反映了讲筵的学术讲座属性。简言之，创制经筵制度的本意，是为了熏陶、提高皇帝的经史文化知识素养，并不包含会商、决议军政事务的功能。④ 作为宋代经筵制度的始作俑者，宋太宗的初衷是"听政之暇，日阅经史，患顾问

---

① 章如愚：《群书考索》卷47《乐门·祖宗》，《影印文渊阁四库全书》第936册，第627页。
② 范祖禹：《帝学》卷6《仁宗下》，《影印文渊阁四库全书》第696册，第791、792页。
③ 程颢、程颐：《河南程氏文集》卷6《伊川先生文二·表疏·论经筵第三劄子·贴黄》，程颢、程颐：《二程集》，王孝鱼点校，中华书局1981年版，第540页。
④ 朱瑞熙先生在《宋朝经筵制度》一文中已经指出："经筵官的职责原来只是替皇帝讲读经史和政事，并没有议论当朝政事的任务，更不需要替皇帝出谋献策。"朱瑞熙：《疁城集》，华东师范大学出版社2001年版，第300页。

阙人。"①于是，不时召问儒臣，"每暇日，多召问(吕)文仲以经书。"②是为经筵讲读之雏形。换到宋真宗依然用意不二，"上曰：'朕宫中无事，乐闻讲诵。'"③可见，宋代经筵讲读的原始状态，决然不涉及政治咨询。

然而，仅以经筵制度为学术教育、知识讲解之用，纯粹按宋代学术思想发展的脉络概括经筵讲读，尚无法解释一点：大多数宋朝皇帝在即位前，已经接受过严格、系统、完整的经史知识启蒙教育，那么，为何他们登基后继续长期坚持经筵讲读？尤其是宋仁宗，在他成年立世、学有所成之后，经筵讲读依然未停。显然，宋代经筵制度之创制，还蕴含其他目的。

此即前文所述，通过经筵讲读阐述、完善和传承祖宗先帝治国理念。纵观两宋经筵讲读，在宋人的语境中，有"治道"、"治体"等词大概与"治国理念"含义相当，区别是，"治体"一词不只是思想，还包括制度。在宋代经筵官看来，讨论"治道"、"治体"，是经筵讲读的重要内容之一。问题随之而至：为什么选择经史学术讲座这种形式传递祖训？或者说，宋代经筵讲读中君臣讨论治国理念何以成为可能？理由出于两个方面，其一是宋代"崇文抑武"治国理念的作用，其二是宋代文人士大夫群体的意愿和努力。

其一，由宋太祖发轫、宋太宗掀起的"崇文抑武"治国理念和实践，间接地催生出了经筵制度，同时，做为"崇文"国策的最高体现，经筵讲读当然也会反过来对"崇文"推波助澜。当经筵创制之初，经筵官们在年幼的宋仁宗面前宣讲祖宗家法、真考训诫的时候，他们其实也就是在论证自身行为的正当性、必要性和合理性。

清代学者王夫之分析，宋太祖立国所面临的军政环境，造成了他的"惧"的心态，"夫宋祖受非常之命，而终以一统天下，底于大定，垂及百年，世称盛治者，何也？惟其惧也。"④此后，宋太宗得位不正、宋真宗强敌在侧、宋仁宗幼冲登极、宋英宗外藩入统、宋神宗急于求治、宋哲宗挑起党

---

① 《宋会要辑稿》职官6之56，第2524页。
② 《长编》卷24，太平兴国八年十一月庚辰，第560页。
③ 《长编》卷43，咸平元年春正月甲戌，第908页。
④ 王夫之：《宋论》卷1《太祖》，中华书局2008年版，第2页。

争、宋徽宗以后外患不息……这些都在保温、甚至加热宋代皇帝的"惧"心理。信心不足，就需要为自己的言行寻找依据和理由。可是，经历过五代乱世杀伐后，释道二教已然失去号召力，"此时佛出救不得"①，而尚武逞勇之风，又被赵宋王朝束之高阁、弃若敝履，这样一来，惟剩下崇儒右文一途。也就是，宋代最高决策层选定西汉董仲舒以来的儒家经典及注释，作为本朝治国理念及实践的理论来源和根据，并辅之以各种措施和制度，堂而皇之、大张旗鼓地加以宣扬。

宋太宗公开宣布，王朝治乱的本源在于兴学施教，意即通过提倡、推广正统典籍中的文化知识、道德观念，熏陶、规正社会成员的思想、行为，从而达成国家长治久安的稳定局面。语见"雍熙元年（984 年）正月壬戌，上谓侍臣曰：'夫教化之本，治乱之源。苟无书籍，何以取法？'"②这段话包含两层含义：第一，他不仅仅意指教化臣僚士人、百姓庶民，而是指国家全部成员都要接受主动教育，首当其冲的其实是国家的主人——皇帝；第二，他要取法的书籍，是儒家正统经、史二部典籍，舍此无他。换言之，宋太宗在不经意间透露了自己治国的根本理念，也就是统治阶层——尤其是皇帝，要从儒家经典中汲取要旨，然后再向臣民普及，这样才能达成太平治世局面。且不论以后宋朝诸帝是否秉持相同的理念，单说皇帝坚持学习儒家经典这一理念，毫无疑问，以经筵创制，最是贴合其意。

何况，宋太宗这番言论绝非一句孤立的随性之语，其背景乃是著名的"上意方欲兴文教，抑武事。"③相对应的具体措施是广搜天下典籍，补充中央三馆藏书，事见"乃诏三馆以《开元四库书目》阅馆中所阙者，具列其名，募中外有以书来上及三百卷，当议甄录酬奖，余第卷秩之数，等级优

---

① 《新五代史》卷 54《杂传第四二·冯道传》，第 614 页。
② 《长编》卷 25，雍熙元年春正月壬戌，第 571 页。
③ 《长编》卷 18，太平兴国二年正月丙寅，第 394 页。又按宋太宗时期确立赵宋一代"崇文抑武"治国方略，具体论述参见陈峰所著《试论宋朝"崇文抑武"治国思想与方略的形成》一文，收入陈峰：《宋代军政研究》，中国社会科学出版社 2010 年版。

赐。不愿送官者，借其本写毕还之。自是四方之书往往间出矣。"①宋太宗收集图书并非一时兴之所至，只为了点缀三馆书库，而是出于政治提倡、自己学习两方面的需要。他的藏书量多达三万六千多卷，后来收藏在龙图阁中，"阁上藏太宗御书五千一百十五卷轴，下设六阁：经典阁三千七百六十三卷，史传阁八千二十一卷，子书阁一万三千六十二卷，文集阁八千三十一卷。"②其中，包含宋太宗自己的御制文集五千一百余卷。此外，还有天文、图画二阁，前者带有玄秘色彩，后者是皇帝个人爱好。

如所皆知，宋太宗崇文的观念日后被宋真宗很好地继承，并大肆光大。以藏书一事为例，宋真宗勤学好儒，他的私人藏书量直追乃父，景福宫玉宸殿是其在位时藏书之所，到景德四年（1007年）三月，藏书已达八千余卷。而且，宋真宗于此所下心思，较宋太宗更显缜细，这些藏书纯是经过精勘细校的经、史坟典，他可不收天文、字画、小说之类闲书，"即帝偃息之所，茵帏皆黄绢为之，无文采之饰。叙书八千余卷。帝曰：'此惟正经、正史累校定者，小说它书不置于此。盖俯近禁中，最便观览。'"③据载，宋真宗阅读"十九史"，每部书都写下一到三首咏史诗，而且"非惟多阅广记，实皆取其规鉴。"④投入精力之巨，可见一斑。

在宋代右文崇儒治国理念中，最重要的部分首推教育，兼且由于儒家修齐治平的原则，皇帝修身正心在先，理政安民在后，导致从皇帝到百姓、从中央国子监太学到州县公学私学、从朝堂群臣到市井走卒农夫……无不厕身其间。如宋高宗自述自己在宫中的一日作息情况，"朕居宫禁中，自有日课，早阅章疏，午后读《春秋》、《史记》，夜读《尚书》，率以三鼓罢。"⑤再有宋理宗初政时的日程，"陛下每旦辨色视朝，大臣奏事之后，或间以台谏之论奏，或继以百官之轮对，而经筵早讲已迫矣。进膳之余，陛

---

① 《长编》卷25，雍熙元年春正月壬戌，第571页。
② 《玉海》卷27《景德龙图阁阅太宗御书 六阁（龙图阁赞）》，第536页。
③ 范祖禹：《帝学》卷3《真宗》，《影印文渊阁四库全书》第696册，第746页。
④ 《玉海》卷30《圣文·御制诗歌·读十九代史诗》，第586页。
⑤ 《宋会要辑稿》崇儒7之20，第2298页。

下复于宫中省阅章奏,而晚讲又且迫矣。"①宋代朝野上下对教育之重视,可谓空前绝后,已经形成了全社会性质的崇尚文治教化的风气,其时形成的一些观念,如学而优则仕、视力学科考为人生正途等,甚至影响到了今天。

又宋代施政特色之一是遵循故事、援引旧例,也就是讲究沿袭祖宗成宪。既然经宋太宗、真宗二代,崇文国策已定,而宋真宗自己又好学不倦,确立了皇帝好学的一种标准,那么,臣僚、皇室在他身后下意识地效仿,也属自然。在细节方面,如经筵官设置,宋真宗时已经设立了翰林侍读、侍讲学士,宋仁宗就势一仍其旧,围绕翰林侍读、侍讲学士添设机构等其他制度规定。在宏观方面,就是自宋太宗、真宗而降,两宋历代皇帝、政要、朝野上下对讲经读史的重视和坚持。诚如宋宁宗自陈本朝重学家法:"朕惟开设学校以垂万世之统,恢崇儒术以追三代之风,粤稽我朝具存家法。"②基本上,宋太宗以下历代君主,的确是按照读书、风教、崇儒三个递进的层次,阐述并丰富着本朝治国理念及实践。

藉此可以发现,宋代经筵制度的创制,与扩大科举取士规模、推广文官知州制度、树立文贵武贱的社会风尚、皇帝躬亲视学礼等制度和措施相衬合,都是右文崇儒治国理念的具体实现形式。这决定了经筵讲读与赵宋一朝治国理念具有内在的一致性,天然地适合作为传递祖训的平台。

或谓:宋朝皇帝是否出于政治需要,只是为崇儒重学所做的示范性质的场面功夫?不然。这种认识,是误将视学礼与经筵讲读两相混淆了。皇帝幸太学,行视学礼,其中的讲经环节,纯是礼仪,带有务虚性质,其实与经筵讲读的职能、性质迥异。

其二,在宋初"崇文抑武"治国方略的作用之下,尤其是宋太宗、真宗两朝大量提拔使用科举出身的进士官员,他们在历经锻炼后,学问、修养

---

① 袁甫:《蒙斋集》卷5《奏疏·右史直前奏事第二劄子》,《影印文渊阁四库全书》第1175册,第385页。
② 潜说友:《咸淳临安志》卷11《行在所录·太学·嘉泰三年幸学诏》,《宋元方志丛刊》,中华书局1990年版,第3454页。

日臻完善,足可以指导少年皇帝增长学识。同时,入世求治的儒学情怀,更推动他们努力用平生所学,阐述并丰富宋代原有的治国理念的内涵,甚而对治国实践,产生一定的影响。

  这中间有两类人群的功劳最著,首先,应该是崇儒尚文国策下涌现的硕儒鸿学,尤其是以宋初已经得到皇帝召对的邢昺、孙奭等人为代表的。他们长于用儒学正统学说注解本朝治国理念及实践,而这恰恰是经筵讲读最实质的功用之一。史载孙奭为人,"以经术进,守道自处,即有所言,未尝阿附取悦。"①这使得他们往往与皇帝培养出超越君臣关系的感情,在孙奭去世后,宋仁宗深为之惋惜而罢朝,"帝谓张士逊曰:'朕方欲召奭,奭遂死矣。'嗟惜者久之,罢朝一日。"②其次,应该是宋太祖誓约及宽仁家法下培养的国老耆旧,只有他们才有觉悟与资历,和皇帝坐而论道,讨论治国理念。如文彦博当面对宋神宗说出类似于教训之语:"为与士大夫治天下,非与百姓治天下也。"③南宋时,周必大对这种现象进行了总结:"且以本朝观之,太祖、太宗蒐揽豪杰,恢张四维,凡作成之方,无所不用其至。及真宗、仁宗之世,名卿才大夫磊落相望,是其效也。"④

  一直以来,文臣士大夫们尊经重道的想法始终未减,即使是在经筵制度创立之前,五代时也可以找到相关言论。像后汉乾祐年间(949年—950年),张昭向后汉隐帝进谏:"伏望陛下听政之余,数召近臣,讨论经义。"⑤乱世尚且如此,遑论士大夫文化臻于顶峰的宋代。无疑,久受儒学熏陶的文人士大夫,其思想观念将对宋代治国理念及实践,持续发挥影响效力。

---

① 《宋史》卷431《孙奭传》,第12801页。
② 《长编》卷112,明道二年六月辛亥,第2619页。
③ 《长编》卷221,熙宁四年三月戊子,第5370页。
④ 周必大:《周益国文忠公集》卷138《奏议五·兵部侍郎选德殿对劄子二首·乞储人才(淳熙二年闰九月二十八日)》,《影印文渊阁四库全书》第1148册,第530页。
⑤ 案原文只标注"乾祐中",并未标注是向后汉太祖还是后汉隐帝所进,因文中有"春秋鼎盛"之语,故可断为是写给后汉隐帝。王钦若等:《册府元龟》卷533《谏诤部·规谏第十》,中华书局1982年版,第6381页。

第四章 宋代君臣治国理念讨论

宋仁宗曾经因为西夏战事,中断经筵两年。到庆历四年(1044年)二月,崇政殿说书赵师民上疏,劝谏宋仁宗恢复经筵讲读,他强调,和战之际,不但不应该中断经筵,而且这恰恰是经筵发挥真正功用的机会。帝王研习经史,为的就是向古人求取智慧,探寻处理这等军国大事的知识和经验:"王者必延学古之士,以备顾访,及于宴间……汉家宰相,精通一经,天下大事,据之以决。夫帝王治经,与品庶异,不独玩空文,占古语也,天下无事,右文之治于是在;天下有事,经武之图于是出。"①

其中"汉家宰相精通一经,天下大事,据之以决",以及"右文之治于是在"、"经武之图于是出"数句,虽略有夸张,不完全符合史实,却也道出了宋代经筵讲读以儒家价值观念体系为意识形态判断标准的事实。同时,从中也可看出,经筵官侍候君主讲经读史,不同于荒江野屋的学究治学,不为精研字句训读、文章体例,为的是"赞有为之世"。如此一来,就必然要求讲读的内容更有深意,要发掘微言大义。反之,照搬前人注疏议论,没有自己新见的经筵官,就会被指责"无甚发明",即不合格。

赵师民的表述比较有代表性,"以备顾访"、"奉大问、发大对"体现出经筵官实际参与军政决策活动的意愿,不少经筵官都有类似的说法,比如苏轼,他说:"入侍迩英,其选至重。非独分摘章句,实以仰备顾问。"②所谓顾问者,自当对治国发挥一定的建设性作用。但是,经筵官职责所系,本不在会商军国政务,那么,应该"顾问"哪些方面?"发大对"又到哪种程度?

对于这个问题,皇帝与经筵官在大多数情况下有所默契,就是在经筵上,可以本之于经史,讨论"治体"、"治道"等治国理念,但要减少、甚至不要讨论和参与实际决策。毕竟时政讨论不是经筵的初始功能,除非皇帝动问,否则经筵官在经筵上议论时事,属于越权行为。像宋哲宗时的侍讲

---

① 《长编》卷146,庆历四年二月丙辰,第3544—3549页。
② 苏轼:《苏轼文集》卷23《表状·辞免侍读状》,孔凡礼点校,中华书局1986年版,第668页。

龚原,"为曾布所重,安惇论其直讲时事,以集贤殿修撰知润州。"①当然,龚原被贬的根本原因是章惇、安惇一派与曾布的官场矛盾,但"直讲时事"可以作为左迁的理由,就体现了经筵官议论朝政的举动,并不是其本职所系的事实。

当然,这也涉及经筵官自己的心理诉求和意愿态度,以及当时朝廷党争情况,并不能一概而论。像宋理宗时,侍读魏了翁"经帏进读,上必改容以听,询察政事,访问人才。复条十事以献,皆苦心空臆,直述事情,言人所难。上悉嘉纳,且手诏奖谕。"②前提是宋理宗自己经常主动与经筵官讨论时政。

如宋仁宗曾多次强调,"至是帝屡面谕以经史义旨须详悉询说。"③言下之意,就是不要脱离"经史义旨"。经筵官这厢也一样,宋孝宗时,周必大在经筵讲读伊始便宣布:"经筵非为分章析句,欲从容访问,裨圣德、究治体。"④所谓"治体",不外乎经筵官将儒家经史典籍中的思想、史实,与本朝史事两相映照,拆解、转化成理政处事的要义,而且,这个"治体",必须上承自祖宗先皇,换言之,经筵讲读的目的之一,是讨论并廓清祖宗治体,然后效法之。

如范祖禹在宋哲宗经筵上指出,本朝一切治国之法,皆来源祖宗,"昔元祐中,范祖禹作《唐鉴》一书,至于终也,则曰:'今当何法不在祖宗乎?'"⑤还有史浩为宋孝宗进读《三朝宝训》、《真宗正说》二书,他的重点就是"治体"和"法祖宗",二者关联致密,"进读《三朝宝训》及《真宗正说》,事关治体及当法祖宗者,必委曲援引,开广上心。"⑥

在这样的原则下,宋代皇帝基本赞同以赵师民为代表的一众经筵官

---

① 《宋史》卷353《龚原传》,第11152页。
② 《宋史》卷437《儒林七·魏了翁传》,第12969页。
③ 《长编》卷171,皇祐三年九月丁丑,第4110页。
④ 《宋史》卷391《周必大传》,第11965页。
⑤ 章如愚:《群书考索》卷47《乐门·祖宗》,《影印文渊阁四库全书》第936册,第627页。
⑥ 楼钥:《攻媿集》卷93《神道碑·纯诚厚德元老之碑》,《影印文渊阁四库全书》第1153册,第473页。

的想法。比如在赵师民上言之后，宋仁宗立刻恢复经筵讲读，"御迎阳门，召辅臣观画……因命天章阁侍讲曾公亮讲《毛诗》，王洙读《祖宗圣政录》，翰林侍读学士丁度读《前汉书》，数刻乃罢。"①就是用实际行动肯定赵师民的主张。宋代皇帝支持经筵官在经筵上对治体，即治国理念展开讨论，体现在宋代经筵讲读过程中，是存在三条门径，可以触发君臣讨论治国理念，甚至个别时候可以完全脱离经史典籍，纯粹议论时政：第一是"经筵奏事"、第二是"具札奏陈"、第三是"留身奏事"。

第一，在经筵讲读过程中，经筵官的"讲、读"与皇帝的"问"相辅相成，经筵官对皇帝提问的回答就是经筵奏事。虽然是在讲经读史，但皇帝的询问却不一定限于经史，若是问到了朝廷时下急务，经筵官的奏对自然就会辐射到当时政治得失。如"王安石常欲置其党一二人于经筵，以防察奏对者。"②还有秦桧对宋高宗经筵十分关注，也是因为宋高宗会访问经筵官朝野时事。

特别是文人士大夫们内在的以天下为己任的情怀，结合宋朝外在的相对宽松的政治环境，经筵官们在经筵奏对时，往往格古通今，从经史记载牵出本朝故实，甚至加入时政评论，这一般被认为是勇于任事的表现，引为士林佳话。

第二，具札奏陈其实是对经筵奏事的补充，就是经筵官在经筵上一时思虑不周，或者言犹未尽，则在事后以文字形式重新解答圣问。如宋高宗建炎三年（1129年）十二月三十一日的诏书规定："三十一日，诏：'将来开讲日，侍讲官于进读书内或有所见，许读毕具札子奏陈。仍降付本所，载之注记，依元丰旧制。'从翰林学士朱胜非请也。"③诏书的末尾，"依元丰旧制"一句，揭示出经筵官具札奏陈的规定，是宋神宗在元丰年间的创造。

第三，留身是从转对而来。按宋代的轮官转对制度，基本规定是"自

---

① 《长编》卷146，庆历四年二月丙辰，第3544页。
② 《长编》卷215，熙宁三年九月癸巳，第5236页。
③ 《宋会要辑稿》职官6之59，第2526页。

建隆诏内殿起居日,令百官以次转对,限以二人。"①则不外乎大臣依品级为序,两两面见皇帝。② 此后,其中一人又单独留下奏对,就是留身。③

在制度运作上,轮官转对是与经筵讲读相衔接进行,即开经筵日,皇帝在经筵讲读后,接着会见转对官员。④ 这样一来,经筵官在讲读之后,就有了留身的现实可能。再加上宋仁宗在位中期以后,经筵官的除授,渐趋向于朝廷重臣,挂职宰执者大有人在。这些人在经筵留身奏事时,很自然会涉及朝廷法度等实质性内容,如此,前一次是经筵讲读,后一次是留身奏事,皇帝面对的是同一个人,难免不把稍后留身奏事要说的内容,提前拿到经筵上讨论,君臣双方在不自觉地状态下,就模糊了经筵与留身奏事之间的界线。

经筵官本身的意愿和努力,也是构成宋代君臣在经筵上讨论治国理念的重要条件之一。由于宋代经筵讲读是建立在君、臣之间良好的沟通机制之上,经筵官有诸多机会向皇帝阐述己见。

最常见的做法是通过设计经筵讲读内容,引导皇帝思考治国之道,像范祖禹曾经劝导宋哲宗:"《论语》记圣人言行之要,修身治国之道,不无在焉。《尚书》言帝王政事,人君之轨范也。《论语》虽已讲毕,望陛下更加详熟。《尚书》未讲者,愿陛下先熟其文,臣等以次讲解及之,则陛下圣意,已先有得矣。"⑤加之皇帝、经筵官本身具有的政治角色属性,单纯的学术讲

---

① 《宋史》卷118《礼志·宾礼三·百官转对》,第2785页。
② 特殊情况是在实际转对时,并不严格限定为二人,见于"重和元年,臣僚言:'比年以来,二三大臣奏对留身,逸疏善良,请求相继,甚非至公之体'"。《宋史》卷118《礼志·宾礼三·百官转对》,第2787页。
③ 又留身的目的一般是为了致仕、去职等,见重和元年(1118),宋徽宗所下的专门诏书:"自今惟蔡京五日一朝许留身,余非除拜、迁秩、因谢及陈乞免罢,并不许独班奏事,令閤门报御史台弹劾。"《宋史》卷118《礼志·宾礼三·百官转对》,第2787页。
④ 例见"熙宁初,閤门言:'旧制,中书省、枢密院奏事退,再引三班,假日则两班,或再御后殿引对,多及午刻,遇开经筵,即至申末,恐久劳圣躬。请遇经筵日,自二府奏事外,止引一班,或有急奏及言事官诤对即取旨,俟罢经筵日仍旧。'"《宋史》卷118《礼志·宾礼三·百官转对》,第2785、2786页。
⑤ 范祖禹:《上哲宗论学本于正心》,赵汝愚编:《宋朝诸臣奏议》卷5《君道门·帝学》,上海古籍出版社1999年版,第47页。

座,被参入祖宗典故、朝廷治体,甚至时政急务等内容,势所难免。

综上,作为学术讲座的经筵,在运行过程中,衍生出"询察政事"职能。"询察政事"不是时政讨论甚至决策,一方面,部分经筵官或某些皇帝,希望在经筵讲读中讨论时政,另一方面,宰执、台谏之臣,也在警惕,甚至监督着经筵官逾权讨论时政,两相折中,经筵讲读中的君臣讨论,只能停留在治国理政的案例、原理层面上,即宋代经筵讲读中,君臣讨论治国理念的现实可能。

二、经筵讲读中所见的宋代治国理念内容

宋代治国理念及实践的立意,在于"革弊"五代旧政,皇帝与臣僚作为治国主体,在日常施政中的原则,是"防渐",此即宋理宗在经筵上所言:"每事不可不防其渐。"①由此实现治国目标"王道"。

南宋时,楼钥总结史浩在宋孝宗经筵上的施为,认为他将经史学说转化到"事亲"、"事天"、"用兵"、"施刑"、"人才"、"夷夏"等六个方面,"公以所学纠正赞弼,自其缉熙光明,推而至于事亲以孝,事天以诚,兵不轻用,刑不妄施,人才盛多,夷夏乂肃。"②概而言之,"事亲"对应的是儒家价值观体系的核心——人伦价值观。"事天"、"用兵"对应的是中国古代传统观念"国之大事,在祀与戎。"③"施刑"对应的是宋代仁政,及王道治国目标。"人才"对应的是宋代崇文抑武治国理念。"夷夏"对应的是宋代守内虚外治国理念。

具体来看,革皇帝之弊、防皇帝之渐,体现在"事亲"、"事天";革臣民之弊、防臣民之渐,体现在"人才"、"刑罚";革外国之弊、防外国之渐,体现在"用兵"、"夷夏"。所以,这六个方面的综合,基本上囊括了尊卑、文武、

---

① 徐元杰:《进讲日记》,《宋代日记丛编》,上海书店 2013 年版,第 1263 页。
② 楼钥:《攻媿集》卷 93《神道碑·纯诚厚德元老之碑》,第 473 页。
③ 杨伯峻:《春秋左传注》成公十三年,第 861 页。

内外、战和、宽严等国家政治结构中的各种关系,从而构成了宋代经筵讲读中君臣讨论的治国理念的主要内容。

(一)事亲理念:"自身而家,自家而天下"

人伦价值观,即"纲常"之说,是儒家价值观体系的核心,不惟宋朝,几乎所有中国古代王朝都提倡孝悌治国。① 两宋三百年间,太后称制、外藩入继、皇帝内禅等现象时有发生,在这些情况下,特别需要强调皇帝的亲族伦理观念,因为皇帝与太皇太后、皇太后、太上皇的关系,直接关系到政局稳定和治国成败。

在人伦关系中,至为亲近的是亲族关系。孝悌作为皇帝亲族人伦价值观的基础和核心,在宋代经筵讲读中,被经筵官毫不犹豫地加以肯定,如宋高宗建炎二年(1128年)三月,"侍讲王宾讲'孝悌为仁之本'。"② 宋代经筵讲读中的孝悌治国理念,有三个要素:

首先,强调君主的人伦价值观,要兼顾"治道",基于"家天下"的观念和体制两方面的前提,亲族和睦与否,更成为王朝统治稳固的风向标。宋代经筵官对孝悌伦理的重要性有清醒认识。

在绍兴七年(1137年)八月,因为宋徽宗去世,陈公辅建议宋高宗停止经筵,引起一片反对声,其中李谊指出:"以是天子之孝,在于安国家、定社稷,其于先生之道,不可一日而忘也。"③ 此说可以看作是宋代经筵讲读,关于事亲以孝理念的代表性意见,被皇帝、经筵官广泛接受,像宋理宗也说过:"天下事即是家事。"④

有鉴于此,宋孝宗时,经筵官梁克家就提到:"而臣今所讲《曲礼》类多闺门、乡党、扫洒、应对、饮食、衣履之末,诚不足以开广聪明,裨助治道,臣

---

① 关于宋代孝悌观念和文化,可参见黄修明:《宋代孝文化述论》,《四川大学学报(哲学社会科学版)》2002年第4期;舒大刚:《两宋时期的孝悌文化》,《宋代文化研究》2011年。
② 《玉海》卷26《天圣庆历皇祐讲论语(元祐、绍兴)》,第526页。
③ 《宋会要辑稿》崇儒7之3、7之4,第2290页。
④ 徐元杰:《进讲日记》,第1276页。

实惧焉。"①就是说在讲读过程中,经筵官要侧重于将儒家经典中的人伦思想和案例,拆解、转化成处理政事的要义。

第一个面临孝悌问题的是宋仁宗。在宋仁宗朝前十一年里,是刘太后称制,而女主临朝,恰是王朝大忌。不过,宋仁宗与刘太后之间却无冲突,"太后保护帝既尽力,而仁宗所以奉太后亦甚备。上春秋长,犹不知为宸妃所出,终太后之世无毫发间隙焉。"②除了宋仁宗性格使然,他的孝悌伦理观念也必然有所作用,就是宋仁宗把孝敬刘太后,视为为天下百姓树立的榜样。

宋仁宗在经筵上亲口表述过自己对亲族关系的认识,"(庆历五年十一月)甲午,迩英殿读《诗·角弓》篇。上曰:'幽王不能亲九族,以至于亡。'杨安国对曰:'冬至日陛下亲燕宗室,人人抚藉,岂不广骨肉之爱耶?'上又曰:'《书》载:九族既睦,平章百姓。此帝尧之盛德也,朕甚慕之。'"③

关键在于宋仁宗的后一句,他相信九族亲睦之后,才能平章百姓,也就是他把理顺与皇族的关系,放在理顺与其他人际关系之前。在刘太后身后,有人上言批评刘太后专制,"其后言者多追诋太后时事,范仲淹以为言,上曰:'此朕所不忍闻也。'"④宋仁宗随后下诏禁止,"(明道二年五月)癸酉,诏中外毋辄言皇太后垂帘日事。"⑤此举其实是出于政治、道德示范的需要。从这个角度看,"朕甚慕之"实在是宋仁宗的心里话。

其次,强调本朝帝王的孝悌观念出于祖宗家法,具有不可违背性。毕竟皇帝地位特殊,其政治身份很容易压过亲情关系,以致于历朝历代皇室屠杀的悲剧屡有上演。为了使皇帝——尤其是以外藩身份继统的皇帝——对长辈、亲情产生重视,这就需要经筵官调整讲读内容,合理发挥。

---

① 《宋会要辑稿》崇儒7之11,第2294页。
② 《宋史》卷242《后妃上·刘皇后传》,第8615页。
③ 杨仲良:《皇宋通鉴长编纪事本末》卷29《仁宗皇帝·经筵》,黑龙江人民出版社2006年版,第470页。
④ 《宋史》卷242《后妃上·刘皇后传》,第8615页。
⑤ 《宋史》卷10《仁宗本纪》,第195页。

典型的案例发生在宋哲宗元祐八年（1093年），此时高太后已经听政将近九年，宋哲宗内心颇有想法。吕大防就在经筵上发表了一番关于宫禁亲情礼仪的进言，直截了当地陈述了赵宋祖宗家法中的事亲、事长之法："元祐八年春正月丁亥，上御迩英阁，召宰臣、执政暨讲读官讲《礼记》讫，读《宝训》……读毕，宰臣吕大防等进曰：'祖宗家法甚多，自三代之后，惟本朝百三十年中外无事，盖由祖宗所立家法最善。臣请举其略：自古人主事母后，朝见有时，如汉武帝五日一朝长乐宫。祖宗以来，事母后皆朝夕见，此事亲之法也。前代大长公主用臣妾之礼，本朝必先致恭。仁宗以侄事姑之礼见穆献大长公主，此事长之法也。'上曰：'今宫中见行家人礼。'"①

吕大防在这段议论中，开篇就搬来"祖宗家法"镇住宋哲宗，让宋哲宗也赶紧剖白自己在宫中所为。而且，吕大防为了加强自己的说服力，接着又煞有介事列举整肃宫禁的治内之法、后族不许预事的待外戚之法、宫殿止用赤白二色的尚俭之法、冒寒暑步行的勤身之法、燕居必以礼的尚礼之法、轻用法的宽仁之法，以及虚己纳谏、不好畋猎、不尚玩好、不用玉器、饮食不贵异味等种种祖宗家法，用意无非是提醒宋哲宗记忆深刻。

吕大防正是借用了有宋一代奉行不辍的祖宗家法，来增加自己进言的可信度、权威性。面对这样一番堂而皇之、义正词严的说教，宋哲宗怎么可能不有所触动？虽然不能就此改变宋哲宗对高太后的看法，也不可能阻止日后"绍圣绍述"的发生，但在这一番不易之理面前，宋哲宗却无可反驳，"上甚然之"。

最后，警示皇帝防止后妃干政。在宋代祖宗家法中，本来就有后族不许预事的待外戚之法。在现实中，宋代又数次出现皇太后、太皇太后临朝的现象，所以，这一点的重要性就被凸现出来。

像宋光宗时，"时李皇后浸预政，（倪）思进讲'姜氏会齐侯于泺'，因奏：'人主治国必自齐家始，家之不能齐者，不能防其渐也。始于袭狎，终

---

① 《皇宋通鉴长编纪事本末》卷92《哲宗皇帝·讲读》，第1593页。

于恣横,卒至于阴阳易位,内外无别,甚则离间父子。汉之吕氏,唐之武、韦,几至乱亡,不但鲁庄公也。'上悚然。"①

这样的认识是两宋经筵的共识,还有宋宁宗嘉定年间,经筵官袁燮讲《诗·桃夭》,他这样论述帝王、后妃、亲族、国民之间的关系:"后妃无妬忌之行,闺门有肃雍之美,是非其本欤?惠及其下,众妾序进,则内无怨女;化行于外,婚嫁以时,则国无癙民。此和气溢,极治之时也……呜呼,后妃之贤否,风俗之美恶系焉。吾身之修与不修,后妃之贤否系焉。君天下者其可忽哉?"②此说颇为当时士大夫所认可,王应麟特意加以肯定:"袁燮讲《诗》'二南',于先王正始之本、后妃辅佐之道,所以自身而家、自家而天下者。"③

在宋代皇帝亲族伦理关系中,因为皇帝本身已经掌握了统治权,所以强调后妃谨守闺范、不许预事,本质上是维护皇帝独尊的政治地位。然而,皇帝又须孝事长辈,也就是皇帝在政治上居尊、后妃在伦理上占优。藉此可以看出,宋代皇帝从亲族伦理角度防渐,既包括防后妃以伦理干涉政治之渐,也包括防皇帝自己以政治陵压伦理之渐。皇帝孝亲事长关系治国得失,根节在此。

(二)事天理念:"治生于敬畏"

宋代皇帝之防渐,在现实层面,有事亲、爱民等理念,在精神领域,则有事天理念。由爱民而得仁,由畏天而生敬,仁、敬是宋代君德两大支柱。

首先,从君主角度看,宋代经筵讲读在这一命题上的首要任务,是培养皇帝畏天心理。天之于君主的功能,类似于法律对普通人言行的约束和规范,恰如宋仁宗所言:"人主惧天而修德,犹人臣畏法而自新也。"④皇

---

① 《宋史》卷398《倪思传》,第12114页。
② 袁燮:《经筵讲义·〈诗·桃夭〉》,栾贵明辑:《四库辑本别集拾遗》,中华书局1983年版,第135、136页。
③ 《玉海》卷26《帝学·诗·庆历迩英阁讲诗》,第522页。
④ 《宋史》卷285《贾昌朝传》,第9618页。

帝生出敬畏天命之心,其治国理政、言语行事才会有所顾忌,减少直至避免对治国权力的滥用。

其次,从现实角度看,宋代实行宽大的宗教政策,以宋太宗的看法为典型,"太宗皇帝论及佛教,以为人君抚育万类,皆如赤子,无党无偏,各得其所,即是修行之道,可谓深察浮屠氏之要旨。至庸僧欲积薪自焚,虑其幻惑众庶,即配隶远州,毁所住院,不为异端所诳,如此惟公于道者,乃能行之。"①

最后,从实践和认识的发展程度看,宋代还是有神论居于主流地位的时代。三项综合,使得万物有灵、祖先崇拜、天人感应等神秘主义思想,在经筵讲读中不时出现,不同程度地影响着部分皇帝和经筵官的思维世界。

如前所述,宋朝立国以后,"惧"的心理始终存在,一直延续到宋真宗,如他曾亲制条文警醒自己,"时帝亲制五箴以自儆。"②这种心理经经筵讲读的提炼和加强,成为两宋历代君主铸就君德必须奉行的要素,即畏天观念。当然,这与儒家学说——如《周易》——在秦汉之际,被掺入了神秘主义色彩有关。像担任经筵官二十七年、深受宋仁宗信任的杨安国,"尤喜纬书及注疏所引纬书,则尊之与经等。"③经筵官着力于此的用意和作用,还是在于劝导皇帝放低身段、收敛言行,以此防止皇帝不负责任的妄为,如宋高宗时,经筵官张栻讲《诗·葛覃》"进说云治生于敬畏。"④

无疑,正是在这样的观念的持续教导下,畏天观念广为历代皇帝所接受,并予以践行。多位皇帝对此发表过议论,像宋仁宗至和二年(1055年)三月"乙丑,迩英阁讲《周礼》'眂祲'。上谓讲官卢士宗曰:'妖祥之兴,皆由人事。君人者必在修德以承天意乎!'"⑤宋高宗也被后世当成了榜

---

① 曹彦约:《经幄管见》卷4,《影印文渊阁四库全书》第686册,第69页。
② 《宋史》卷303《赵湘传》,第10040页。
③ 《宋史》卷294《杨安国传》,第9828页。
④ 《玉海》卷26《帝学·诗·庆历迩英阁讲诗》,第522页。
⑤ 《长编》卷179,至和二年三月乙丑,第4322页。

样,"高宗畏天爱民,真可为法。"①还有宋孝宗制图自警,"上取《尚书》中所载敬天事编为两图以自警,名曰《敬天》。"②宋理宗更是反思自省:"雪作非时,朕终夜为之不安。当益恐惧修德,凡有阙失,无忘忠告。"③以及散见于历代皇帝各类诏书开头的"朕以眇躬"、"朕以不德"、"恻怛在心"、"大惧非德"等语,都是实证。

然而,皇帝信天太甚,又将陷入迷信,也不利于治国。像宋仁宗庆历七年(1047)三月乙未,贾昌朝罢相一事,"时方闵雨,昌朝引汉灾异册命三公故事,上表乞罢,而御史中丞高若讷在经筵,帝问以旱故,若讷因言阴阳不和,责在宰相。《洪范》:'大臣不肃,则雨不时若。'帝用其言,即罢昌朝等。"④

先是,贾昌朝在景祐年间担任过崇政殿说书,当时他进谏过宋仁宗:"近年来寺观屡灾,此殆天示警告,可勿缮治,以示畏天爱人之意。"⑤可见他本人相信天人感应之说。另外,高若讷本来支持的是贾昌朝,他所指其实是贾昌朝的政敌参知政事吴育。可是宋仁宗却未暇细分,将贾昌朝、吴育一并罢去了事。

这种情况,就算不得理性治国了。皇帝在迷信误国与畏天治国之间的程度差别,就需要经筵官谨慎处之。针对宋仁宗渐生迷信倾向的事实,部分经筵官开始用理性加以消解。比如孙抃在回答宋仁宗关于蓍草、龟甲占卜之术的询问时,以诚为统摄,排列"乃心"、"卿士"、"庶人"、"卜筮"的顺序,着意强调君主的决策更要在前,合理地化解了求卜问神的荒唐成分,"丁未,迩英阁读《史记·龟策传》,上问:'古人动作,必由此乎?'孙抃对曰:'古人有大疑,既决于己,又徇于众,犹谓不有天命乎?于是命龟以

---

① 佚名:《宋史全文》卷 31《宋理宗一》,《影印文渊阁四库全书》第 331 册,第 657 页。
② 刘时举:《续宋中兴编年资治通鉴》卷 9,辛卯乾道七年春正月朔,中华书局 2014 年版,第 202 页。
③ 《宋史全文》卷 31 上《宋理宗一》,《影印文渊阁四库全书》第 331 册,第 641 页。
④ 《长编》卷 160,庆历七年三月乙未,第 3865 页。
⑤ 《宋史》卷 285《贾昌朝传》,第 9614 页。

断古凶,所谓谋及乃心、谋及卿士、谋及庶人、谋及卜筮。盖圣人贵诚,不专人谋,默与神契,然后为得也。'上善其对。"①

面对同样的问题,经筵官王拱辰也是先肯定《太玄经》,之后才委婉劝诫,"帝于迩英阁置《太玄经》、蓍草,顾曰:'朕每阅此,卿亦知其说乎?'拱辰具以对,且曰:'愿陛下垂意《六经》,旁采史策,此不足学也。'"②孙抃、王拱辰都没有简单否定古人占卜问卦的史实,而是强调对君王来说,在卜算结果之外,还有更需要关注的问题。

这个问题,就是怎样达成人与天的顺应关系。经筵官王洙的答案是"诚",语见至和二年(1055年)三月"己卯,迩英阁讲《周礼》'大罍'。王洙曰:'祠天地之器,以质信为本。'帝曰:'曹操不事质信而多诈忌,何以事上帝乎?'洙曰:'天地之德,非至诚之道,至质之器,何以动之?'"③

王洙这番话很肯定,指出尤其以君主来说,如曹操这般拥有诈忌心理者,根本就没有得到天地感应,自然,其王朝事业终究不过尔尔。宋仁宗无疑是接受了上述观点,同年十月"壬子,迩英阁讲《周礼》'祭祀,割羊牲,登其首',王洙曰:'祭阳以其首,首主阳;祭阴以其血,血主阴也。神明不测,故以类而求之。'帝曰:'然天地简易,非己诚,其能应乎!'"④

既然不为求神问卜,那顺承天意与治国还有什么关系? 宋代经筵官指出,焦点根本不在于天人感应的真伪,而在于皇帝是否有所顾忌。宋哲宗时,邢恕阐述此间的道理十分确定:天人感应认识的存在,就是为了讽喻皇帝的行为。"尝于经筵读《宝训》,至'仁宗谕辅臣,以为人君当修举政事,则日月薄食、星文变见为不足虑。'恕言:'仁宗之旨虽合于荀卿书,然自古帝王虽肯自谓不修政事者,如此则天变遂废矣。'"⑤这一番分析可称公允,博得了宋哲宗的嘉赏。

---

① 《长编》卷181,至和二年十月丁未,第4380页。
② 《宋史》卷318《王拱辰传》,第10360页。
③ 《长编》卷179,至和二年三月己卯,第4324页。
④ 《长编》卷181,至和二年十月壬子,第4382页。
⑤ 《宋史》卷471《奸臣一·邢恕传》,第13704页。

这是"子不语怪力乱神"的儒学,与释、道二教的本质差别,是儒家学说把持的经筵讲读的基本立场。在元丰元年(1078年)三月壬午的经筵上,侍读吕公著曾对宋神宗做过一个比较,即儒家爱人之说、三皇无为之道、释老虚寂之理的比较,还是儒家观点最宜人君操持,其他学说太过缥缈,君主不合深入其间,"帝从容与论治道,遂及释老,公著问曰:'尧、舜知此道乎?'上曰:'尧、舜岂不知?'公著曰:'尧、舜虽知此,而惟以知人安民为难,所以为尧、舜也。'"①

然而,宗教价值观培养的问题,是与不是、程度深浅,委实难以划一,若换了宋徽宗这般根性虚浮矫激的君王,情况就不同了。深受道教文化影响的宋徽宗,在宗教价值观上走得过远,重和元年(1118年,这年十一月改元重和),他下诏:"黄帝、老子、尧、舜、周、孔之教偕行于今日。"②将黄帝置于孔子之上,把《道德经》《庄子》等与儒家经典并列。此举并不能认为是崇儒,而是尊道,且更多是在尊道教,是把宗教价值观混进国家主流价值观之中,这就有改变国家治国理念和立国理论的危险了。据载,大概在同一时期,宣和二年(1120年)十月,"时上留意礼乐符瑞事。"③礼乐、符瑞之事本是经筵必然涉及的内容,可是宋徽宗显然是被其中的神秘文化内容所折服,而非化为己用。因此可以认为,这一时期的宋徽宗经筵,没有帮助宋徽宗建立起儒家价值观体系,而是被道教价值观反噬,是失败的案例。

当然,现在看来儒、释、道、法各家学说互相杂错,在有神论盛行的时代,古人的宗教观本就浑融难辨,皇帝亦然。

比如绍兴七年(1137年)六月,经筵官孙近求去,"张守曰:'闻近信命甚笃,以为自此当有灾,故亟求去位。'上曰:'此安足深信!阴阳技术,惟卜筮最为近古,古人精于术数,故无毫发差。今人能如是乎?君相造命,

---

① 《宋史》卷336《吕公著传》,第10774页。
② 吴曾:《能改斋漫录》卷13《记事·诏学生添大小经及增置士名分入官品》,上海古籍出版社1979年版,第385页。
③ 陈均:《皇朝编年纲目备要》卷29《徽宗皇帝》,中华书局2012年版,第737页。

固不当言命,况近时日者尤不足信,朕未尝问也。'"①

但是私下里,宋高宗又信奉星象命理,"高宗自能推星命。或臣下不能始终仰副圣眷,则曰:'吾奴仆宫星陷故也。'"②

历来被号称最为励精图治的宋孝宗,同时信仰着道、佛二教。在道教方面,他精通《黄庭内景经》,"孝宗圣性超诣,靡所弗究厥旨,尤精内景(案:此处标点当作《内景》,即《黄庭内景经》)。"③而宋孝宗在晚年,因恢复事业受挫,信仰复又转向禅宗,"孝宗晚慕达摩学。"④

可见,经筵讲读在这方面所起的作用,限于使得皇帝在正式场合承认畏天理念,也就是承认天高于自己,但对皇帝个人信仰的内容、程度,则不可一概而论。

要之,宋代经筵讲读对皇帝"畏天"理念的培养,经筵官并不着重"天"的所指——在经筵官来说,可以是神格的天,也可以是儒家经典学说,甚至可以是模糊的"道"——而强调的是皇帝对天这种特定存在的敬畏之心,其用意是与皇帝争夺话语权,意即秉持儒家学说的经筵官,在某种程度上,就代表了天意。

史载宋神宗临朝威严英断,群臣忌惮而不敢进谏。偏经筵官吕公著以短短一句:"太宗所以能成王业者,以其能屈己从谏耳",竟使得宋神宗"至是闻公著言,竦然敬纳之"。⑤ 宋神宗会"竦然敬纳"吕公著之言,不知是出于对学问、还是对吕公著个人的尊重,甚或只是树立一个样板,但毕竟吕公著实现了借机进言。故而,皇帝承认天的权威性,也就是承认儒家学说是治国的理论渊源,经筵官以及文人士大夫的见解,当然就可以影响治国理念及实践了。

---

① 李心传:《建炎以来系年要录》卷111,绍兴七年六月丁巳,中华书局1956年版,第1809页。
② 叶绍翁:《四朝闻见录》乙集《高宗知命》,中华书局2006年版,第68页。
③ 《四朝闻见录》丙集《高士》,第108页。
④ 《四朝闻见录》乙集《光拙庵》,第55页。宋孝宗的道、佛情结,可参见卿希泰:《宋孝宗与道教》,《宗教学研究》1998年第3期;彭琦:《南宋孝宗与佛教》,《浙江学刊》2002年第5期。
⑤ 《帝学》卷8《神宗下》,第776页。

（三）施刑理念："深文峻法，诚非善政"

理论上，宋代以儒家价值观为国家意识形态的基础，儒家学说的内核是仁、仁爱。现实中，宋朝立国后，重建朝廷权威，地方财、法、军权渐次收回中央。所以，不提倡法家标志性的严刑酷法，既符合经筵讲读中儒家仁爱思想，也是践行中央集权理念的需要。

这尤以经筵讲读为甚。景祐四年（1037年）十月，宋仁宗在经筵上提出"深文峻法，诚非善政"八个字，可以作为他宽刑、爱人想法的最好体现，"甲戌，御迩英阁，读《正说·谨罚篇》，述后汉光武罢梁统从重之奏。帝曰：'深文峻法，诚非善政。'宋绶对曰：'王者峻法则易，宽刑则难。夫以人主得专生杀，一言之怒则如雷如霆，是峻易而宽难也。'"①

除了"圣性仁恕，尤恶深文"②的宋仁宗，经过历代经筵官不厌其烦的强调，爱民轻刑的看法也成为宋朝历代皇帝的共识，像宋孝宗乾道年间，"范成大讲'天子不合围'。上曰：'此成汤祝网意也。'成大奏：'德莫大于好生。'"③

宋理宗更是径直在经筵上表态，自己要遵守祖宗仁义立国的家法，时在宝庆元年（1225年）正月，"甲申，程珌进读《三朝宝训》，奏曰：'艺祖皇帝受禅之初，与三军约：不许杀戮一人。自后圣圣相承，守为家法。'上曰：'祖宗以仁立国，朕当以仁守之。'"④

因为中国古代的传统是重法理、轻条款，不把具体法规归为学术范畴，如《汉书·艺文志》中不收录汉以前法律条文。所以，在经筵这种高规格学术讲座上，不大可能具体讨论到如量刑依据等具体问题。惟有先秦典籍中的先王政令，已经上升到了学理层面，方可进行讲读，"御迩英阁，讲官沈季长进讲《周礼》'小宰掌建邦之宫刑，以治王宫之政令，凡宫之纠

---

① 《长编》卷120，景祐四年冬十月甲戌，第2837页。
② 魏泰：《东轩笔录》卷3，中华书局1983年版，第31页。
③ 《玉海》卷26《帝学·礼·熙宁迩英阁讲〈礼记〉》（乾道）》，第524页。
④ 《宋史全文》卷31《宋理宗一》，《影印文渊阁四库全书》第331册，第640页。

禁',上曰:'政令、纠禁,详略如何?'季长对毕,上曰:'言凡宫之纠禁,则不止于王宫,盖又及于诸侯也。'"①兼之法规具有时效性,经筵官更不可能引导皇帝深入探讨前朝某部法律或某项制度的操作细节。

宋代经筵官在经筵讲读中,更多探讨的是慎刑轻罚治国理念的理论依据,即儒家求简去烦的政治思想和原则,即朝廷法律、政策等,要以不扰民为先,这反映了儒家与法家治国理念的差别。例如宋仁宗庆历五年(1045年)三月,丁度进讲《诗经·桧风》,"丁度曰:'烹鱼烦则碎,治民烦则散。'"②

还有皇祐二年(1050年)十一月,杨安国讲《易经》"无妄卦"爻辞:"九五,无妄之疾,勿药有喜",阐述世间事皆为无妄,除非是自己招致的祸事,一切可以不药而愈的道理。

杨安国首先解释字面的含义,如果天子做到无妄,那么因为有妄而发的疾病,自己就会消失,"凡疾之所起,由有妄而来,九五居尊得位,为无妄之主。天下皆无妄,而偶有疾,非己所致,病当自损,可勿药而有喜也。"

接着推广到世间事,君主自己修德顺天,天下事自然转危为安,"若人主刚正自修,身无虚妄,而偶有灾,若尧、汤水旱,非己所致,但顺时修德,勿须治理,必欲除去,不烦劳天下,是有喜也。然尧遭洪水,使鲧、禹治之,虽知灾未可息,且顺民心。鲧功不成者,灾未息也。禹能治水者,灾欲尽也。是亦勿药有喜之义也。"③

最后,杨安国以鲧、禹父子二人治水的不同结果为例,导出当时黄河水患不息,国家虚耗民力,不见成效的问题,但是,他的结论是宋仁宗应该自己修德,不用劳动百姓,水患自然平复,就显得迂腐机械了。

顺着这样的思路,该如何规范民众的行为?答案只能是不进行约束。

---

① 《长编》卷289,元丰元年夏四月丙寅,第7070页。此外,宋神宗君臣对《周礼》的讨论,还见于《长编》卷288,元丰元年三月辛巳,第7050页;元丰元年三月辛卯,第7052页;元丰元年三月癸巳,第7053页;卷291,元丰元年八月戊辰,第7125页。
② 《玉海》卷26《帝学·诗·庆历迩英阁讲〈诗〉》,第522页。
③ 《长编》卷169,皇祐二年十一月丁酉,第4064页。

至和二年(1055年)十月,宋仁宗回答了这个问题,就是等待百姓"自化","又讲《左氏传》郑人铸刑书,洙曰:'子产以郑国之法铸之于鼎,故使民知犯某罪有某罚也。'帝曰:'使民知法,为乱可止,不若不知而自化也。'"①显然,这已经是道家学说的"绝圣弃智"了,等于完全否定了法律刑罚,不具有现实可操作性。

当然,以上只是按照理论逻辑进行的推导,勉强可以算作宋代施刑治国理念的总原则、大方向、终极目标,并不能以此作为考察宋代具体立法施刑史实的硬性指标。因其立论太高,属于纯学术推理,超出了治国的范畴。

在现实中,也根本不可能忽略掉法律刑罚的存在。所以,在宋代经筵中,也有质疑上述理念的声音。宋神宗作为宋代最热衷法律制度的皇帝,自然会在经筵上讨论到刑罚问题,从其言论中,折射出他的以法治民思想,"(元丰六年四月)壬申,御迩英阁。蔡卞讲《周礼》至'司市',上谓卞曰:'先王建官治市,独如此其详,何也?'卞对曰:'先王建国,面朝而后市。朝以治君子,市以治小人,不可略也。'上曰:'市,众之所聚,详于治聚故也。'"②宋神宗这段话以《周礼》为据,揭出法律刑罚的功用,是治民的必需。

更有甚者,宋孝宗重新解读无为而治:"无为岂燕安无所事事之谓乎!"③宋孝宗的意思,其实是以"有为"释"无为",从理论上解构了丁度、杨安国等人的说法。

基于法律刑罚不可废的前提,在经筵讲读中,能够对治国,实际发挥效力的相关讨论,是省事轻刑理念的实施。在这之前,经筵讲读还必须先对本朝既标榜仁爱、又不废刑罚,二者之间的矛盾,做出解释。对此,经筵官指出,本朝祖宗法度就是仁义所系,所以,行祖宗法度,就是行仁,仁爱

---

① 《长编》卷181,至和二年十月壬子,第4382页。
② 《长编》卷334,元丰六年夏四月壬申,第8055页。
③ 《玉海》卷26《帝学·史·祖训·景祐迩英读〈正说〉(淳熙)》,第527页。

与法律制度并不相悖。"盖君德以仁为本,而所以节适而归于中,则有祖宗之法度在焉……始从其厚者,所以见君德之仁;卒归于中者,所以行有司之法。宽厚在人主,公法在朝廷,法行仁亦行也。"①

本朝法度体现仁爱,在现实中也有证据。至和二年(1055年)三月,张揆在经筵上提出,根据天人感应的原理,时下水旱异常,可能由冤假错案所引发。宋仁宗不同意,理由是本朝允许以钱抵罪,就是意在防止滥刑重罚。"张揆读《后汉书》'应劭议刑',揆曰:'当汉献帝乱世,有司犹能守法。今天下奏狱,或违法出罪,负冤不伸,水旱之灾,未必不由此也。'帝曰:'祖宗以来,多用中典奏谳者,往往贷之,岂欲刑罚之滥乎?'"②这是将"罪疑从赎"也纳入轻刑。

不过,对经筵官来说,儒家宽刑省法的原则,决定了他们对法律刑罚必然的排斥态度。正如宋神宗时,苏轼对王安石所言:"大兵大狱,汉、唐灭亡之兆。祖宗以仁厚治天下,正欲革此。"③在宝庆二年(1226年)二月,经筵官曹彦约将道德与刑名相比较,为宋理宗详细论证了后者对仁的巨大伤害。所谓"爱人利物谓之仁",反之,"人主以仁而守宝位,大臣以仁而在高位。设以不仁存心,则天下受其害矣。"

严法苛刑自然是伤人害物,就是不仁,对王朝危害巨大,"唐德宗即位之初,擢崔祐甫为相。祐甫以道德宽大推广上意,建中之政,庶几贞观(小字注:按原本作'正观',避仁宗嫌名,今改正)。及卢杞为相,讽上以刑名整齐天下,循至播迁。用相之仁与不仁,其利害立见如此。"

所以,本朝以仁立国,自然不应该提倡刑名,"本朝以仁立国,君相同心,而李昉又称善人君子无伤人害物之事。真宗皇帝守位本心,可以想见于此矣。"④

----

① 徐鹿卿:《清正存稿》卷1《奏劄·正月丙寅直前奏事劄子》,《影印文渊阁四库全书》第1178册,第843页。
② 《帝学》卷6《仁宗下》,第764页。
③ 《宋史》卷338《苏轼传》,第10809页。
④ 《经筵管见》卷3,第50页。

可见,所谓本朝立法就是行仁,只是一种权宜的说法,经筵官只是没有权力彻底推翻本朝法度,这不代表他们真的已经接纳本朝法度,恰恰相反,宋代经筵官既不提倡刑名法制,还进一步提出了三项与法律作用齐侔的事项,用意就是降低法律刑罚在治国实践中的地位和作用:

第一是人情,所谓:"用人必须加详,立法不须太察。"①强调选人执法,转化到实践中,就是"人治"观念,被加以充分肯定,"人情所在,法亦在焉。"②

第二是风俗,这是人情的扩大,"盖天下之事有可以法禁整齐者,而风俗之美,非法禁之所能致。"③这在一定程度上是对法律刑罚的弱化处理,即法律刑罚作用有限,有所不及之处。

第三是教化,宋理宗时,经筵官徐元杰有一个总结性发言,他认为法制刑罚不可废,但其后果,不比教训开化更佳。语见"臣闻政者,法制禁令之谓,刑者,所以诛奸慝而威暴乱也。故引导而先之以政,齐一而限之以刑,民知所畏避而不至自罹于谴呵之域,是则政刑乃为治之具,固不可一日弛……人主之治天下,使民有惧心,不若使民有愧心,驱之而后从,不若化之而不忍犯,盖德著于躬行践履,所以率先乎民者也。"④如果说,第一、二点还是强调法律刑罚有空白,那么,实际上这一点是提出以道德教化取代法律刑罚。

(四)人才理念:"开设学校,恢崇儒术"

所谓人才理念,就是选什么人、怎样用人的问题。"人主无职事,惟在于任相;宰相无职事,惟在于任贤。"⑤君主是否能够正确地选才任能,直

---

① 《经幄管见》卷2,第39页。
② 《宋史》卷355《贾易传》,第11173页。
③ 袁燮:《经筵讲义·〈诗·桃夭〉》,栾贵明辑:《四库辑本别集拾遗》,中华书局1983年版,第136页。
④ 徐元杰:《楳埜集》卷1《经筵讲义》,《影印文渊阁四库全书》第1181册,第603页。
⑤ 《经幄管见》卷2,第47页。

接关系到王朝稳定和发展走向。就宋朝开国以后的史实看,由于崇文抑武理念和方略的推行,文官士大夫政治地位得以提升,武臣被边缘化,军功集团迅速在政坛中瓦解。具有赵宋一朝时代特征的人才定义,随之定型。

宋高宗和秦桧曾经品评过北宋一代推行的崇儒重学国策,君臣二人之语,可以看作为宋代皇帝和决策层,对读书重学尚儒治国理念下的人才标准——包含文臣和武将——结论性认识,"上曰:'学校者,人才须素养。太宗皇帝置三馆养天下士,至仁庙朝人才辈出,为朝廷用。'桧曰:'国朝崇儒重道,变故以来,士人虽陷敌者,往往能守节义,乃教育之效也。'上曰:'然。三代之季,学校不修,故当时士人多无名节。今日若不兴崇学校,将来安得人才可用耶?'"①这段话投射出二点信息:一是人才标准,二是培养方式。

宋高宗和秦桧的意见,可以概括为,人才都应该经过学校的儒家价值观教育培养,这样做包含两个目的,一是锻炼才干、二是砥砺名节。这是宋代人才理念的要义:学校不仅要培养具备治理国家所需要的军政各方面才干的文士武夫,同时还负有教化作用,即涵养社会风尚的职责。

不论地方的州、县、邑学,还是中央的国子监、太学及武学,都要以儒家价值观念为指导,培养学生的君臣尊卑、父子长幼秩序观念,进而在全社会树立起三纲五常伦理观念,此为学校教育人才之"表"。经过儒家价值观念改造的学生,入仕报国,自然会接受本朝崇文抑武的治国理念。尤其对武将来说,接受了儒家学说,就是接受了忠君、畏天、廉耻等一系列价值观念,在保留其能力的同时,改造其思想,就不会再凭借手中武力,败坏国家纲纪、谋取一己私利,此为学校教育人才之"里"。

可见,宋代的人才标准,是"德"在"能"先,所谓"太宗皇帝取士,以德行为首,真宗皇帝选官,亦以德行为先,此万世不易之论也。"②

---

① 《建炎以来系年要录》卷150,绍兴十三年十二月癸巳,第2418页。
② 《经鉏管见》卷4,第71页。

最具宋代治国特色的是对武将也做如是要求,宋代经筵讲读对武将的要求是有勇有义,勇出于先天,义靠学习,"勇者出于天资,义必出于学。力勇而不知义,则盗跖之徒耳,固不足道。知义而不知讲学,则朱亥侯嬴之徒耳,遇知己道合,则以死节报之,亦所以为义,惜乎其不大也。"

勇、义之上还有学,学后方能从个人层面的勇、义,上升到国家层面,"义之大者,必尊君亲上,必爱人利物,可以安国家,可以惠后世,见义而为,则其勇为达德。"

具备这种国家层面的勇、义之人,是蔺相如、樊哙,"蔺相如勇于秦,而引车避怨,非畏廉颇也,知国事大于私争而欲协力以强赵也。樊哙勇于战,而说高祖退军灞上,非不爱宝货也,知天下大于宝货,而欲胚浑汉业也。"

蔺相如、樊哙就是清楚了其中道理,才超越了匹夫之勇、义,进入更高境界,"非素有讲明,何以知此?但古人为学,得于胸臆,非如后世词章之富,故不可以相如、樊哙之徒为知学耳。太宗皇帝论烈士之勇,而近臣之论有取于相如、樊哙,盖以义为主者,故得以推广之。'"①

宋朝素来享有养士之名,除了发展学校教育,更重要的关键,在于君主要掌控其意识形态。宋代朝臣士人也有朋党之弊,因此,宋代经筵讲读特别强调皇帝对臣下的督促、引领作用。像绍兴三十二年(1162年)九月"甲辰,侍读洪遵进读《三朝宝训》至'太宗问君子少、小人多,何也?吕蒙正曰:此系时运盛衰。'上(宋孝宗)曰:'朕以为不然,正在人君如何。'"②

为了提醒皇帝时刻注意自己在人才理念方面的责任,经筵官更会刻意强调"有是君则有是臣"的道理。像宋理宗宝庆元年(1225年)十一月,曹彦约进读《三朝宝训》,"读毕口奏:'天下未尝无才,视人主意向何如耳。好儒雅,则儒雅进;好忠直,则忠直进;好廉勤,则廉勤进;好笃行,则笃行

---

① 《经幄管见》卷4,第67页。
② 《建炎以来系年要录》卷200,绍兴三十二年九月甲辰,第3396页。

进;无所不好,则无所不进。'"①意即君主自己发心不正,必将导致小人佞臣盈门,阻碍真人才的仕进。

那么君主怎样正确地甄选人才?宋理宗宝庆二年(1226年)正月,曹彦约在经筵上提出要"委任责成"宰相,"今日所读皆太祖、太宗任宰相事,节目不同,其要在委任责成而已……观祖宗任相之言,思虑周密。"

君主选择宰相的条件,总原则是看其人是否为民爱人,"人主所以任相,大臣所以任贤,皆所以为民也。立于朝者,有爱民之论;任于外者,有爱民之政。则恩泽可以流于民。"

具体考察宰相政绩,落实在看他所选择的知州、知县,是否实现一方安康,"庆历大臣以为:欲知百姓利病,须得好县官;欲得好县官,须得好知州;欲得好知州,须先择转运使副。今日朝廷奖廉吏、恶贪吏,虽州县稍稍变革,而所谓真赃大慝未见按劾,则亦监司观望之过也。太宗皇帝论宰相进贤退不肖,而以一郡一邑为首。此致治之要务也。"②

宋代经筵官不只停留在口头表述,也的确在以这样的标准,臧否人才。比如南宋经筵官徐鹿卿上给宋理宗的一篇经筵具札奏陈《经筵奏己见》③,其主要内容就是论述人才问题。

在这篇奏札中,徐鹿卿首先提到,当时朝廷出现了人才匮乏现象,"今人才衰少,极矣。每一授任,往往相视叹息,求诸朝,曰:无人;求诸野,曰:无人。陛下亦尝深思其故乎?"

接着,徐鹿卿分析原因有三,其中首要一条,就是教育培养不力:"庆元以前姑不必论。近世以来,不惟无复长育之志,且旦旦而伐之者,众矣。始以上下交贿斫丧;中以边阃交结买誉斫丧;继以权任专制轩轾斫丧;及其久也,又以议论过激、希名立异斫丧。天之生才,止于如此,极力保养之犹恐不继,数变之余,不入于此,则入于彼,一堕其中,即不复为全人矣。

---

① 《经筵管见》卷1,第38页。
② 《经筵管见》卷2,第47、48页。
③ 《清正存稿》卷2《奏札·经筵奏己见》,第849、850页。

无怪人才之少也。"

在这篇札子的贴黄部分，徐鹿卿荐举了太学生黄时若，"欲望圣慈悯其困滞最甚，特赐俞旨，令时若赴淳祐十年殿试。留之监学，以劝多士。其与徒操一旦偶然之文以希荣宠者，万万有间取进止。"①在肯定黄时若是人才的同时，徐鹿卿强调的是，应该将黄时若安置于太学，这才是真人才发挥真作用的地方。

相对常人来说，皇帝的社会关系、人际关系比较简单，除了父、母（父亲一般还在即位前去世了）之外，其他人都是下属。偏偏儒家思想讲究悌、友，即便是上下级隶属关系，中间也还有一个人情。单纯以法令、制度管理臣下，是法家的思想，在儒家经筵官看来，就不妥当了。这就是君主在培养人才、选任人才后，还面临的宠遇士大夫等问题。

在如何协调、处理君臣关系的问题上，在经筵上经常提到"诚"字，并且经筵官会强调这是一种自上而下的态度，即君先向臣输诚，才能赢取臣对君尽忠。如"（庆历五年三月）甲申，迩英阁读《汉书》高祖封韩信为齐王事，上曰：'高祖之从谏、善用人不疑如此。'丁度对曰：'高祖聪明大度，故臣下得尽其诚。不然，何以基帝业也？'"②这与人才选任相呼应，对待人才也取决于君主态度。

对于宋代人才理念要达成的目标，或者说君臣关系的理想状态，经筵官指出了两个要素：一是君臣心意顺畅、二是君臣秩序安稳。君臣上下诚意相通，尊卑有序，背后自然是宋代家法防渐理念，更多体现在君防臣之渐。同时，臣僚要谨守规范，这又与宋朝开国以来，在机构与军事设计上的分权原则，及过度控制有关。因为这意味着臣僚不越权、不擅作，正是儒家"君子思不出其位"之义。

关于君臣心意顺畅，庆历五年（1045年）夏四月，宋仁宗在经筵上发问："以水论政，其有指哉？"经筵官赵师民回答："水性顺，故通，通则清。

---

① 《清正存稿》卷2《奏札·经筵奏已见》，第850、851页。
② 《皇宋通鉴长编纪事本末》卷29《仁宗皇帝·经筵》，第474页。

逆故壅,壅则败。喻用贤则王政通而世清,用邪则王泽壅而世浊。周幽王失道,绌正用邪,虽有善人,不能为治,亦将相率以沦于汙败也。"①也就是俗称的"政通人和"。当然,赵师民接下来阐述的人才观,依然不离儒家贤、善、正等传统标准。

接着是君臣秩序安稳,皇祐三年(1051年)四月,杨安国讲"鼎卦",宋仁宗问以九四卦象比拟人才之事,二者有何关联?"杨安国对曰:'鼎为烹饪成新之器,上承至尊,下又应初,上承下施,任重非据,故足折而覆𫗦矣。其犹任得其人,虽重而可胜,非其人,必有颠覆之患。'上曰:'任人不可不谨也。'"②这里说的是人尽其才,方能安其位,从而上下尊卑秩序井然,朝廷牢固如鼎。

君、臣关系的扩展,是官、民关系,那么这两种关系孰先孰后如何处置?对这个问题,宋仁宗在皇祐五年(1053年)四月的经筵上做了分析,他的意见是:先要君与臣之间诚意相通,之后才能理顺与民的关系,"帝曰:'君臣之际,必诚意相通而后治民。'杨安国对曰:'陛下聪明文思,从谏弗咈,如水之走下,视群臣若僚友,自古圣王未之有也。'帝曰:'臣下能进忠言,朕何惜夏禹之拜。'"③在这里,杨安国使用的依然是"水之走下"的比喻,同时,"若僚友"一句还泄露了宋代经筵官一直以来的意图降低皇帝权威的隐晦心理。

关于君与民的关系,对经筵讲读来说,是一个矛盾的命题,因为儒家强调民本思想,如孟子的民、君、社稷三者相较之论。还有为唐太宗君臣津津乐道的荀子的水舟之喻。这就要求经筵官在论述君民关系时,有所讽喻。

丁度在宋仁宗景祐四年(1037年)十月的经筵上提出,民众会效仿君主的好恶,所以君主必须谨慎自己的言行,"丙子,御迩英阁读《正说·养

---

① 《长编》卷155,庆历五年夏四月壬辰,第3768页。
② 《长编》卷170,皇祐三年夏四月庚子,第4089页。
③ 《长编》卷174,皇祐五年四月丁酉,第4206页。

民》篇。帝曰：'《尸子》言：君如杅,民如水。何也？'丁度对曰：'水随器之方圆,若民从君之好恶,是以人君谨所好焉。'"①民跟从君的选择而选择,实际也包含着民监督君的意味,所以君必须有意识地引导民。相比起来,丁度的分析,不但较唐太宗载覆之说更进一层,而且较原始的天人感应说更进一层。

君主在民众面前,要谨慎言行,这意味着君主崇文,则百姓学儒；君主黩武,则百姓尚勇。而百姓尚勇,就回到了五代乱世,宋代恰恰在力图革此旧弊。因此,君主只能避免用兵杀伐,一则为抚恤百姓民力,二则与保守治国理念呼应。

(五)用兵理念："寝兵为帝王极功"

如所周知,终宋之世,崇文尚儒之风极盛。然而,"宋承平时,书生知兵者盖寡。"②反映在经筵讲读中,就是宋代君臣少言、慎言兵戎征伐事。③

例如,丁度在宋仁宗经筵上指出,就帝王事业来看,与用兵作战相比,读书问学更有价值,"(皇祐三年四月)丁度复进曰：'自古帝王临御日久,非内惑声色,则外穷兵黩武。陛下即位三十年,孜孜圣学,虽尧舜之聪明不是过也。'"④

吕公著则在宋英宗经筵上直接对兴师动众出言否定："古之人君,一怒则伏尸流血,故于兴师动众,不可不谨。"⑤

还有苏颂自言自己在宋神宗经筵上"吾在金华每进读至弭兵息民,则

---

① 《长编》卷120,景祐四年冬十月丙子,第2838页。
② 《宋史》卷300《论》,第9970页。
③ 许振兴先生研究《三朝宝训》篇目时发现,《三朝宝训》全书三十卷八十八目,在今存篇目四十三目中,攘外、御敌主题,有五目。皇帝个人修身进德主题,有六目。除此而外,"三十二目皆为君主施政的总则与处理内政的要项。这现象虽不必推论为李淑等编纂的《三朝宝训》本已重视内政远超于外务,却不得不承认两宋君臣在经筵进讲时特别关注内政事务。"许振兴：《宋代〈三朝宝训〉篇目考》,《古籍整理研究学刊》1998年第4、5期合刊。
④ 《帝学》卷5《仁宗中》,第760页。
⑤ 《长编》卷201,治平元年夏四月甲申,第4863、4864页。

必反覆条奏,援引古今,使上不忘弭兵息民之意。"①

且不论宋金战争中,消极避战的宋高宗,他在战乱中坚持十数年讲读《春秋左传》,其目的是提倡尊王观念,而非学习行军用兵之术。即便是雄心勃勃的宋孝宗,也在经筵上说过:"兵者德之末。"②宋代皇帝头脑中根深蒂固的抑武避战理念,可见一斑。

宋代经筵讲读力主避战,或干脆不谈兵戎之事,背景自然是有宋一代崇文抑武治国理念。崇文抑武在官吏的选任上,体现的是文臣与武将的地位、权重的差别;在和战方针上,体现的是开疆与守土的方针、政策的差别。无疑,宋代经筵官在这一点上,秉承的是标准的祖宗保守国防家法。像宋理宗时,曹彦约曾负责进读《三朝宝训》,其间他对杀伐战事进行过三番议论,以兵祸危害起手,佐以宋真宗实例,最后引出否定式结论,颇具代表性。

先是在宝庆元年(1225年)九月二十二日,曹彦约进读《三朝宝训·受符瑞篇》,读毕进行经筵奏对,盛言兵祸之害,厌战之情,溢于言表:"用兵之害,不但两军相加,肝脑涂地而已,飞挽之劳,不减锋镝;暴露之久,甚于临敌。以至边民避难,永业渐废,强壮应募,耕夫渐少,流离转徙,使老弱疾病之人,少有全者。怨气所感,多致旱蝗,饥饿、疾疫而死者,又不可胜计。简册所载,未必详尽,惟身历而后知之。此寝兵所以为帝王极功也。"③

大约一个月之后,曹彦约进读《三朝宝训·崇文儒篇》,复又重提此话题,将修文和兴兵二者进行对比:"真宗皇帝谓:'国家崇尚儒术,非四方无事,何以臻此。'盖兵革一用,岂但征战馈饷之劳,流离转徙之苦。臣前读《符瑞篇》固已略举用兵之害矣。上而为君,不免宵衣旰食;下而为臣,不免罢于奔命。此古之圣贤,所以偃武而后修文、息马而后论道也。真宗皇

---

① 朱熹:《三朝名臣言行录》卷11《丞相苏公》,《朱子全书》第12册,上海古籍出版社、安徽教育出版社2002年版,第756页。
② 《玉海》卷26《帝学·礼·至和迩英阁讲周礼(元丰、隆兴)》,第523页。
③ 《经幄管见》卷1,第31页。

帝四方无事之语，发于景德二年，是时澶渊之盟契丹才一年耳。而圣训已及此，则知兵革不用，乃圣人本心，自是绝口不谈兵矣。"①而况还有宋真宗之论以为根据，更添几分说服力。

转年到了宝庆二年（1256年）五月，曹彦约进一步断言："兵寝刑措而后可以言太平，其余皆虚文也。此事实难，不可以骤致。"②综览曹彦约前后三次经筵进读，其观点、论据、论证一以贯之，大力宣扬了宋真宗"国家崇尚儒术，非四方无事，何以臻此"论调，甚至前后用词都相类。尤其在第二次讲读中，从"臣前读《符瑞篇》固已略举用兵之害矣"一句可窥见其内心对征战一事，必然是有着一套完整、成熟的否定式判断。而"圣训已及此"一句，更是毫不隐晦地标识出了其判断，就是来自崇文抑武祖宗家法。

除了宋朝祖宗家法的崇文抑武理念，对经筵官来说，还有儒家自来有之的反战思想，战和、义利等是关系到王道治国目标的原则性问题，自然必须坚持和强调。置诸经筵讲读的平台后，被进一步夸大，因为经筵讲读的特殊性，即审丑不是经筵讲读的目的，"（天圣五年）上谓辅臣曰：'五代乱离，事不足法。'"③所以征战杀伐与一切乱臣贼子、伤风败俗等有碍皇帝观瞻，不适合在经筵场合讲读的相关问题裹挟在一起，都被尽行剔除。

这个规矩由宋仁宗所立，景祐四年（1037年）十月"甲午，讲《春秋》。诏：'《春秋》自昭公之后，鲁道陵迟，家陪用政，记载虽众而典要则寡，宜删去蔓辞，止取君臣政教事节讲之。'"④随着学习的深入，宋仁宗自己意识到简单地割舍，并不有利于全面、完整地认识现实问题。于是，"（庆历四年）三月丁亥，帝谓辅臣曰：'朕每令讲读官敷经义于前，未尝令有讳避。近讲《诗·国风》，多刺讥乱世之事，殊得以为监戒。'章得象对曰：'陛下留意六经，能远监（当作鉴）前代兴亡之迹，此诚为图治之要也。'"⑤所谓"兴

---

① 《经幄管见》卷1，第36页。
② 《经幄管见》卷3，第57页。
③ 《长编》卷105，天圣五年二月丙申，第2437页。
④ 《帝学》卷4《仁宗上》，第750页。
⑤ 《皇宋通鉴长编纪事本末》卷29《仁宗皇帝·经筵》，第489页。

亡之际"自然包括军事活动,章得象将其列为"图治之要",意在与其他负面内容区分清楚。

但是,宋代尊重成例的习惯在此处发挥了效力,规矩已经定下。此后,宋仁宗、宋神宗、宋哲宗、宋孝宗等皇帝的经筵,还是会区别对待,强调只回避丧败叛乱之事。到宋理宗时完全改变,"(宝庆二年四月十三日)凡今日所读已上数段,多是丧服事。前朝人臣经筵遇此,往往不复讲读。惟人主高明洞彻无所讳忌,然后敢言之也。"[①]从"往往不复讲读"看,宋代经筵不讲丑恶面,确实是长时期的普遍现象。不过,这其间也存在僵化的案例,就是宋宁宗经筵,当时规定《资治通鉴》一书之中,"除东西魏、陈、隋及五季渎乱之事,有旨不读。"[②]也就是征伐用兵之事,依然不在讲读范围。

基于以上两个理由,宋代经筵讲读否定、排斥用兵之事,理论上,符合王道治国目标,但现实中,宋朝对辽、对夏外战一再失利,以至于宋徽宗崇宁五年(1106年)十二月,郑居中不禁发出反问:"今所建立,皆学校礼乐,以文致太平,居养安济等法,乃厚下裕民,何所逆天,而致谴怒?"[③]更遑论日后对金、对蒙(元)的败仗。

南宋始终处于金朝、蒙(元)的外患威胁之下,在这样的环境里,经筵官对用兵之事的取舍态度,更具有现实意义,也更能反映其真实心理。真德秀作为经筵官,在一篇经筵奏札中,完整阐述了对用兵的态度。

他首先肯定了用兵的正当性、必要性,"且如近者用兵之举,若论其概,则祖宗境土所当恢复、祖宗山陵所当省视,岂非至当之理。"

但是此前屡战屡败,而今又该采取什么措施呢?"然必先定规模,先立基址。俟吾人材众多,财力富盛,万全必胜,然后有为,乃无后悔"。

这种策略,与之前的偃武修文理念要有所区别,"今陛下已知前日举事之非矣,若一向退沮,自安于无所作为,又只是见得一偏之理。须是知

---

① 《经筵管见》卷3,第56页。
② 《宋会要辑稿》崇儒7之35,第2306页。
③ 《皇朝编年纲目备要》卷27,第691页。

前日不合轻敌,今日亦不可畏敌。事虽致审,而刚毅奋发之志则不可忘;敌虽未动,而战攻守御之事则不可缓。日与大臣讲求策画,申儆将帅,严设隄防"。①

迫于外战压力,此时真德秀所代表的南宋经筵官,部分地调整了原来的理念,主张皇帝可以预先准备御侮之策,但开战前提,必须是"完全必胜"。所以,从实质上看,依然是不赞成主动进攻战略。

与真德秀的想法暗合,南宋经筵讲读也添加了些遣兵择帅的内容,比如,像宋孝宗淳熙年间,周必大经筵留身奏事时所上札子《论久任边帅》②,核心意见是建立边帅长期领兵机制,适当放权。

以及宋理宗经筵上讨论皇帝任将之道,"任将之道不过有三说,考其素,以观其能;久其任,以责其效;宽其财,以重其权。是三者,不可废一也。"其中前二点,目前已经做到了,"近日朝廷用人,固已重于选择,使其未有过失,亦不致轻于改易。"问题在于财权,"惟是财赋一节,尚合区处,盖自十年防边以来,诸军出戍,少有在寨者,平时回易酒课等利源,尽皆废弛。至军用钱每每不给,无以旌别骁勇,收召豪杰,广布间探。甚至军中器械不复修葺,缓急赴敌,惟见败事。今纵未能尽如太祖之制,筦榷之利悉以与之,亦必与之区处,使之不至穷陋,亦太祖御将之本意也。'"③这里直接回归了宋太祖时期的任将之法,除了显示出经筵讲读注重祖宗成宪的特征之外,也显示出经筵官在用兵这一问题上,已经没有更新、更有效的对策了。

因此,宋代经筵讲读在用兵这一环节上,体现出绝对的滞后性、迂腐性。既没能阻止宋神、英、徽宗时的对夏战争,也没能提升南宋对金、对蒙(元)实际作战能力和调整国防策略。从北宋外战不利,崇文抑武确立,到

---

① 真德秀:《西山文集》卷18《经筵讲义·讲筵卷子(小字注:十一月八日)·〈大学〉格物致知章》,《影印文渊阁四库全书》第1174册,第268页。
② 周必大:《周益国文忠公集》卷137《奏议四·讲筵留身札子一首》、卷142《奏议九·讲筵留身札子三首》,《影印文渊阁四库全书》第524册,第560页。
③ 《经幄管见》卷4,第73页。

南宋南北对峙,长期军备建设。经筵官的相关言论,往往是对当时军事态势的追认,仅止于提供相应的理论解释,而无法提前预测、指导皇帝做出战和等重大军事决策。一如宋理宗时崇政殿说书叶味道利用经筵奏事的机会,对端平入洛行动提出异见,"三京用师,廷臣边阃交进机会之说。味道进议状,以为:'开边浸阔,应援倍难,科配日繁,馈饷日迫,民一不堪命,庞勋、黄巢之祸立见,是先摇其本,无益于外也。'经筵奏事,无日不申言之,而洛师寻以败闻。于是人谓味道见微虑远。"①事实是,宋理宗更多采信了边帅赵葵、赵范等人的意见,叶味道等经筵官之说,并未影响到端平入洛的实施。当然,经筵讲读作为崇文的最高体现,与尚武用兵之事天然属性两不兼容,经筵官既没有能力,也不愿意客观、深入地讨论武事,只是一味极尽其能事高唱抑武避战论调,也势在必然。

(六)夷夏理念:"先内修,次外攘"

两宋三百年,宋朝对外关系,由四组大型战争贯穿起来,从宋太宗、真宗朝对辽战争,到宋仁宗朝开始对夏战争,再到宋徽宗朝开始对金战争,最后到宋理宗朝开始对蒙(元)战争。前三场战争,宋朝与对手形成拉锯,以议和共存收尾;最后一场战争,则一败涂地。无法达成统一,也就是不能取得对外战争最终胜利,这一现实,引导出宋人对战、和问题的看法,进而构成了两宋处理内外关系治国理念的立足点。

其中,宋辽澶渊之盟的订立,奠定了赵宋一代对夷夏、内外关系的结论性共识,即宋朝不再具有天下共主的资格,与周边政权的地位齐平。南宋时,经筵官徐元杰将其表述为:"至如'出则无敌国外患,国恒亡'者,以见其古有王国则有分土。"②换言之,在宋代经筵层面已经承认,分裂局面是常态。

这一基本结论,意味着宋朝上下已经放弃了统一的主张。那么,应该

---

① 《宋史》卷438《儒林八·叶味道传》,第12987页。
② 徐元杰:《进讲日记》,第1280页。

怎么看待此前汉、唐大一统事业？也就是，按照中国古已有之的中原王朝正统观，宋朝怎样在失去天下共主地位的情况下，论证自己统治的合理性？这是一个典型的需要经筵进行解答的问题。

一种看法是重提夷、夏之别，强调本朝与异族的不同，即宋朝已经完成了华夏意义上的统治，因此，没有必要、也没有理由去涉足异族地域。范祖禹在所撰《唐鉴》中，如此评价唐太宗的"天可汗"称号及其外交成就："太宗以万乘之主而兼为夷狄之君，不耻其名而受其佞，事不师古，不足为后世法也。"①唐太宗恁大事业，在经筵官范祖禹眼里，反变成了过失。显然，这个说法牵强刻意，有矫饰之嫌。

另一种看法是搬出重内轻外祖宗家法，所谓，本朝回避外争，不追求武功，而讲究以内部建设为主。像嘉定元年（1208年）三月，经筵官赵彦逾等上书指出，相比起尊尚儒术的功德，汉武帝执迷外战、唐太宗失德内庭，都应该受到指摘："窃惟三代而下，人主号为尊尚儒术，莫如汉之武帝、唐之太宗。武帝表章六经，然好大喜功，失于多欲；太宗严访儒生，然内多惭德，人得以议。"②这是一种对外战不利的现实，更为巧妙、合理的回护，被广泛接受。

这一种看法，进入治国实践，就带出了怎样处理内外关系的问题，也就是对内建设、对外国防两方面，孰轻孰重、孰先孰后。其中，对外关系理念直接与用兵理念相通，前文已多有述及。故这里以内部建设为主，试分析之。毫无疑问，宋代在内、外之间，取内舍外、先内后外、重内轻外。甚至在宋徽宗时，徐勣认为，兴动边事对王朝有害无益，"自今勿妄兴边事，无边事则朝廷之福，有边事则臣下之利。自古失于轻举以贻后悔，皆此类也。"③这种观点，与用兵理念如出一辙，都是抑武理念的扩大。当然，与抑武不等于弃武一样，其目的无非是把皇帝的关注点，先引导到内政上

---

① 范祖禹：《唐鉴》卷3《太宗上》，上海古籍出版社1984年版，第33页。
② 《宋会要辑稿》崇儒7之28，第2302页。
③ 《宋史》卷348《徐勣传》，第11025、11026页。

来，内政既修，外患可攘。

宋代经筵官在论述处理内外关系的理念时，并不是单纯从经史典籍中援引前代例证，也注意查找本朝案例，尤其是宋真宗、徽宗、高宗三朝，对外施措的史事，正反例子皆有。南宋君臣总结宋徽宗失国教训，一致认定崇宁以来开边生事，危害巨大——其实西北开边始于宋神宗，不过南宋君臣不敢追述过去罢了——前鉴于靖康教训，南宋当然要反其道行之，也就是不能轻易向外。南宋的内外理念，时时以靖康为立论点，自然比北宋但以经史记载为据，更具有说服力。

经筵官给陷入宋金战争的宋高宗的建议，正是先内修、后外攘，"(绍兴)五年闰二月二十二日，臣僚言：'仰惟陛下复开经筵，宜依做仁宗时，于经筵中读《三朝宝训》。仍令侍读之官如李淑所请，先取论政体听断，更益以谨灾祥、省费用数卷进读。则内修之道尽矣。次取议武备、制军旅、论边防、抚夷狄数卷进读，则外攘之策举矣。事要理切，既有以开广圣志，兴利除弊，庶足以拯济贴危。帝王之学，莫大于此。'从之。"①

一方面，经筵官要论证内修的好处。在绍兴初年出任侍讲的程俱，通过鲁庄公战前卜问惠民等事、齐威王战前赏罚臣下，这二个案例，讨论由内而外的道理，"臣观齐鲁方战，曹刿问：何以战？而庄公答所以战者，不曰人卒之众多、甲兵之坚利、将帅之才勇，而以惠民、事神、察狱之事卜之，何其迂也。史称齐威王起兵西击赵、卫，因以强霸，亦不曰厉兵秣马、陈师奋武，而言诛一阿大夫、封一即墨大夫，而出师克敌如此。此又何也？"

鲁庄公、齐威王这么做，且行之有效，原因在于，"岂非惠信孚于上下、刑赏当于人心，则人悦服，人悦服则士气振，士气振则赴功殉国、忘躯卫上之心生矣。如是则惟吾君之所欲为而已。苟为惠不足以及下，诚不足以格神，狱讼则失有罪而及无辜，而又奸谀苟媮者，以蔽蒙而获誉，首公尽力者，以介特而见毁，如是则群下莫不解体矣。群下莫不解体，而有能败敌人，而成霸业者乎？"

---

① 《宋会要辑稿》崇儒7之3，第2290页。

而且,不只是鲁庄、齐威,周宣王中兴亦是按先内后外的顺序措手,"然则曹刿之问、齐威之举,非迂阔也,不然何以《诗·序》周宣之中兴,必曰内修政事,而后继之以外攘夷狄乎?夫政事不修于内,而欲求攘夷狄之功,盖未之有也。(小字注:十二月八日)"①

于宋高宗而言,他确实接受了上述的观点。首先,他自己也说:"御敌者莫如自治。"②其次,在治国实践中,他也曾发动了宋朝第二次削兵权,更不消说对金议和、诛杀岳飞等一系列事件。

另一方面,经筵官还要论证外攘的危害。像宋理宗时,曹彦约进读,拿唐玄宗、汉文帝二人事业作比较,"唐明皇兵败于外而不知,骨肉戕于内而不觉,不可以言兵寝刑措也。汉文帝则近之矣,躬行节俭,以德化民,则民务本者众,平狱缓刑,令行禁止,则民犯法者少。寇至,则屈帝尊以劳军,寇退,则慎固封守,而不事远讨,宜其著效如此也。"③在这方面,经筵官动辄以外战、内政二者对立的思路展开论证,其中"寇至、寇退"一句,等于完全放弃了对外主动,这就矫枉过正了。

难怪与宋高宗同样身处外患纷争中的宋理宗,也坚持这样的理念,甚至犹有过之:"所谓外患不足虑,法家拂士不可无。"④自端平入洛失败后,南宋再无主动对外军事行动,除了国势不济的因素外,多少与这种理念日渐僵化有关。

按照"先内修,次外攘"理念,宋代经筵官认为,本朝所能达到的理想状态,是宋真宗、高宗时代。所谓"真宗皇帝兼爱南北之民,自澶渊和敌之后,留意政治,最重民生。选法官,则失入者不用;选推劾官,则深刻者不取。如此而寝兵措刑,非偶得之者,后之人欲兵寝刑措,不必远求汉文陈

---

① 程俱:《北山集》卷28《进故事》,《影印文渊阁四库全书》第1130册,第561页。
② 徐梦莘:《三朝北盟会编》卷134《炎兴下帙·起建炎三年十一月乙巳朔尽二十三日丁卯》,上海古籍出版社2008年版,第975页。
③ 《经幄管见》卷3,第57页。
④ 徐元杰:《进讲日记》,第1280页。

迹,当考祖宗成宪,以真宗皇帝为法。"①

还有宋宁宗嘉定十四年(1221年)十一月,经筵官叶时等上言,盛赞高宗事业:"臣等窃观高宗皇帝以神武之资,履艰厄之运,身济大业,光启中兴。仁足以兼覆夷夏,明足以洞烛忠邪,勇足以成戡定之功,刚则(当作"足"?)以大自彊之德。宵衣旰食三十六年,立政用人之要、料敌制胜之谋、裕民足国之方、御外理内之策,大纲小纪,详法略则,炳如日星,皆聚于《宝训》一书。"②

既然在现实中,宋代君臣放弃了汉、唐大一统的目标,那么在理论上,处理内外关系的标准,只能是分裂局面下的对辽议和、对金议和。这中间,立国之初致力开拓的宋太祖、北宋中期意欲振奋的宋神宗、南宋时坚持恢复的宋孝宗,都被带过,或作为失败之例。由此观之,南宋末年,蒙(元)军队兵近临安,南宋依然坚持议和,实在是事出此因。

三、经筵讲读所见的宋代治国目标

王、霸道是儒家学术概念,尧舜之道、先王之道,省称王道,春秋五霸之道,则为霸道。宋代经筵讲读将军政状况、治国理念、儒家价值观体系三相融通,从而确定下本朝王道治国目标。

王道含有君主道德术业、国家组织建设两个方面的含义。在前述六个方面的治国理念中,皇帝在通过经筵讲读,精进君德的同时,其实也是在建设王道。所以,王道本身就具有了皇帝意义、国家意义两个层面的含义,前者就是君德。而宋代君德的内涵,最终定型为皇帝"仁、明、武"三方面。

宋代经筵讲读,着力将王道与本朝治国理念和实践两相调和,特别是,由于儒家正统王道学说与本朝治国理念和实践的差异,促使经筵官论

---

① 《经帷管见》卷3,第57页。
② 《宋会要辑稿》崇儒7之38,第2307页。

述王道在耕、战两事上的涵义的同时,也在进一步解释、丰富宋代治国理念的内容。

(一)君德与王道关系

王道是宋朝君臣公开宣扬的治国目标。淳熙四年(1177年)九月,史浩在经筵上宣称,王道治国目标,乃宋太祖所确立,"太祖得王道正传,先用儒生。"①即便王道治国目标不是真正肇启于宋太祖,也被一致公认为属于祖宗家法的内容,"考其祖宗立国初意,以忠厚仁恕为基,向使究其所为,勉而进于王道,亦孰能御之哉?"②

即使一向号称"切于求治,思欲革去旧弊,速致太平"③的宋神宗,其政治口号也还是王道。熙宁七年(1074年)三月,曾布上书言道:"臣自立朝以来,每闻德音,未尝不欲以王道治天下。"④

最直接者,当属宋理宗改元端平的寓意,是王道端正,开太平之路,"甲午,端平元年春正月改元,诏曰:'《春秋》正王道之端,式严谨始,圣德开太平之路,尤贵更新。'"⑤

不仅是君主,王道也是宋朝群臣默认的政治目标,比如熙宁元年(1068年)二月,司马光在宋神宗经筵上抨击苏秦,"庚申,司马光进读《资治通鉴》三叶毕,上更命读一叶半,读至苏秦约六国纵事,上曰:'苏秦、张仪掉三寸舌,乃能如是乎!'光对曰:'秦、仪为纵横之术,多华少实,无益于君,委国而听之,此所谓利口覆邦家也。'"⑥

---

① 《玉海》卷266《帝学·史·祖训·宝元读〈三朝宝训〉(元祐、绍兴、淳熙)》,第528页。
② 《宋史》卷173《食货志·农田》,第4156页。
③ 范纯仁:《上神宗论求治不可太急》,赵汝愚编:《宋朝诸臣奏议》卷2《君道门·君道二》,第14页。
④ 《宋史》卷186《食货志·市易》,第4550页。
⑤ 佚名撰,王瑞来笺证:《宋季三朝政要笺证》卷1,理宗端平元年,中华书局2010年版,第67、68页。
⑥ 杨仲良:《皇宋通鉴长编纪事本末》卷53《英宗皇帝·经筵》,李之亮点校,黑龙江人民出版社2006年版,第936页。另黄以周:《续资治通鉴长编拾补》卷3上,神宗熙宁元年二月庚申,对此事时间有所考辨。顾吉辰点校,中华书局2004年版,第90页。

还有江公望上书宋徽宗，"臣愿陛下驱骛于仁义之场、游观于六经之囿，网多士、弋群凶，天宇扫清、王道砥平，天下之望也、社稷宗庙之福也。"①

那么，宋代王道包括哪些内容？

自宋太宗确立有宋一代"崇文抑武"的治国理念和方略后。到宋仁宗时，创设专门的皇帝御前学术讲座经筵，以之为皇帝层面的"崇儒"治国理念的实践平台。目的之一，是向宋仁宗传达祖宗先帝业已形成的治国理念和经验；目的之二，是君主通过讲读经史，实现正心、修身。

这些经筵讲读中君臣讨论的内容有二个：一是儒家学说知识体系，二是宋代特有的祖宗家法，二者双双化入经筵"讲读经史"的职能之中。在皇帝个人层面，表现为儒家价值观的培养②，即"君德成就"；在国家社会层面，表现为宋代治国目标"王道"。

在前述六个方面的治国理念中，皇帝在通过经筵讲读，精进君德的同时，其实也是在建设王道，君德是实现王道的条件之一。所以，王道本身就具有了皇帝意义、国家意义两个层面的含义，前者就是君德。在经筵讲读中，"君德"与"王道"是一脉同气的一个命题。

君主个人意义上的王道，直接与君德相贯通。简言之，君德就是人君应该怎样思考、行动，才合乎天理人情规范，也就是"皇帝标准"，即对"怎样做皇帝"这一命题的解释和实践。

从历史发展过程看，在宋代以前，如唐代，君德观念属于形而上的哲

---

① 江公望：《上徽宗谏猎》，赵汝愚编：《宋朝诸臣奏议》卷11《君道门·恭俭》，第102页。
② 按"价值观"在今天是一个哲学、伦理学、教育学、经济学、思想政治教育学、心理学等多学科共有的概念，定义各有差别，公认的结论是："价值观是人特有的一种非常重要的观念体系和动力系统；与其他观念不同的是，价值观指向人所追求的理想和目标；它是人们对各种社会存在和社会关系进行价值判断的依据和规范体系；价值观包含了人的行为目的与思想手段；价值观既有理性智慧之思，又有情感态度之维，成为人生命成长与发展的动力和源泉。"按照教育学的观念："价值观是全部教育的灵魂和核心目标。对于教育对象而言，价值观是应当追求的理想和目的，是做人的原则和规范。"见于谭咏梅、王山：《多学科视角下的价值观概念和内涵》，《辽宁大学学报（哲学社会科学版）》2008年第5期，第8页。

学范畴,拘囿于对皇帝的身份、地位的合理性、合法性的论证。到宋代情况一变,首先,君德进入实践层面,宋代经筵讲读之君德,包含德与能两个方面,被附加上文史学识、断事能力、性格道德等内容;其次,创造了辅养君德的专门制度,即经筵。

宋孝宗总结过读书与德性二者的关系,他认为德性与生俱来,但若想兼具英果气质,就只能通过读书的途径,"德性自己温粹,须是广读书,济之以英气,则为尽善。"①所谓"英气",实指识断之能力,正是就此而言。无疑,经筵正是辅养君德修行的良工利器。

宋代文官士大夫群体,包括经筵官、宰执,乃至皇太后等,通过经筵讲读,向皇帝灌输儒家价值观念——或者说是西汉以后的儒、法、道三家合流的价值观念。所以,宋代君德,不仅是皇帝自身主观追求的目标,而且更是统治群体——包括皇室、士大夫等——预想塑造的目标,换句话说,是统治群体对皇帝的治国素质、能力的阐释和要求。

君德之所以能够成为实现王道治国目标的条件,是因为按照儒家正心、诚意、修身、齐家、治国、平天下的逻辑顺序,要治理天下,必须先端正治天下者之心。经筵官对君德之于本朝治国理念和实践的重要性早有认定,即在皇帝需要具备的为君、守国、理政、教民等一系列德能之中,君德为最核心者。南宋时,经筵官袁燮尝言:"自古为天下国家者,未有不以君德为本。"②藉此,宋代学者、经筵官根据自己的理论,提出皇帝治国,首先要正心修身。

宋哲宗时,范祖禹就是这样阐述自己的经筵讲读思路:"是以古先明王欲治天下,先正其本,在于人君一心而已。天下治乱,出于君心,君心一正,则万事无不正。臣侍经筵,每及人君正心修身之要,君子小人系于治乱之际,未尝不反复开陈。"③"人君一心"即"君德"、"人君之德"、"人君之

---

① 《宋史全文》卷 27 上《宋孝宗七》,《影印文渊阁四库全书》第 331 册,第 449 页。
② 袁燮:《絜斋集》卷 6《策问·祖宗家法》,《影印文渊阁四库全书》第 1157 册,第 52 页。
③ 《长编》卷 426,元祐四年五月辛未,第 10297 页。

规范"、"君道"等。皇帝做到"仁"、"诚"、"信"等方面,自然就能实现王道天下。

还有苏轼在元祐七年(1092年)十一月就任翰林侍读学士时,上书总结宋哲宗的经筵讲读中关于王、霸道的论题,概括君德意义上的王道,包含曰慈、俭、勤、慎、诚、明六方面,"讲读之官,谈王而不谈霸,言义而不言利。八年之间,指陈文理,何啻千万。虽所论不同,然其要不出六事:一曰慈、二曰俭、三曰勤、四曰慎、五曰诚、六曰明。"①

在学派归属上,苏轼划入蜀学。至于向以正统自居的程朱理学,也多有相关议论。例如绍兴八年(1138年)八月,经筵官张九成论述君主仁心是王道端倪,并得到了宋高宗首肯,"上尝论王道曰:'易牛微事耳,孟子遽谓是心足以王。朕窃疑之。'九成曰:'陛下不必疑,疑则心与道二。不忍一牛,仁心著见,此则王道之端倪,推此心以往,则华夏、蛮貊、根荄、鳞介举天下万物皆在陛下仁政中。岂非王道乎?'他日,上谓近臣曰:'朕于张九成所得甚多。'"②

南宋依然,宋孝宗时,经筵官周执羔,"乾道初,守婺州,召还,提举佑神观兼侍讲。首进二说,以为王道在正心诚意,立国在节用爱人。"③

尤其是对宋朝皇帝来说,君德的涵义就等同于怎样为君、如何治国。最早,在皇祐三年(1051年)四月,宋仁宗与杨安国在经筵上讨论过君德,宋仁宗认为教化是君德,"帝曰:'然。风教,君德也。'"④此后被普遍接受的观点,是庆历四年(1044年)三月,宋仁宗亲自总结并书写的"治道三十五事"。⑤ 随后,分赐经筵官丁度、曾公亮、杨安国、王洙等人。丁度等遂加以注解,撰成《答迩英圣问》一书,将细琐的三十五事概括为"明、威、断"

---

① 苏轼:《上哲宗论王道六事》,《宋朝诸臣奏议》卷3《君道门·君道三》,第33页。
② 《宋史全文》卷20中《宋高宗十一》,《影印文渊阁四库全书》第331册,第40—41页。
③ 《宋史》卷388《周执羔传》,第11898页。
④ 《帝学》卷5《仁宗中》,第760页。
⑤ 《宋史》卷11《仁宗本纪》,第217页;《续资治通鉴长编》卷147,庆历四年三月己卯,第3565、3566页。

三个方面。① 丁度等人强调践行,可能与宋仁宗其人柔仁少断有关。

其后,因为宋仁宗一朝涵养的士大夫群体意识觉醒、变法与反变法党争、新皇帝个人志趣品性差异等因素。司马光新添加了"仁(兴教化、修政治、养百姓、利万物)",重新解释"明(知道义、识安危、别贤愚、辨是非)",将"威、断"合一为"武(惟道所在,断之不疑,奸不能惑,佞不能移)"。② 并指出,三者乃同位兼备的关系,不再是逐层递进关系,宋代君德观至此定型。在司马光身后,不断有人向皇帝重述。

君德对宋代治国理念的影响、直至对王道治国目标的影响,当然也体现在"仁、明、武"这三方面。

首先,"仁"将崇文、爱民等内容上升到君德高度,这也是宋代治国理念和实践的要求,这一点,在经筵讲读中尤其显著,如南宋时,徐鹿卿也说:"盖君德以仁为本。"③经筵官是以崇文,即学术教化,统摄治国理念和实践,甚至可以认为,宋代治国理念和实践的基础,就是文教。

典型例子,还属宋理宗定立程朱理学为尊之事。宋理宗在即位之后第二年,宝庆二年(1226年)十一月丙子,下诏宣布:"朕亲御路朝,首兴教化,士风所系,尤务作新。"④他所进行的教化,自然就是树立程朱理学的权威。

然而宋学流派多矣,除了学术观点差异,中间又杂糅党争分歧。虽然之前宋高宗说了结论性质的"朕最爱元祐"之语,但这并不代表元祐更优,以及程朱一派就是最正确者。宋理宗自己就说过:"元祐君子,亦自相攻。"⑤那么,如何淡化程朱一派的缺点、劣迹?

宋理宗就想到了运用学统观,"朕惟孔子之道,自孟轲后不得其传。

---

① 《长编》卷147,庆历四年三月丙戌,第3567页。
② 司马光:《稽古录点校本》卷16《历年图序》,[美]王亦令点校,中国友谊出版公司1987年版,第650、651页。
③ 徐鹿卿:《清正存稿》卷1《奏剳·正月丙寅直前奏事剳子》,《影印文渊阁四库全书》第1178册,第843页。
④ 《宋史全文》卷31《宋理宗一》,《影印文渊阁四库全书》第331册,第651页。
⑤ 《宋史全文》卷34《宋理宗四》,《影印文渊阁四库全书》第331册,第731页。

至我朝周敦颐、张载、程颐,真见力践,深探圣域,千载绝学,始有指归。中兴以来,又得朱熹精思明辩,表里浑融,使《中庸》、《大学》、《语》、《孟》之书本末洞彻,孔子之道,益以大明于世。朕每观五臣论著,启沃良多。诏令学宫列诸从祀,以示崇奖之意。"①这样,宋理宗通过塑造孔子、孟子、周敦颐、张载、程颐、朱熹的儒家学统体系,就有效避免了党争、乃至学术观点的争论。

至于在熙丰变法期间,变法派与保守派在政治、学术、经济、军事等各领域的分歧,也就此得以最终定论。"寻以王安石谓:'天命不足畏,祖宗不足法,人言不足信',为万世罪人,岂宜从祀孔子庙庭?合与削去,于正人心、息邪说关系不少。诏黜之。"②换言之,按照宋理宗的理解,熙丰变法以及后起的一系列政治事件,就被归入学术活动范畴,完成历史定性。

其次,"明、武"都包含着皇帝筑基立场、区别忠奸的内容,前者重在学识,后者重在行动。宋朝的祖宗家法中本有"异论相搅"之说,与宋朝朋党之争相伴随,奸、佞之辨从来没有断绝。

"明、武"二事,反映了皇帝与臣下在现实中的立场、角度、诉求的不同。以皇帝的立场和角度看,"异论相搅"可能有利于树立君主权威,但以臣下的地位和身份看,则是不堪其苦。像在"濮议"等事件过后,宋代朝臣立场分化,交相攻讦。所以,司马光等经筵官,之所以论述皇帝提高辨别能力的重要性,或者是出于公议,希望皇帝平弭分歧;或者是出于私心,希望皇帝支持己方,这其实也是司马光提出"明、武"二项内容的实质。

现实是,皇帝并没有平弭是非之争的意思,或者说分歧争议越辨越多。像绍兴五年(1135年),"上谓宰执曰:'恢复之图,所宜爱日,仍先求人才,有人才则天下之事无不举。然用人才要在进君子,退小人。'"③宋人,尤其是经筵官,自己就承认,在本朝皇帝中,"明、仁、武"兼备,达成君

---

① 《宋史全文》卷33《宋理宗三》,《影印文渊阁四库全书》第331册,第712—713页。
② 《宋史全文》卷33《宋理宗三》,《影印文渊阁四库全书》第331册,第713页。
③ 刘时举:《续宋中兴编年资治通鉴》卷4,乙卯绍兴五年春正月朔,第80页。

德成就者,不过宋仁宗、孝宗两位。遑论仁、孝二帝在历史上并非白璧无瑕。

特别之处是,司马光选中"武"来概括皇帝的作为,弦外之音,有改造"武"的内涵的用意,即本朝"抑武"而不"废武",本朝之"武"与前朝含义不同,于是,本朝对"武"的追求,也自然有别于前朝。此说可看做宋代"崇文抑武"、"守内虚外"等治国理念和方略,在文化意识形态角度,产生的一种特殊影响。

(二)王道治国目标及其实现

国家建设意义上的王道政治,包含国家的军政建设、经济建设、文化建设等各方面,内容繁复混乱。这是因为,宋代经筵讲读的创制和进行的目的,是以儒家学说,注解本朝治国理念和实践,寻找理论依据。这意味着,宋代经筵讲读所论王道,也同样肩负糅合、提炼本朝治国理念和实践的使命。

首先,用人方面,例见宋真宗大中祥符四年(1011年)七月,张知白上书:"汉史载宣帝为名盛之主,美其任人责成,知王道之根本。"①

其次,刑罚、税赋方面,例见宋高宗绍兴十一年(1141年)八月,"甲午,上曰:'省刑罚、薄税敛,王道之本。'"②

再次,农耕方面,例见宋宁宗嘉泰元年(1201年)十一月,侍读费士寅等上奏:"臣等窃惟孟子之道,大抵先义后利,教民孝悌力田,使之不饥不寒,为王道之本。此二帝三王所以君天下者。"③

最后,礼乐方面,例见宋仁宗皇祐五年(1053年)八月,"师民尝讲《论语》,上问修文德。对曰:'文者经天纬地之总称,君人之道,抚之以仁,制之以义,接之以礼,讲之以信,皆是也。'上曰:'然其所先者无若信也。'曰:

---

① 张知白:《上真宗论重内轻外》,《宋朝诸臣奏议》卷73《百官门·重外任》,第798页。
② 《宋史全文》卷21上《宋高宗十三》,《影印文渊阁四库全书》第331册,第92页。
③ 《宋会要辑稿》崇儒7之26,第2301页。

'信者,天下之大本,仁义礼乐皆必由之,此实王道之要。'"①

其间,儒家正统王道学说,自然也要被引入经筵讲读。如元祐四年(1089年)宋哲宗下诏经筵讲《孟子》,理由是"《孟子》书最醇正,陈王道明白。"②可是,为了与前文所述的经筵讲读中宋代治国理念各方面相呼应,王道治国目标的内涵颇为杂乱,单单对于"王道之(根)本"就存在着三种理解,无法按照儒家正统学说,达成统一的权威认识。当宋代治国理念和实践与儒家正统王道学说不兼容时,二者的差异,就导致了宋代经筵讲读中王道治国目标内涵的新变化。这种差异,主要体现在对学术思想的疑问和争论,即是理学、心学等派别,与事功学派、荆公新学等派别,在义利、耕战、王霸等命题上的看似两相对立。

程朱理学这厢的代表性结论,以程颢所论最为确凿:"臣伏谓得天理之正,极人伦之至者,尧、舜之道也;用其私心,依仁义之偏者,霸者之事也……苟以霸者之心而求王道之成,是衔石以为玉也。故仲尼之徒无道桓、文之事,而曾西耻比管仲者,义所不由也,况下于霸者哉!"③简言之,此说寓意有二:第一取王道、舍霸道的原则不容动摇;第二因为君主王道之心稍存私心,即沦入霸道,所以,王道、霸道需要从始至终,绝然区分。

对此,陈亮针锋相对地提出:"谓之杂霸者,其道固本于王也。"④即霸道与王道原是一体,不能截断对立。理论上如是,实践上尤然。特别是事功学派、荆公新学等学说对王、霸道的认识,正是建立在宋朝军政的现实上。

像陈亮便基于程朱理学所勾勒的南宋建设王道政治的现实状况,提出质疑:宋孝宗想恢复,但按照儒家王道学说,要罢兵休卒,如此则置靖康国仇家恨于何地?"臣恭惟皇帝陛下厉志复雠,不肯即安于一隅,是有大

---

① 《宋史全文》卷9上《宋仁宗五》,《影印文渊阁四库全书》第330册,第299—300页。
② 《玉海》卷26《〈孟子〉·元祐绍兴讲〈孟子〉》,第526页。
③ 程颢:《上神宗论王霸之辨在审其初》,《宋朝诸臣奏议》卷2《君道门·君道二》,第17页。
④ 陈亮:《陈亮集》卷20《书·又甲辰秋书》,中华书局1974年版,第281页。

功于社稷也。而天下之经生学士讲先王之道者，反不足以明陛下之心。陛下笃意恤民，每遇水旱，忧见颜色，是有大德于天下也。而天下之才臣智士趋当世之务者，又不足以明陛下之义。"①显然，程朱理学在思想道德上达到的高度，并不能够保证宋朝军政建设的健康展开。

若做对立理解，则不免将程朱理学、陈亮事功学派二派的观点简单化、绝对化。② 特别是在中国古代王朝军政实践中，王、霸道往往并非对立，而是错杂。故一般认为，叶适永嘉学派、王安石荆公新学在王、霸道的认识上，就相对变通。也就是说，程朱理学坚持的是儒家正统王道之说，所谓"王道之正"，而陈亮、叶适、王安石等，则操持着基于宋代治国理念及实践调整过后的王道观。

一如熙宁二年（1069 年）九月，王安石在经筵上评价程颢的王道观："戊辰，初开经筵。王安石独奏事。上问曰：'程颢言不可卖祠部度牒作常平本钱，如何？'安石曰：'颢所言自以为王道之正，臣以为颢所言未达王道之权。今度牒所得可置粟凡四十五万石，若凶年人贷三石，则可全十五万人性命。卖祠部所剃者三千人头，而所可捄活者十五万人性命，若以为不可，是不知权也。'"③

宋代皇帝的看法则更为复杂，因为内外局势、个人资质等因素的差异，更难以深入、具体地描摹每一位宋代皇帝的王、霸道观。倒是尊重程、朱理学的宋孝宗，他提出周公、孔子也重理财，语见"上曰：'今夏蚕麦甚熟，丝米价平可喜。'雄奏：'孟子论王道始于不饥不寒。'上曰：'近世士大夫好高论，耻言农事，微有西晋风。岂知《周礼》与《易》言理财，周公、孔子

---

① 陈亮：《陈亮集》卷 1《书疏·上孝宗皇帝第二书》，第 10 页。
② 案朱熹与陈亮在淳熙十一年（1184）到十三年（1186）间，进行过一场关于王霸义利的论辩，其过程、观点，可参见邓广铭：《朱陈论辨中陈亮王霸义利观的确解》，《北京大学学报（哲学社会科学版）》1990 年第 2 期，第 1—5 页；朱瑞熙：《朱熹和陈亮"义利之辨"的启示》，《上海师范大学学报（社会科学版）》1998 年第 3 期，第 31—34 页；[美]田浩：《功利主义儒家——陈亮对朱熹的挑战》，姜长苏译，江苏人民出版社 1997 年版。
③ 《宋史全文》卷 11《宋神宗一》，《影印文渊阁四库全书》第 330 册，第 376 页。

曷尝不以理财为务？'"①

那么，宋代皇帝信奉的是否也是"汉家自有制度，本以霸王道杂之，奈何纯任德教，用周政乎！"②

不然，可以确定一点，宋朝皇帝对王、霸道的认识，绝对不同于汉宣帝之言，毫无疑问，宋朝无论皇帝臣民，至少在口径上，都是有意识地倡王道、舍霸道，仅以经筵讲读为例，像宋高宗排斥霸道之书，"（绍兴二年）十二月五日，新知江阴军赵祥之言：'请以讲筵官兼读史书。'上曰：'朕观六经，皆论王道；如史书，多杂霸道。其间议论，又载一时押（当作捭）阖辩士游说。'朱胜非曰：'《春秋》虽鲁史，实尊王黜霸。'"③褒贬之情，一目了然。

绍兴八年（1138年）四月，宋高宗更是将王道发挥到极致，取王道、弃武力的态度非常确凿，他亲口说："王伯之道，不可兼行，当以三王为法。今之诸将不能恢复疆守，他日朕须亲行，不杀一人，庶几天下可定。"④

再有宋宁宗亲口所言："柔而不中，为姑息；刚而不中，为霸道；刚柔皆得中，为王道。"⑤对比之下，姑息、霸道都只是王道的陪衬。

实际上，"以适用为本，而耻空言"⑥的蜀学苏轼如是，"才气雄毅，有志事功"⑦的事功学派陈亮亦如是，像陈亮一开始就剖白了自己的立场："义利之分，孟子之辨详矣。"⑧其言止于财货、农产，不越孔子先"富之"、再"教之"的藩篱，何尝敢如汉代一般直言"霸王道杂之"？

总之，宋代君臣在经筵讲读中对王、霸道的总体认识，不拘泥于抽象

---

① 《宋史》卷396《赵雄传》，第12073、12074页。
② 班固撰，颜师古注：《汉书》卷9《元帝本纪》，中华书局1962年版，第277页。
③ 《宋会要辑稿》崇儒7之2，第2289页。
④ 《宋史全文》卷20中《宋高宗十一》，《影印文渊阁四库全书》第331册，第34页。
⑤ 刘克庄：《后村集》卷43《玉牒初草·皇宋宁宗皇帝·嘉定十一年》，《影印文渊阁四库全书》第1180册，第474页。
⑥ 苏轼：《上哲宗论王道六事》，赵汝愚编：《宋朝诸臣奏议》卷3《君道门·君道三》，第32页。
⑦ 纪昀等：《钦定四库全书总目提要（整理本）》卷162《集部十五·别集类十五·龙川文集三十卷》，中华书局1997年版，第2157页。
⑧ 《陈亮集》卷4《问答下》，第40页。

概念讨论,相对清晰、简单,并不同于陈亮、朱熹在哲学层面的概念交流。

首先,本朝军政治国理念和实践,指向的目标,就是王道,绝对无涉霸道;其次,区分王道的涵义,含"耕",而不含"战"。像经筵官程俱所说:"由此观之,则'养生丧死无憾,其为王道之始。'明矣。"①

宋理宗宝庆元年(1225年)十二月,曹彦约在经筵上一番关于管仲的议论,颇能反映这种判断:"管氏之学不粹于圣人之道,出处之际容有可议者,故其成功止于霸者之事而已。圣人于其人或褒或贬,随其事而言之,不举一而废一。既以小器目之,又于其有三归而讥其焉得俭,于其树塞门而责其不知礼,爱而知其恶也;然至于纠合诸侯,不以兵车一匡天下,民到于今,受其赐,憎而知其善也。出处虽有可议,而功过不相掩矣。"②"出处"即立意,管仲没有立儒家仁爱之心,出处即错,不容置疑。但是他也为天下人立了功,"随其事而言之"一句,已然将判断剖白清楚了。

虽然就顺序来看,必然是宋代军政治国理念和实践在前,王道治国目标的总结、完善在后,但在其成形后,也在发挥考量史事、影响本朝治国理念和实践的作用。这要求经筵官在经筵讲读中,将宋代治国理念的内容,化入了王道的框架。

在前述的宋代治国理念及实践六个方面,多少已都与王道有所关涉。当然,在这中间,与王道关系至为紧密者,还属耕、战二事。如对钱粮农事,关涉到人才等治国理念,对军旅兵事,则是进一步论证本朝用兵、夷夏治国理念的优势所在,这些都反映了王道的影响。

一般来讲,直言财货,而舍经史义理,决然不是经筵主旨。宋神宗或将钱粮经济问题纳入经筵讨论范围,然而就算如此,他也没有舍弃经筵学术活动的本意。史载侍讲吕升卿乐言财货,宋神宗却问以经义,"上即召季长,与惠卿弟升卿同为侍讲。升卿素无学术,每进讲,多舍经而谈财谷

---

① 程俱:《北山集》卷29《进讲·〈孟子〉卷第一·讲义第三授》,第590页。
② 《经帷管见》卷2,第45页。

利害等事。上时问以经义,升卿不能对,辄目季长从旁代对。"①

这背后的原因,应当是与宋朝田制不立祖宗家法有关,即皇帝不轻易干涉民间经济活动原则。若从宋代王道观的角度来看,经筵官本着王道的要求,刻意淡化财谷问题,这表现为套用宋代既有的治国理念,来解释财货农事问题。

第一种思路,套用人才理念解释财货农事,以宋神宗为例,他对富民问题关心之切,以至于即位之初就在经筵上向经筵官们公开咨询,史载"(熙宁元年十月)丙午,上问讲读官富民之术,司马光言:'方今之患,在于朝廷务名不务其实,求其末不求其本。凡富民之本在得人。县令最为亲民,欲知县令能否,莫若知州,欲知知州能否,莫若转运使。陛下但能择转运使,使转运使按知州,使知州按知县令,何忧民不富也!'"②

对于农耕财货之事,司马光强调朝廷的重心在择人任事,而不是求末务名,他的潜台词,可能真的是在遵守宋太祖"为天下守财"的祖训。但从日后的历史进程看,宋神宗显然没有接受司马光在经筵上的主张,但这并不能看做是经筵讲读的失败个案,因为其后宋神宗调换了很多王安石一派、更关注变法和经济问题的朝官进入经筵。

第二种思路,套用教化理念来解释财货农事,宋理宗宝庆元年(1225年)十一月,曹彦约进读《三朝宝训·论国体篇》,提到宋真宗时,两渐铸钱少铜,有司请参用瓦末,宋真宗认为这是教人为伪而下令禁止一事。

儒家经济观是轻利,贸易的目的是为了生养,"铸钱本以便民,非以谋利也。生民之初,种粟而后食,织布而后衣,以有余补不足,然后有贸易之道。"

便民就是不与民争利的思想,"粟布固可以易械器,械器固可以易粟布,然而升斗与丈尺不相合,巨屦与小屦不同价,于是铸铜为钱,以权物价之轻重,谓之圜法。贱者一钱可得,贵者贯陌可售,此所以为便民也。若

---

① 司马光:《涑水记闻》卷16《君臣无隐》,中华书局1989年版,第313、314页。
② 《皇宋通鉴长编记事本末》卷53《英宗皇帝·经筵》,第938页。

欲其费省,则半两五铢不得如鹅眼水浮,若欲其易成,则冶铜冶铁不得如鹿皮楮币,然而贵此而不贵彼,其不为谋利明矣。"

更重要的是这段议论最后的落脚点,在"教民为重","又况古人作事,无非所以寓教民之意,教民以实,犹恐其伪,教民以伪,何以能继?真宗皇帝务实去伪,以教民为重也。"① 其实是在强调食货之事背后,还有更大价值和意义的教化之事,更须帝王用心。

第三种思路,套用事天理念解释财货农事,在宋理宗经筵上,"侍读奏陆贽论财计及裴延龄处,奏云:'生财有大道,《易·系》论财必以仁对言:何以守位曰仁,何以聚人曰财。'上随应声曰:'天地之大德曰生,圣人之大宝曰位。'侍读奏云:'此是言圣人生财之道也。《大学》言财必以德对:曰德者本也,财者末也。曰仁曰德,是圣人感通天地之大本。直是德能召和,故年谷丰登,极而至于庶草蕃芜云云。'上曰:'德和则天地之和应,凡物皆成。'"②

所谓皇帝事天以诚、与天合德,则世间万事万物自然生长,这其实就是劝说皇帝,没有必要留心农耕财货之事。一方面,这可能是中国古代自然经济的习惯,另一方面,还是王、霸道之争,使得经筵官对耕、战之事,存心忽略。

反之,就算经筵官对钱粮农事不进行如上曲解,但财谷问题本身具体而细碎,涉及特定事件和环境,还与经筵官的学识、立场相关,很难脱离历史条件,判断其言论的用意、是非。

如徐元杰在经筵上,与宋理宗关于经济问题的几番对话,"晚讲后赐茶,圣语问:'民间蚕茧出盎,农麦登场矣。今年蚕、麦与去年如何?'奏云:'今年蚕中熟,麦却差胜。'"③ 又"上曰:'比来米价与外方如何?'奏云:'此间升斗宽余,实则价廉于外郡。'"④ 可见,即便君臣真的就此展开讨论,其

---

① 《经筵管见》卷2,第40页。
② 徐元杰:《进讲日记》,第1278页。
③ 徐元杰:《进讲日记》,第1259页。
④ 徐元杰:《进讲日记》,第1262页。

内容也与经史知识、价值观念完全无关。

除了农耕食货之事，宋代王道观还影响、塑造了经筵讲读中的历史观。因为如果经、史典籍中记载的观点和史实，与宋朝军政现实发生抵牾，宋代经筵讲读势必需要动用王道观念，对既有经典和历史的观点、结论，进行重新解释，甚至在一定程度上重构历史。

前述宋代治国理念中的夷夏理念，作用在于从内外关系角度，解释宋代有别于汉、唐的国际地位，也就是宋朝君臣在经筵中，为本朝守内虚外的治国理念与汉、唐大一统文武并重的治国理念两相背离，寻求理论依据。而宋代王道观，则要进一步阐述宋朝放弃天下共主的身份，由外转内，这样选择的益处何在？

其实宋人对汉朝、尤其是唐朝，始终怀着比较的心理。如天圣七年（1029年），宋仁宗流露出钦羡李唐故政的意愿，"壬午，上谓监修国史王曾曰：'先朝美政甚多，可谕史官详载之。'"①稍后，经筵官丁度等上言："亦愿陛下日与辅臣举此事目，推而行之，无使唐之君臣，专美前代也。"②这些话暴露了当时皇帝、士大夫自愧本朝不如唐朝的真实心理。如此，为了给本朝外战不利的情况做注脚，必须重新定位汉、唐，故此，儒家尊古观念的重要意义，就被经筵官充分发掘出来。

宋代君臣大多表现出了厚先秦、薄汉唐的好恶判断，像王安石第一次见宋神宗时的著名进言，"熙宁元年四月，始造朝。入对，帝问为治所先，对曰：'择术为先。'帝曰：'唐太宗何如？'曰：'陛下当法尧、舜，何以太宗为哉？'"③

宋徽宗时，蔡京命令经筵停止读《汉书》，原因是"（曾）孝序曰：'相公命讲筵不得进读《汉史》，盖欲举明主于三代之隆。'"④

---

① 《长编》卷107，天圣七年三月壬午，第2504页。
② 《长编》卷147，庆历四年三月丙戌，第3567页。
③ 《宋史》卷327《王安石传》，第10543页。
④ 《皇朝编年纲目备要》卷27，第684页。

到了南宋也没有改变，宋孝宗曾经说过："本朝仁厚可比于周。"①都是这种思想的典型体现。

遥尊三代的理论背景，就是王、霸道之别，宋人得以在汉唐面前找回自信，正在于兹。所谓"汉唐做得成者曰利曰霸。"②而宋代追求的是王道，自然胜过汉唐一等。当然，宋人并非只是照搬儒家旧有观点，而刻意在主观上否定或漠视汉、唐二朝功业，相反，倒是宋神宗也曾说过唐太宗"亦英主也"之类的话。宋人的判断，其实经历了三个步骤：第一步是从完善君德意义上的王道的内涵着手，目的在于找出一个避开武功业绩的参照物，那就是道、德。元丰元年（1078年）三月，宋神宗在经筵上有一番言论，他认为，在萧何、韩信、张良三人中，汉高帝独称呼张良之字而不称名，是因为张良"道高"于萧何、韩信，"上又论前世帝王，曰：'汉高祖、武帝有雄材大略，，高祖称吾不如萧何、吾不如韩信，至张良，独曰吾不如子房，盖以子房道高，尊之，故不名。'公著曰：'诚如圣谕。'"③且不论汉高帝真实心理如何，至少在宋神宗心中，"道"的地位和作用，要高于"功"。

随着君德内涵逐步清晰、成熟，确立起道德高于实绩的标准。第二步，宋代经筵官站在道德判断的制高点上裁定：尧、舜高于汉武、唐宗。淳熙十二年（1185年）二月，宋孝宗与王淮等大臣的一番对话反映了这种判断的依据，依然是回归到君德的原命题上，语见"上因曰：'自唐虞而下，人君知道者少，惟汉文帝稍能知道，专务安静，所以致富庶。自文帝之外，人君非惟不知道，亦不知学。'淮等奏：'道从学中来。'上曰：'知学者未必尽知道，但知学者亦少。'淮等奏：'若唐太宗，末年浸不克终，岂是知道？'"④

到了南宋中后期，这样的逻辑再经过简化，就是第三步：因为本朝一直在努力成就君德，所以本朝皇帝所具君德，自然也就高过汉、唐前人。

---

① 《宋史全文》卷26上《宋孝宗五》，《影印文渊阁四库全书》第331册，第414页。
② 黄宗羲、全祖望：《宋元学案》卷56《龙川学案·陈同甫集》，中华书局1996年版，第1833页。
③ 《长编》卷288，元丰二年三月壬午，第7050页。
④ 《宋史全文》卷27下《宋孝宗八》，《影印文渊阁四库全书》第331册，第479页。

比如吴泳比较汉、宋二朝灾异时,特意强调灾害表现虽同,但人君之德,即灾害发生的本质还是不同,"一事失一异应,天人相与之际,岂不甚可畏哉……盖灾异之来,虽与汉同,而人君之德独与汉异也。"①

这样,通过复杂的改造、转化,宋代王道观完成了与治国理念的合股,换句话说,就是纯粹儒家学说的王道,被改造成宋代军政治国理念和实践的目标。同时,宋代王道也在发挥本身的内涵,丰富着宋代治国理念的内容。

四、小结

经筵制度创立于北宋崇文抑武的治国理念和实践背景之下,将宋代治国经验与儒家价值观相结合,催生出本朝治国理念。作为皇帝专门学术讲座,经筵讲读的职责,主要在于培养皇帝治国的德、能,即君德。

在具体的治国实践中,因为宋代出现太后临朝、外藩入继、皇帝内禅,这要求皇帝要有孝悌之心;为了防止皇帝滥用治国权力,而培养皇帝重视天意;因为重新加强中央集权,收回地方财、法、军权,而宣扬宽刑;因为要统一国家意识形态,而强调教化,武将尤然;因为文臣大量进入决策层,不知兵,所以选择避战养民;因为外战不利,所以主张先内后外。

这些因素折射出宋代的治国理念就是将"崇文抑武"转化到皇帝在自身、臣民、外国三个方面的"革弊"、"防渐":以孝亲、敬天处自身;以风教、宽刑治臣民;——以寝兵、修内待外国。

经筵制度作为一项兼具意识形态宣扬功能的文化教育制度,无法直接左右宋代治国实践。如宋理宗经常与经筵官徐元杰在经筵上讨论时政,这时,徐元杰往往会加上一句:"此事乞诏二三大臣推行之。"或者是:

---

① 吴泳:《鹤林集》卷15《进御故实·建绍乾道阴雨五事》,《影印文渊阁四库全书》第1176册,第133页。

"陛下临朝与大臣言之。"①也就是说,即便经筵讲读进入了讨论治国措施、制度的层面,也不能直接决定某项措施、制度的施行。经筵制度属性以及政府决策、行政程序,使得宋代君臣在经筵讲读中对军政国事的讨论只能是宋代治国理念的源头,而非治国实践的开始。

所以,宋代经筵讲读对本朝治国目标的设定是王道,其内涵却与治国实践存在分歧。如宋代经筵讲读认为在宋真宗、仁宗、高宗、孝宗等皇帝在位时期,实现了王道,显然与现实不符。而君德作为王道的同义命题,宋代经筵官提出"仁、明、武"的内涵,但事实却是党争不息。这表示,宋代王道治国目标的提出,高于、甚至是有意针对军政实践的不足。

这样,到宋理宗绍定六年(1233年)九月,经筵官请以御制"四十八箴",悬示于经筵讲殿"缉熙殿"殿壁。② 从内容上看,宋理宗"四十八箴",还是对宋仁宗"治道三十五事"的继承和发挥。所以,其用意,除了继续重申君德、王道的涵义,更可以看作是对本朝的治国理念和实践以及对王道治国目标的最终定义。从"治道三十五事"到"四十八箴",体现了已经运行了二百一十余年的宋代经筵讲读,对本朝以崇文抑武为内核的治国理念、治国目标的一贯坚持。

---

① 徐元杰:《进讲日记》,第1276、1280页。
② 《宋史全文》卷32《宋理宗二》,《影印文渊阁四库全书》第331册,第675页。

第五章 务实与防弊:宋代官制秩序的设计理念

一、宋代治国理念及其实践与官制的关系

治国理念是现代政治学的一个概念,虽然在中国古代的史籍中没有完整且系统的表述,但在观察中国古代各个王朝的统治进程时,却又能分明地感受到它的存在。治国理念是有关国家治理的核心思路,也是渗透在王朝统治实践层面的核心表达。王朝的长治久安是每个统治群体都必须面对的课题,然而以一种怎样的理念作为指导,并将其转化为实践层面的治国方针、政策,形成在理念指导下的体制和机制?不同时期的不同统治群体给出的答案会千差万别,这就是为什么不同王朝之间,甚至王朝内部的不同阶段,会展现出不同的"性格",而这种不同正是我们理解一个王朝本质的关键。

按照内藤湖南"唐宋变革论"的观点,宋代显然是一个很有特点的时期,特点的形成固然渊源有自,但更加不能否认的是本朝的治国理念及其在实践中的表达,是使宋朝有别于其他王朝的根本所在。从理念到实践的过程,不但是宋朝统治者对于长治久安自我理解的过程,更是在既有体制和机制的基础之上,将治下的"天下国家"推向"本朝化"的过程。宋代的官僚制度及其所体现出的等级秩序,是我们认识宋代"性格"的一个重要方面,它向今天的我们展示出了既有别于汉唐,又区分于明清的带有明显宋代烙印的政治体制,也为我们提供了一个认识宋代治国理念及其实

第五章 务实与防弊:宋代官制秩序的设计理念

践的一个有效的切入点和线索。

从治国理念及其实践的角度去观察宋代的官制,首先还是应该从中国古代官僚制度发展演变的过程中去认识宋代官制。中国古代官僚制度的发展演进,大体上调适与调整占据主流,变革与更革则处于从属地位。这种渐进式的发展,一个最为明显的体现就是,在演进的过程中,许多"官"的名称被保留了下来,而其实际职掌却在悄然发生着变化。而新创设的官名和官僚机构,在每一个具体的时代中,所占的比例都不会太大,且这些新创的官名和官僚机构,从严格意义上也不能称之为"新",多少都会带有前代的"影子"。其实人类社会发展的很多方面,都是以这样的一种方式推进前行,中国古代官制的发展并不是一个特例。然而,同时也会注意到,在中国古代的朝代更迭中,在特定朝代或特定的朝代单元中,就官制而言,往往又会有着强烈的"本朝化"特点,研究者也常会用诸如"唐代官制"、"宋代官制"之类的语汇加以表述。如果稍以更加宏观的视角,又有了"唐宋官制"之类的提法。这其实也是史籍中常常提到的"宋承唐制"一系列说法的具体体现。以上的事实,至少说明,在中国古代官制发展的脉络中,渐进式的演变和"本朝化"的历程同时存在,或者可以称之为在前代官制基础上进行本朝化调整。在这个过程中,一方面继承固然是主流,是基础,另一方面经过调试和调整则是一个王朝将本朝的性格、个性融入其中,在看似不经意间,将本朝的官制烙上了区别于前朝后代的特点。

同时,也应该看到,就官制而言,它绝不是一个封闭的制度,它的形成与发展既与同时代的政治军事走向、经济形势、文化思想策略有着密切的相互影响、相互依存相互促进的关系,同时也与宋代决策者及其追随者的意志、喜好有着千丝万缕的联系。通过对官制研究所反映出的这些特点的追述,看到的官制不仅仅是对本朝环境的适应,更可以看到古代王朝统治集团对于国家走向的设计。

对于宋代职官制度有着截然不同的评价。毁之者认为宋代官制无足称道①，誉之者则认为宋官制最善②。对宋代职官制度毁誉迥异的认识，在一定程度上反映了宋代职官制度的复杂性与独特性，也反映了透过职官制度呈现出的宋代治国理念的复杂性。

究竟怎样才能比较客观地认识宋代的职官制度？怎样比较客观地认识其间所反映出的治国理念？这不仅要从职官制度本身入手对其进行认识，还需要从制度中的人的心态来进行剖析。

"制度中的人"，包括了制度的制定者、维护者、实施者、破坏者，以及生存在制度影响之下的人群。在众多持不同利益的人们的共同作用下，制度呈现出的常态与变态才是鲜活的。因此，对于宋代职官制度的认识，最终的落脚点还在于制度中的人。通过对时人心态的剖析来讨论宋代职官制度，所观察到的就不仅仅是停留在纸面之上的制度规定，更能够透视到制度在形成、发展、演进中所呈现出的丰富多彩的面向，也能够看到制度的精髓所在。

就宋代职官制度而言，其精髓究竟在于何处？朝堂之上的君主与众多辅弼之臣们究竟希望本朝的职官制度以何种样貌呈现在治下的芸芸众生的面前，他们又希望这套职官制度能够带给他们什么，又能够避免什么？这一连串的问题或者可以用"宋代职官制度的设计及实施理念是什么"来加以概括，本章试图通过对宋代官制秩序规则的确立及其发展演变的过程来阐释这一问题，并进而通过对宋代职官秩序的观察来探索期间所反映出的治国理念及其实践方针。

二、宋代官制秩序规则的确立

职官制度是官僚政治的体现。古人认为，官员的产生是因为"天生蒸

---

① 顾炎武：《日知录》卷15《宋朝家法》，上海古籍出版社2006年版，第919页。
② 康有为：《康南海官制议》卷4《宋官制最善》，上海广智书局光绪三十二年（1906年）版。

第五章 务实与防弊：宋代官制秩序的设计理念

民,不能自治,故必立君以治之。人君不能独治,故必置臣以佐之。"①这实际上是中国古代对官员定位的一种具有典型意义的表述。从这段话可以看到,在中国古代,官员虽然是统治阶层重要的组成部分,却并非国家统治的主体,主体是君主(人君),由于"人君不能独治"的客观现实的存在,从而"置臣以佐之",君臣之间是主体与从属的关系,因此官员也常被表述为君主的"股肱"、"爪牙"。而职官制度的确立,则正是君主对其"股肱"、"爪牙"进行管理的一种手段。谈到管理,就必然会涉及诸如入仕途径、升迁次序、考察机制、奖惩规定等一系列的规范,用以保证官僚机构能够有效运转并能够服务于皇权。因此,职官制度亦是统治秩序的一种体现。如果将宋代职官制度视作宋代统治秩序之一端,然后探究其设计及思路时,或者更能接近宋代统治者在治理国家时奉行的理念。

宋代官制是在唐代官制的基础上继承发展而最终形成的,这就是史家所提及的"宋承唐制,抑又甚焉。"②"抑又甚焉"所指明的事实是,继承的只是一个框架,而究其实质,则变化颇大。这也就使得后世之人再回顾宋代官制的时候,都能够看到其与前朝后代截然不同的官制体系。

南宋中期,朱熹曾跟他的学生们说过这样一段话,可以为宋代官制的特点做出某些注脚：

> 或言："太祖受命,尽除五代弊法,用能易乱为治。"曰："不然。只是去其甚者,其他法令条目多仍其旧。大凡做事底人,多是先其大纲,其他节目可因则因,此方是英雄手段。"③

循着朱熹的看法,对宋初职官制度做一些简单的回顾：赵宋建立之初,所承继的是唐末五代以来的基盘。唐代中叶以来,在职官体系中出现

---

① 《周书》卷23《苏绰传》,第385页。
② 《宋史》卷114《职官志一》,第3768页。
③ 黎靖德编：《朱子语类》卷127《本朝一·太祖朝》,中华书局1986年版,第3042页。

了使职差遣系统,安史之乱后,使职差遣愈加普遍化,而职事官也随之有了阶官化的趋势。这样一来,当时的任官制度就出现了"双轨制"的局面,一方面,有员额有品秩的官,却不一定有事权;而有事权的使职,却既无员额又无品秩①。面对职事官体制与使职差遣体制的并行与交叉,唐代统治者切实感到了由此产生的种种不便,也引起了士大夫阶层的广泛关注和议论,于是开始了整理任官制度的努力。当时的思路,是希望恢复既有的职事官体制,使事权与官称名实相符。然而面对日益复杂的政治形势,临时性质的使职差遣不但无减少,反而不可遏抑地增多。到了五代后期,士大夫们已经意识到在当时的政治形势下"官复其职"的努力方向,并不是最好的选择,于是转向另建一套差遣治事系统。宋初统治者在继承前代遗留下来的局面时,从务实的角度出发,既没有全盘否定前代的官制体系,也没有略无改易的因循下去,而是根据现实行政,对官制体系做出了"先其大纲,其他节目可因则因"的本朝化更革,确立了北宋前期官职差遣相分离的官僚体制,解决了原来职官系统运转不灵而另设使职差遣导致管理不便的症结。

宋初的这种做法固然有其审时度势之"英雄手段"的一面,但也需要看到,之所以没有采取"尽除弊法"的原因,还不仅在于此。赵宋的立国,有其独特的一面,清人王夫之对此看得很是透彻,他在考察太祖得国一事时,曾作出如下分析:

> 赵氏起家什伍,两世为裨将,与乱世相浮沈,姓字且不闻于人间,况能以惠泽下流系丘民之企慕乎!其事柴氏也,西征河东,北拒契丹,未尝有一矢之勋;滁关之捷,无当安危,酬以节镇而已逾其分。以德之无积也如彼,而功之仅成也如此,微论汉、唐底定之鸿烈,即以曹操之扫黄巾、诛董卓、出献帝于贴危、夷二袁之僭逆,刘裕之俘姚泓、馘慕容超、诛桓玄、走死卢循以定江介者,百不逮一。……而终以一

---

① 参见邓小南:《宋代文官选任制度诸层面》,河北教育出版社1993年版,第7页。

第五章 务实与防弊:宋代官制秩序的设计理念

统天下,底于大定,垂及百年,世称盛治者,何也?惟其惧也。惧者,恻悱不容自宁之心,勃然而猝兴,怵然而不昧,乃上天不测之神震动于幽隐,莫之喻而不可解者也。……权不重,故不敢以兵威劫远人;望不隆,故不敢以诛夷待勋旧;学不夙,故不敢以智慧轻儒素;恩不洽,故不敢以苛法督吏民。惧以生慎,慎以生俭,俭以生慈,慈以生和,和以生文。①

在王夫之看来,宋太祖得国前无丝毫可称道之处,不要说与汉唐开国之君相比,即使如曹操、刘裕之流,也远非宋太祖所能比拟。其得国完全在于因缘际会,带有很大的偶然性。由于"权不重"、"望不隆"、"学不夙"、"恩不洽",太祖在得国之后,就会产生深深地戒惧,在处理国家政务的时候便会异常谨慎。这就必然会影响到对既有官僚体制的处理,因此才会从务实的角度出发,采取循序渐进的方法,不更其"大纲",而对其具体"节目"做出适应性的改变,比较妥帖地解决了长期积累的矛盾,顺利平稳地实现了因朝代更革而产生的人事权力的转移。

尽管王夫之认定太祖开国气象的核心词汇是"惧",而后来的研究者也有据此出发进一步认定,在太祖的内心中有"一种戒惧不胜的自卑感"②,但作为一个依靠政变从军阀到君主的雄豪之人,在他的个性中更多的是"率性不羁而又极有自信"③,在他创业垂统统治过程中,似乎也不可能做到"尽除五代弊法"。

总而言之,宋太祖朝官制设计所呈现出的特点是与宋代开国时代的治国形势息息相关。唐末五代以来,藩镇林立,兵争不断,在"城头变幻大王旗"的局面之下,一时取得政权的统治者稍有不慎便会国破身死,成为历史的过客和后人的笑柄。客观上讲,过于激烈的改革并不符合当时形

---

① 王夫之:《宋论》卷1《太祖》,中华书局1964年版,第1—3页。
② 赵铁寒:《关于宋代"强干弱枝"国策的管见》,《大陆杂志》第9卷第8期,1954年10月。
③ 刘静贞:《北宋前期皇帝和他们的权力》,台北稻乡出版社1996年版,第31页。

势的要求,这一点也决定了宋太祖时期的官制设计必然要从既有的制度基础出发,以社会秩序的稳定为前提加以调试。而太祖的个人经历及得国的过程也促使宋太祖在对本朝官制走向问题进行思考时,亦要以稳定为上。宋代史书中记载得国前的宋太祖时,会有诸如"人望固已归之"、"中外始有推戴之议"①之类的说法,但黄袍加身的宋太祖面对的却是外有诸割据政权林立,内有貌合神离的文臣武将,甚至太祖兵变集团内部掌握禁军兵权的将领们,也是困扰太祖的心腹之患。依靠其个人威望形成的统治基础既不可靠,也不稳固。这就使得太祖在面临当时复杂的政治局势之际,必然会选择分权甚至削权的方式,用以加强皇帝和中央的权力。而统治基础不稳固的事实也决定了太祖必然会选择"润物细无声"的渐进方式来推行其治理国家的思路,以保证改革过程不会遇到太大的阻力,得以维持社会秩序的稳定。而官职差遣相分离的官制秩序,恰恰就能够满足太祖的这一系列政治需要。

值得关注的问题是,太祖对官制秩序的调整究竟是权宜之计,还是立法以垂万世? 稳定至上的原则究竟是太祖的既定发展思路并为后世皇帝严格遵循,还是被其继承者根据自己所面临的政治局势而进行的借尸还魂? 其实对这样的问题,根据现有的史料很难做出确定的解答,但有一点可以肯定,宋代官职差遣相分离的官制秩序确与乃弟太宗有着密不可分的关系。

太祖死后,乃弟太宗即位,在即位诏书中,有着后世研究者极为注意的一段话:

> 先皇帝创业垂二十年,事为之防,曲为之制,纪律已定,物有其常。谨当遵承,不敢逾越。咨尔臣僚,宜体朕心。②

---

① 李焘:《续资治通鉴长编》(以下简称《长编》)卷1,建隆元年正月辛丑,中华书局2004年版,第1页。
② 《长编》卷17,开宝九年十月乙卯,第382页。

第五章 务实与防弊:宋代官制秩序的设计理念

这段话中,最引人注意的则是"事为之防,曲为之制"八字,即位诏书认定这八个字反映的是太祖统治期间的精髓,然而需要注意的是,此八字毕竟不是太祖时期的产物,而是新即位的太宗对乃兄执政期间的所为进行的高度概括与凝练。太祖朝的"防"和"制",主要表现在收权的层面,宋代官制秩序的原则也是在这一背景之下确立的。如宋代官制中最有特色的官职差遣相分离的制度体系,虽然有着承继晚唐五代以来已有制度的一面,但更重要的却是带有强烈为现实政治服务的一面,所以使既有的"使职差遣"转向了"官职差遣",打上了强烈的"本朝"烙印。而"知州军事"与"知县事"的设立正是这一过程中具有决定意义的重要环节。宋代"知州军事"和"知县事"的初设,即由"尚书、郎曹、寺官出领外寄"[①],这些人以朝臣的身份(即后来的寄禄官)出典州郡(即后来所谓的差遣)的目的在于以朝廷来对付藩镇,用朝廷的大臣替换藩镇辟属的佐僚,进而达到削藩镇、收事权的目的。由此看出,这一做法的主要目的虽不在于分离官与差遣,却在客观上推进了官与差遣相分离的模式,为最终形成官职差遣的宋代特色官制秩序奠定了基础。从这一方面来看,宋太宗为乃兄总结的"事为之防,曲为之制",在太祖朝不过是着意于大局的建设,而纤微之处,则有待后世君主对太祖施政理念的再理解与再出发。于此再回过头来审视宋太宗的即位诏书,与其说"事为之防,曲为之制"是太祖朝施政理念的精髓,毋宁说是宋太宗对太祖施政理念的"再理解"和对自己未来统治方向的预设,而前引诏书的后半段文字中的"谨当遵承,不敢逾越",也似乎表明了宋太宗对于"事为之防,曲为之制"的践行,做好了"再出发"的心理准备。

与汉唐相比,宋代的开国规模不甚宏大,此亦为学界之共识,然而从太祖方面来观察,似乎也有开脱之由,毕竟全国尚未统一、藩镇势力有待解决、有着太多的垂统立法之事等着宋太祖一一解决。可是在宋太宗方

---

① 林駉:《古今源流至论》续集卷5《六部》,《文渊阁四库全书》第 942 册,台北商务印书馆 1986 年影印本,第 428 页。

面,今日的观察,所能看到更多的是太宗主动缩小"规模"的一面。在太宗身上,因即位疑云的笼罩,使其始终将眼光置于内部的安定;两次北伐带来的失利,又使得他对于内部的重视达到了变本加厉的地步。"国若无内患,必有外忧,若无外忧,必有内患。外忧不过边事,皆可预为之防,惟奸邪无状,若为内患,深可惧焉。帝王当合用心于此"[①],成了太宗内心最真实的写照。强调内患,其结果必然是将统治重心转向内部建设,对官制的发展走向,自然也被纳入到了太宗的眼中。官与差遣分离固定化的趋势在太祖朝即有显现,到了太宗时期,则在京朝官范围内全面推行出领外任,后世君主又对此继承有加,最终形成了官职差遣体系,成为具有强烈本朝烙印的一项官僚制度。

显然,就北宋前期官职差遣相分离的官制体系实施的效果来看,其间强烈体现了"稳定"的施政态度。事任与级别的分离形成了多方位、多层次的奖惩体制,也为本朝官僚体制的分权制衡提供了制度上的依据。官员因事受到责降之际,可根据具体的情节,降黜差遣而升秩本官阶以示抚慰,如在罢相之际,多采用此种形式;亦可以差遣不变而责降本官阶,以示警戒,由此而具有了戴罪立功的性质;同时也可以本官阶与差遣同时黜降,以表达较为强烈的惩罚之意。而在升迁之际,亦可升差遣而本官阶如故,或迁本官阶而差遣照常,用以表达朝廷对于官员们不同的奖励之意;更有贴职的存在调节其中,使得奖惩的层级更加丰富,便于稳定官僚队伍,不至于因骤迁或骤降导致官员本人或其周围官员心理的失衡,同时也降低了升降本身可能会出现的决策失误所带来的任人不当的风险。另一方面,官职差遣相分离的官僚体制,也意味着官阶高者可以担任地位较低的差遣,而官阶低者也可以担任地位较高的差遣,这实际上就是从某种程度上模糊了官员之间的层级,使得官员之间的相互监督与相互制衡能够更为有效地展开。

综括而言,北宋初期(太祖、太宗朝)所形成的具有宋朝特色的官僚体

---

① 杨亿:《杨文公谈苑》"太宗论内忧外患"条,上海古籍出版社1993年版,第50页

制和秩序,其背后所体现出的治国理念;从其表面上看似乎是一以贯之,兼之太宗为乃兄的施政特点贴上了"事为之防,曲为之制"的标签,更觉太祖、太宗兄弟俩的施政纲领是萧规曹随、一脉相承。但若仔细观察,还是会发现个中一些差别。官职差遣相分离的特点,的确是从太祖朝开始的,但是太祖如此的设计思路一方面是为了顺应晚唐五代官制的发展特点,另一方面则是为了让那些差遣是知州、知县却带着中央机构本官的官员们成为联系中央与节镇之间的纽带,加强中央对节镇的控御力。而太宗虽然继承并发展了官职差遣相分离的思路和理念,但其目的则不仅仅是为了控御地方,更多则体现在了对官僚队伍本身的管理方面,或者说太宗将官职差遣相分离的原则视为对官僚队伍进行统御和控制的法宝。因此从这套官僚体制的实行效果来看,虽然都是着眼于稳定与防弊的治国思路,但在太祖朝似乎体现的是一种应对的机制,是在内外政治环境的逼迫与挤压下的一种顺势而为,而在太宗朝则体现出的是一种政治手腕,是对未来可能出现的政治危机进行预判之后的防范措施。由此可见,宋初看似一脉相承的体制与政策,实则反映出了并不相同的治国理念。

三、元丰改制的"改"与"承"

北宋前期的官制体系,在赵宋统治稳定之后,一直受到"名不正,言不顺"的批评和指责,宋神宗时期,终于在"以实正名"的口号下,开启了对既有官制体系进行改革的进程。此次改革的重大举措之一就是"以阶易官",即制定新的寄禄官阶以取代原先借用的三省六部及寺监官称。元丰改制以新阶易旧官,只涉及了文臣中的京朝官,幕职州县官(选人)和武臣尚未正名,因此在哲宗和徽宗时期,这种"以阶易官"的改革举措仍在施行,直至政和二年(1112年)才基本完成。

元丰改制是宋神宗熙丰变法中重要的一环,其着力点在于对宋代前期的官僚体制进行改革,这场改革与仁宗庆历时期的范仲淹新政有着一脉相承的关系,同时下启哲宗、徽宗朝的改革,对北宋以后乃至南宋的政局产生了深远的影响。就元丰官制改革而言，其实质是在官与差遣相分离的制度之下，官僚体制叠床架屋，致使矛盾累积到一定程度后的总爆发。可以看到，宋代在继承既有基盘的基础之上，又根据本朝施政所需，在使职差遣的体制之下调制成了官职差遣体制，这样的一种适应性变化，的确是宋初君臣从务实角度出发而作出的选择。但同时也能够看到，宋代官制的叠床架屋，常为时人及后人诟病，如南宋时吕祖谦曾经谈到北宋元丰改制之前时的情况曾说：

> 如当时吏部闲了，事却归审官院及流内铨；户部闲了，事却归三司；礼部闲了，事归礼仪院；刑部闲了，事归审刑院；兵部闲了，事归枢密院。六部名存实亡，诸司纪统不正。①

但是作为最高统治者的宋神宗，他对官制的调整似乎并不仅限于改变这种"六部名存实亡，诸司体统不正"的现象。从现有的史料来看，元丰时期的官制改革更多的是体现个人的意志，据朱熹说，当元丰五年（1082年）颁定新官制之际，已经退休在金陵的王安石"见之大惊，曰：'上平日许多事，无不商量来，只有此一事，却不曾商量。'"②而相关史籍中也曾记："上将定官制，独处阁中，考求严格，一年而成，人皆不知。"③因此有理由相信，神宗在这场声势浩大的官制改革中，是有着自己强烈的目的性。那么其目的在于何处呢？有研究者指出，神宗对中书权力过重的警惕，是其进行官制改革的重要动因，同时也意在分解枢密院的职事，使其细务归于六曹，而专以边机军政为职，使国家制度体系归于简要，从而建立朝政运

---

① 吕乔年编：《丽泽论说集录》卷9《门人所记杂说一》，《文渊阁四库全书》703册，第440页。
② 黎靖德编：《朱子语类》卷128《法制》，第3070页。
③ 徐自明：《宋宰辅编年录校补》卷8，元丰五年四月癸酉，王瑞来校补，中华书局1986年版，第495页。

行的法度①。亦有研究者指出:"神宗在改制中,一方面要改革旧制,一方面又要保守祖宗家法,这两者之间难以调和,导致官制改革的不彻底。"②

从既有研究者的论断中可以看到,神宗恢复三省制的目的在于对中书门下权力过重的忧虑与警惕,通过重建三省制,可以有效地分割宰相的权力。同时在三省制恢复、尚书兵部已经从名存实亡走向实至名归的情况下,依然保留着枢密院的建制。其实早在仁宗时期,就有大臣上书建言,提出"当以(枢密)院事还中书及尚书兵部"③的官制改革构想,在元丰改制中,亦有臣僚提议罢枢密院而将事权归于尚书兵部,而神宗却认为"祖宗不以兵柄归有司,故专命官统之,互相维制"④,而予以拒绝。如此一来,就中枢的行政体制而言,既有的"中书门下—枢密院"模式,虽然从表面看来,已经更革为"三省—枢密院"模式,似乎有了比较大的变化,但究其实质,仍然不脱"宰相—枢密使"对掌文武二柄的"二府"体制。显然,元丰改制虽然打着"循名责实"的旗号,但实质上却在行分权之实,而分权却正是自赵宋立国以来,祖宗们念念不忘的传家法宝。由此也可以看到,在这样的理念指导之下,尽管"祖宗不足法"是当日熙丰改革中最为响亮的口号,神宗不会也不可能完全置祖宗之法于不顾,反而趁此之际,进一步加强祖宗以来所一直强调的分权理念。因此,仅从元丰改制中的官制改革来看,看到更多的不是神宗对祖宗以来旧有官制的改革,而是换一种形式的继承。

至此可以看到,被后世视为"大有为之君"、时刻将"富强"置于口中的宋神宗,在其主持的元丰改制中,其"有为"和"欲富强"是有着分明的前提条件,即在不触及祖宗之法的前提下进行官制改革。而所谓的祖宗之法,

---

① 参见古丽巍:《宋神宗元丰之政的形成及展开》,博士学位论文,北京大学历史学系,2011年,第101—151页。
② 龚延明:《北宋元丰官制改革论》,原载《中国史研究》1990年第1期,现载氏著《中国古代职官科举研究》,中华书局2006年版,第305页。
③ 刘敞等:《上仁宗论详定官制》,载赵汝愚编:《宋朝诸臣奏议》卷69,上海古籍出版社1999年版,第755页。
④ 《长编》卷325,元丰五年四月丁丑注引《神宗正史职官志》,第7829页。

具体到官制而言，其实就是分权防弊之政。元朝史臣曾对神宗有过"卒致祖宗之良法美意，变坏几尽①"的一段评语，客观说来，这样的评语显然是不恰当的。早在宋神宗即位之初，曾问王安石："祖宗守天下，能百年无大变，粗致太平，以何道也②？"显然，从中可以体味到神宗对祖宗之法的欣赏，而在熙宁变法的过程中，神宗进一步地体味到了祖宗立法垂范的深意，对分权原则更是念兹在兹，因此在元丰改制中，有关祖宗之法的核心内容不但没有加以变革，反而呈现出朝着祖宗既定方向的努力。可以说神宗在官制建设方面所反映出的治国理念不过是乃祖乃宗既定路线的延续，太祖、太宗以来所形成的治国理念的一些核心原则，已经深深地渗透到了最高统治者的内心，为了维持稳定而行的防弊之政、分权之政自然也不会有多大的改变。

对于元丰改制的结果，还应该作进一步的具体分析。通过对比元丰改制前后官制施行的特点，会发现即便从宋初官制叠床架屋的角度来看，虽然在元丰改制后有所扭转，但是叠床架屋的情况并未因此而消失，仍然顽固地保存了下来。比如南宋唐仲友在论及本朝官制时曾说：

> 国家务用安静，未暇更张。元丰更制，本《唐六典》之旧，虽名实稍正，而犹有均中外，别流品，不如旧贯之讥。于是去功名、增寄禄、分左右，稍有沿革。③

而从其改革的效果来看，固然在表面实现了"循名责实"的改革目标，但是新的阶官名称虽然已变，但官与差遣相分离的实质并没有改变。这似乎能够传达出宋代统治者对于之前官制体系基本精神的认可，尽管元丰改制将宋代官制的发展划分成截然不同的两个阶段，但是宋代立国以

---

① 《宋史》卷16《神宗本纪》赞，第314页。
② 王安石：《上神宗论本朝百年无事》，载《宋朝诸臣奏议》卷109，第1179页。
③ 唐仲友：《悦斋文钞》卷4《官制总序》，《续修四库全书》1318册，上海古籍出版社2002年影印本，第212页。

第五章 务实与防弊:宋代官制秩序的设计理念

来赋予官制所传达出的基本精神却也似乎并没有因元丰改制而斩断,反而一以贯之地传达下去了。虽然宋代有理性与务实的执政理念,可是官制上的叠床架屋所引起的人浮于事,行政效率低下,实在与务实无关。更为离奇的是,在时人对此的多方责难之下,宋代对官制的改革大体是以正名为着力点,而丝毫没有触动其本质。这究竟是宋代统治者有意为之,还是无奈之举呢?面对这样的现象,究竟该如何去理解元丰改制中的改革和继承呢?对此,有一则故事颇能说明其中的原委。马永卿《元城语录》卷中记载了元城先生刘安世讲的一则故事:

> 太祖即位,尝令后苑作造熏笼,数日不至。太祖责怒,左右对以"事下尚书省,尚书省下本部,本部下本曹,本曹下本局,覆奏,又得旨,复依,方下制造,乃进御。以经历诸处,行遣至速须数日。"太祖怒曰:"谁做这般条贯来约束我?"左右曰:"可问宰相。"上曰:"呼赵学究来。"赵相既至,上曰:"我在民间时,用数十钱可买一熏笼。今为天子,乃数日不得,何也?"普曰:"此是自来条贯,盖不为陛下设,乃为陛下子孙设。使后代子孙若非理制造奢侈之物,破坏钱物,以经诸处行遣,须有台谏理会此条贯深意也。"太祖大喜曰:"此条贯极妙。"

这样一则故事,是否确有其事,很难判断,不过在这里似乎不必纠缠其真伪,而应将目光投注到该故事的政治意涵之中。首先来看一下故事所铺叙的内容:太祖让后苑作制造一只熏笼,却碰到了"事下尚书省,尚书省下本部,本部下本曹,本曹下本局,覆奏,又得旨,复依,方下制造,乃进御"的繁琐程序,很显然,从务实的角度出发,熏笼细微事,却搞得如此惊天动地,似乎既浪费了时间,又耗费了大量的行政成本,也无怪乎太祖会发怒。然而赵普的一番解释却让太祖转怒为喜,这样一个戏剧性的变化是如何产生的呢?就在于太祖领会了繁琐的程序,虽然在当下看起来,既不合算,又不合理,但是从长远看,却能实实在在地防弊于未然。繁琐的程序,实际上是一种制约机制,而这种防微杜渐式的制约机制,则是基于对前代的施政方针亡羊补牢式的反思，可以称得上是最大的务实。其次再来看一下，这则故事为什么会被记载下来？刘安世生活的时代，距离宋太祖之时，已百余年，从史事书写的角度而言，这样的时间跨度，已经很难将这段故事列为信史，极有可能是士大夫之间口口相传，得以传诸后世的。其间的附会与演绎定不会少，但值得注意的是，此种版本能流传下来的一个非常重要的因素就是士大夫对宋太祖态度的认可，这种认可当然也包括了对薰笼制造程序的认可。推广而言之，这实际上是本朝士大夫对于本朝施政精神的认可，即在防弊问题上做足功课，用以避免更大的祸患。

在此，不妨与秦汉隋唐进行对比，秦在统一六国之前即确定了耕战体制，此后秦就像一部上紧了发条的战争机器，其军政效率高得惊人，即便统一六国之后，此种施政方针也没有做出大的调整。这样的一种模式虽然被后代视为"亡秦之迹"，但后世的仿效者似乎并没有绝迹。西汉武帝举全国之力南征北讨，特别是北击匈奴的历次战争，更是体现了武帝时期高效的军政模式。隋炀帝、唐太宗的数度征伐高丽和唐玄宗时期的拓边西北，无不反映了帝王们对高效、有为的艳羡。然而这种牺牲稳定换取高效的治国思路得到的却是惨痛的代价。秦的二世而亡，汉武的轮台罪己诏，隋炀帝数度征伐导致刚刚统一不久的王朝遍地烽烟，唐太宗统治晚期政局的困顿，罔顾内外政治局势开边不已的唐玄宗最终招致了安史之乱，似乎都在向后人昭示，高效率固然可以快意恩仇，然而却远不及安稳平和来得实在。因此虽说宋代此种以牺牲效率为代价的做法，实质是保守政治思想与理念的产物，是失去积极进取、敢于冒险的精神，但凡事求稳的施政精神和治国理念毕竟闹不出什么大乱子，宋朝在中国古代发展的历程中恰如步入中老年的人，扫去了少年时期的轻狂、青年时期的冲动，老态尽显，故而在内外军政上因循保守，也就不难理解了。

就此，再回过头来看龚延明先生对元丰官制改革所下的一段评语："神宗在改制中，一方面要改革旧制，一方面又要保守祖宗家法，这两者之间难以调和，导致官制改革的不彻底。"神宗所谓的改革旧制，其根本目的

第五章 务实与防弊：宋代官制秩序的设计理念

不在于推翻祖宗家法进行重建，而是要在祖宗家法的指导方针之下，进一步发挥祖宗家法的核心精神。

当然，在神宗推行祖宗们的防弊之政时，在将分权进行到底时，对度的把握仍然有偏失之处。比如神宗为了防止宰相的权力过大，而以唐制为蓝本，恢复三省制，就使得中枢机构的行政效率明显降低。虽然综观宋代的治国理念，并不太以行政效率作为追求目的，但此次有关中枢机构的改革，连神宗自己都承认："自颁行官制以来，内外大小诸司，及创被差命之人，凡有申禀公事，日告留滞，比之旧日中枢稽滞数倍，众有不办事之忧"，这使得一向自信满满的神宗都觉得"命令稽缓，语辅臣颇悔改官制"①。宰相之权被分之又分，虽然契合了祖宗的防弊分权理念，但是对行政效率的影响已经到了无法容忍的地步了。元祐时，司马光任相，对三省制下的中枢体制颇不能忍受，为此还抱怨说："诸处以此文字繁冗，行遣迂回，近者数月，远者踰年，未能结绝。或四方急奏待报，或吏民辞讼求决，皆困于留滞"②。类似这样的呼声，北宋末期不绝于耳，最终在南宋高宗建炎三年（1129年），尚处于风雨飘摇的朝廷在忍无可忍的情况下，做出了"合三省为一，如祖宗之故事"③的决定。当然，这个所谓的"合三省为一"并不是简单地回复到元丰改制前的中书门下体制，而应该是三省体制下的三省合署办公。这样的一个结果，实际上也是指明高宗并没有全盘否定神宗分宰相之权的做法，而是在神宗改革的基础上进行的适应性调整。

元丰改制从表面上看，轰轰烈烈，使得宋代官制在元丰前后被划分成了截然不同的两个阶段，但是究其实质，改变的只是表面，而赵宋祖宗以来的防弊理念和治国的精神却被毫无保留地继承了下来。这或者就是经过元丰改制后，官与差遣分离的形式被改变了，却并未从根本上消除官与

---

① 《长编》卷326，元丰五年五月辛卯，第7848页。
② 司马光：《温国文正司马公文集》卷55《乞合两省为一劄子》，《四部丛刊初编》本，叶4b。
③ 李心传：《建炎以来系年要录》卷22，建炎三年四月庚申，中华书局1956年版，第475页。

差遣的分离，对于宋代官员选任制度实质上的影响并不大的原因所在。

四、制约与分权

从以上的论述中可以看到，在官制的设计中，宋代更加注重的是"两权相害取其轻"的施政理念。面对唐末五代以来君失其权，权力下移的情况，宋代的统治者力图从多方面加以扭转，而对官制的重新建构，就是推行其防弊理念的重要一环。

例如以中书和枢密院对掌大政。实际上从历史上来看，北宋初期的中枢体制是沿袭了五代以来的既有制度，然而其间的制约与分权精神则是从北宋开始。从宋太祖时期的史料来看，"二府"之说罕见，到了太宗时期，统称中书、枢密为二府的说法已经比较普遍，至真宗即位之初，"二府"开始正式出现在宰辅拜罢诏书之中，自此之后"二府"则普遍应用于公私记载之中①。从这一过程中可以看到二府的设置虽然源自五代，但是"二府体制"却是从太宗时期开始确立，经过真宗时期的定型，最终影响有宋一代，即便是在元丰改制之后，恢复了尚书兵部的职权，仍然没有放弃枢密院的设置，形成三省—枢密院的中枢体制，仍是之前政治格局的延续。对于这样的政治格局，宋人对其间所体现的精神也多有论述，如王明清在《挥麈录》中就曾提到，此种体制的深意就在于"分宰相之权"。而对这种制约与分权影响到办事效率，宋人也多有议论，如仁宗时范镇曾上书称：

> 宰相制国用，从古然也。今中书主民，枢密院主兵，三司主财，各不相知。故财已匮而枢密院益兵不已，民已困而三司取财不已，中书视民之困而不知使枢密减兵、三司宽财以救民困者，制国用之职不在中书也。②

---

① 参见李全德：《唐宋变革的枢密院研究》，国家图书馆出版社2009年版，第237—245页。
② 范镇：《上仁宗乞中书枢密院通知兵民财利》，载《宋朝诸臣奏议》卷46，第493页。

第五章 务实与防弊：宋代官制秩序的设计理念

范镇上书中所提到的现象正是"二府体制"的核心思想所体现出来的，过分的重视制约和分权，使得终宋一代的中枢体制都没有做出实质性的更改，这似乎在传达着宋代国家惟以防弊为第一要务，而宁可牺牲政治效率，元丰改制时期神宗所云的"祖宗不以兵柄归有司，故专命官统之，互相维制"也是对此淋漓尽致的体现。而元丰改革官制中，对宰相机构的调整，仍然延续着"分权"思想，尽管中书改三省使得本就效率低下的中枢体制更加没有效率，尽管神宗对此也曾表达过自己的后悔，然而被奉为祖宗之法的"制约与分权"思想，却仍然顽固地贯彻在了官制之中，即便后代虽有为了便于事的调整，但在祖宗之法笼罩之下，这种调整始终没有实质性的变动。

又如在地方上设置路级建制，却不设置统一的路级长官，分由帅漕宪仓四司共同主管，相互牵制。四者之中，以转运使的地位最高，也常被视之为一路的长官，但是宋代路制的奇特之处在于，帅漕宪仓并不是在一个辖区之内的四个官僚机构，帅司路、漕司、宪司以及仓司路分工各不相同，这就使得宋代路制的性质究竟是什么，引起了学术界很大的争论，由此而引发的宋代地方体制究竟是几级体制，也有着诸多的争论。比如有学者认为宋代的地方层级应该是"路－府州军监－县"三级体制[①]；还有学者认为宋代的路只是朝廷设立的对州县进行监管的监察区，亦即认为宋代地方层级应当是"州－县"二级制[②]；亦有学者认为宋代的路是从监察区向行政区过渡的中间形态，实际上也是倾向认同宋代地方为"州－县"二级制[③]。之所以会出现截然不同的若干观点，实际上是与宋代路的特殊性息息相关。宋代的路若说不是行政区，可是各类路的长官都有行政权、司法权等，他们对州县也的的确确存在着统辖关系；可若说是行政区，转

---

① 参见郑强胜：《略论宋代"路州县"三级政治体制》，载《上海师范大学学报》1990年第1期；李昌宪：《宋代路制研究》，载《国学研究》第九卷，北京大学出版社2002年版；王晓龙：《宋代提点刑狱司制度研究》，人民出版社2008年版。

② 参见苗书梅：《宋代官员选人和管理制度》，河南大学出版社1996年版。

③ 参见朱瑞熙：《中国政治制度通史·宋代卷》，人民出版社1996年版。

运使、提点刑狱、提举常平却又被称之为监司,被宋人视为"外台",即作为御史台的派出机构而存在,更何况,路级长官的行政等权力又不是完整的。在这里,并不拟对学术界的观点做出一个明确的判断,而是从这一现象出发,更能够理解宋代地方官司设置的深意。正是出于对唐末五代以来地方藩镇割据,尾大不掉的戒惕,出于分权和制约的考虑,宋代在州县之上并没有设置一个责权明晰的"路"级建制,而是将其权力分割,形成不同性质的路,并使其相互制约,从而使中央更便于管辖。与中枢机构的设置理念相同,无不贯彻着赵宋的"祖宗之法",即防弊为上的立国精神。

宋代路的性质在学术界争论纷纷,迄今亦无一个统一的认识,但对于府州军监的性质,则皆以之为一级行政区,并无异议。在府州军监一级,防弊思想也是贯穿其中,当然其表现形式仍然是分权与制约。比如在府州军监一级的行政机构中,创设了通判一职,与府州军监的长官相互制约,"通判"一职,宋代之前并没有,纯粹是赵宋王朝的产物,在此或者可以州郡长官与通判之间的关系为例,来说明宋代官制设计中所体现的这种以防弊为目的的分权制衡理念。关于宋代州郡长吏与通判之间的关系,北宋中期的欧阳修曾对此有过如下一段记载:

> 国朝自下湖南,始置诸州通判,既非副贰,又非属官。故尝与知州争权,每云:"我是监郡,朝廷使我监汝。"举动为其所制。太祖闻而患之,下诏书诫励,使与长吏协和,凡文书,非与长吏同签书者,所在不得承受施行。至此遂稍稍戢,然至今州郡往往与通判不和。往时有钱昆少卿者,家世余杭人也,杭人嗜蟹,昆尝求补外郡,人问其所欲何州,昆曰:"但得有螃蟹无通判处则可矣。"至今士人以为口实。①

而南宋史学家李焘在记录此事时,以《宋太祖实录》的新录为准,参酌欧阳修的记载,写出了如下一段话:

---

① 欧阳修:《归田录》卷2,中华书局1981年版,第31页。

第五章 务实与防弊：宋代官制秩序的设计理念

自平湖南，诸州皆置通判，即非副贰，又非属官，故多与长吏忿争，常曰："我监州也，朝廷使我来监汝。"长吏举动必为所制。或者言其太甚，宜稍抑损之。乙未，诏诸道州通判无得恃权徇私，须与长吏连署，文移方许行下。①

这两段记载的主题是一致的，但其细微之处的区别，更能看清通判设置的目的所在。根据欧阳修的记载，通判在创设之初，其地位"既非副贰，又非属官"，诸州通判们也往往将自己的职权定位在"监郡"。所谓"既非副贰，又非属官"，这实际上是朝廷在创设通判之际，给通判的定位，这种定位本身是带有很强烈的分权意味，是朝廷有意为之的结果。而"监郡"之说，在朝廷的制度体系中是从来没有提及的，完全是通判在"既非副贰，又非属官"的制度规划之下的自我理解。

那么通判对制度的理解是否正确呢？还是需要从欧阳修《归田录》和李焘《长编》中记载的文本出发进行分析。

由于通判们对自身职权的理解是"监郡"，致使通判与州郡长官争权，其结果按照欧阳修的说法，往往是州郡长官"举动为其所制"，而李焘的记载则使用了"必为所制"的更为绝对的说法。语气无论轻重，至少说明通判的设置，的确做到了有效牵制州郡长官的事实。对于这种"牵制"，朝廷的态度是怎样的呢？欧阳修的说法是"太祖闻而患之"，而李焘则说"或者言其太甚，宜稍抑损之"。这实际上表明，朝堂之上的君臣对通判"牵制"州郡长官的做法持否定态度。似乎也表明了通判们对自身职权为"监郡"的理解是错误的。

如果这是事实，若有意改变通判分知州之权，改变州郡长官为通判所制的状态，其改革的方向应该在于打破"既非副贰，又非属官"的定位，明确通判的权责。但事情似乎并没有朝着这个方向发展。综合欧阳修和李焘的记载，可以看到，最终的处理结果是下发了一道诏书，太祖对通判进

---

① 李焘：《长编》卷7，乾德四年十一月乙未，第181页。

行了"戒励","无得怙权徇私",要求通判"与长吏协和",这类戒励之辞大都属于虚文,无关痛痒,而关键之处则在于规定了在文书行移中,通判需与长吏连署,文书方能生效。那么这样的处理效果怎样呢?李焘没说,欧阳修则记下了"至此遂稍稍戢,然至今州郡往往与通判不和"一笔。也就是说,情况虽有缓解,但并未从根本上得以扭转。为了证明这个结论,欧阳修还特别举出了钱昆的例子。这样的结论似乎又在说明朝廷对于通判"监郡"身份的认可。那么该如何理解史料中所反映的这一矛盾呢?

其实,所谓"凡文书,非与长吏同签书者,所在不得承受施行。"也向我们道出,在这道诏令颁布之前,通判独立签书的文书是具有行政效力的,这也就是知州的行动辄为通判制约的原因所在。面对这样的情势,实际上在州郡一级的行政机构中,通判的权力膨胀,使得州郡长官已经无力制约通判,反倒为通判所制,这才是太祖"患之"、言者以其"太甚"的根本原因。而解决的方法,并不是恢复州郡长官的权威,而是要形成州郡长官与通判之间的相互制约,不能让权力的天平偏向任何一方,因此言者才会提出"稍抑损之"。在李焘的记载中,这个"稍"字用得极为传神,也恰恰是这个字的使用,反映了朝廷在地方行政中,为了实现防弊的政治策略,努力促使州郡的官员于既相互制约,又相互合作,使之达到一种权力上的平衡,从而保证地方始终在朝廷的牢牢掌控之中。

从欧阳修所列举的钱昆之例可以看到,宋太祖与其辅弼之臣们在宋初对于知州和通判权责的调整,实际上是达到了他们所希望的目的。在"稍抑损之"之后,知州对州郡事务的决定权获得了肯定,但是这个决定权不是无条件的,需要同通判共同签署文书方能够实现,这从另一方面表明通判对于知州的决定权仍然握有相当的制约力量。而对于通判而言,一州的长官,无论在阶官还是差遣的高低之上,都是明显高于通判的,且知州是州一级行政机构的长官,这也是人所共知的,同时在通判差遣升迁的次序上,需要有两任通判资序方能升迁为知州,显然知州是完全有能力制约通判的。虽然在欧阳修和李焘的记载中提到知州常为通判所制,但这并不能绝对化地去理解,这只是表明知州常为通判掣肘,是一种"牵制",

第五章 务实与防弊：宋代官制秩序的设计理念

而不是"钳制"。当这种"牵制"力量过大的时候，知州与通判之间的矛盾就会超出朝廷的预期，因此才会稍稍抑制一下通判的权力。在州级行政机构中，知州仍然握有本州事务的主导权，但是为了防止知州权力过大，就需要引入牵制力量，而这个牵制力量不能与知州的权力有任何隶属关系，这才创设了通判的差遣。可是在通判创设之初，由于朝廷也处于"摸着石头过河"的探索阶段，对通判权责的认识尚不十分清晰，导致通判对自身角色的认识发生了偏差，即以"监郡"自视，由此在州级行政机构中出现了"知州—通判"平分州政的趋势，这显然超出了统治者预期，与统治者的目的是不相符合的。因此宋太祖于此所作出的修正是：仍以州郡长吏为主导，但制之以通判，使得二者在统治者预期的范围内相互制约并相互合作。这也就是在后来宋代发展历程中所能看到的州级守倅体制，最终，州郡的通判还是被视之以副贰官。

宋代治国理念中一个关键之处就是求稳惧乱，即稳健与保守，这在宋代地方政治中表现得尤为明显。这也是宋朝统治者从以往的地方失控、架空中央及乱整的历史教训中得出的经验。特别是中晚唐以降的历史事实，给了宋朝统治者一个极大的教训。唐代中叶设置节度使，使名的设置，其本意在于由其代表中央节度边地军队，以此来加强中央集权，不料由于为追求边地的治理效果，节度使的权限越来越大，兵权、政权、财权集于一身，其与中央也渐有离心之势，最终发生了安禄山、史思明的叛乱。尾大不掉之势已成，中央靠自己的军力难以平叛，就不得不姑息安史降将，而在平叛过程中一些通过军事行动坐大的军事将领又成为新的节度使。这种情况使得中央愈发难以控制地方，而中央选官制度的僵化与不完善，又将人才逼到了地方节镇之中，使得中央与地方之间的矛盾进一步激化，最终导致唐代晚期藩镇林立，兵骄逐帅、帅强叛上的恶果，而强盛一时的唐朝最终也毁在了地方强藩之手。五代时期的政局，基本上沿袭了晚唐以来的既有模式，可以说若这种模式不被打破，宋朝很有可能成为梁唐晋汉周之后的第六代。面对这样的局面，宋初的统治者不可能不选择比较稳健的行事方式，其中一个重要举措就是从官制上加以改变。宋代任何一级地方政府,从根本上来说,从来都没有一个诸权集于一身的长官,无论是路级的帅漕宪仓,还是州郡的知州和通判,在宋代的地方官僚体系中,其权力的构成都是以一种盘根错节的形式交织在一起,一家独大的局面被严禁,彼此的互相监督与相互牵制成为宋代地方政治的常态。而之前的节度使直至刺史的地方行政主管被阶官化,剥夺了其统御地方的权力,变成了标示其地位、待遇的荣誉头衔,也最终完成了从治国理念到最终实践的最后一环。

从以往历朝的治国实践看,在新朝建立之初,局势尚未稳定之际,统治者往往采取对内休养生息,对外委曲求全的做法。而一旦局势稳定,则迅即走向对内整顿、对外征服的激进路线。汉、唐的历史走向莫不如此。然而在宋朝统治者看来,激进的结果似乎总是在疆土扩展的同时,又埋下了深深的致乱之由。出于对长治久安的渴望,也出于对祸乱不已的戒惕,宋朝历代最高统治者不约而同地做出了最为稳健的选择,即稳定至上的保守的治国理念,并在实践中孜孜以求,不越雷池半步。当然这虽造就了宋代整体局面的不甚宏阔,却创造了相对发达的经济及文化文明。

五、小结

从宋代职官制度的设计及推行情况来看,叠床架屋是一种表现形式,或者称之为一种现象,从表面来审视这种叠床架屋的现象,很容易看到在这套官僚政治体制下,人浮于事、行政效率低下等诸多缺点,从古至今,大凡对宋代职官制度有所诟病者,大体皆以此为基础加以挞伐。即使是在宋廷内部,关于此的批评之声也不绝于耳。可是在有宋三百二十年中,尽管会时常面临类似的批评,但其职官体制并没有发生特别大的改变,叠床架屋的情况仍然顽固地存在于宋代的职官制度当中,这就迫使我们思考,宋代官制体制所表现出的叠床架屋现象应该是有其深刻含义的。

从前文的论述中可以看到,叠床架屋的宋代官制体制实际是在分权与制约的主导思想的指导之下产生的,而前文也曾提到过,宋代职官制度

第五章 务实与防弊:宋代官制秩序的设计理念

的设计是以务实和防弊做为其基本理念,其实分权与制约也是务实和防弊理念的一种具体体现。这种理念的形成自然与宋代立国之初所接收的唐末五代乱世之基盘有着莫大的关系,也与赵宋立国之初,开国君主宋太祖自身所处的不利境遇有着千丝万缕的联系,同时也与宋代历朝君主在"祖宗"的基础之上对于权力及权力运作的清晰认识有着很大的关系。南宋时的陈亮曾经记载过这样一件事:

> 臣闻之故老言,仁宗朝,有劝仁宗以收揽权柄,凡事皆从中出,勿令人臣弄威福。仁宗言:"卿言固善。然措置天下事,正不欲专从朕出。若自朕出,皆是则可,有一不然,难以遽改。不若付之公议,令宰相行之。行之而天下不以为便,则台谏公言其失,改之则易。"①

陈亮对仁宗朝这件故事的评价是"此百世人主所当法,而况于圣子神孙乎!"吕中则对此评价道"此言真为万世法"②。之所以士大夫们会以如此欣赏的眼光看待仁宗的这段话,其根本就在于仁宗深谙权力与国家稳定之间的关系,明白如果权力集中在君主一人之手,固然有其利便之处,但是权力集中往往会导致决策失误,即使是"有一不然",也会处于"难以遽改"的尴尬境地。相比来说,如果君主放弃大权独揽,将权力"付之公议",以宰相作为权力运行的主体,而以台谏监督之,更加有利于正确决策。这段话充分表明了宋代君主对于分权的认识。

陈亮关于本朝的制度曾经有过一段经典的论述:"汉,任人者也;唐,人法并行也;本朝,任法者也",并且对"任法"的效果有过这样一段评说:"举天下一听于法,而贤者不足以展布四体,奸宄亦不得以自肆其所欲为。"③宋代有关"任人"与"任法"的关系问题,始终是士大夫们争论的热

---

① 《陈亮集》卷2《中兴论·论执要之道》,中华书局1987年增订版,第28页。
② 吕中:《类编皇朝大事记讲义》卷22《徽宗皇帝·小人创御笔之令》,上海人民出版社2014年版,第372页。
③ 《陈亮集》卷11《人法》,第124、125页。

点之一,士大夫们也在争论之中普遍认为"制而用之存乎法,推而行之存乎人"①但在实际行政中,这种理想中的"中庸"之道是很难推行并实现的,因此在现实行政中,宋代更加倾向于陈亮所总结的"本朝,任法者也"。之所以会有这样的政治选择,就在于"任法"虽然束缚住了"贤者"的手脚,但同时也约束了"奸宄"者,使其不得肆意妄为。

如果结合仁宗的说法与陈亮的论述,整体来看,会发现宋代的施政方针不在于达到"最佳",而在于避免"最差",一言以蔽之就是以防弊做为立国的主导思想。在一切以防弊为核心的施政思想的主导之下,职官制度的设计自然也会纳入到防弊的思想之中。因此在评论宋代的职官制度时,不能仅仅看到叠床架屋的制度设计带来的不便,更应该看到这套制度为宋代国家稳定所带来的积极意义;不能单纯挞伐宋代职官制度所带来的人浮于事、行政效率低下,也应该看到这套制度在避免出现"更糟情况"所起到的预防作用。

《皇宋中兴两朝圣政》卷三建炎二年四月庚申条尝记:

> 诏御前军器所见织战袍工匠,发还绫锦院,依限织进。初,命监织锦院姜焕择良工就御前军器所专织战袍,欲以赐有功将士。中书侍郎张悫等言于上曰:"前日中人因事辄置局,紊乱纪纲,不可不深鉴。今若以织文责绫锦院,而使少府监督其程限,则事归有司,于体为正。"上曰:"甚善!"故有是命。

在此条之后,光宗朝宰相留正曾有如下的一段评论:

> 臣闻明主之察治乱也审,而守法度也坚,宁逆意咈心,弗便于事,而常戒惧于细微蘖芽之间,不可忽也。夫取工于绫锦院,而织袍于军器所,又以赏功,由常人观之,诚若无甚害,然太上皇帝矍然改令,不

---

① 《王安石全集》卷36《周礼义序》,上海古籍出版社1999年版,第321页。

第五章 务实与防弊：宋代官制秩序的设计理念

俟终日。何哉？官失其官,而事夺于贵臣,司废其旧,而利出于一切,则乱由之而作,有不难矣。呜呼！治乱之机如此其微也,非明主其孰察之？

从这里能更加明确地看到,宋代君臣施政的基本思路是以防弊为出发点,并不断强化,最终形成"宁逆意咈心,弗便于事,而常戒惧于细微蘖芽之间,不可忽也"的较为极端思想。尽管这种思想是有其发展演变的过程,但从宋代历史的发展脉络来看,其本质却并没有发生太大的变化。总体来说宋代官制的设计理念实际上也是以防弊为主而不太措意于效率的思路,并贯穿始终,因此所谓的人尽其用以及高效的行政效率根本就不是宋代所要着意追求的。

因此也可以看到,从宋代职官制度及其秩序中所反映的治国理念,其实质就是追求一种最为行之有效的可控性。在内廷中,对女主、皇子、宦官干政要有可控性,外廷中对以宰相和枢密使为代表的中书机构的权力要有可控性,在地方上,对各级大小官吏要有可控性,在军队中对各级军事管理和军事指挥的官员和将领要保持可控性,为了保证可控性,其余一切均可牺牲,最终的落脚点仍然在于维护帝国的平稳统治。因此宋代的治国理念虽然显得保守和老态,但其确实有利于维护统治秩序、制约动荡祸患频发。

第六章 选官与治国:"出身"、"考任"背后的宋代国家意图
——以进士科和荐举改官为中心

熙宁四年(1091年)三月戊子,宋神宗在资政殿召对二府议事,三朝元老文彦博对皇帝说出了"与士大夫治天下"①的话,这番话本身及其背后所体现的深刻含义,引发了学界对宋代国家政策层面的讨论②。将"与士大夫治天下"理解为"共治",或是"参与",至少说明了"士大夫"之于"天下"的重要作用。而有学者更加明确指出,此处的"士大夫"含义很狭,"特指负责全国政事的官员,包括朝廷至各级地方政府"③。从这一角度出发,或者可以将文彦博的这段话理解为宋人对本朝"官员"之于"国家"重要性的阐述。

宋人对于本朝"法度"有过一段经典性的概括:"本朝之法,上下相维,轻重相制,如身之使臂,臂之使指。"④这里谈到的是宋代国家控制力的问题,不可否认的是,控制力的增强绝不仅仅依赖统治者的意志,更依赖身为"臂指"的各级官员的推动,将理念层面的国家意图形成实践层面的国家政策,向更为纵深的层面推行下去。

---

① 李焘:《长编》卷221,熙宁四年三月戊子,第5370页。
② 参见张其凡:《"皇帝与士大夫共治天下"试析——北宋政治架构探微》,载《暨南学报》(哲社版)2001年第6期,114—123页;邓小南:《祖宗之法——北宋前期政治述略》,三联书店2006年版,第408—421页;
③ 余英时:《朱熹的历史世界——宋代士大夫政治文化的研究》,三联书店2004年版,第221页。
④ 范祖禹:《范太史集》卷22《转对条上四事状》,《文渊阁四库全书》1100册,第269页。

第六章　选官与治国："出身"、"考任"背后的宋代国家意图

"与士大夫治天下"实则也是对本朝官员"臂指"功能的强调。显然，文彦博的话并非灵光乍现的发明，而是对当时久已存在的现实做出的自然流露①。既然官员是国家意图的实现者，从宋代国家的角度而言，从一开始官员选任阶段，其国家意图就要渗透到选任的各个层面，包括程序的设计、实施方案，乃至整个选官过程中的点滴细节。另外也需要特别说明的一点是，在宋代选官制度的设计中，是排除军功集团在政治中心的前提下②，重用文官士大夫治国。重在选拔、提拔守规矩的文臣，以符合与服务于宋朝及其治国理念，又设置繁复路径，使大多数人按部就班升迁，循规蹈矩。此固属保守，倒也有益稳定尊卑秩序。选官是为了治国，选官的过程与政策是展现国家意图或者说是体现治国理念的窗口，而治国理念又会深刻影响选官的过程与政策。在二者互相影响之下，通过对选官过程中重要"点"的正面讨论，有助于深入认识选官背后所体现出的国家意图。本章希图通过有选择性地对宋代选官制度中的点及制度设计者的意图的讨论，对宋代治国理念在选官层面的表达有一个清晰的认识。

一、两道门槛：仕宦之路的设计意图

《宋史》卷一五五《选举志一》对两宋的选官制度有这样一段集中表述：

> 宋初承唐制，贡举虽广，而莫重于进士、制科，其次则三学选补。铨法虽多，而莫重于举削改官、磨勘转秩。考课虽密，而莫重于官给历纸，验考批书。其他教官、武举、童子等试，以及遗逸奏荐、贵戚公卿任子亲属与远州流外诸选，委曲琐细，咸有品式。

---

① 参见《祖宗之法——北宋前期政治述略》，第415页。
② 参见陈峰：《宋代军功集团在政治上的消亡及其影响》，《中国史研究》2008年第4期，103—113页。

这段话大体涵盖了有宋一代选官的诸多种类,也指明了宋代选官的重点所在,即进士、制科,荐举改官、磨勘与历纸批书。透过这些被视为重点的选官种类,能看到宋代国家在官员选任方面所重视的不过是"出身"与"考任"而已。

进士、制科表达的是对出身的重视。在宋代,出身特指进士出身,其余均视之为无出身或杂出身①。制科属于科举考试中的"特科"考试,由皇帝下诏不定期举行,其参加者多为进士高第者,在宋人的心目中,制科进身是高于进士出身的,因此制科理所当然的算作有出身。历纸批书表达的是对考任的重视。历纸是由皇帝或吏部相关曹司下发给外任官员的历子、印纸的省称。批书则是由所属监司郡守在历子、印纸上批上在任期间的考任功过,而监司的历子、印纸则逐司互批②。批书一般分为即时批书与定期批书两种,遇有请假、差出等事,及在任期间的突出政绩或过犯,均须逐项即时批书;而每一考满,则当按例批书,即"逐考批书",任满之后,亦须批书,对任内功过考任情况进行总结,此皆为定期批书③。历纸批书强调的是课绩,但是课绩则是通过考任得以表达。荐举改官与磨勘则是对出身与考任的综合条件的重视。磨勘的重点在于"限年而校功,循阶而进秩"④,虽然从表面上来看,磨勘仅仅是对官员历任以来文状进行从格式到内容上的审查,但是有无出身直接影响的是磨勘年的多少,即需要积累多少考任方能参加磨勘;以及磨勘后升迁的位次。荐举改官更是对出身与考任综合条件的考量⑤。无疑,"出身"和"考任"是宋代选官制

---

① 赵升:《朝野类要》卷3《杂出身》,中华书局2007年版,第66页。参见王曾瑜:《从门第到有、无出身》,《燕京学报》新22期,北京大学出版社2007年版;龚延明:《宋代及第进士之鉴别》,《文史》第41辑,中华书局1996年版。
② 参见丁建军:《宋代地方官员考核制度研究》,博士学位论文,河北大学宋史研究中心,2009年,第56—77页。
③ 参见《庆元条法事类》卷6《职制门三·批书》,黑龙江人民出版社2002年版;《吏部条法·印纸门》,黑龙江人民出版社2002年版。
④ 苏颂:《苏魏公文集》卷34《承制以上磨勘词》,中华书局1988年版,第505页。
⑤ 参见胡坤:《制度运行与文书流转:宋代荐举改官研究》,博士后研究工作报告,北京大学历史学系,2011年。

第六章 选官与治国："出身"、"考任"背后的宋代国家意图

度中最为重视的两个条件。

当以"出身"和"考任"的视角重新审视宋代选官的重点种类时，一条最为朝廷所重视的仕宦之路便逐渐清晰地浮现在眼前。士人通过进士科或制科的考试获得出身，走上了仕宦的道路，其中极个别的进士高第者和为数更少的制科进身者能够径授京朝官，如果没有意外，他们可以很轻松的跻身显美，显然，在有出身的人群中，他们的仕宦之路是不具有典型性的。从分析问题的角度而言，对于这样的一个群体，可以暂且不论。这里重点关注的是除了进士高科和制科进身者之外的这一数量相对较多的人群。对于这些人而言，进士及第后，首先被授予了幕职州县官（选人），成为这个国家最基层的文官群体中的一员，这个基层群体不但担负着处理国家最基层最具体的行政事务，更重要的是他们还是国家中高级官僚的人才储备库。从踏入仕途的那一天起，批书历纸、磨勘升秩就与他们紧密联系在一起。当他们积累到了一定的考任时，除了很少的一部人可以通过其他方式跨过选人阶，进入到京朝官序列中，大部分人是需要通过荐举方能改秩京朝官。于是他们在拼过出身、考任之外，还要拼举主、拼改官状，当他们成功进入京朝官序列之后，所完成的不仅仅是个人仕途上的一个跨越式的进步，更完成了国家对他们的考验，为进一步迈向国家决策的核心层打下了坚实的基础。

对于一般的有出身人来说，他们的仕宦之路是具有典型意义的。他们的存在，是国家不能忽视的，他们担负起的是未来国家的长治久安，是国家未来重要的统治力量。于是他们的仕宦路程是国家在选官制度层面上优先和重点考虑的。这样一来，也就意味着宋代选官制度的设计与实施，必然要考虑如何从这一群体中筛选出国家所需要的人才，同时也要考虑如何将国家意图或者说是治国理念通过选官制度渗透到这一群体的思想中。这也就为今天的研究者通过"出身"和"考任"去揭示宋代的治国理念提供了可能。

从上述这一群体的仕宦之路看，横亘在他们面前的显有两道门槛，第一道门槛当然是入仕之门，也就是需通过科举考试获得进士出身。入仕

之门被打开后,并不意味着夷途不再,他们还需要打开升迁之门,才可以说真正走向通往决策核心的道路。这个升迁之门就是改官,而改官最重要也是最广泛的途径就是通过荐举。在这里需要考虑的问题就是,宋代选官制度所设计的横亘在仕宦之路上的两道门槛的设计理念是什么,国家期望通过这样的设计达到怎样的目的。

在这里首先需要讨论的是入仕之门的问题,尤其是进士科。谈到宋代的进士科,就不得不追述唐代的进士科及及第之后入仕的相关问题。

陈寅恪先生在《唐代政治史述论稿》上篇《统治阶级之氏族及其升降》中说:"进士之科虽设于隋代,而其特见尊重,以为全国人民出仕之惟一正途,实始于唐高宗之代,即武曌专政之时。及至玄宗,其局势遂成凝定,迄于后代,因而不改。"吴宗国先生于此则认为:"进士科成为出仕之惟一正途及其凝定的时间,则比陈先生论断的时间稍后一些。"①进士科成为出仕之惟一正途并凝定的时间,无论是在玄宗之代或是稍后一些,从进士科在唐代的发展情况来看,在中晚唐时期,以进士科获得出身的士人,在仕途上的前程已经远远超过了其他科目,发展到宋代,就成为"有出身"的惟一途径。

自中唐以后,进士科备受重视,那么进士及第之后,其入仕的情况又是如何?在唐代,及第的进士通过关试,要赴吏部守选,等待授官,在守选期间,便是吏部的选人。在这里需要说明一下唐代选人的概念。在唐代,凡是赴吏部守选,等待授官的这一群体,被统称为选人。这里既包括了及第进士的守选,也包括了中低级官员任满得替后,赴吏部等待下一任除授的守选。守选的存在,说到底还是员与阙的矛盾所致。②

如果将唐代的这一情况与宋代做一对比,就会看到唐宋之间的不同。宋代进士及第之后,不必经过吏部守选的阶段,可径直授官。宋代自太宗朝以后,进士科录取的人数大大超越了前代,录取人数增多,且取消了守

---

① 吴宗国:《唐代科举制度研究》,辽宁大学出版社1992年版,第171页。
② 参见王勋成:《唐代铨选与文学》,中华书局2004年版,第46—80页、第138—190页。

第六章 选官与治国:"出身"、"考任"背后的宋代国家意图

选,在笼络士人的同时,其结果很可能造成员与阙的矛盾更加紧张。在笼络士人与员阙矛盾之间,宋朝的统治者是如何考虑的?或者说是如何平衡这两者之间的关系呢?

这里还是要从唐宋"选人"、"守选"的不同入手加以厘清。前面述及唐代"选人"及"守选"的情况,那么宋代的情况又是怎样呢?首先,"选人"在宋代大部分时间内指的是文官官阶中最低一等的一个群体,其上则有京官和朝官。在元丰改制之前,这一阶层则被称之为"幕职州县官"。"幕职州县官"与"选人"反映的仅仅是在不同历史阶段对相同人群的不同称谓而已。显然宋代的选人与唐代选人基于"赴吏部守选的人"的概念是有着很大的区别的。既然是"幕职州县官",自然就与"守选"没有瓜葛,可是却仍然被冠以"选人"的名号,这仅仅是一个名号而已吗?

事实当然不会这么简单,这其间反映的则是宋朝统治者在选官体系中重大调整。宋代的选人阶分为四等七阶,在四等七阶内的升迁被称之为关升或者循资,要想跨越选人阶进入京官或者朝官阶次,则被称之为改官。宋代的选人虽然是实至名归的"官",与唐代的选人有着很大的不同,但如果不能改秩京朝官,一辈子只能在选人阶次内升迁,这对其而言实在是一种可悲的结局。因此宋人常将在选人阶层挣扎视之为"选海"或是"选坑",其绝望与可怖,由此可见一斑。苏洵所云:"凡人为官,稍可以纾意快志者,至京朝官始有其髣髴。自此以下者,皆劳勋苦骨,摧折精神,为人所役使,去仆隶无几也"①。此说虽多少有些耸人听闻,但从这段话中,似乎可以读到这样一个信息:选人之为"官"与京朝官之为"官",实有着天差地别,在苏洵的眼中,选人根本就不能称之为"官"。苏洵的看法在宋代并不是一个孤例,比如曾丰就认为"自读书而取科第,平生事始得半

---

① 苏洵:《嘉祐集笺注》卷13《上韩丞相书》,曾枣庄、金成礼笺注,上海古籍出版社1993年版,第352页。

之"①。而在宋人的一般观念中,更是将改官"视为再第"②。

如果循着"去仆隶无几"和"视为再第"的线索而思考,就会发现仕途上的真正门槛是在选人与京朝官之间的改官之上。而进士科及其及第之后的出身,不过是为了越过改官门槛所作的铺垫与热身而已。从这个角度再去审视唐宋之间"选人"内涵的不同,就会发现两者在更深层面上,是有着相同之处的。在唐代,选人是获得任官资格等待做官的人;而对于宋代的选人则可以理解为给与了官的名和实,却并不属于国家"概念中"的官僚队伍,而等待进入"真正"的官僚队伍,即京朝官序列的人。说到底,无论是唐代的选人还是宋代的选人都是属于"预备役"范畴,只是唐代的选人是没有职掌的"预备役",而宋代的选人是有职掌的"预备役"。因此,从这个角度理解,宋代"选人"的名号,亦不能算作有名无实。

可以将宋代的选人看做是有职掌的"预备役",选人阶层的设置对于朝廷而言,其着眼点并不在于任事,而在于历练,以便在未来能够通过改官的门槛,进入京朝官序列。这点可从宋代文官任用时所存在的一些现象看出。比如宋代掌管幕职州县职事的官员,并不都是"幕职州县官",还有着相当数量以京朝官身份掌管幕职州县职事的官员。比如"知县事",通常都是由京朝官担任的差遣;又比如说"签书某某军节度判官厅公事"之类,一般也是京官担任的差遣。而在"官"与"差遣"相分离的宋代,选人阶层在北宋大部分的时间内,"他们叙迁中的阶秩与差遣中的资序大体上是一致的"③。为什么国家既然设置了"幕职州县官"这一阶次,但幕职州县的事务却并不全由"幕职州县官"来处理?为什么在京朝官序列中"官"与"差遣"彻底分离,而在选人序列中,"官"与"差遣"却保持着基本一致?这些现象似乎都在说明,在国家意识中,选人的职掌在于历练,国家并不主要依靠其处理基层政务,真正的基层政务处理者应当是以京朝官身份

---

① 曾丰:《缘督集》卷10《谢漕使苏大卿京状启》,《文渊阁四库全书》1156册,第109页。
② 韩元吉:《南涧甲乙稿》卷20《资政殿大学士左通议大夫致仕贺公墓志铭》,《丛书集成初编》本,中华书局1985年版,第402页。
③ 邓小南:《宋代文官选任制度诸层面》,第21页。

第六章 选官与治国："出身"、"考任"背后的宋代国家意图

担任"知县事"、"签书某某军节度判官厅公事"等差遣的人。因此可以说，宋代选人阶层对于国家来说，其恰当的定位应当是人才储备库，而不是"官"。

在了解了上述情况之后，就不难想见，宋代扩大了进士科的录取比例，虽然在一定程度上加剧了员与阙的矛盾，但这一矛盾却突出反映在选人阶层。由于在选人与京朝官之间存在着一道被称之为"改官"的门槛，尽管相比于唐代，有更多士人通过进士科走上仕途，但他们并不必然都能踏上京朝官之路，因此发生在中级以上官员的员阙矛盾并不必然就会比唐代更为严峻，甚至在一定程度上还能起到缓解中级以上官员员阙矛盾的作用。从某种意义上来说，仕宦之路上设置的这两道门槛所起到的作用恰如今日水库中的两道闸门，在调节进出水量的同时，还能够沉淀泥沙。

当然，进士科的入仕之门虽然在宋代敞开了，可升迁的改官之门却是半掩着，选人只能越来越多，想越过改官之门的选人当然也是成比例的增长。这种状况加剧了选坑难出、选海难越，使得选人们的淹滞之叹不绝于耳，也成了困扰两宋时期的一大难题。于此，有宋一代虽也不断努力振淹滞、进孤寒，但始终没有改变"两道门槛"的仕宦模式。这一方面在于"两道门槛"的仕宦模式既扩大了以进士科入仕的门径，在尽可能大的程度上笼络了士人，同时也未恶化中级以上官员的员阙矛盾，打破了有唐一代豪族世家对重要职位的垄断，使庶族地主甚至寒族子弟有机会进入统治核心阶层，甚至登庸拜相，扩大了统治基础，有效地维持了天水一朝的长治久安；另一方面，选人淹滞于选调，虽成困扰之势，但"两道门槛"仕宦模式的设计本意决定了一定会有相当一部分的选人终身不得改官。南宋绍兴末，大臣洪遵等人就曾对这一设计理念给出了一个很好的注脚，这就是"龌龊冗懦之辈，既无材可以被荐，又无过可以斥逐，宁予之幕职、曹掾之禄，使足以代耕，至于没齿而不敢望致身于京官"[①]。这种理念之下，再加

---

① 李心传：《建炎以来系年要录》卷183，绍兴二十九年秋七月乙巳，第3045页。

上朝廷不断做出振淹滞的姿态,基本能够保证选人阶层的稳定,不至影响整个国家的政务运作。洪遵等人的话还透露了另一层意思:国家以"足以代耕"的微薄俸禄养活了一大批"龌龊冗懦之辈",这既是牢笼也是笼络,减少了社会上的不安定因素,稳固了统治基础,这也是与"两道门槛"仕宦模式的设计意图相符合。

宋初统治者出于对唐末五代以来的武人政治的戒惧,从防弊与实际行政的角度出发,形成了"右文"的治国理念,而在实践的层面,大规模开科取士就成了践行"右文"理念的最基本的举措之一。在宋代的入仕途径中,进士及第无疑是最受重视的一途,其取士规模虽大大超出了前朝后代,但也并未因此压缩或取消其他仕进途径,相反以荫补为例,宋代的荫补制度反而向广泛化的方向发展。这样一来,必然会带来官僚队伍急剧膨胀的现象。如何坚持"右文"理念,同时又尽可能消减入仕者众所带来的一系列经济、政治、社会问题,成为摆在宋朝祖宗面前的一道必须解决的问题。从前文的叙述中,可以很明显地看到,改官制度正是在这样的一个背景之下出现并得以强化。改官制度的严格与朝廷不断强调其间的公平,使得"右文"从理念变成了国策,且保证了官僚队伍的稳定,虽时有淹滞之叹,却并不至于影响整个国家的运行发展,同时也能保证中高级官僚的素质与能力。显然就宋代统治者最初的治国理念到最终的实践过程而言,"两道门槛"的仕宦模式还是有其值得称道的地方。

二、"出身"的意义

南宋名臣周必大曾说:"本朝取人,虽曰数路,然大要以进士为先。"[①]进士科之所以为宋人所看重,一个很重要的原因就是附着在进士科上的"出身"。如前文所揭,在宋代只有通过了进士科或制科的考试,方能获得

---

① 周必大:《庐陵周益国文忠公集》卷136《论发解考校之弊》,《宋集珍本丛刊》第52册,线装书局2004年影印本,第409页上。

出身,即"有出身",除此之外,以他路进入仕途者,一概被视之为"无出身"。"出身"的有无对于一名宋代官员的个人仕宦生涯而言,其影响不但长久而且深远。

宋初的君主,在历经五代丧乱之后,竭力推行文治,最终确立了"右文"的导向与政治选择,成为本朝后世君主遵行不移的祖宗之法①。这样的导向和政治选择势必会对官员的选任产生影响,即重视科举与科举出身的文官群体,而创设于隋唐时期的科举制度,特别是进士科,在宋代也因此被发扬光大,同时也取代门第,成为宋人仕途中的一个"关键词"。正如研究者所指出的"宋朝实行典型的文官政治,在官场中,取代门第观念者,是出身。"②在魏晋隋唐,门第将官员区隔为势族和寒门,而在宋代,"出身"将本已悬隔的"文武"再度区隔为有出身和无出身,形成了"文武之别,有出身无出身之辩"③的政治现象。当然,所谓的政治现象其实也是自赵宋立国以来乃祖乃宗一直努力实现的治国理念,即推行以"崇文抑武"的治国理念,在贬抑武臣的同时,提高文臣的政治地位和待遇,而又以"出身"为标准,进一步区分文臣中的精英阶层与普通阶层,将文臣中的精英阶层置于国家统治中的最高层级,进一步巩固"右文"的政治导向,从而形成了宋代"文治"的基本模式和对其治国理念的最终落实与实践。

在宋代,"出身"已经成为一个政治符号。从现有的材料来看,在宋代的某些历史时期,在文官的阶官之前,加"左"、"右"二字以示区分。李心传《建炎以来朝野杂记》乙集卷一四《赵善俊乞文阶去左右字》尝载:

> 祖宗未改官制前,以官寄禄,然因唐旧典,分别流品甚详,不相混

---

① 参见邓小南:《祖宗之法:北宋前期政治述略》第二章第三节《导向的确立:"欲武臣读书"与"用读书人"》,第149—183页;陈峰:《政治选择与文官士大夫的政治角色——以宋朝治国方略及处理文武关系方面探究为中心》,《河南大学学报》(社会科学版)2007年第1期,第7—12页。
② 王曾瑜:《从门到有、无出身》,《燕京学报》新22期,第73页。
③ 蔡幼学:《育德堂奏议》卷6《乾道壬辰廷对策》,《古逸丛书三编》,中华书局1987年影印本,叶8b。

淆,故有出身、无出身及进士上三名、贤良方正、曾任馆阁、省府之类,迁转皆不同,犯赃及流外纳粟尤不可使污仕流,盖不待分左右也。元丰官制行,始一之。然犹有一官而分左右者,徒以少优进士出身而已。至元祐中,遂自金紫光禄大夫至承务郎,皆以有出身、无出身分左右,则稍复祖宗之旧而不尽也。至犯赃罪,则并去左右二字,论者尤以为当。

从这段记载中可以看到,在元丰之前,虽然在文官的寄禄阶前并不加左右予以区分,但在具体迁转的过程中,出身之有无仍然起到了区别的作用,即"盖不待分左右也"。而元丰中,虽然朝廷做出了"一之"的姿态,但"一官而分左右"的情况却是现实存在的,其目的则是为了"少优进士出身"。至于元祐时期,则正式以有无出身为标准,在文官散阶之前加左右以示区别。在这段文字中,文官阶官分左右的原因似乎是为了在迁转上有所体现,而其根本目的则是为了优待进士出身的官员。值得注意的是这里所提到的对于犯赃罪官员的处理,即"并去左右字"。实际上,在最初以左右系于阶官之前,并不完全如李心传所言的那样。元祐五年(1090年)四月,时为左谏议大夫的刘安世曾经就左右系于阶官之前的问题上书宋哲宗,在这份上书中,刘安世称:

臣伏见自行官制,后来一切以寄禄名官,至於流品,无复旌别。乃者朝廷以为未尽,始诏吏部,因其旧名,分为左右。自是清浊有辨,众论称允。后来窃闻新制,士大夫之犯赃者,并改"右"字,法既未备,人以为疑。且有出身之人,苟以赃污抵罪,左降于右,自可示惩。缘无出身者,自合称右,今若一旦混淆于贪墨之徒,彼将以仕宦为耻,非惟失先王砺世磨钝之术,亦恐本带右阶之人,或有犯者,朝廷以何名处之?臣愚欲乞今后赃污之吏,并与削去左右,量其所犯之轻重,而制为贬降之岁月。若限内别无他罪,仍有举主,即与约经赦叙用之法,许以牵复。如此则名器自正,而负罪者通改过自新之路,劝惩之

第六章 选官与治国:"出身"、"考任"背后的宋代国家意图

道,可得而行矣。①

从刘安世的上书中可以看到,最初朝廷的设想是通过阶官之前系左右,用以区分有无出身之人,同时对于犯赃罪的官员,则一概以"右"字系于阶前。这样一来,问题出现了。若本是有出身之人,以左降右,以示惩处,这固然无可厚非。然而若是无出身人,本身就带右阶,若其犯赃,除了贬降之外,仍旧是右阶,这就会使无出身且未犯赃的官员"混淆于贪墨之徒","以仕宦为耻"。显然,这样的做法是不利于官僚队伍稳定的。从李心传的记载来看,朝廷最终还是采纳了刘安世的建议,即以左右区分有无出身,而并与削去左右用以标示犯赃的官员。

本章在这里所关心的并不是制度完善的过程,而是在制度从创设到完善过程中,朝廷的动机与态度。

显然,在元祐时,朝廷抛出左右二字系于文官官阶前的做法,并非空穴来风,其根据则在于宋朝廷一向以右文为立国之基,体现在官员选任的层面,则除了重视进士科之外,就是要让这些有出身的官员能够迅速成长起来,于是在官员迁转方面必然会给与有出身官员以政策倾斜。在文官阶官前未系左右之前,这样的倾斜已经体现得淋漓尽致,在诸多有关升迁及选任的格法中,有无出身绝对是迁转迟速的重要条件之一②。然而毕竟此时的"出身"问题仍半遮半掩地隐藏在朝廷的意识与格法的条文之中,一旦将其光明正大地标示在阶官之前,其实就是在宣示,不但在迁转的过程中要向有出身人全面倾斜,而且还要明确表明对无出身人的歧视,并借此进一步地提高有出身官员在官僚队伍中的地位,增强其优越感。

值得玩味的是,以左右系于文官阶官前之初,"无出身者,自合称右,今若一旦混淆于贪墨之徒,彼将以仕宦为耻";"本带右阶之人,或有犯者,朝廷以何名处之",这两个显而易见的漏洞,却被朝廷忽视了。如果将这

---

① 刘安世:《上哲宗论犯赃人于寄禄官削去左右字》,载《宋朝诸臣奏议》卷69,第760页。
② 参见王曾瑜:《从门第到有、无出身》。

种忽视理解为过失而不是过错,那么至少可以说明,此项制度设计是以提高有出身官员的地位和重视他们的感受作为出发点,而根本没有考虑到无出身人的利益和他们的感受。即朝廷以有出身官员为统治的基石,同时也以此为标识,向治下的官民昭示了本朝的政治导向。而本无出身者,因犯赃者系右于阶前,而导致混淆于贪墨之徒的结果,似乎正反映了朝廷潜意识中的心态。在朝廷的潜意识中,只有有出身人是需要单独提出来的一个群体,而除此之外的人群无论其是犯赃人或是无出身人,在朝廷的眼中是不需要特别加以区别的,其区别文官群体的惟一标准就是有无出身。这一点在官员的迁转过程中及任用方面体现得尤为突出,通常只以出身的有无来决定迁转的迟速,以出身的有无来决定是否有资格担任某个差遣。尽管最终基于统治稳定的考虑,将犯赃人与本带右阶之人加以区分,但是朝廷尊崇有出身人,歧视无出身人的思想却并没有因此而改变,仍旧顽固地存在其意识当中。

既然有出身人在宋代受到特别的重视,"出身"除了意味着地位的尊崇,迁转时的优待,它还能为这个国家带来什么呢?自赵宋立国,历代君主之所以孜孜矻矻地推行文治,重用读书人,其目的无外乎统一思想与经国治政。那么"出身"是否能够承载起统治者这两项根本目的吗?

有无"出身",取决于是否通过进士科考试,进士科的考试内容则反映了统治者到底需要什么样的人才。从宋代的进士科考试的内容来看,诗、赋、策、论、贴经、墨义、经义等在宋代的各个历史时期都曾经成为进士科考试的内容,而北宋中前期则主要以诗赋取士,熙宁时改经义而罢诗赋,元祐时则经义、诗赋兼收,到绍圣时又罢诗赋而用经义,最终到了南宋初期确立了诗赋、经义两科分立取士的原则[①]。从宋代进士科考试采用诗赋或经义取士,或者是诗赋、经义兼收的不断变化的过程来看,似乎宋代的统治者对于到底吸纳哪一方面的人才进入国家官僚队伍有着很大的犹疑。诗赋、经义之争到底与宋代国家的治国理念有着怎样的关系?

---

① 参见祝尚书:《宋代科举与文学考论》,大象出版社2006年版,第190—209页。

第六章 选官与治国:"出身"、"考任"背后的宋代国家意图

关于宋代进士科考试的诗赋经义之争,祝尚书先生在《宋代科举与文学考论》一书中有专文研究,此处不再赘言。本章所关心的是,通过宋代士大夫对进士科考试到底以诗赋还是经义取士的争论,从中是否能够看到"出身"与国家的政治导向、治国理念之间的关系。在此不妨选取宋代士大夫对于诗赋、经义之争中代表性的言论加以分析。

早在宋太宗时,时为中书舍人的孙何就曾为诗赋取士做出辩护,他说:

> 唐有天下,科试愈盛,……名儒钜贤,比比而出。……持文衡者,岂不知诗赋不如策问之近古也?盖策问之目,不过礼乐刑政、兵戎赋舆、岁时灾祥,吏治得失,可以备拟,可以曼衍,故污漫而难校,泆沕而少工,词多陈熟,理无适莫。惟诗赋之制,非学优才高不能当也。破巨题期于百中,压强韵示有余地。驱驾典故,混然无迹;引用经籍,若已有之。咏轻近之物,则托意雅重,命词峻整;述朴素之事,则立言遒丽,析理明白。其或气焰飞动,而语无孟浪;藻绘交错,而体不卑弱。颂国政则金石之奏间发,歌物瑞则云日之华相照。观其命句,可以见学植之深浅;赜其构思,可以见器业之小大。穷体物之妙,极缘情之旨。识《春秋》之富艳,洞诗人之丽则。能从事于斯者,始可以言赋家流也。其论作赋之工,如此非过也。①

从孙何的议论中可以看到,孙何认为策论不过是对一些具体事情进行的阐发,有失于琐碎,而不利于全方面地考察人才。特别是策论之类,可以预先准备,内容则可以敷衍成文,因缺乏比较客观的标准,而难以考校高下。反之,诗赋之学,因为涉及破题、押韵、用典、引经、命词、析理、命句、构思等诸多方面,且品评诗赋的标准比较客观,能够通过诗赋的写作,用以选择出"学优才高"之人。

---

① 沈作喆:《寓简》卷5,《文渊阁四库全书》864册,第132页。

从孙何的议论中可知，早在宋太宗时，关于进士科的考试内容，就已经产生了诗赋、策论之争，到了宋真宗时，诗赋、策论之争就呈现出激化的趋势。天禧元年（1017年），时为右正言的鲁宗道就曾提出"进士所赋诗赋，不近治道"，而真宗对此的回应，则明确表示"进士兼取策论"，予以支持①。至此可以看到，之所以会有诗赋、策论之争，就在于诗赋虽能选拔"选优才高"之士，但却"不近治道"；而策论虽与现实紧密相连，但却难以判定才情的高下。由于策论多涉经世治国等方面的内容，又是以经术实学为主，故此诗赋、策论之争也逐渐演化成诗赋、经义之争。

英宗治平元年（1064年），时为判国子监的吕公著上章请求在进士科考试中罢免诗赋，对此司马光表示了明确的支持。司马光认为"近世取人，专用诗赋，其为弊法，有识共知。今来吕公著欲乞科场更不用诗赋，委得允当。"并提出自己对于进士科考试内容的设想，"御前除试论外，更试时务策一道"，这样一来"则举人皆习经术，不尚浮华"②。在此一阶段的朝廷之上，以为诗赋为"尚浮华"的论调甚嚣尘上，这也最终为王安石在神宗时主持变法正式罢去诗赋拉响了前奏。

熙宁时，王安石力主罢废进士科中诗赋的考试内容，除了认为诗赋"尚浮华"之外，还有一个重要的动机，就是认为经义能够起到"一道德"的作用。王安石在给神宗阐述经义的重要性时，他认为："今人材乏少，且其学术不一，一人一义，十人十义，朝廷欲有所为，异论纷然，莫肯承听，此盖朝廷不能一道德故也。故一道德则修学校，欲修学校则贡举法不可不变。"王安石还提到："今以少壮时正当讲求天下正理，乃闭门学作诗赋，及其入官，世事皆所不习，此乃科法败坏人才，致不如古。"③也正是这样的一番话，打动了宋神宗，最终在进士科中罢废了诗赋的考试内容，而以经义为取士的标准。

---

① 李焘：《长编》卷90，天禧元年九月癸亥，第2082页。
② 司马光：《温国文正司马公文集》卷28《贡院定夺科场不用诗赋状》，《四部丛刊初编》本，叶6b。
③ 马端临：《文献通考》卷31《选举考四》，中华书局1986年版，第293页中栏。

第六章 选官与治国:"出身"、"考任"背后的宋代国家意图

此后,在进士科考试当中,虽然有关诗赋、经义的争论一直都没有停息,朝廷也不断地摇摆于经义、诗赋之间,但是主要的论点却大致不出以上诸人的论述,直到南宋初期正式确立经义、诗赋分立兼收,有关争论才算告一段落。

如果能够比较客观地看待有关诗赋、经义的这一场旷日持久的争论,虽然在此必须承认两派的观点都有失于片面的地方,但是其间的合理性也是不容忽视的。

首先,以支持诗赋取士的一派而论,诗赋之学虽然远离社会现实,但是诗赋注重技巧,讲究文学性和艺术性,并且多少有些仰赖天分的特点,的确可以使优秀的人材脱颖而出。另外,以追求文学性为侧重点的诗赋,对于提高士人的文学修养,确立"翕然向文"的社会导向,亦是有着不容置疑的积极作用。从这两方面来讲,通过诗赋而录取的人材,既然能够称之为优秀,那么稍加历练,自然能够快速走上经国治政之路;而确立"翕然向文"的社会导向,当然也是统一思想的一个方面。

其次,以支持经义取士的一派而论,王安石"一道德"之论对于统一思想的作用更是毋庸多言,乃至这种统一思想被视为钳制思想,似乎亦不为过。而经义对于实学的重视,其着眼点正是现实的社会问题,自然与经国治政的联系就愈加紧密。

从这样一个视角去观察宋代诗赋与经义之争,可以看到,两派在根本目的上,其实并无差距,只是支持诗赋的一派显得有些"缥缈",而支持经义的一派则"实在"得多。两者虽然在根本目的上与国家的期待相一致,不过在过程中仍然是有着很大区别的。从统一思想的层面来讲,诗赋之学确立的是一种"向文"的导向,其开放性与可资士人盘桓的空间仍然存在;而经义取士则是在士人面前呈现了一条明确且不可逾越的线路,惟有亦步亦趋,不敢稍越雷池。从经国治政方面而言,诗赋之学以考察潜质为首要,"观其命句,可以见学植之深浅;赜其构思,可以见器业之小大"[①],

---

① 沈作喆:《寓简》卷5,《文渊阁四库全书》864册,第132页。

其与统治者所要求的经国治政显然是有差距的,"学植"与"器业"是否能在经国治政方面上加以体现,还需要在任官的过程中加以历练;而经义之学似乎与经国治政联系更为紧密,似乎更能反映士人的"实学",然而"近世士人纂类经史,缀缉时务,谓之策括,待问条目,搜抉略尽,临时剽窃,窜易首尾,以眩有司,有司莫能辩也"①的情况也的确发生在经义考试的过程中,如此一来,经义考试所能够达到的效果就会大打折扣,经义取士的结果也并不一定就如朝廷所预期的那样,选拔出来的士人都是经国治政的优秀人才。

正是由于诗赋和经义各有利弊,但其在目标上与宋代治国理念却又并不抵牾,使得统治阶层很难在两者之间做出取舍。因此在哲宗元祐时期,诗赋、经义兼收的说法便又在朝堂之上正式提出。元祐元年(1086年)闰二月二日,刘挚在上书中,首次提出了诗赋、经义兼收的观点,他认为:

> 诗赋之与经义,要之其实,皆曰取人以言而已也。人之贤与不肖,正之与邪,终不在诗赋、经义之异。取于诗赋,不害其为贤;取于经义,不害其为邪。②

刘挚的论调已经跳出之前单纯论述诗赋、经义之优劣的论调,转而以国家之导向作为其立论的依据,即"取人以言"。而其"贤与不肖"、"正之与邪"的说辞,反映了刘挚诗赋、经义兼收的观点尚未跳出党争的思维模式,没有从宋代治国理念的角度切中要害。元祐三年(1088年)彭汝砺上书,再度提出诗赋、经义兼收的观点,彭汝砺认为:

> 臣以谓国家取士,将欲得人才也,经义策论可以得人才,诗赋亦

---

① 苏轼:《苏轼文集》卷25《议学校贡举状》,中华书局1986年版,第724页。
② 刘挚:《忠肃集》卷4《论取士并乞复贤良科疏》,中华书局2002年版,第93—94页。

第六章 选官与治国:"出身"、"考任"背后的宋代国家意图

可以得人才,何必纷纷为此异同也? 臣今起请,且欲如元祐敕施行,如诗赋在优等,经义策论虽不善亦取之,所以示朝廷以文词为贵也;经纶在优等,诗赋虽不善亦取之,所以示朝廷以儒术为贵也;策在优等,诗赋虽不及亦取之,所以示朝廷以知时务者为贵也。如此,则有文词者得骋其辞,有学者得尽其蕴,有知识者得竭其虑,上无损国体,下不失士心。①

显然,彭汝砺的观点从国家导向出发,论述了兼收的意义,无论是贵文词、贵儒术还是贵时务,都是可以做到"上无损国体,下不失士心",与国家的统治基调都是相契合的,因此不必"纷纷为此异同也"。这种论调实际上也为南宋时期确立诗赋、经义两科分立奠定了基础。

诗赋、经义的纷争前后延续一百余年,朝廷在处理此事时,也颇有摇摆不定,然而无论是诗赋还是经义,其与宋代国家的治国理念、统治基调都是相一致的,因此无论纷争如何激烈,各派观点怎样尖锐对立,对于宋代国家而言,并非是非此即彼的单项选择,因此才最终出现诗赋、经义两科分立的结果。

"出身"对于国家而言,其意义在于确立了"右文"的导向,保证国家的统治政策能够朝着文治的方向持续发展。在官员的选任方面,以"出身"为标准,不但区隔了文武,也分化了文官阶层,特别是以左右系衔的做法,进一步提高进士科出身官员的地位,也为日后的选官抛出了最节约成本,且能迅速甄别能否的条件之一。

三、"考任"的真相

宋代选人通过荐举改官,所需条件繁复纷杂,但是透过这些纷繁的细

---

① 杨士奇、黄淮编:《历代名臣奏议》卷167载彭汝砺奏,上海古籍出版社2012年影印本,第2202页。

目,却可以发现,所有的条件都不出出身、考任和举主三项。虽说此三项在选人荐举改官中都起到至关重要的作用,但三者并非"并列"关系,而是有着"主次"之别的。

三者之中,举主显然是重中之重。在荐举改官过程中,所有围绕着"举主"制定出来的改官条款,最终都要落实在举状之上。举状的获得,名义上是选人历任治迹与自身才学的反映,但由于"举官限员"规定的存在,使举状成为"稀缺"之物,兼之由人际网络所衍生出的人情因素的存在,使得举状的获得变得扑朔迷离起来。正如有学者指出的那样:"选人除了在做出政绩这一点上可以自己把握外,其余的必要条件举削与限员则是超出自己的能力之外。"[1]作为朝廷而言,此一情势不可能不知,然而中央与基层之间悬隔的存在,使得朝廷在面对选人改官,甄别未来中高级官员之时,不得不依赖处于中间层次"举主"的推荐。因此,尽管举状的获得有着多重非公因素作用其中,尽管有着律令"照顾"不到之处,但是利用"举主"推荐,以便从宋代文官储备队伍——选人——中选拔出未来中高级文官的模式,却是不能轻易动摇的。

既然荐举改官的选拔模式不能动摇,而作为荐举改官环节中重要因素的举主,朝廷虽有一整套的措施对其进行约束,希望举主能够秉公荐举,选拔出国家真正需要的人才,然而这种希冀在现实操作中是很难实现的。况且荐举本身就是带有很强主观性的选拔方式,很难用特别客观的条件衡量人的才具与能否,这就会使大量处于文官群体最底层而未得荐举改官的选人们的心里生出不平之气。显然,底层官员的不平之气,朝廷是不能轻易忽略而置之不顾的,当这种不平之气积累到一定程度,是会影响到帝国统治的稳定。如此一来,如何去安抚那些没有通过荐举改官的选人失衡的心理,就成了朝廷需要仔细考虑的一个问题。于是出身和考任这种比较客观,易于认定的条件便被引入到荐举改官制度之中。

---

[1] 王瑞来:《金榜题名后:"破白"与"合尖"——宋元变革论实证研究举隅之一》,《国际社会科学杂志》(中文版)第26卷第3期,2009年,第80—90页。

第六章 选官与治国:"出身"、"考任"背后的宋代国家意图

如前文所揭,宋代对于出身的重视,一方面是在朝廷统治所及的范围之内确定"右文"的导向,另一方面则是在选官过程中抛出一个既节约成本,又能初步、迅速甄别能否的办法。在此不得不承认的一点是,帝国的基层文官群体中,有出身者不过是少数人,对于大多数无出身的基层文官来说,如果在选官过程中,"出身"成为一个刚性且必须的条件时,那么无出身者的仕宦之路无疑是被堵死了。显然,如此做法,对于国家统治而言无疑是危险且无必要的。如何更有效地利用"出身"条件在选官中做文章,既能利用出身条件遴选出有才干的官员,又使其不至于打击面过广,宋代的做法是用考任来弥补出身的不足。

官员的选任,说到底,其最初的目的是为了择才,出身的取得其实也是证明士人具备国家所需的某种基本才能。不过,以出身条件作为衡量士人才具的惟一条件,显然是不恰当,也是不合理的。为了给无出身者一个进身之阶,最直接的方法无非是利用某种考察方式,对其能力进行再次的评估,可是在此也可以发现,至少在宋代荐举改官的制度体系中,用来直接弥补出身不足的方式并不是举主的荐举,而是与士人能力并无直接关系的考任条件。北宋郑獬在论及仁宗时县令改官,曾说:

> 仁庙时,患县令非材,不能通晓民事,故诏用荐者三人,方得选令,令满三考,无过咎,又用荐者五人已上,乃得转京官,以其为亲民之任。故差减其考第,有出身通为六考,无出身通为七考,皆得磨勘。其它选人有出身七考,无出身八考,方许磨勘。盖县令者。已经两次荐举,共享举者八人,比之常调,已为精择。①

从郑獬的话中可以看到,无出身者在改官之际,可以通过增加考任,获得与有出身人同等竞争的资格,也就是说通过增加考任来弥补出身的

---

① 郑獬:《郧溪集》卷12《论县令改官状》,《文渊阁四库全书》1097册,第221页。

不足。又如宋神宗元丰改制之前选人改京官之制规定①：

> 选人选京官之制
> 有出身：
> 判、司、簿、尉，七考除大理寺丞（不及七考，光禄寺丞。不及五考，大理评事。不及三考，奉礼郎）。
> 初等职官，知令、录，六考除大理寺丞（不及六考，光禄寺丞。不及三考，大理评事）。
> 两使职官，知令、录，六考除著作佐郎（不及六考，大理寺丞。不及三考，光禄寺丞）。
> 支、掌、防、团判官，六考除太子中允（不及六考，著作佐郎）。
> 节、察判官，六考除太常丞（不及六考，太子中允）。
> 无出身：
> 判、司、簿、尉，七考除卫尉寺丞（不及七考，大理评事。不及五考，奉礼郎。不及三考，守将作监主簿）。
> 初等职官，知令、录，六考除卫尉寺丞（不及六考，大理评事。不及三考，奉礼郎）。
> 两使职官，知令、录，六考除大理寺丞（不及六考，卫尉寺丞。不及三考，大理评事）。
> 支、掌、防、团判官，六考除著作佐郎（不及六考，大理寺丞）。
> 节、察判官，六考除太子中允（不及六考，著作佐郎）。②

从上述这段记载中可以看到，同等官阶的无出身选人如果想与有出身选人在改官后也获得同等的京官寄禄官阶，在考任方面就必须强于有出身的选人，否则改官后的寄禄官阶就会比有出身人要低一些，这仍然表

---

① 参见方诚峰：《〈宋史·职官志〉所载选格疏正》，载《文史》74辑，2006年。
② 《宋史》卷169《职官志》，第4038—4039页。

第六章 选官与治国:"出身"、"考任"背后的宋代国家意图

明在改官中,考任能够弥补出身的不足。

在荐举改官制度中,以考任弥补出身的不足,实际上是贯通于两宋三百二十年间的。宋廷之所以采取以考任弥补出身不足的做法,是有着很强的稳定官员队伍的意涵。出身与考任相比,出身的取得是要通过进士科考试,尽管宋代相比于前代,部分放开了取士的约束条件,而录取比例也有着很大的提高,但不得不承认的是,进士及第仍不易得,进士出身者仍然是官僚队伍中的少数人。为了实现无"遗材"的理想,也为了吸纳更多的官员进入国家的决策层,更是为了让广大无出身官僚看到仕途的前景与希望,出身作为一种劝诱手段,作为一种表明国家导向的标志无疑是可以的,若将其作为一种完全的限制和筛选条件,则是不利于国家统治的稳固。但是,从另一方面而言,如果为了照顾人数众多的无出身官员,不将出身作为荐举改官的条件,则又会挫伤有出身人的积极性。有出身者人数虽少,但能在众多士人中"突出重围",尽管对于进士科本身,本朝后代都有着各种批评之声,但其过于常人之处,也是需要承认的。想要对此进行平衡,最好的办法无过于给予有出身人以选官的优先权,同时通过增加条件的办法,使无出身人能够有机会弥补出身的不足。

出身针对的是才具,如果要让无出身人有机会弥补出身的不足,最好的办法无疑是让无出身人用能够证明自己才具的方法来弥补出身的不足。既然是为了选官,这个"能够证明自己才具的方法"当然以治绩为优。可是通过此看到的是,宋廷并没有采取以治绩来弥补无出身人出身的不足,而是引入了考任的条件。

考任说到底,最多能够反映历官的经历,其与才具并没有直接的对应关系,且考任的取得在很大程度上不过是时间的流逝,也就是说,只要有充足的时间,无论是几任几考,都可以通过时间来获得,并没有什么特殊的难度。但是就是这个只要有时间,人人都能获得的考任条件,一旦引入到荐举改官制度当中,其调节的效果却是明显且有效的。

在荐举改官制度中,对无出身人考任的增加,实质上就是推迟了其"合格"的时间,相对于有出身人而言,就能够先行一步改官。对于任何一

名官员来说,能够快速升迁,无疑是一件值得欢庆之事,因此有出身人能够先行一步改官,在他们的心理是能够产生巨大的优越感的。出身在荐举改官中带给他们的优越感进一步能为他们带来满足感。而对于无出身人来说,他们仅仅需要支付时间成本,就能够与有出身人站在同一个平台改官,显然无出身者也不会因此而感到巨大的失落。所以当考任介入到荐举改官中之时,无论是有出身人还是无出身人,都会因此而获得满足,国家也因此利用考任成功地消弭了有无出身人之间的对立,稳定了低层文官队伍。

其实宋代国家利用考任,在荐举改官中稳定低层官员队伍,绝不仅限于消弭有无出身人之间的对立,考任也被应用于消除未得改官人中弥漫的不满情绪。在这里可以看一条有关北宋中前期柳永的事例:

(柳永)初举进士登科,为睦州掾。旧初任官荐举法不限成考,永到官,郡将知其名,与监司连荐之,物议喧然。及代还至铨,有摘以言者,遂不得调。自是诏初任官须满考乃得荐举,自永始。①

关于柳永的事例,在《长编》卷一一六景祐二年六月丁巳条还有这样一段记载:

丁巳,诏幕职、州县官初任未成考者,毋得奏举。先是,侍御史知杂事郭劝,言睦州团练推官柳三变(柳永)释褐到官,才踰月,未有善状,而知州吕蔚遽荐之,盖私之也,故降是诏。

结合这两条记载,可以还原一个事实:在柳永之前,朝廷有关荐举法的规定是"初任官荐举法不限成考",也就是不必非要"成考"才能取得荐

---

① 叶梦得:《避暑录话》卷3,《宋元笔记小说大观》第3册,上海古籍出版社2001年版,第2628页。

第六章 选官与治国:"出身"、"考任"背后的宋代国家意图

举的资格,因此柳永在到官才及一月之时,知州(郡将)就荐举了他,甚至还是"与监司连荐之"。从这件事本身来看,知州吕蔚的行为并没有违反朝廷的规定。然而柳永到官才及一月即获荐举,而且按照侍御史知杂事郭劝的说法是"未有善状",由此而怀疑吕蔚的行为是"私之"。更为有趣的是朝廷的态度,朝廷在接到郭劝的弹劾之后,并没有去覈实郭劝所说"未有善状"说法的真实性,也没有对弹劾与被弹劾双方当事人的是非进行认定与评判,反而是惩处了在此一事件中并没有明显过错的柳永,使其在"代还至铨"时"不得调",并且下明诏规定:"幕职州县官初任未成考者,毋得奏举"。国家抡起了大棒打在了柳永的身上,并推而广之,以柳永为戒,更改了"初任官荐举法不限成考"的旧规。

朝廷的这一处理方式,到底反映了怎样的一种心态?这实际上是一个颇为值得玩味的问题。

首先需要知晓的是,为什么吕蔚这一并未违反相关规定的做法会引起"物议喧然",乃至直接导致了侍御史知杂事郭劝的上章弹劾?

宋朝仁宗时期正是荐举法日渐严密的一个重要发展阶段,之所以荐举之法会越来越严密,这是与仁宗朝荐举人数的增多,荐举过程中出现的种种舞弊、冗滥、不实等现象的集中出现有着密切的关联。仁宗时,大臣夏竦就曾在上奏中提到,当时的一些官员"阴行宠贿,构求荐举"[1]。而当时所发现的一些现象似乎也证明着"构求荐举"的真实性,特别是朝廷之上的达官显宦们的子弟,利用其父兄的影响力谋求荐举改官。比如使相王德用的甥婿李师锡的改官举状竟多达三十余纸[2];枢密使胡宿之子胡宗尧,荐举其改官的举主有十七员之多[3];枢密使庞籍的女婿陈琪的改官举状亦有十七纸之多[4]。以上的这些情况,均引起了统治者的高度关注,

---

[1] 夏竦:《文庄集》卷13《退巧宦》,《宋集珍本丛刊》第2册,第546页。
[2] 王闢之:《渑水燕谈录》卷1《帝德》,中华书局1981年版,第4页。
[3] 朱彧:《萍洲可谈》卷1《仁宗问改官人家世品行》,中华书局2007年版,第109页。按:胡宿之子的名字,诸书记录不同,可参见《清波杂志校注》卷1《改官》注五之考证。
[4] 庄绰:《鸡肋编》卷下《陈琪以举者多而报罢》,中华书局1983年版,第121页。

在这些人改官引对之际，作为最高统治者的宋仁宗，其处理方式要么是只与循资，要么是"更候一任改官"，或者干脆"特不与改（秩）"。从相关的记载来看，仁宗对这些势要子弟的处理，并没有覈实其举状究竟缘何而来，其间是否存在着"阴行宠贿"之类的不法行为，惩处并没有触及到更深层面，也没有触及到事件背后所关涉到的人员。从仁宗的态度中，可以看到，惩处势要子弟似乎并不是仁宗的目的，这样的处理方式更像是"作秀"，"秀"给那些因为没有关系而艰于改官的孤寒选人们看，用以表明国家在荐举改官问题上所秉持的公正的态度。因此可以说，即使这些势要子弟们真的是怀有奇才，真的是拥有众多的举主，仁宗也必须对他们进行处理，因为这本身就是一场展示"公正"的政治秀，从记载这些事件的作者们以极度欣赏的态度书写这些事件，就更能看出此点。

在了解了仁宗处理势要子弟多举状问题的态度和立场之后，再来看柳永事件的处理，似乎就不那么难理解了。在柳永事件中，之所以会"物议喧然"，其实是源于公众对柳永到官不过一月，他到底凭借什么能够在短时间内获得荐举的质疑？这种质疑在本质上则是对公平荐举的不信任。由于仁宗时期大规模地出现荐举改官舞弊、以权谋私的现象，致使朝野上下对于那些稍有不合常规的举动，都会产生"恶"的联想，这就是"物议喧然"的原因。舆论所向，势必会引起迎合舆论的言论，显然侍御史知杂事郭劝的上章弹劾正是这种迎合。有了"物议"，有了弹劾，对于朝廷而言，这是一种无形的压力，为了缓解朝野上下的不平之气，国家必须要抡起大棒，而且这个大棒只能打在柳永的身上，才能够起到缓解的作用。

可是，暂时缓解了朝野上下的不平之气后，在未来的日子里，朝廷仍会面对类似的问题，如何打消朝野上下的疑虑，从根本上杜绝此类事件的发生，这才是朝廷需要考虑的重点。为此朝廷引入了考任的条件，对初官人荐举进行了限制。

早在真宗末期、仁宗初期朝廷就已经确立了选人荐举改官需经四考

第六章 选官与治国:"出身"、"考任"背后的宋代国家意图

以上方得磨勘的原则①,而在柳永事件之后,选人需初任成考方能接受荐举的考任条件也得以明确,使得之前混淆不清的受荐资格与磨勘资格得以区分,这就是宋代选人荐举改官中所要遵循的"限考受荐"原则②。

总的说来,利用考任条件制定的"限考受荐"原则,从官员选任的角度来观察,其对于人才的选拔,除了延长受荐举和磨勘的时间用以观察人才之能否外,并无其他明显的好处。"限考受荐"之所以能够在一经确立之后,终两宋之世,除对受荐与磨勘资格的具体考任上有所变化之外,略无改易,其原因在于考限的存在一方面限制了势要子弟和奔竞者,在时间上提供了缓冲,推迟了他们的进身速度,避免更多的改官名额在同一时间为其侵占,为优秀的孤寒子弟提供了进身之阶;另一方面则是国家"限考"的政策向朝野上下表明了"进孤寒"、"退权势"的态度,藉此重拾在荐举改官中备受质疑的公信力之外,还成功地安抚了"老死选调"的选人,平衡了他们的心理,稳定了低级文官队伍的同时,也在一定程度上消弭了舆论对于荐举改官中发生不公现象的质疑③。显然,前者更多体现的是一种姿态,而后者才是朝廷推行"限考受荐"原则的根本目的。

"考任"在宋代的语境中,指的是常规政绩考察的单位,也是官员任职时间的单位,它的存在是为了便于国家对在任官员绩效进行了解与掌握,也是对官员的监督与激励。不过,考任的意涵或者说用途绝不限于此,从前文的论述中可以看到,当考任用以在升迁之际弥补出身之不足时,当考任用以限制荐举改官中的势要子弟与奔竞者之时,考任成了维护国家稳定的利器,不但利益各方均能够接受,也使国家缓和乃至摆脱了本应很尖锐的矛盾。这并不是说考任本身就具备"维稳"的功能,而是被朝堂之上

---

① 如《宋会要辑稿》选举 27 之 16 载天禧元年(1017 年)五月诏云:"所举到幕职州县官,历任及四考已上,并与勘会施行。"《长编》卷 102,天圣二年六月戊寅载监察御史李纮上言云:"近年臣僚举奏幕职州县官,例及五人以上及所举之人四考已上者,并得磨勘引见。"
② 参见胡坤:《限考受荐:宋代选人改官的资格》,《中国史研究》2012 年第 1 期,第 99—112 页。
③ 参见胡坤:《限考受荐:宋代选人改官的资格》三《考限的意义:限制与平衡》,第 111—112 页。

的精英们加以巧妙利用罢了。而从更为广泛地意义上来讲，"考任"的意涵和用途正是赵宋王朝治国理念及其实践的具体反映。

四、小结

国家意图与治国理念应该是两个层次的概念。在笔者看来，所谓国家意图应该是指在面对某些具体事件的处理时，国家的反应以及其所希图达成的目标，而所谓治国理念则是指国家作为行为主体在长时间段内处理各种事务时所表现出的一以贯之的应对策略，以及应对策略背后带有明显承继性的有关治国的指导思想。也就是说国家意图是一个即时性的概念，而治国理念则带有长期性。具体事件背后的国家意图能否反映治国理念，还是存在着相当大的疑问，不过也必须承认的是，二者之间绝不是相互疏离而不曾交集。当一个国家在应对所有事务或者说绝大部分的事务处理都沿用一种思路、朝着同一个方向行进的时候，即在长时段处理多事件所表达出的意图具有一致性，在此或者就可以认为多重的国家意图提炼出的表达即为治国理念。

本章选取了"出身"、"考任"两个点来观察宋代文官的选任制度，从中可以发现，以"出身"、"考任"为线索进行考察的时候，所追索出的一系列与之密切相关事件中，宋代国家在对此进行处理之时，其背后无不反映出国家对于稳定的追求。

"出身"在宋代官员的个人世界中，无疑是占有很重要的地位，这是朝廷不遗余力地强调"出身"的结果，它反映了宋代国家确立右文导向的努力。而右文导向的确立则又在于宋初统治者对于唐末以来藩镇割据的武人政治导致国家动乱的深深警惕，并将这种警惕传诸子孙，构成了赵宋王朝的底色。对"出身"的强调，在赵宋王朝历代统治者的主观意识中是为了维护王朝统治的稳定，但对"出身"的强调，也会造成"无出身"的落寞，乃至与王朝的疏离。为了安抚数量巨大的无出身官员，又不能放弃"右文"的底色，宋代国家的做法是敞开进士科的入仕之门后，又设立起了一

第六章 选官与治国："出身"、"考任"背后的宋代国家意图

道升迁的改官之门，这一方面降低了"出身"的优势，使有出身者不致于仕路无阻的平稳升迁，也给了无出身者与有出身人同等竞争的机会，尽最大限度地笼络士人；另一方面进士科考试开放之后，并没有恶化中级以上官员的员阙矛盾。改官之门的设立巧妙地解决了赵宋王朝本该遇到的一些困惑，在"右文"导向不变的前提下，维护了官僚队伍的稳定，也维护了国家的稳定。

在改官过程中，"有出身"固然具备一定的优势，但这种优势既不是绝对的，又不是完全可以忽略不计的，这种状况的出现，在于宋代国家又引入了"考任"的条件，有出身人可以相对迅速地改官，而无出身人则可以通过考任来弥补出身的不足，显然这对于有无出身者都是乐于接受的。同时，在改官中利用考任条件推行的限考受荐原则，既限制了势要子弟与奔竞之人，安抚了孤寒子弟，也成功安抚了"老死选调"的选人，平衡了他们的心理，稳定了低级文官队伍。

从本章所论述的情况来看，国家处理诸多事件时，其背后的意图都指向了维护稳定，这或者可以认为是宋代治国理念之一端。

第七章　分权制衡与以文驭武：
宋代军制的设计思路

深鉴唐末五代之弊，宋代高度重视军制建设。宋初，开展了一系列加强中央集权的制度改革，军制改革实为中心环节。在治国理念尚未确立的萌芽期，统治者在意识形态领域中便有了清晰的分权制衡思想，如从二司到三衙，枢密院——三衙体制的形成，内外相制的兵力部署，更戍法下的将帅角色，等等。之后，随着"崇文抑武"与"重内轻外"治国理念及路线的逐渐清晰，宋代统治者于军制方面的设计思路也愈发鲜明，如将从中御，御制阵图在宋太宗、宋真宗时期的频繁颁降，宦官更多地参与军队事务；以文驭武，用文臣控制武将，无论是中央的枢密院还是地方的统兵官，武将都沦为文臣的副贰，等等。日臻周密的军制又反过来服务于宋代治国理念，并维护了其延续。

一、军事决策系统

作为军制设计的中枢环节，宋代军事决策系统不仅包括发端于前代的枢密院体制，还涵盖极具时代特征的将从中御做法。与治国理念形成与发展的基本轨迹相适应，该系统各方面也在微妙地调整和变化，其核心目标是实现君主与中央对军队的牢固控制。

第七章　分权制衡与以文驭武：宋代军制的设计思路

（一）枢密院权能的分配与制约

1."互相维制"：从"二府"到"三省——枢密院"

如所周知，自后唐开始，枢密院与中书门下分秉朝政，甚至权力超过中书门下，"二府"格局初步形成。如后唐庄宗时郭崇韬、安重诲出任枢密使，"始分掌朝政，与中书抗衡"①。一度因宰相离京，郭崇韬权行中书事，权势极大，被认为"事权太重"。史称："梁太祖以来，军国大政，天子多与崇政、枢密使议，宰相受成命，行制敕，讲典故，治文事而已。"②入宋，统治者对于枢密院行政权能的分配与制约，可谓煞费苦心。

宋初至元丰改制以前，枢密院仍与中书"对持文武二柄"③，主掌全国军政和军事决策各项事务④。而二府之间权力的升降，则是中央官制改革的主要内容。鉴于前代武人横赫难治的积弊，宋代统治集团有意识地使枢密院长官的地位及礼节逊于宰相，枢密院长官改任宰相即为升迁。据宋人记载："参知政事与副枢虽为一等，然自副枢改参政，为迁转。虽自知院除参政，亦为任用。"⑤此外，二府各司其职，互不干预。枢密院之事务，宰相不得知；中书之政事，枢密院不与议。每次上朝奏事时，二府长官先后上殿，彼此不通消息，所言两不相知；二府长官也互不兼任⑥。如宋太宗太平兴国四年（979年）皇帝与枢密使曹彬商定北伐，宰相薛居正事

---

① 王明清：《挥麈录》后录卷1，上海书店2001年版，第52页。
② 司马光：《资治通鉴》卷282《后晋纪三》，中华书局1956年版，第9201页。
③ 《宋史》卷162《职官志二》，第3798页。
④ 关于枢密院职掌，参见《宋史》卷162《职官志二》（第3797页）记载："掌军国机务、兵防、边备，戎马之政令，出纳密命，以佐邦治。凡侍卫诸班直、内外禁兵招募、阅试、迁补、屯戍、赏罚之事，皆掌之。"
⑤ 吕希哲：《吕氏杂记》卷上，《影印文渊阁四库全书》第863册，第217页。笔者注：中书以同平章事、参知政事为正副长官；枢密院以枢密使（知枢密院事）、枢密副使（同知枢密院事）为正副长官，有时亦设签书枢密院事、同签书枢密院事。
⑥ 宋仁宗庆历年间以前，惟有宋太祖朝的魏仁浦自建隆元年（960年）二月至乾德二年（964年）正月以宰相兼任枢密使。田志光先生《试论北宋前期宰辅军事决策机制的演变》（《史林》2011年第2期）一文研究认为，魏仁浦其时只是负责二府的日常事务，对军事决策基本不做干预。

后闻知进行规劝,所谓"愿陛下熟虑之"①,但未被采纳。雍熙三年(986年)北伐,太宗皇帝"独与枢密院计议,一日至六召,中书不预闻"②。时隔三年,知制诰田锡在上书中还言及此事,"前年出师向北,命曹彬以下欲取幽州,是侯利用、贺令图之辈荧惑圣聪,陈谋画策,而宰臣昉等不知",并道:"去年招置义军,札配军分,宰相普等亦不知之。岂有议边陲,发师旅,而宰相不与闻!若宰相非才,何不罢免?宰相可任,何不询谋?"③淳化元年(990年),宋廷更以诏书的形式将二府分掌文武的制度固定下来,"凡政事送中书,机事送枢密院,财货送三司,覆奏而后行","著为定制"④。枢密院、中书之对立,有职能分化、军政分工的必要性,也确有互相牵制之意,充分体现着治国理念中分权制衡的精神。

宋仁宗康定、庆历年间,因与辽、夏政权关系紧张,军政事务繁重,宋廷不得不协调二府,加强中书对枢密院的监管,促使二府合流为军事决策的统一体:先是在康定元年(1040年)二月诏:"枢密院自今边事并与宰相张士逊、章得象参议之,即不须签检"⑤,继而三月诏:"参知政事同议边事,仍书检"⑥,令中书宰辅全体成员都参与到边事计议,并与枢密院官员一起承担责任;到庆历二年(1042年)宰相兼枢密使⑦,以中书宰相主导二府,提高军事决策效率。庆历五年(1045年),随着宋辽、宋夏关系步入正轨,"罢宰臣兼枢密使"⑧。之后,二府聚厅议事制度随之而罢,又回到分理军、民之政的状况。至和二年(1055年),知谏院范镇即言:"今中书主

---

① 《长编》卷20,太平兴国四年正月丁亥,第442—443页。
② 《长编》卷27,雍熙三年六月戊戌,第618页。
③ 《长编》卷30,端拱二年正月乙未,第676页。
④ 《长编》卷31,淳化元年十二月辛酉,第708页。
⑤ 《长编》卷126,康定元年二月丁酉,第2975页。
⑥ 《长编》卷126,康定元年三月庚辰,第2992页。
⑦ 参见《长编》卷137,庆历二年七月戊午(第3283页):"右仆射、兼门下侍郎、平章事吕夷简判枢密院、户部侍郎、平章事章得象兼枢密使,枢密使晏殊同平章事。"此时,首相吕夷简为"判枢密院",而不是兼枢密使。又见《长编》卷137,庆历二年九月丙午(第3290页):"夷简改兼枢密使。"
⑧ 《长编》卷157,庆历五年十月庚辰,第3805页。

民,枢密院主兵,三司主财,各不相知。"①宋神宗熙宁初年,"赵明与西人战,中书赏功,而密院降约束;郭逵修堡栅,密院方诘之,而中书已下褒诏"②。可见,二府之间仍缺乏有效的相互协调,处理边事多有不合。综观元丰改制前枢密院职权的变化,宋代"以文驭武"的治国方略决定了庆历年间中书对枢密院的掌控,而"事为之防,曲为之制"的治国理念又需要二府相互制衡,不可一府独大,所以枢密院在非常形势下虽被中书控制,但仍能发挥自己应有的作用,待形势和缓后又能脱离中书,独立施行军事决策权。

宋神宗元丰改制,循名责实,将中书门下一分为三,即中书省、门下省和尚书省,枢密院却得以保留。其中原因,正如元丰四年(1081年)官员奏请废除枢密院而将其权并入兵部时神宗所言:"祖宗不以兵柄归有司,故专命官统之,互相维制,何可废也?"③"互相维制"道出了从"中书门下——枢密院"到"三省——枢密院"运作模式形成与转变的根本设计思路。之后,三省更多地参与到枢密院实施军政事务的程式中,但二者既有斗争又有合作的实际局面,使得运作效率反而有所下降④。牺牲行政效率,实现各机构之间权力的均势配置与彼此制约,正是宋代统治者不断强化君主专制中央集权的一贯政治抉择。

南宋初年,军情紧急,三省合一,宰相往往兼任御营使、都督或枢密院长官,军政权力自此高度集中。宋宁宗开禧(1205年—1207年)以后,宰相兼任枢密使"遂为永制"⑤,在事实上废除了由宰相和枢密使、知枢密院事分掌文武二柄、军政分离的旧制,实施军政、民政决策与执行一体化的运作机制。需要特别说明的是,不论元丰以后的"三省——枢密院"模式,

---

① 《长编》卷179,至和二年四月乙卯,第4332页。
② 《挥麈录》后录卷1,第53页。
③ 《长编》卷320,元丰四年十一月甲辰,第7725页。
④ 参见田志光:《北宋中后期"三省——枢密院"运作机制之演变》,《史学月刊》2012年第3期。
⑤ 《宋史》卷162《职官志二》,第3801页。

还是开禧以后的宰相兼枢密使,枢密院与三省以及宰相之间并无隶属关系,依然是军事决策机关;宰相通过控制枢密院长贰的除授,甚至直接兼任枢密使来令枢密院受控于己。这些做法完全符合宋代既要加强中央集权,又要以君主专权为终极目标、从而要求各机构实现分权制衡的治政理念。

2. 文武之间:枢密院长贰出身的转变

五代各朝以枢密院掌御中央禁军,枢密使地位上升,后梁敬翔、后唐郭崇韬、后晋桑维翰、后汉郭威、后周王朴等皆皇帝腹心之臣,"本天下之兵柄,代天子之武威"①,权重于宰相。武将出身的枢密使"手握禁旅,又得兴发","动为国患"②,成为打破正常统治秩序的不稳定因素。宋初统治者一方面保留枢密院体制,以分割宰相权力,强化君权对朝政的控制力;另一方面又限制枢密院对行政体制的干扰,其中主要是通过控制武将在枢密院中的影响和逐渐重用文臣的办法,来防止将帅操纵君权、左右政局。

赵宋立国之初,枢密院长贰并用文武,而武职出身者无论是在人数上还是任职时间上都略占优势。如最初沿袭后周旧制,以武臣吴廷祚、文官魏仁浦并为枢密使。其时,宋太祖凡用兵皆与枢密使吴廷祚商议;亲征二李叛乱中,又以吴廷祚为京师留守的要职③。以后,文臣赵普、魏仁浦主宰枢府二年。但随之,武将出身的李崇矩连续独任枢密使八年多,为宋太祖朝枢密院中任职时间最长者。开宝五年(972年),李崇矩因与宰相赵普结儿女姻亲,"太祖颇不悦",才罢官出镇地方④。其后,文官沈义伦、武官楚昭辅以副使身份掌枢府,正使则虚位三年半之久,才由大将曹彬接任。不久,宋太祖离世。由是观之,宋太祖时代虽不遗余力削藩镇、收兵

---

① 《长编》卷124,宝元二年九月丁巳,第2932页。
② 范祖禹:《范太史集》卷25《论曹诵札子》,《影印文渊阁四库全书》第1100册,第305页。
③ 《宋史》卷257《吴廷祚传》,第8948页。
④ 王稱:《东都事略》卷25《李崇矩传》,《影印文渊阁四库全书》第382册,第175页。

权,也竭力恢复文臣的权威,以消除武夫跋扈的阴影,但仍充分考虑了武将熟悉军情的专长,在枢密院中给其足够的重视,使其作用得到应有的发挥。李崇矩、曹彬皆历经沙场,以军功获誉,因之深得开国皇帝信任而主掌枢密院。这与宋太祖朝处理文武关系的基本原则相吻合,也与宋代治国理念形成与发展的轨迹相符合。

宋太宗一朝,因受弑兄篡位的阴暗心理影响,故对武人更加猜忌和防范,并采取了更多的压制武将力量的措施①。但太宗皇帝毕竟出身行伍,还不至于在观念中抛弃军人这支力量,所以在枢密院机构中未现文武失衡,文臣、武将并用。其中,曹彬任枢密使七年,楚昭辅任枢密使五年,武职出身者赵镕任知枢密院事一年多,武官王显则出任枢密使达八年之久。另外,王显、楚昭辅、柴禹锡、赵镕、张逊、杨守一、弭德超等武职出身者在此期间还先后担任枢府副职,时间各有长短。较之武将,文官担任枢密院正职者人数相对较少,时间也短得多。然而,这些不过是表象而已。两次北伐失败后,宋太宗完全转向"守内虚外",对于枢密院武职长贰的人选可谓处心积虑。他将大量具有军职身份却无武将本色的藩邸亲信安插在枢府要职,如"性谨介"②的王显、"善应对"③的柴禹锡、"勤谨"④的赵镕、杨守一等。"重内轻外"施政方针指导下确定的"循谨能御下者,武勇次之"⑤选将标准,与宋太宗朝业已形成的"崇文抑武"治国理念,弱化了枢密院武职长贰的角色作用。逢迎顺从的武职人员与文臣配合,正能满足君主集权的需要,使枢密院成为制约将帅、控制军队的得力工具。

宋真宗即位后,"崇文抑武"治国理念又向前推进。枢密院文武官员在人数上和任职时间上大致对等,改变了以往武人居多的局面。"澶渊之

---

① 参见漆侠:《宋太宗雍熙北伐》,《河北学刊》1992年第1期;漆侠:《宋太宗与守内虚外》,《宋史研究论丛》第3辑,河北大学出版社1999年版。
② 《宋史》卷268《王显传》,第9230页。
③ 《宋史》卷268《柴禹锡传》,第9221页。
④ 《宋史》卷268《赵镕传》,第9225页;《宋史》卷268《杨守一传》,第9224页。
⑤ 《长编》卷25,雍熙元年二月壬午,第573页。

盟"之后,"守内虚外"被视为祖宗之法得到巩固与发展,统治集团安于现行秩序,羞谈用武,文臣遂开始掌握了西府的支配权。其时,武官出身的枢密院长贰除了前朝旧臣曹彬、王显外,主要任用了周莹、王继英、马知节、曹玮及曹利用等人。这些武官在浓烈的"崇文抑武"政治氛围下,一定程度上不过扮演着陪位的角色而已。"庸懦不智"①的周莹、"小心慎靖,以勤敏称"②的王继英在枢密院,其职权自然受到担任副职的文臣王旦、冯拯及陈尧叟的制约。良将马知节因多次向主政集团呼吁"天下虽安,不可忘战去兵"③,遭受冷遇,无法作为。曹玮"为将几四十年,未尝败衄,威震西鄙"④,然出任签书枢密院事一职时,长期受到文官丁谓打击。而曹利用却因为附会丁谓,在西府的权位稳定,先后任长贰之职达八年之久。

宋仁宗时,"以文驭武"方针的影响达到了前所未有的高峰,武职出身者在枢密院已完全处于被压倒的局面,其人数和任职时间既远远低于文臣,其职权更是不值一提。在刘太后当政期间,趋炎附势的曹利用连任枢密使近七年。之后的武官张耆、杨崇勋、夏守赟,皆因出身宋真宗藩邸卫士而受到重用,品行素质极为低劣;夏守赟虽自陕西统帅转任枢密使,但憎于用兵,所谓"性庸怯,寡方略,不为士卒所服"⑤;王贻永更无从军经历,因尚郑国公主而获右卫将军的武职,坐享富贵,竟先后任枢密院长贰长达十四年,其实为一摆设。还有一类武臣枢密使,即王德用、狄青,则因"小有成劳"而被宋廷"防之若敌国也"⑥。禁军将领王德用一生曾两度入主枢密院,又因文臣的猜忌和攻击两出枢密院。宋仁宗亲政后,王德用先后任签书枢密院事、知枢密院事六年左右。宝元二年(1039年),开封府推官苏绅称:"德用宅枕乾冈,貌类艺祖。"御史中丞孔道辅亦言:"德用得

---

① 《宋史》卷268《周莹传》,第9227页。
② 《宋史》卷268《王继英传》,第9229页。
③ 《宋史》卷278《马全义传附马知节传》,第9452页。
④ 《东都事略》卷27《曹彬传附曹玮传》,《影印文渊阁四库全书》第382册,第187页。
⑤ 《宋史》卷290《夏守恩传附夏守赟传》,第9716页。
⑥ 《宋论》卷2《太宗》,第46页。

第七章 分权制衡与以文驭武：宋代军制的设计思路

士心，不宜久典机密。"①王德用遂被贬出朝。至和元年（1054年），王德用重返枢府，任枢密使二年多，实为陪设。嘉祐元年（1056年）宋仁宗患病，文臣考虑皇储问题却不与枢府商量。王德用无奈地发牢骚道："置此一尊菩萨何地！"欧阳修听闻此语，反讥笑道："老衙官何所知？"②不久，王德用遭御史弹劾，被迫致仕③。狄青在抵御西夏和平定南疆侬智高叛乱的战争中功勋卓著，是宋仁宗期颇有作为的军事将领。皇祐四年（1052年），狄青出任枢密副使时，御史中丞王举正、左司谏贾黯及御史韩贽等纷纷上疏反对，甚至列出狄青出身兵伍、四夷轻蔑朝廷、大臣耻于为伍、破坏祖宗成规等"五不可"的理由④。皇祐五年（1053年），狄青以军功被擢为枢密使。然而在他担任枢密使的四年间，其正面记载几绝于史，倒是关于他的流言偶见诸文字之间⑤。群臣议论立皇嗣之时，翰林学士欧阳修便在奏章中指出狄青对朝廷构成的潜在威胁，"武臣掌国机密而得军情，岂是国家之利"，"其心不为恶，而不幸为军士所喜，深恐因此陷青以祸，而为国家生事"，坚决要求罢免狄青枢务，"为国家消未萌之患"⑥。狄青终在流言蜚语缠身的情况下被打发到陈州任地方官，抑郁而死。

从宋仁宗嘉祐元年（1056年）罢去狄青、王德用的枢密使职务后，一直到北宋灭亡，枢密院中几乎成为清一色的文官衙门⑦。七十余年间，枢

---

① 《长编》卷123，宝元二年五月壬子，第2907页；《宋史》卷278《王超传·附子王德用传》，第9467页。
② 《长编》卷183，嘉祐元年七月丙戌，第4424页。
③ 《长编》卷184，嘉祐元年十一月辛巳，第4451—4452页。
④ 《长编》卷172，皇祐四年六月丁亥，第4153页。
⑤ 如《宋史》卷290《狄青传》（第9721页）所载："青在枢密四年，……又言者以青家狗生角，且数有光怪，请出青于外，以保全之。……嘉祐中，京师大水，青避水徙家相国寺，行止殿上，人情颇疑。"魏泰：《东轩笔录》卷10（中华书局1983年版，第117页）所载："至和、嘉祐之间，狄武襄为枢密使，一夕夜醮，……翌日，都下盛传狄枢密家夜有光怪烛天者，时刘敞为知制诰，闻之，语权开封府王素曰：'昔朱全忠居午沟，夜有光怪出屋，邻里谓失火而往救，则无之，今日之异得无类此乎？'此语諠于缙绅间，狄不自安。"
⑥ 《长编》卷183，嘉祐元年七月丙戌，第4424—4427页。
⑦ 参见陈峰：《从枢密院长贰出身变化看北宋"以文驭武"方针的影响》，《历史研究》2001年第2期。

府内仅有郭逵和种师道两位武将。其中,郭逵在宋英宗治平时任职签书枢密院事只有一年多,且大部分时间还以陕西四路宣抚使的身份出镇在外。种师道则是在金军大举进攻,宋廷岌岌可危的形势下奉命率西师解围,并被授予同知枢密院事等官职;其在京时间屈指可数,实与西府职权无涉。

要之,随着宋代"崇文抑武"、"重内轻外"治国理念的日渐明晰,统治集团视野全线向内,不仅高度重视政权各机构之间权能的划分与均衡,而且更加注重各机构内部官员之间文武关系的调整与制约。任命枢密院长官的原则从宋初注重任用亲随,到后来实际成为高等文官的升迁梯级。当此过程中,统治者一方面要维持枢密院"以文驭武"的基本行政格局,另一方面对为数不多的武职枢密院长贰人选也要审慎考量,选择庸懦武臣忝位枢府,至于个别有威望的武枢则不遗余力地打压,将其剥离出中央最高军事领导机构。而且,宋廷在制度层面也做出种种规避与限制。宋制,枢密院"大事则奏禀,其付授者用宣;小事则拟进,其付授者用札"①。然武臣作枢,"有免进呈及书押札子故事"②,即免向皇帝进呈,不得在宣札上画押,更是成为仅"依执政恩例,不与院事"③的虚衔。最终,实现了文官完全掌握枢密院长贰官职的局面。这种枢密院人事设计思路,既完成了对枢密院内部权力的分配与制约,又确保了皇权对中央军事决策层的绝对控制。

3. 分立:枢密院与三衙

枢密院不仅有以文臣监督和制约武将的作用,更是赵宋皇帝调动和控制军队的核心机构。鉴于五代兵制问题的关键在于枢密院和禁军将帅关系的失衡,宋代统治集团本着"兵权宜分不宜专"的原则,构建了二者之间相互制衡的严密体系。

---

① 《宋史》卷162《职官志二》,第3797页。
② 徐梦莘:《三朝北盟会编》卷125《秀水闲居录》,上海古籍出版社1987年版,第914页。
③ 李心传:《建炎以来系年要录》卷21,建炎三年三月壬午,中华书局1956年版,第415页。

第七章 分权制衡与以文驭武：宋代军制的设计思路

如所周知，宋代实现了发兵权和握兵权的分立，所谓"兵符出于密院，而不得统其众；兵众隶于三衙，而不得专其制"①。在"枢密掌兵籍、虎符，三衙管诸军"的同时，还由"率臣主兵柄"②，宋朝巧妙地将兵权一分为三，以便臣僚分权，互相牵制。而且，枢密院调兵"必需天子之命"③，其程序是"枢密要发兵，须用去御前画旨，下殿前司，然后可发"④。宋真宗大中祥符八年（1015年），宋廷还专门下诏强调即便在紧急状况下也要遵循这一发兵规程："殿前、侍卫司，自今非时宣召军士，候见御宝文字乃得发遣，无则画时覆奏。"⑤也就是说，皇命是枢密院行使调兵职能的先决条件；如果没有皇帝的手谕，三衙完全有权拒绝枢密院的发兵之命。枢密院、三衙对掌发兵、握兵之权，皇帝居中控制，这一国家兵权分配策略使得枢密院和三衙长官都不可能对皇权构成威胁。宋人认为此乃"维持军政，万世不易之法"⑥。所以，宋哲宗时期，当枢密副都承旨曹诵受命代管马军司时，遭到了朝臣的反对，理由是："今副都承旨为枢密属官，权任管军，是本兵之地又得握兵，合而为一，非祖宗制兵之意。"⑦

宋代枢密院与三衙，不仅分掌军权，而且地位有序。枢密院"掌军国机务、兵防、边备，戎马之政令，出纳密命，以佐邦治。凡侍卫诸班直、内外禁兵招募、阅试、迁补、屯戍、赏罚之事，皆掌之"⑧，被赋予军政最高决策和覆核机关的地位；三衙则被定位于枢密院之下的执行机构⑨。以军人刑事案件的审理程序为例，宋代在京禁军案件通常归三衙审理，但其中

---

① 李纲：《梁溪集》卷43《辞免知枢密院事札子》，《影印文渊阁四库全书》第1125册，第864页。
② 《宋史》卷162《职官志二》，第3799页。
③ 章如愚：《群书考索》续集卷44《兵制门》，《影印文渊阁四库全书》第938册，第559页。
④ 黎靖德编：《朱子语类》卷128，中华书局1986年版，第3069页。
⑤ 《长编》卷85，大中祥符八年闰六月壬午，第1935—1936页。
⑥ 《宋史》卷162《职官志二》，第3799页。
⑦ 范祖禹《上哲宗论曹诵权马军司有二不可》，赵汝愚：《宋朝诸臣奏议》卷64，上海古籍出版社1999年版，第709页。
⑧ 《宋史》卷162《职官志二》，第3797页。
⑨ 参见范学辉：《论北宋制衡三衙的相关措施》，《史学集刊》2005年第2期。

死、流罪案必须由枢密院覆审定判。宋真宗大中祥符二年(1009年),诏:"自今开封府、殿前、侍卫军司奏断大辟案,经朕裁决后,百姓即付中书,军人付枢密院,更参酌审定进入,俟画出,乃赴本司。其虽已批断,情尚可恕者,亦须覆奏。"①即三衙判定的禁军死刑案,经枢密院覆核,上奏皇帝取旨批准之后,方可执行。大中祥符五年(1012年),"诏法寺,取开封府、殿前、侍卫、军头司等处见用宣敕,凡干配隶罪名,悉送枢密院,详所犯量行宽恤,改易配牢城罪名;内军人须合配者,并降填以次禁军,及本城诸色人情重须配者,量所犯轻重,更不刺面,配定官役年限,令本处使役"②。即对于三衙所判流罪案,枢密院有权加以覆核、纠正。在京军死、流刑案件的覆审过程中,三衙显然处于枢密院覆核结果的执行者之地位。

宋代有意树立枢密院与三衙的地位有差,使得统治者在枢密院内部实现长贰出身从武到文转变的同时,也在外部形成了枢密院文臣对三衙武将的"以文驭武"格局。这既是"崇文抑武"治国理念的全面贯彻,又是利用甚至制造文武之间的矛盾③,最终集权于皇帝的重要手段。

(二)将从中御:皇权对军事决策的直接控制

如前所述,宋代从多个层面对枢密院的军事决策权进行分割与制约,其中既有二府至"三省——枢密院"格局下的互相维制,也有枢密院长贰身份由武到文的转化,还有枢密院与三衙之间的兵权分立及"以文制武",确保了中央军事决策机构完全受制于皇权。与此同时,宋代"守内"的第一要旨就是猜忌和防范武将,对于前线和地方将领临机制变的军事决策权,统治集团还以授阵图、赐方略以及派监军等形式予以直接干预,自中

---

① 《宋大诏令集》卷201《刑法中·大辟经裁决后付中书密院参酌诏》(大中祥符二年正月戊辰),第746页。
② 《宋会要辑稿》刑法4之6,第6624页。
③ 据《长编》卷148,庆历四年四月丙辰(第3590页)记载:谏官欧阳修言:"大凡武臣尝疑朝廷偏厚文臣,假有二人相争,实是武人理曲,然终亦不服,但谓执政尽是文臣,递相党助,轻沮武人。"文武双方成见之深可见一斑。

央到地方全面实现了皇帝对军事决策权的有效控制。

1. 皇帝与阵图

宋代矫枉过正,在"崇文抑武"治国理念的指导下实施"以文驭武"的具体做法,对将帅不敢委以全权、授以重兵;随着两次北伐的失败,军队任务的重点转向内部,通过各种制度和办法削弱将权,成了赵宋恪守不渝的家规。授御制阵图,便担负起执行全面防御战略和钳制将帅军事决策权的重要手段。

宋太祖在位期间虽然很注重防范握有重要军权的武臣,但致力于完成统一大业的迫切意志使其尚能做到驭将内外有别:对京城的中央禁军高级将领,防范严苛;而对前线将帅却专任放纵,用人不疑。如曹彬率军出征南唐时,宋太祖不仅赋予指挥大权,而且特赐尚方宝剑,责成"副将以下,不用命者斩之"①。河北、河东前线带兵的将帅更拥有极大的自主权,"凡军中事皆得便宜"②。军人出身的宋太祖,对阵图并不热衷。《武经总要》前集卷7专门记录本朝所制阵法,却惟独没有宋太祖朝的作品,反而委婉解释为:"恭惟艺祖皇帝以武德绥靖天下,于古兵法靡不该通。"此当为其不拘泥阵法的佐证。

宋太宗选将的最主要标准就是循规顺从,所谓"先取其循谨能御下者,武勇次之"③。对作战不力的武将有时不加惩处,但对不服调遣、对君主有离心倾向的武将则严加惩处。为此,宋太宗惯用预先设计的阵图指挥前线作战。如太平兴国四年(979年),辽军南攻,宋辽在满城对阵。宋太宗预先"以阵图授诸将,俾分为八阵"④。殿前都虞候崔翰见敌军来,赶忙按图布阵;但右龙武将军赵延进却发现按图布阵必定失败。崔翰不敢"擅改诏旨",后在赵延进、监军李继隆主动承担责任的情况下,才改军队

---

① 《长编》卷15,开宝七年十月丙戌,第324页。
② 《宋史》卷273"论曰",第9347页。
③ 《长编》卷25,雍熙元年二月壬午,第573页。
④ 《长编》卷20,太平兴国四年十月庚午,第462页。

为前后二阵,取得胜利。雍熙四年(987年),并州都部署潘美、定州都部署田重进承诏入朝。宋太宗赐御制"平戎万全阵图","亲授以进退攻击之略"①。端拱元年(988年)八月,宋太宗任命宣徽南院使郭守文为镇州路都部署,面授对敌策略②。十一月,契丹来犯,宋太宗诏书令"坚壁清野勿与战"③,而定州路都部署李继隆支持监军袁继忠的意见,违诏出战,取得胜利。至道二年(996年),王超等率军围剿李继迁势力,宋太宗"自为阵图与王超,令勿妄示人"④。后世的宋神宗就认为"太宗时用兵,多作大小卷付将帅,御其进退,不如太祖"⑤。

肇始于宋太宗朝拘泥阵法、滥授阵图的做法,为后嗣所继承。深宫长成的宋真宗沿袭了乃父的做法,不时给将领授阵图,直接指挥军队行动。咸平二年(999年)宋真宗亲征途中,召诸将领宴于行宫,"内出阵图"⑥,令依此行动。咸平三年(1000年),"内出阵图三十二,以示辅臣"⑦。咸平四年(1001年)六月,再"出阵图示宰相"⑧,并说明其妙用。同年秋冬间,宋真宗亲自对前线军队作了具体部署,"仍列绘为图"⑨,遣使赍示镇、定、高阳关三路都部署王显等。咸平六年(1003年),宋真宗再次"出阵图示辅臣",还要求镇、定、高阳三路大军聚集定州,"夹唐河为大阵。量寇远近,出军树栅。寇来坚守勿逐,俟信宿寇疲,则鸣鼓挑战,勿离队伍,令先锋策先锋,诱逼大阵,则以骑卒居中,步卒环之,短兵接战,亦勿离队,伍贵持重,而敌骑无以驰突也"⑩,并对其他军队驻扎地点、出站时机等一一作了

---

① 《长编》卷28,雍熙四年五月庚寅,第638页。关于"平戎万全阵",参见陈峰:《"平戎万全阵"与宋太宗》,《历史研究》2006年第6期。
② 《长编》卷29,端拱元年八月甲子,第656页。
③ 《长编》卷29,端拱元年十一月己丑,第657页。
④ 《长编》卷40,至道二年九月己卯,第852页。
⑤ 《长编》卷237,熙宁五年八月庚子,第5775页。
⑥ 《长编》卷45,咸平二年十一月辛酉,第970—971页。
⑦ 《长编》卷47,咸平三年七月戊寅,第1021页。
⑧ 《长编》卷49,咸平四年六月戊辰,第1065页。
⑨ 《长编》卷49,咸平四年十月己未,第1079页。
⑩ 《长编》卷54,咸平六年六月己未,第1195—1196页。

第七章 分权制衡与以文驭武：宋代军制的设计思路

安排。次年的实战中，宋军"以大阵步骑相半"。辽谍知宋军不敢擅离本处，遂"多尽力偏攻一面"，使得宋军"众寡不敌，罕能成功"①。但宋真宗并不认为是按阵图作战不当，而只是于七月下令，在阵外预设应援骑兵。八月，宋真宗御崇政殿，又"出阵图示辅臣"②。十一月，当辽军在澶州城北遇挫时，宋真宗向前线将帅下达作战阵图，"内出阵图二，一行一止，付殿前都指挥使高琼等"③。

宋太宗、宋真宗运筹于深宫，授阵图于千里外，剥夺将帅临阵处置的决断权，严重违背了指挥作战的基本原则。自宋太宗朝中后期，北部边防便长期陷于困境，"及乎贼众南驰，长驱深入，咸婴城自固，莫敢出战，是汉家郡县，据坚壁，囚天兵，待敌寇之至也。所以犬羊丑类，莞然自得"④。"图阵形，规庙胜，尽授纪律，遥制便宜，主帅遵行，贵臣督视"⑤，阵图的危害已引起时人的批评。宋太宗端拱二年（989年），户部郎中张洎谈及北伐时宋军的情形，"元戎不知将校之能否，将校不知三军之勇怯，各不相管辖，以谦谨自任，未闻赏一效用，戮一叛命者"，明确要求宋廷"严刑以制其命，重赏以诱其心，示金鼓进退之宜，谨三令五申之号，将不中御"，以使"众知向方"⑥。右拾遗王禹偁也指出军中之弊，"兵势患在不合，将臣患在无权"⑦。知制诰田锡则直指御赐阵图过滥，"今委任将帅，而每事欲从中降诏，授以方略，或赐以阵图，依从则有未合宜，专断则是违上旨，以此制胜，未见其长"，希望宋廷"既得将帅，请委任责成，不必降以阵图，不须授之方略，自然因机设变，观衅制宜，无不成功，无不破敌矣"⑧。然而，宋

---

① 《长编》卷56，景德元年七月乙未，第1246页。
② 《长编》卷57，景德元年八月乙卯，第1251页。
③ 《长编》卷58，景德元年十一月乙亥，第1287页。
④ 《长编》卷30，端拱二年正月乙未，第667页。
⑤ 杨亿：《武夷新集》卷10《墓志二·李继隆墓志铭》，《影印文渊阁四库全书》第1086册，第475页。
⑥ 《长编》卷30，端拱二年正月乙未，第668—669页。
⑦ 《长编》卷30，端拱二年正月乙未，第672页。
⑧ 《长编》卷30，端拱二年正月乙未，第675页。

太宗并未理睬这些意见。他曾对马步军都虞候傅潜说："布阵乃兵家大法,非常情所究,小人有轻议者,甚非所宜。"①在此形势下,将领不得不惟令是从,良将受挫,庸将得逞。如以后王安石对宋神宗所言："傅潜奏防秋在近,亦未知兵将所在,诏付两卷文字,云兵数尽在其中,候贼如此即开某卷,如彼即开某卷。若御将如此,即惟王超、傅潜乃肯为将,稍有材略,必不肯于此时为将,坐待败衄也。"②宋真宗咸平二年(999年),京西路转运副使朱台符痛切地认为"自拒马失律以还,夏廷逆命之后,军声不振,庙胜无闻",原因就在于"将帅弗用命而委任不专","阃外之事,将军裁之,所以克敌而致胜也。近代动相牵制,不许便宜,兵以奇胜而节制以阵图,事惟变适而指踪以宣命,勇敢无所奋,知谋无所施"③。屡次失败的教训和中肯的批评亦未能使宋真宗改弦更张。

素昧兵机的宋仁宗亦热衷于阵图。如庆历五年(1045年),宋仁宗在阅读了开国以来三朝"经武圣略"后,拿出数本阵图"以示讲读官"④。次年,"诏河北教阅诸军,并用祖宗旧定阵法,其后来所易阵图,亦令主将闲习之"⑤。至和元年(1054年),"赐边臣御制攻守图"⑥。正因为如此,大臣晏殊曾请求"不以阵图授诸将,使得应敌为攻守"⑦。大将王德用在与宋仁宗谈论如何打仗时,亦劝谏道："咸平、景德中,赐诸将阵图,人皆死守战法,缓急不相救,以至于屡败。诚愿不以阵图赐诸将,使得应变出奇,自立异效。"⑧被仁宗所采纳,御赐制图的风气才有所改变。

在中外古代军事史上,无论是著书立说的兵家,还是统军指挥的将帅,都十分重视布阵,但是任何阵法都必须适应战场的形势及变化,绝不

---

① 《长编》卷40,至道二年九月己卯,第852页。
② 《长编》卷248,熙宁六年十一月戊午,第6046页。
③ 《长编》卷44,咸平二年闰三月庚寅,第937—938页。
④ 《长编》卷154,庆历五年二月庚戌,第3748页。
⑤ 《长编》卷158,庆历六年六月壬申,第3832页。
⑥ 《长编》卷176,至和元年三月壬申,第4255页。
⑦ 《宋史》卷311《晏殊传》,第10196页。
⑧ 《宋史》卷278《王超传·附王德用传》,第9468—9469页。

能死守陈规,更不能成为束缚手脚的枷锁。如孙膑指出:"易则多其车,险则多其骑,厄则多其弩。"①因此,预先规划的阵图只能作为一般性的原则或练兵时的范式,而不能成为左右战场的准则。明智的帝王都深谙"将能而君不御者胜"②的道理,赋予指挥者临阵用兵、布阵之权,对前线将帅的行动不加干预,更不会以御赐阵图遥控作战。名将岳飞说得好:"阵而后战,兵法之常,运用之妙,存乎一心。"③然而,宋代统治者奉行"守内虚外"基本国策,以强化君主专制中央集权为治世目标,以被动防御为国防战略,滥颁阵图指挥作战,用来控制将帅和消极防御,即使因之造成边防被动失利的后果也在所不惜。

2. 宦官监军

文武制衡、以文驭武,是宋代基本的治国策略。而依附并服务于皇帝的宦官,广泛地参预军政,不仅可以作为皇权的延伸和保证,还能够起到牵制、约束文臣武将,平衡各种政治力量的作用。有人曾问朱熹:"唐之人主喜用宦者监军,何也?"朱熹道:"是他信诸将不过,故用其素所亲信之人。"④宋代情况亦是如此。据学者统计,入《宋史·宦者传》的宦官中,曾奉命监军者6人,任铃辖者14人、都监者16人、巡检者9人、走马承受公事者8人⑤。铃辖、都监、巡检不仅是等级不同的地方统兵官,而且具有监军性质。走马承受公事则"虽名承受,其实监军"⑥,多由宦官担任,在北宋中后期职位虽低,权势却重,"以察守将不法为职"⑦,甚至凌驾于帅臣之上。

---

① 《孙膑兵法·八阵》,中华书局2006年版,第158页。
② 《孙子兵法·谋攻篇》,中华书局2006年版,第21页。
③ 《宋史》卷365《岳飞传》,第11376页。
④ 《朱子语类》卷128,第3077页。
⑤ 张邦炜:《北宋宦官问题辨析》,《四川师范大学学报》(社会科学版)1993年第2期。
⑥ 《宋会要辑稿》职官41之134,第3233页。
⑦ 《宋史》卷467《宦者传二》,第13644页。

宋代宦官参预军事始自宋太祖朝李神祐,已成定论①。史载:开宝五年(972年),广南地区獠人作乱,岭南转运使尹崇珂领军击之,太祖派遣宦官李神祐督战,"数月尽平其党"②。其时,由于太祖皇帝信任边将,故尚不以宦官监其军队。到了宋太宗时期,开始派宦官钳制边防将帅,以致宦官监军的情况越来越多。如太平兴国初年,契丹入寇,宦官张继能被命为高阳、镇、定路先锋都监。太平兴国四年(979年),大将崔彦进领众数万击契丹,宦官秦翰为都监;宦官卫绍钦从征太原,太宗命其"督诸将攻城"。雍熙年间,宦官王继恩为天雄军驻泊都监;宦官刘承规为鄜延路排阵都监。至道初,宦官李神祐为灵、环排阵都监;宦官秦翰为灵、环、庆州、清远军四路都监。至道二年(996年),宦官张崇贵为灵、环、庆州、清远军路监军,又为排阵都监③。等等。宋真宗即位后,宦官监军继续大量存在于边防州军。仅咸平年间,就有宦官窦神宝为高阳关钤辖,徙贝、冀巡检;宦官李神祐为邠州都监,改天雄军都监,充邢州排阵都监;宦官韩守英、阎承翰先后为镇、定、高阳关三路排阵都钤辖;宦官秦翰为镇、定、高阳关排阵都监,徙定州行营钤辖,王均之乱时为川峡招安巡检使,归朝后出为镇、定、高阳关前阵钤辖,又徙后阵,为邠宁、泾原路钤辖兼安抚都监;宦官张继能为灵、环十州军兵马都监兼巡检安抚使;宦官石知颙为天雄军、澶州巡检使,改德、博等州缘河巡检使兼安抚,又改高阳关驻泊行营钤辖;宦官邓守恩为镇、定都监④,等等。宋臣宋祁明确指出宦官监军瞎指挥,是导致景德宋辽战争期间宋将"谋必败,战必走"的重要原因:"夫大将在外,必有贵臣监军。贵臣见敌至,不课彼己强弱,不待便利,促其将使斗,斗而

---

① 宋人吕中在《类编皇朝大事记讲义》卷3《太祖皇帝》(上海人民出版社2014年版,第85页)言及李神祐此次督战,认为"内臣督战始此"。柴德赓先生《宋宦官参预军事考》(《辅仁学志》第10卷第1、2合期,1941年12月)一文亦指出"宦官参预军事,实启于太祖",并首列李神祐事。张邦炜先生《北宋宦官问题辨析》(《四川师范大学学报》(社会科学版)1993年第2期)也同意这一时间点,即北宋宦官监军"始于太祖朝宦官李神祐"。
② 《长编》卷13,开宝五年八月己亥,第288页。
③ 《宋史》卷466《宦官传一》,第13599—13628页。
④ 《宋史》卷466《宦官传一》,第13599—13628页。

第七章 分权制衡与以文驭武:宋代军制的设计思路

败,闭垒不敢出矣。然后敌以数万骑缀广信、安肃二军,婴保州,则定武仅能自守。敌精兵猎瀛、冀,犯深、赵,瀛、冀自不支,其穿西山而出者,绕镇右行,镇兵虽急战,不能禁其入,由是蹂邢躏洺,而睥睨澶、魏矣。"①至宋仁宗时,宦官监军终在宋夏三川口战役中犯下严重罪责:宦官、鄜延都监黄德和率兵临阵脱逃,致使鄜延、环庆副都部署刘平、鄜延副都部署石元孙兵败被俘。战后,黄德和被腰斩,宋廷也迫于朝野压力一度"罢诸监军"②,但实际上宦官仍以各种名义继续监军乃至管军。仁宗朝末,宦官李舜举出为秦凤路走马承受③。宋英宗治平二年(1065年),令陕西四路各差一员宦官充钤辖,"专管蕃部公事,及支公使库钱千贯,仍每岁入奏边事"。这些宦官钤辖"权势甚重,惊骇群听"④,朝臣吕诲、傅尧俞、赵瞻等纷纷上奏论列。宋神宗朝以后,宦官监军再起高潮。宋军拓边熙河,与夏人作战,宦官几占主导地位。宦官李宪初任永兴、太原路走马承受,王韶进收河州之时为熙河经略安抚司干当公事,后奉命"计议秦凤、熙河边事,诸将皆听节度"⑤,成为西北开边的军事主官。此外,宦官王中正签书泾原路经略司事,宦官李舜举制置泾原军马,宦官梁从吉为邠宁环庆路驻泊兵马钤辖,等等。宦官大量参与军事,是致使宋军"师出无功"的重要原因。史称,宦官李舜举"资性安重","颇览书传,能文辞笔札"。他曾就宋廷以宦官主边事,指责宰相王珪道:"四郊多垒,此卿大夫之辱,相公当国,而以边事属二内臣,可乎?内臣正宜供禁庭洒扫之职,岂可当将帅之任!"⑥至宋徽宗朝,宦官监军达到高峰。赵宋谋取青唐,宰相蔡京荐举童贯出任监军,"因言贯尝十使陕右,审五路事宜与诸将之能否为最悉,力荐

---

① 宋祁:《景文集》卷44《御戎论·篇之三》,《影印文渊阁四库全书》第1088册,第389页。
② 王辟之:《渑水燕谈录》卷2《名臣》,中华书局1981年版,第15页。
③ 《宋史》卷467《宦者传二》,第13644页。
④ 吕诲《上英宗论差中官为陕西钤辖》,《宋朝诸臣奏议》卷62《百官门·内侍中》,第684页。
⑤ 《宋史》卷467《宦者传二》,第13638—13639页。
⑥ 《宋史》卷467《宦者传二》,第13644—13645页。

之。合兵十万,命王厚专阃寄,而贯用李宪故事监其军"①。后来,童贯居然成为宋军的统帅。

两宋之际宦官横祸,使得南宋统治者记取现实教训。高宗即位之初,便明令"不以内侍典兵权"②,"内侍不许与统兵官相见,违者停官编隶"③,此后很少违反。宋孝宗淳熙八年(1181年),宦官陈源被任命为添差浙西副总管,就遭到权给事中赵汝愚的反对:"内侍不可干预军事。"孝宗皇帝立言:"其言极当,甚不易得。"不仅收回成命,还下诏:"内侍见带兵官者,可并降指挥与在内宫观,永为定制。"④自此直至南宋灭亡,宦官监军甚少见于记载⑤。

宋代任用宦官参与军事,只不过是利用一种政治势力去制约另一种政治势力,用以监视和裁抑文臣武将之权。如,走马承受在宋徽宗朝一度改为廉访使者,"其权与监司均敌,朝廷每有所为,辄为廉访使雌黄"⑥。而另一方面,如同对待文臣武将的态度,统治者亦对宦官权力加以抑制、防范⑦,史称"宋世待宦者甚严"⑧,将宦权控制在维护皇权的范围之内。在各种政治势力之间搞平衡,"上下相维、轻重相制"⑨,以便驾驭,是宋代皇帝稳定统治秩序采用的一贯做法。至于宦官监军造成的一系列国防问题,统治集团在明确边防与内政的关系时已做出了选择,即边事"皆可预防",内部奸邪无状"深可惧也"⑩。

---

① 《宋史》卷468《宦者传三》,第13658页。
② 《建炎以来系年要录》卷5,建炎元年五月己亥,第127页。
③ 《宋史》卷469《宦者传四》,第13668页。
④ 《皇宋中兴两朝圣政》卷59,淳熙八年正月甲寅、丙辰,第4册,第382页。
⑤ 张其凡:《宋代宦官对军队的监督与指挥概述》,《中州学刊》1992年第3期。
⑥ 《建炎以来系年要录》卷11,建炎元年十二月丁卯,第252页。
⑦ 关于宋代抑制宦官的措施,参见张邦炜:《北宋宦官问题辨析》,《四川师范大学学报》(社会科学版)1993年第2期。
⑧ 《宋史》卷466《宦者传一》,第13599页。
⑨ 《长编》卷468,元祐六年十二月乙卯,第11177页。
⑩ 《长编》卷32,淳化二年八月丁亥,第719页。

二、统军与指挥系统

与军事决策系统相一致,宋代统军与指挥系统充分贯彻了分化事权、彼此制衡的设计思路,并在"崇文抑武"方针的指导下衍生出"以文驭武"之法,以此牵制军事将领、控制军队,达到收军权于中央的目的。

(一)中央统军指挥体制

作为宋代禁、厢诸军常设之统帅机构,三衙"凡统制、训练、番卫、戍守、迁补、赏罚,皆总其政令"[1],"内以弹压貔虎,外以威服夷夏,职任至重"[2]。而该机构及其人员的设置、发展与演变,便是宋代治国理念践行的写照。

三衙渊源始于五代后梁的侍卫亲军马步军司,至后周时又出现殿前司。二司军队是当时君主直接掌握的中央禁军,其产生的原因便在于五代几朝加强中央兵力的结果。宋初,沿袭后周禁军统帅体制,仍为殿前司、侍卫亲军马步军司。宋太祖时期三衙的正式名称虽未出现,但自建隆二年(961年)开始萌芽。当年,宋太祖罢免了殿前都点检慕容延钊、侍卫亲军都指挥使韩令坤的军职,"自是殿前都点检遂不复除授"[3]。不久,通过著名的"杯酒释兵权"之举,又剥夺了殿前副都点检高怀德、马步军都虞候张令铎和殿前都指挥使王审琦等开国功臣的帅职,"殿前副都点检自是亦不复除授"[4]。石守信去郓州外任天平军节度使,虽兼任侍卫马步军都指挥使,"其实兵权不在也"[5]。一年后,石守信"亦表解军职,许之"[6]。这

---

[1] 《宋史》卷166《职官志六》,第3927页、第3930页。
[2] 苏辙:《栾城集》卷45《乞定差管军臣僚札子》,上海古籍出版社1987年版,第1002页。
[3] 《长编》卷2,建隆二年闰三月甲子,第42页。
[4] 《长编》卷2,建隆二年七月庚午,第50页。
[5] 《长编》卷2,建隆二年七月戊辰,第50页。
[6] 程大昌:《演繁露》续集卷1《殿前三司军职》,《影印文渊阁四库全书》第852册,第210页。

实际上开创了两司三衙长官可为虚衔的先例。而马步军都虞候一职,在张令铎罢任后"凡二十五年不以除授"①。由于马步军司正、副都指挥使及都虞候等官职被闲置起来,于是便形成了侍卫马军司和步军司分立的局面。这样,由殿前司、侍卫马军司、侍卫步军司构成的三衙体制出现。直到宋太宗后期和宋真宗即位初,才一度又任命田重进、傅潜及王超为马步军都虞候。但自宋真宗景德二年(1005年)罢黜王超的马步军都虞候军职后,此职从此不再授人,"而侍卫司马军、步军遂分为二,并殿前号三衙"②,三衙体制最终确立。

从二司到三衙,宋初三朝实现了对中央统军机构的权力分割。殿前司、侍卫亲军马军司、侍卫亲军步军司之间鼎足而立,互相牵制,在外又受制于枢密院,本身并无调兵权。如宋人所说:"三司(衙)天下之兵柄皆在,其权虽重,而军政号令则在枢密院。"③加之,如前所述,枢密院长贰渐用文臣,与三衙武将形成"以文驭武"的格局。不仅如此,随着"崇文抑武"治国理念的逐渐推行,统治者有意识地引导社会价值观向崇儒重文转变,武将的权威被刻意压制,出现了三衙将帅在礼节上屈从文官大臣的局面,所谓"祖宗时,武臣莫尊三衙,见大臣必执梃趋庭,肃揖而退,非文具也,以为等威不如是之严,不足以相制"④。此外,专管宫城禁卫、由宦官主持的皇城司,还与三衙呈内外相制之势。皇城司下辖军队,既不属三衙系统,也不归三衙指挥,如朱熹所言:"此项又似制殿前都指挥(使)之兵也。"⑤而且,皇城司的探事职能也主要针对三衙将帅和禁军军政,所谓"专探军中事,若军中但事严告捕之法,亦可以防变"⑥。再者,宋代在兵力部署方面实行三衙与地方诸军的"内外相制","京师之兵足以制诸道","合诸道之

---

① 《长编》卷27,雍熙三年七月甲戌,第620页。
② 章如愚:《群书考索》后集卷12《官制门》,《影印文渊阁四库全书》第937册,第163页。
③ 《群书考索》后集卷12《官制门》,《影印文渊阁四库全书》第937册,第163页。
④ 汪藻:《浮溪集》卷1《行在越州条具时政》,《影印文渊阁四库全书》第1128册,第8页。
⑤ 《朱子语类》卷128,中华书局1986年版,第3076页。
⑥ 《长编》卷240,熙宁五年十一月戊辰,第5837页。

第七章 分权制衡与以文驭武：宋代军制的设计思路

兵"也足与三衙相抗衡，"无偏重之患"①。宋仁宗朝以后，边防前线诸路经略安抚使皆由高级文官担任，并兼马步军都部署，指挥和统率当地驻军；而三衙至前线为将的都虞候、四厢都指挥使等，也只是为副职，承担部将的角色。"以文制武"，三衙在外出镇的统兵权被文官帅臣分割。这样，在赵宋统治集团的精心设计下，三衙将帅受到层层严密控制②，其地位虽在军队中极为显赫，但却不足以祸乱朝政。

正因为如此，入宋以后，统治者方可无后顾之忧地扩大三衙的统兵之权。史载，宋初"收其精兵"之时，"令天下长吏择本道兵骁勇者，籍其名送都下，以补禁旅之阙"，又命各地按身长规格招兵，"委长吏、都监等召募教习，俟其精炼，即送都下"③。即将地方精锐兵卒统统转为三衙禁军，剩下的老弱残兵成了专供杂役的厢军，而厢军后来也纳入侍卫马、步军司的系统。如是，三衙的统兵权由中央扩大至全国，使藩镇之兵和三衙之兵统统成为天子之兵。

宋代统治者不仅横向制约三衙的事权与地位，而且纵向弱化三衙将帅的角色与身份。三衙将帅可谓武臣之极任，主掌京师驻军，以拱卫内廷、卫戍京畿，扈从皇帝出行；出外带兵，承担征伐和镇守的重任。其选任关乎京城兵权谁属，是以成为宋代皇帝最为看重的头等大事。三衙将帅的除授，从初期的权归枢密院，至仁宗朝之后发展为经枢密院初拟，宰相、枢密院共议，侍从、台谏等朝廷高级文臣亦有权参预。在此过程中，皇帝通过或是越过宰相、枢密院集议，直接以内降手诏任命三衙；或是就宰相、枢密院所拟定的名单发表可否意见等不同的方式，始终掌握着三衙除授的最高决策权④，从而将三衙牢固地置于皇权之下。宋太祖时期，殿前司和马步军司的将帅以功臣、猛将为主，其能力与军事将领的身份大致相

---

① 《长编》卷327，元丰五年六月壬申，第7883页。
② 关于宋代制衡三衙的具体措施，参见范学辉：《论北宋制衡三衙的相关措施》，《史学集刊》2005年第2期。
③ 《长编》卷6，乾德三年八月戊戌，第156页。
④ 范学辉：《北宋三衙除授制度简论》，《河南大学学报》（社会科学版）2004年第2期。

称,如韩令坤、慕容延钊、石守信及高怀德等,足以承担禁军将帅之职。此后的继任者虽资历较浅,所谓"资序浅则主管本司公事"①,但在忠诚及顺从方面更符合统治者的要求,且绝大多数人作为军事将领的素质没有降低,如韩重赟、刘廷让、张琼、党进、李汉琼、崔彦进、李进卿、张廷翰、李重勋及刘遇诸将,皆不失勇将本色。宋太宗即位后,对三衙长贰的选拔,更多地偏重顺从、循谨,这便不可避免地削弱了任职者作为军事将帅应有的基本素质,如白进超、孔守正、傅潜、王超、王荣、戴兴、李继隆、赵延溥、王昭远、王汉忠、葛霸、元达等,都为庸碌之徒,身居要职却无突出表现。至宋真宗时代,除张凝、王能尚属战将,曹璨"习知韬略"、"善抚士卒"②外,其余大多数三衙将帅的表现差强人意,或品行拙劣,或昏庸无能,如张耆、桑赞、夏守恩、刘谦、刘美等③。虽然宋初三朝三衙将帅素质呈逐渐下降的趋势,但是直到宋仁宗时期,遇有战事,三衙管军还经常赴前线统军打仗。之后,随着各地文臣统兵体制的确立,出征或镇守军事要地时不再抽调三衙将帅前往,三衙沦为以负责京师卫戍职责为主的机关④。这样一来,以往中国历史上由军事将领承担的统军职责,到北宋中后期转而由文官负责,而三衙军职或可成为武将虚衔⑤。

综之,在宋代"崇文抑武"治国理念的引导下,经过各朝不断作为,统治集团从中央到地方全面实现了对三衙统兵权的分解与制衡,淡化了三衙将帅在国家政治、军事生活中的地位与作用,确保了三衙始终置于皇权的监控之下,从而巩固了君主专制中央集权的效果,有效维护了赵宋内部秩序的稳定。

---

① 《群书考索》后集卷12《官制门》,《影印文渊阁四库全书》第937册,第163页。
② 《宋史》卷258《曹彬传附曹璨传》,第8984页。
③ 参见陈峰:《论宋初三朝的禁军三衙将帅》,《河北学刊》2002年第2期。
④ 参见陈峰:《北宋后期文官与宦官共同统军体制的流弊》,《国学研究》第17卷,北京大学出版社2006年版。
⑤ 王曾瑜:《宋朝军制初探》(增订本),中华书局2011年版,第11页。据《宋会要辑稿》职官63之5(第3815页)记载,宋神宗时期,定州路副都总管、兼河北第一将刘永年有殿前都虞候之头衔,太原府路副都总管、兼河东第一将卢政有侍卫马军都指挥使之头衔。

(二)地方统兵指挥体制

据学者统计,宋太祖朝后期全国总兵力(含厢军)为 37 余万人;宋太宗朝末期为 66 余万人;宋真宗朝以天禧年间为代表,总兵力 91 余万人;至宋仁宗皇祐初年达到 141 万人,是宋代军队数量的最高峰;宋英宗朝总兵力则稳定在 110 余万人;宋神宗熙宁年间总兵力为 106 余万人,元丰时 85 余万人;宋哲宗元祐时为 75 余万人;宋徽宗朝以后,至宋高宗绍兴末年,总兵力约为 41 余万人;南宋后期,军队一般保持着六七十万的规模①。宋代兵力部署基本实行"内外相制"原则,作为维系赵宋政局的妙计:京师兵力和其他地方兵力相等,互相制衡,"使京师之兵足以制诸道,则无外乱;合诸道之兵足以当京师,则无内变"②;京师皇城内外、京师府畿内外兵力也维持平衡,"京师之内有亲卫诸兵,而四城之外诸营列峙相望,此京师内外相制之兵也;府畿之营,云屯数十万之众,其将、副视三路者,以虞京城与天下之兵,此府畿内外之制也"③。关于京师军队,如前所述,赵宋统治集团以皇城司专管宫廷禁卫,三衙主掌京师诸军,使二者互不统属,内外相维,彼此牵制;至于兵力众多的地方军队④,统治者对其统军指挥权的限制与控驭更是颇费心思。如,始自于宋太祖朝的"更戍法","分遣禁旅,戍守边地,率一二年而更",一是使军士"均劳逸,知艰难,识战斗,习山川","不至骄惰";二是使将帅"不得专其兵"⑤,有意造成将不知兵、兵不知将的势态。其主要目的自然是第二条,即防止武人割据与反

---

① 参见程民生:《宋代兵力部署考察》,《史学集刊》2009 年第 5 期。
② 《长编》卷 327,元丰五年六月壬申,第 7883 页。
③ 王明清:《挥麈录》余话卷 1,上海书店出版社 2001 年版,第 221 页。
④ 程民生先生《宋代兵力部署考察》(《史学集刊》2009 年第 5 期)一文研究认为,宋代军队部署"内外相制"的主观设想往往在边防压力下被打破,不得不向客观的国防局势让步。宋神宗时期,大部兵力分布在西北地区,而京师地区兵力不断减少,北宋末只剩数万。南宋后期亦复如此,重兵多在边防。可知,在这些历史时期内,宋代地方军队的数量超过京师。
⑤ 《文献通考》卷 153《兵考五》,第 1335 页;《司马光奏议》卷 37《请罢将官札子》,山西人民出版社 1986 年版,第 408 页。

叛,防范地方将权威及皇权。此外,宋代对于地方统兵体制进行了精心的构建。

北宋建国伊始,针对前代遗留的地方诸使统兵体制,宋太祖君臣制定了"稍夺其权,制其钱谷,收其精兵"①的战略方针:一方面取消节度使"支郡",令州军直隶中央,"天下节镇无复领支郡者矣"②;另一方面剥夺节度使赋税征收权,"令诸州自今每岁受民租及榷酤之课,除支度给用外,凡缗帛之类,悉辇送京师"③,并由中央委派的转运使负责一路事权;再者,选拔方镇辖属军队,"凡其才力伎艺有过人者,皆收补禁军"④。经宋太祖、宋太宗等努力,晚唐五代时期藩镇分裂、割据的积弊已根本革除。节度使、留后、观察使、团练使、刺史一类官逐渐退出差遣官系列,朝着只标示武臣官阶与地位的本官阶系列转化。

宋朝前期收缴地方节度使权力时,凡出兵征战,往往临时委派都部署,并配置一些将领为不同级别的副职。如宋太祖乾德二年(964年)进讨后蜀,命王全斌为西川行营凤州路都部署,崔彦进为副都部署,枢密副使王仁赡为都监;刘光义为归州路副都部署,曹彬为都监⑤。开宝三年(970年)消灭南汉,以潘美为贺州道行营兵马都部署,尹崇珂为副都部署,王继勋为行营马军都监⑥。开宝七年(974年)攻取南唐,以曹彬为升州西南面行营马步军战棹都部署,潘美为都监,曹翰为先锋都指挥使⑦。之后,为了加强与辽、夏在边地的军事抗争,至宋太宗太平兴国年间都部署路出现⑧。河北地区设置了大名府、高阳关、镇州、定州等4路,河东地

---

① 《长编》卷2,建隆二年七月戊辰,第49页。
② 《长编》卷18,太平兴国二年八月戊辰,第411页。
③ 《长编》卷5,乾德二年十二月壬申,第139页。
④ 司马光:《涑水记闻》卷1,中华书局1989年版,第13页。
⑤ 《长编》卷5,乾德二年十一月甲戌,第134页。
⑥ 《长编》卷11,开宝三年九月己亥,第249页。
⑦ 《长编》卷15,开宝七年十月甲辰,第325页。
⑧ 参见《长编》卷20,太平兴国四年八月癸亥(第460页):"命潘美为河东三交口都部署,以捍契丹。"《长编》卷22,太平兴国六年十月甲申(第503页):"以河阳节度使崔彦进为关南都部署,马军都指挥使米信为定州都部署。"

第七章 分权制衡与以文驭武:宋代军制的设计思路

区设置了并代、麟府、石隰等3路,陕西设置了鄜延、环庆、泾原等3路,共10路都部署司。宋代的边防统兵体制完成了从五代节度使之类到都部署之类的转变。值得注意的是,边将自部署至巡检,虽有地位尊卑之别,却无严格的隶属关系。宋仁宗时,蔡襄即指出:"今之都部署乃统帅之名,其钤辖、路分都监、都同巡检等,并是佐属裨校,各以宾礼相接。主帅等威既不尊异,向下官属更无节级相辖之理。及至出军,首尾不能相救,号令不能相通,所以多败也。"①贾昌朝亦言:"陕西四路自部署而下,钤辖、都监、巡检之属,军政必相参谋,计之未成,事已先漏,彼可则我否,上行则下戾。虽有主将,不专号令,故动则必败也。"②这显然是宋代分权制衡思想指导下的做法,即分散边将军权,使之相互牵制。在三路沿边地区以外的各地,宋代相继设置了一路兵马都监、兵马钤辖以及一道提举兵甲司,并逐渐以首州、首府的知州府事兼领,统辖一路兵权,以"存方面之制"③。至宋仁宗前期止,宋朝区别不同情况在全国各地区分别创设了都部署路、兵马都钤辖、提举兵甲司等三种不同的形式,完成了宋朝地方统兵体制的建设④。

为了对外防御周边少数民族的侵扰,对内巩固赵氏政权,宋代还运用经略、安抚使等职来处理各项突发事件。据学者考订,经略、安抚使出现于宋真宗年,其时经略、安抚使均由文臣充任,创造了一路首州知州兼任安抚使、兼总一路兵民之权的形式,其进一步发展则是"以文臣为经略使,领大兵,武臣为总兵,号将官,受节制"⑤模式的确立。宋代安抚使路首先形成于陕西地区。至熙宁五年(1072年);该地区被划分为6个安抚使

---

① 蔡襄:《蔡襄集》卷23《请改军法疏》,上海古籍出版社1996年版,第403页。
② 贾昌朝《上仁宗备边六事》,《宋朝诸臣奏议》卷133,第1482页。
③ 张方平:《乐全集》卷21《论州郡武备事二道》,《影印文渊阁四库全书》第1104册,第202页。
④ 参见李昌宪:《试论宋代地方统兵体制的形成及其历史意义》,《史学月刊》1996年第2期。
⑤ 《建炎以来系年要录》卷112,绍兴七年七月丁卯,中华书局1956年版,第1814—1815页。

路,即泾原路、秦凤路、鄜延路、环庆路、永兴军路、熙河路。继陕西之后,安抚使制度逐渐推向全国①。文臣以经略安抚使等名目统辖地方禁军,实际上是中央枢密院统辖三衙的延伸,也是"以文驭武"理念的一以贯之。各地驻扎或统军出战的武将,逐步沦为统兵文臣的副手,"出入战守,惟所指麾"。在赵宋统治集团根深蒂固的观念中,只有文臣主军政,方可保"国家承平"、"内外无事"②。"以文臣为制将"的体制,被视为"国朝之故事"③传至南宋。

南宋立国之初,宋高宗采纳李纲建议,"每路文臣为安抚使、马步军都总管,总一路兵政,许便宜行事,武臣副之"④,在辖区内渐次恢复安抚使制度,至宋孝宗时16路安抚使全部形成。但是,南宋前期的屯驻大军,以及后由各屯驻大军改编而成的御前禁军,"将来调发并三省、枢密院取旨施行"⑤,"帅臣不可得而节制"⑥,基本上不受安抚使节制。为了恢复以文驭武的祖宗做法,南宋经过长期的努力,至宋宁宗开禧、嘉定之时牢固地确立了以制置使、安抚制置使等形式节制御前诸军都统制的统兵体制⑦。创置于宋高宗朝的新军,则在开禧、嘉定时逐渐取代御前诸军成为南宋主力作战部队。新军一般分别隶属于御前、三衙两大系统,沿边州郡的新军同时接受各安抚置制司或制置司的节制,内地州郡的新军属于三衙系统者,则受安抚司节制。到了南宋后期,制置使、安抚制置使成为统辖一路或数路军政、民政、财政的方面大员。

宋代治国以分化事权为指导思想,对地方军权进行层层分割和限制。虽然文臣安抚使、制置使或安抚制置使等有节制本路军马之权,但并不直接统兵,直接领兵的是都总管、都钤辖等。而且,安抚使之类与总管、钤

---

① 参见李昌宪:《宋代安抚使制度研究》,《文史》第47—49辑,中华书局1999年版。
② 刘挚《上哲宗论祖宗不任武人为大帅用意深远》,《宋朝诸臣奏议》卷65,第724页。
③ 《建炎以来系年要录》卷132,绍兴九年九月癸未,第2117页。
④ 《建炎以来系年要录》卷6,建炎元年六月己卯,第161页。
⑤ 《建炎以来系年要录》卷140,绍兴十一年四月乙未,第2248页。
⑥ 李心传:《建炎以来朝野杂记》甲集卷18,中华书局2000年版,第403页。
⑦ 参见李昌宪:《宋代安抚使制度研究》,《文史》第47—49辑,中华书局1999年版。

辖、都监间的隶属关系也不明确,如蔡襄言:"诸路帅臣,其官以都部署、安抚、经略、招讨为名,是委以都统之权。其将佐曰副都部署、钤辖、都监、监押等,均作宾礼见主帅。至于分管兵马,自为部分,非如军职节级相辖。"①这样,安抚使之类的权力势必受到制约。此外,宋代为了防止方镇割据的重演,还实行各州节制屯驻军马,可谓将"分权制衡"与"以文驭武"理念运用得淋漓尽致、出神入化。两宋立国300余年,除宋神宗熙丰变法时期别置将官专练士卒,"其逐州总管以下及知州、知县,皆不得关预"②外,基本上都贯彻了诸军所在"以守臣节制"与县"有戎兵"则知县、县令"兼兵马都监或监押"③的原则。

综观两宋地方统兵体制,尽管宋朝兵制在300余年间前后发生了巨大变化,但"收兵权"、"强干弱枝"的总体思路未变,文臣为大帅、武臣为总兵"以文驭武"方略未变,"枢密掌兵籍、虎符,三衙管诸军,率臣主兵柄,各有分守"④的统兵体制未变,事权分割、不以兵权专付一人的具体做法未变。这种注重权力制约,而忽视效率的做法,使得宋王朝成功地解决了兵权的隶属与分配问题,避免了前代军阀分裂割据的乱世景象,实现了维护内部秩序稳定的目标,同时也造成军事机构运行效率低下、边防上被动挨打的后果。

(三)文臣与宦官共同统军的现象

如前所述,随着治国理念的逐渐明晰,宋代采取全面防御战略,即维持既有疆域,放弃对外主动用兵,而以内部建设为施政中心。在"重内轻外"方针的指导下,出于严控军权的目的,北宋长期存在着文臣从中央控制军队到地方直接统军的制度,从而改变了以往长期盛行的军事将领统军的体制。到北宋后期,又实行并强化了以往某些朝代宦官带兵的做法,

---

① 蔡襄:《蔡襄集》卷9《别疏·兵连虑危》,第169页。
② 《长编》卷355,元丰八年四月庚寅,第8499—8500页。
③ 《文献通考》卷154《兵考六》,第1343页;《文献通考》卷63《职官考十七》,第573页。
④ 《宋史》卷162《职官志二》,第3799页。

此与赵宋皇帝进一步强化对军权的控制有关,同时也蕴含着制衡文臣统帅的意义。于是,文臣与宦官共同统军成为当时军事上的突出现象。

1. 文臣统军指挥体制

北宋建立后,为了杜绝以往藩镇割据下武夫悍将危及皇权的突出问题,最高统治者在采取收兵权措施的同时,也不断从各方面提高文臣的地位,以压制武将群体。于是,宋初统治集团在其治国思想中日渐萌发"崇文抑武"的意识。到宋真宗朝澶渊之盟以后,随着士大夫群体在统治集团中地位的持续上升,又开始在军事体系之内推行"以文驭武"的方针和措施。即:一方面在中央军事决策机构的枢密院中逐渐确立了文臣的主导地位;另一方面在地方统军体系中尝试以文官支配武将的原则。到宋仁宗朝,特别是与西夏大规模交战后,"以文驭武"方针已得到全面贯彻:枢密院由文臣主宰,以边防前线为主体的地方统军体系中也确立了文官的最高指挥权。具体地说,便是以文臣为各地经略安抚使兼都部署,指挥和统率当地驻军,而以武将为副职,承担部将的角色。原本作为中央统军机构的三衙,即沦为以负责京师卫戍职责为主的机关,出征或镇守军事要地时也不再以三衙将帅负责统军。这样一来,以往中国历史上由军事将领承担的统军职责,遂在宋仁宗朝及其之后转而由文官负责。

宋初,在重大军事行动中尚以武官大将为统帅。如统一战争期间,乾德元年(963年)以武将慕容延钊为湖南道行营都部署、李处耘为都监,出师荆南、湖南①。实为监军的"近臣"李处耘还因与主帅慕容延钊"大不协,更相论奏",被太祖在明知其冤的情况下贬责②。乾德二年(964年),以武将王全斌为西川行营凤州路都部署,领兵进讨后蜀③。开宝三年(970年),以武将潘美为贺州道行营兵马都部署,统军攻灭南汉④。开宝

---

① 《长编》卷4,乾德元年正月庚申,第81页。
② 《长编》卷4,乾德元年九月丁卯,第105页。
③ 《长编》卷5,乾德二年十一月甲戌,第134页。
④ 《长编》卷11,开宝三年九月己亥,第249页。

第七章 分权制衡与以文驭武：宋代军制的设计思路

七年(974年)，以武将曹彬为升州西南面行营马步军战棹都部署，率军进攻南唐①。而且，宋太祖授予主帅曹彬军事指挥全权："南方之事，一以委卿"，"副将以下，不用命者斩之。"②开宝元年(968年)、开宝九年(976年)，宋太祖先后命武将李继勋为河东行营前军都部署③、党进为河东道行营马步军都部署④，率军讨伐北汉。太平兴国四年(979年)，宋太宗以潘美为北路都招讨制置使，督宋将围攻太原⑤；又以郭进为太原石岭关都部署，阻击辽军增援北汉⑥。雍熙三年(986年)，以曹彬为幽州道行营前军马步水陆都部署、米信为西北道都部署、田重进为定州路都部署，兵分三路伐辽⑦。宋真宗初年，亦先后以武将傅潜、王超为镇、定、高阳关行营都部署，坐镇定州，全面负责御辽战事⑧。然而，自宋太祖朝就已有文臣统兵的个案。如开宝五年(972年)，任命文臣辛仲甫为西川兵马都监⑨。宋太宗时期这种现象渐次增多，一些文臣开始担任军事重镇的知州府，不少还兼任安抚使、经略使、部署等，拥有掌管军队的权力。如雍熙三年(986年)，以文臣张齐贤知代州，与武臣潘美"同领缘边兵马"⑩。淳化五年(994年)，宋太宗一度任命文臣赵昌言为川、峡两路都部署，自统兵的宦官王继恩以下"并受节度"，统帅镇压王小波、李顺变乱的宋军⑪。宋真宗即位以后，以文臣任统兵官，督率武将的情况更多，并渐成惯例。如咸平五年(1002年)，特命文臣张齐贤为邠宁环庆泾原仪渭州镇戎军经略使，"令环庆、泾原两路及永兴军驻泊兵并受齐贤节度"。史称："专为经略

---

① 《长编》卷15，开宝七年十月甲辰，第325页。
② 《长编》卷15，开宝七年十月丙戌，第324页。
③ 《长编》卷9，开宝元年八月戊辰，第207页。
④ 《长编》卷17，开宝九年八月丁未，第374页。
⑤ 《长编》卷20，太平兴国四年正月庚寅，第443页。
⑥ 《长编》卷20，太平兴国四年正月辛卯，第443页。
⑦ 《宋史》卷5《太宗本纪二》，第77页。
⑧ 《宋史》卷279《傅潜传》，第9473页；《宋史》卷278《王超传》，第9465页。
⑨ 《长编》卷13，开宝五年十二月乙卯，第293页。
⑩ 《长编》卷27，雍熙三年七月戊子，第620页。
⑪ 《长编》卷36，淳化五年八月癸卯，第793页。

使,自此始。"①后又以张齐贤为判永兴军府兼马步军部署、知青州兼青、淄、潍安抚使②。文臣钱若水换武职为邓州观察使后,亦于咸平五年被任命为并代经略使、判并州③。文臣向敏中在宋真宗初年曾担任过知永兴军府、鄜延路缘边安抚使、兼管凤州驻泊兵马等管军职务④。文臣王嗣宗曾任知并州,在换武职耀州观察使后,先后担任知永兴军府兼兵马部署、邠宁环庆副都部署等军职⑤。至宋仁宗朝,凡有重大军事行动通常都以文臣为主帅,突出者如范仲淹、韩琦等人在陕西前线指挥对夏战争;以武臣任主帅统兵出征的情况便已罕见,惟有狄青南征侬智高一例。到宋神宗朝,文臣王韶在西北主持开边活动,武臣统兵在南征交趾时又曾昙花一现。熙宁八年(1075年),交趾势力侵扰南疆,宋廷最初任命吏部员外郎、知延州赵卨为安南道行营马步军都总管、经略招讨使兼广南西路安抚使,以宦官李宪为副使,领兵出征⑥。出征前因赵卨与李宪不和,宋神宗考虑用武将郭逵替代李宪。后在赵卨的主动退让下,才改以郭氏为主帅、赵卨为副手⑦。由此可见,即使像郭逵这样曾任同签书枢密院事高位的宿将,也有可能被安排作员外郎级文官的手下副帅。

在北宋后期的各地统军体系中,文臣管辖武将和节制军队的体制已逐渐在全国推行。元丰末,司马光曾指出:"国朝以来,置总管、钤辖、都监、监押,为将帅之官,凡州县有兵马者,其长吏未尝不兼同管辖。盖知州即一州之将,知县即一县之将故也。"⑧这种视各地地方官皆为本地驻军

---

① 《长编》卷51,咸平五年正月甲辰,第1107—1108页。
② 《长编》卷51,咸平五年正月癸亥,第1112页;《长编》卷58,景德元年十月庚寅,第1276页。
③ 《长编》卷52,咸平五年七月丙申,第1140页。
④ 《长编》卷56,景德元年五月甲申,第1236页;《长编》卷58,景德元年十月乙未,第1276页。
⑤ 《长编》卷74,大中祥符三年八月庚戌,第1683页;《长编》卷75,大中祥符四年正月辛巳,第1706—1707页。
⑥ 《长编》卷271,熙宁八年十二月辛亥,第6649页。
⑦ 《长编》卷273,熙宁九年二月戊子,第6675页。
⑧ 司马光:《乞罢将官状》,《司马光奏议》卷32,山西人民出版社1986年版,第347页。

第七章 分权制衡与以文驭武：宋代军制的设计思路

首脑的说法，虽有些夸张，但却说明当政者对文臣统军的认识已根深蒂固。事实上，北宋后期在内地一些尚未完善文臣统军制度的地区，也不断仿照河北、河东和陕西的做法予以推行。崇宁四年（1105 年），宋廷下令实行"京畿四辅置辅郡屏卫京师，以颍昌府为南辅，襄邑县升为拱州为东辅，郑州为西辅，澶州为北辅。以太中大夫以上知州，置副总管、钤辖各一员，知州为都总管，余依三路帅臣法。"大观三年（1109 年），宋廷下令在东南"依三路都总管法"①。即将北方实施的都总管（都部署）制度推行于东南地区。如江南东路安抚钤辖司所反映："被旨于沿江置帅府要郡，本路帅府文臣一员充都总管，武臣一员充副总管。今来新制，江宁府知府见带一路安抚使，合与不合便以马步军都总管系衔？"诏令带马步军都总管系衔②。宣和初，宋中央还下诏对西部前线存在个别武将充任统军指挥官的情况加以纠正，所谓"诏西边武臣为经略使者改用文臣"③。在这种体制下，"不以武人为大帅专制一道，必以文臣为经略以总制之"，武将"领兵马，号将官，受节制，出入战守，惟所指麾"④成为僵化的定制。

北宋末年的几次重大用兵活动，虽然往往由权宦童贯扮演主角，但是文臣同样承担着重要的角色。如宣和时期的"燕云之役"，童贯以河北、河东宣抚使的身份为主帅，蔡京之子蔡攸虽为副帅，不过宋徽宗却赋予其实际监军的大权，所谓"卿，朕所倚毗，无出其右者，所以辍卿为副，实监军尔"⑤。当获得辽燕京城后，宋廷又以文官王安中出任河北、河东、燕山府路宣抚使、知燕山府，镇守燕山府要地。以后，王安中再任大名府尹兼北

---

① 《宋史》卷167《职官志七》，第3980页。
② 周应合：《景定建康志》卷25《官守志二·安抚司》南京出版社2009年版，第646—647页。
③ 《宋史》卷22《徽宗纪》，第404页。
④ 刘挚《上哲宗论祖宗不任武人为大帅用意深远》，《宋朝诸臣奏议》卷65《百官门》，第724页。
⑤ 徐梦莘：《三朝北盟会编》卷6，宣和四年五月九日丙寅引《北征纪实》，上海古籍出版社1987年版，第39页。

京留守司公事,继续出任河北重镇帅臣①。宋钦宗即位后,面对金军第一次南下的紧张形势,乃设亲征行营司,任命尚书右丞李纲为亲征行营使,以武将、侍卫亲军马军都指挥使曹曚为副使,以指挥所有力量守开封城。此后,李纲再任京城四壁守御使,继续主持防务。靖康元年(1126年)九月,金军攻陷太原后,宋钦宗为加强京师的防御能力,采纳臣下的建议,在开封四周建四道都总管府,以统领军队拱卫京师。但仍沿袭旧的文臣统军的传统,"以知大名府赵野为北道都总管,知河南府王襄为西道都总管,知邓州张叔夜为南道都总管,知应天府胡直孺为东道都总管"②。到金军第二次围攻开封前夕,面对即将爆发的激烈守卫战,宋廷对京师兵力进行了组织和分配,委任文臣为城垣四壁提举官,以分别负责一面的城防要务。其中东壁提举官为孙觌,西壁提举官为安扶,南壁提举官为李擢,北壁提举官为邵溥,"每壁三万人,差部将、小使臣等七百员",再以大臣孙傅为都提举,殿帅王宗濋为都统制③。可见北宋至灭亡之际,在紧急的战时状态下,也没有改变僵化的文臣统军体制。

2. 宦官在战时统军体制中地位的骤增

北宋前期,宦官虽常常奉皇帝之命参与军事活动,但除宋太宗朝大宦官王继恩曾出任剑南两川招安使,为当时镇压李顺起义的军事行动主帅外,其余则大都扮演耳目、监军的角色,如出任走马承受公事、地方兵马钤辖及都督之类职务。总的说来,在宋神宗朝以前,宦官尚未在统军体系中占有显著的位置。

宋神宗朝时期,文官已掌管了各地的统军之权。但在用兵之时,皇帝又往往命宦官直接参与指挥和统军,不仅将皇权对于军权的管控延伸至前线,亦达到了制衡文臣的实际效果,从而形成战时文臣与宦官共同统军的体制。如在熙河之役期间,以文臣王韶为主帅;宦官李宪作为天子亲

---

① 《宋史》卷352《王安中传》,第11125—11126页。
② 《宋史》卷23《钦宗纪》,第431页。
③ 《三朝北盟会编》卷64,靖康元年十一月二十二日,第482页。

第七章 分权制衡与以文驭武：宋代军制的设计思路

信，也以熙河经略安抚司勾当公事的身份直接参与了指挥和统军。其时，宰相王安石即认为李宪权力过大，对此提出异议："则李宪又同三军之政，如此任将，恐难责成功。"①但宋神宗仍坚持以亲信内侍牵制主帅的做法。故《宋史》卷467《宦者二·李宪传》称："王韶上书请复河湟，命宪往视师，与韶进收河州。"在熙宁七年（1074年）解河州之围的战役中，李宪便张天子黄旗以示将士，曰："此旗，天子所赐也，视此以战，帝实临之。"在征讨交趾时，宋神宗又欲以文臣为主帅，以李宪为副帅；遭到各方面反对后，又命李氏"乘驿计议秦凤、熙河边事，诸将皆听节度"②。元丰中，北宋五路出师讨西夏，李宪又领熙河、秦凤路军马的统帅。李宪出军后，宋神宗再下诏："泾原路总管刘昌祚、副总管姚麟见统兵出界，如前路相去不远，即与李宪兵会合，结为一大阵，听李宪节制。"③终元丰时期，李宪长期主持熙河及秦凤边事。如宋人所云："元丰时有李宪者，则已节制陕右诸将。"④宦官王中正在宋神宗朝也长期统军西北。元丰四年（1081年）对夏用兵时，诏："麟府路并鄜延、环庆、泾原兵马出界后，并听王中正节制。"⑤王氏一时管辖了四路大军。

宋哲宗朝，宦官在统兵方面受到较大的压制，而维持文臣指挥和统军的体制。但到宋徽宗、钦宗时代，用兵之际宦官参与统军的情况极为突出，遂形成了文臣与内侍共同驾驭武将的局面。以童贯为首的宦官，在宋徽宗时期的军事系统中占有相当重要的位置。童贯升迁至节度使、宣抚使、领枢密院事，不仅长期主掌西北兵柄，并以统帅身份指挥过两次重大军事行动。如，在镇压方腊起义时，童贯统帅15万大军，不仅刘延庆、王禀、杨惟忠及辛兴宗诸将皆为其驱使，而且用兵地区的统兵官也受其节

---

① 《长编》卷250，熙宁七年二月辛卯，第6101页。
② 《宋史》卷467《宦者二·李宪传》，第13639页。
③ 《宋会要辑稿》兵8之25，第6899页。
④ 蔡绦：《铁围山丛谈》卷6，中华书局1983年版，第109页。
⑤ 《宋会要辑稿》兵8之23，第6898页。"王中正"原作"王忠正"，改。

制。宋徽宗钦授其"不得已,可径作御笔行下"①的特权。在第一次燕云之役中,童贯以陕西、河东、河北路宣抚使的头衔"勒兵十万巡边",种师道、刘延庆、王禀诸将皆奉命行动②。除童贯外,宦官显著者还有谭稹、梁方平等人。宣和五年(1123年)童贯致仕,谭稹出任河北、河东、燕山府路宣抚使,继童贯之后成为主持北方前线防务的主帅。次年,"河北、山东盗起",宦官梁方平奉命"讨之"③。金军第一次大举南下之际,宋廷"遣步军指挥使何灌将兵二万扼河津,内侍、节度梁方平将兵七千骑守浚州,断绝桥梁,据守要害"④。还有记载称:"金师南下,悉出禁旅付梁方平守黎阳。"⑤可见梁氏其时握兵之重。靖康开封保卫战期间,虽无童贯、谭稹及梁方平之流宦官大帅,但宦官统兵的现象仍未消除。如当时朝臣所反映:"比闻防城所仍用阉人提举,授以兵柄。"⑥

北宋末年宦官在军事行动中出任统军将帅的情况确实极为突出,但从总体而言,宦官的活动并未取代"以文驭武"的传统政策。文官不仅在平时控制着各地的统军权,而且在战时状态也拥有军队的指挥权,只是在统兵体制中与宦官密切地结合在一起。如,宋金联合攻辽之议,因方腊起义一度终止。童贯从两浙回朝后,"以谏取花石事"与宰臣王黼产生矛盾。王黼为了缓和双方关系,遂大力支持"北伐",童贯才得以如愿领兵北上。童贯出师不久,蔡攸名为副帅,实际承担监视童贯的重任⑦。童贯遭罢后,谭稹能够继任,也与王黼的推荐有关⑧。

宋室南渡以后,赵宋皇帝吸取汉、唐经验,特别是接受靖康之难与苗

---

① 《三朝北盟会编》卷52,靖康元年八月二十三日丙辰引《中兴姓氏奸邪录》,第390页。
② 《三朝北盟会编》卷5,宣和四年四月十日戊戌,第36页;《三朝北盟会编》卷6,宣和四年五月十三日庚午,第40页。
③ 《宋史》卷22《徽宗纪》,第415页。
④ 《三朝北盟会编》卷26,靖康元年正月二日戊辰,第196页。
⑤ 《宋史》卷357《何灌传》,第11227页。
⑥ 杨时:《杨时集》卷1《上钦宗皇帝书·其一》,福建人民出版社1993年版,第13页。
⑦ 《铁围山丛谈》卷2,第33页;《建炎以来系年要录》卷1,建炎元年正月辛卯,第5—6页。
⑧ 《建炎以来系年要录》卷1,建炎元年正月辛卯,第9—10页。

第七章 分权制衡与以文驭武：宋代军制的设计思路

刘之变的教训，建立起一套限制宦官权势的制度；加之其时权臣不仅数量多，而且主政久，他们一般对宦官势力亦加以钳制。这些原因都使得南宋宦官权力削弱，宦官管军的情形已是罕见。

3. 文臣与宦官统军体制的流弊

文臣与宦官统军体制对北宋军政产生了深远的消极影响。宋仁宗朝对夏战争期间，主持前线战事的大多数文臣统帅已力不从心，常常导致用兵失利。如鄜延、环庆路经略安抚使范雍守延州，指挥无方，致将领刘平、石元孙盲目行动，惨败于三川口①。之后，夏竦出任陕西都部署兼经略安抚使，畏缩自守、怯懦无能，"但阅簿书，行文移而已"②。韩琦、范仲淹"朝廷倚以为重"③，但好水川之败，韩琦作为总指挥难逃其咎；范仲淹以献身精神长期指挥军队，却仅能维持防守局面。正如清人王夫之评说："匪特夏竦、范雍之不足有为也。韩、范二公，忧国有情，谋国有志，而韬钤之说未娴，将士之情未浃，纵之而弛，操之而烦，慎则失时，勇则失算。"④侬智高反宋时，文臣杨畋最初主持军务，但其"儒者，迂阔无威，诸将不服"，遂接连失利，"以无功斥，名称遂衰"⑤。北宋后期，除王韶、章楶等少数文臣懂得一些兵略，且有用兵经验外，其余大都难以胜任军事指挥者的角色，在统兵作战方面或表现无能，或导致失败。如宋钦宗为加强京师防御能力，在开封周围设四道都总管府，以文官分领防务。金军二次南下之际，西道总管王襄"弃城遁"，北道总管赵野则回避与金军交锋，东道总管胡直孺被金俘虏，惟有南道总管张叔夜以三万人援京师⑥。同知枢密院事李

---

① 《长编》卷126，康定元年正月壬申、乙亥、戊寅、己卯，第2967—2968页。
② 王岩叟：《忠献韩魏王家传》卷3，《宋集珍本丛刊》第6册，线装书局2004年版，第632页。
③ 《宋史》卷312《韩琦传》，第10223页。
④ 《宋论》卷4《仁宗》，中华书局1964年版，第93页。
⑤ 司马光：《涑水记闻》卷13，中华书局1989年版，第259页；《宋史》卷300《杨畋传》，第9966页。
⑥ 《建炎以来系年要录》卷1，建炎元年正月庚子，第26页；《建炎以来系年要录》卷5，建炎元年五月戊午，第139页。

回与文臣折彦质率大军守河,结果临阵逃跑,"众溃而归"①。之后,陕西宣抚使范致虚征召西线各路宋军勤王,当时环庆经略使王似、熙河经略使王倚、泾原经略使席贡、秦凤经略使赵点和鄜延经略使张深皆为文臣,除王似与王倚领兵听命外,余路"皆不至"②。金军最终围攻开封,南壁守御提举文官李擢竟置若罔闻,"坐卧处如晏阁宾馆,日与僚佐饮酒烹茶,或弹琴谑笑,或日醒醉","将士莫不扼腕者"③。

北宋末年,宦官往往自恃皇帝宠信,骄横喜功,遂不计后果肆意所为,从而对军事体系和边防造成了极大的破坏性后果。如权宦童贯长期执掌枢密院和充当重大战事主帅,其作为连宋徽宗都承认:"贯以昏耄,所施为乖谬,故相隐匿,蔽不以闻,致边事机会差失,为朝廷之害,莫大于此。"④在主持西线战事期间,童贯逼大将刘法进攻西夏军,至其"遇伏而死"。事后童贯隐瞒真相,"以捷闻,百官入贺,皆切齿,然莫敢言"⑤。在积极导演的收燕云之役中,童贯同样盲目指挥,致宋军伐辽失败。战后童贯为逃避追究,"奏劾种师道"⑥,种师道被迫致仕。又如负有河防重任的内侍梁方平"日与其徒纵饮,探报不明,御敌无备"。当金军南下渡黄河时,梁方平"惧不敢拒战,单骑遁归,麾下兵皆溃散",并导致临近何灌所部防线亦崩溃,金军遂顺利渡河包围开封⑦。

综上,鉴于唐末、五代以来军事将领操纵政局、改朝换代的极端现象,宋代高度膨胀的专制皇权与文官士大夫集团在政治上结合,以"崇文抑武"的治国理念生成"以文驭武"的实际做法,逐渐造就出文臣从中央控制军队到地方直接统军的局面,从而改变了一个时代的军事指挥体制。就

---

① 《宋史》卷23《钦宗纪》,第432页;《三朝北盟会编》卷63,靖康元年十一月十二日,第473页。
② 《建炎以来系年要录》卷1,建炎元年正月甲寅,第32—33页。
③ 《三朝北盟会编》卷67,靖康元年闰十一月十五日丙午,第509页。
④ 《三朝北盟会编》卷6,宣和四年五月九日丙寅引《北征纪实》,第39页。
⑤ 《宋史》卷468《宦者三·童贯传》,第13659页。
⑥ 《三朝北盟会编》卷7,宣和四年六月三日庚寅,第50—51页。
⑦ 《三朝北盟会编》卷26,靖康元年正月二日,第196—197页。

第七章 分权制衡与以文驭武：宋代军制的设计思路

该体制本身而言，避免了军队将领对国家政治生活的干预，维护了社会秩序的稳定，确有显著的积极意义；但是不懂兵略、缺乏战场经验的文臣指挥作战，既弱化了军事将领的能力，更严重削弱了军队的战斗力，不能不导致边防上陷于长期被动挨打的境地。而北宋后期又出现了文官与宦官共同统军的场景，既增加了骄横、无能宦官的恶劣作用，又加重了原有流弊的危害。以文臣制驭武将，以宦官牵制文臣，凡此统军指挥体制所造成的种种后果，正是宋代统治者在内部统治秩序与外部国防利益之间做出的政治抉择。维持政局稳定，确保赵宋国祚长久，这一施政目标具有强烈的排他性，成为宋代统治集团衡量制度利弊得失的惟一标准。

三、军队统帅职官设置——以都部署为例

北宋军权三分，"枢密院事掌兵籍、虎符，三衙管军，诸路帅臣主兵柄，各有分守"①。所谓"帅臣"，有安抚使、经略使、经略安抚使、都部署、副都部署、部署、副部署、都钤辖、钤辖、副钤辖、都监、副都监、监押等名目。其中，都部署乃宋沿袭前制设立之职，为方面军主帅，"掌总治军旅屯戍、营防守御之政令"②。宋初，都部署通常为临时性军职，在军事活动结束后便撤销。但之后，这一职务逐渐固定，成为某一区域的军队统帅。如宋人所言："有止一州者，有数州为一路者，有带两路、三路者。"③到宋英宗时，因避英宗名讳，而将"都部署"、"部署"改名为"都总管"、"总管"。观照都部署的前后变化，既可探明宋代"崇文抑武"治国理念指导下的"以文驭武"做法渐趋清晰、具体的过程，又可审知文臣武将在宋代统兵指挥体制中的地位变迁，更可管窥宋代统治者的军队统帅职官设计思路。

---

① 徐自明撰、王瑞来校补：《宋宰辅编年录校补》卷13，中华书局1986年版，第833页。
② 《宋史》卷167《职官志七》，第3979页。
③ 孙逢吉：《职官分纪》卷35《兵马总管、副总管》，《影印文渊阁四库全书》第923册，第666页。

(一)北宋建国初的都部署及其权威

建国伊始,宋太祖以高级将领出任都部署,负责军事征讨行动。如建隆元年(960年),宋太祖亲征李筠之乱时,以大将石守信为前军都部署、高怀德为副都部署,负责指挥军队①。不久,在平定李重进反叛时,再命石守信为扬州行营都部署、王审琦为副都部署,"帅禁兵讨之"②。乾德元年(963年)征伐荆湖南路,以慕容延钊为湖南道行营都部署③。乾德二年(964年)用兵西川,以王全斌为西川行营凤州路都部署,崔彦进副之④。开宝三年(970年)消灭南汉,以潘美为贺州道行营兵马都部署,尹崇珂副之⑤。宋太宗朝,仍主要以武将出任都部署,负责用兵作战。如雍熙三年(986年)北伐幽州,以曹彬充幽州道行营前军马步水陆都部署⑥。淳化四年(993年)征讨夏州党项势力,李继隆为河西行营都部署⑦。

宋初组建防御性军区,也以"都部署"一职作为最高指挥官。如建隆二年(961年)以王景充西面沿边都部署⑧。开宝二年(969年),任命韩重赟为北面都部署,以防守河北镇、定地区⑨。宋太宗兵败幽州退师时,命潘美为河东三交口都部署,"以捍契丹"⑩。太平兴国六年(981年),以崔彦进为关南都部署、米信为定州都部署⑪。

可见,宋太祖、太宗两朝都部署通常由大将担任,权位颇为显赫。文官在军事行动中只扮演辅助性角色,如供应粮饷、安抚百姓等。但是,由

---

① 《长编》卷1,建炎元年五月丁卯,第16页。
② 《长编》卷1,建隆元年九月己未,第25页。
③ 《长编》卷4,乾德元年正月庚申,第81页。
④ 《长编》卷5,乾德二年十一月甲戌,第134页。
⑤ 《长编》卷11,开宝三年九月己亥,第249页。
⑥ 钱若水修,范学辉校注:《宋太宗皇帝实录校注》卷35,中华书局2012年版,第421页。
⑦ 《宋史》卷257《李处耘传附李继隆》,第8967页。
⑧ 《长编》卷2,建隆二年三月辛亥,第41页。
⑨ 《宋史》卷250《韩重赟传》,第8824页。
⑩ 《长编》卷20,太平兴国四年八月癸亥,第460页。
⑪ 《长编》卷22,太平兴国六年十月甲申,第503页。

于宋太宗极为戒惕武将,遂在初步制定"以文驭武"原则的背景下,尝试用文臣参与治军。在镇压王小波、李顺起义时,一度命参知政事赵昌言为川峡五十二州招安行营马步军都部署,节制武将①。雍熙三年(986年),签书枢密院事张齐贤知代州,与都部署潘美"同领缘边兵马"②。这可算是文官出知首州要府兼管驻军的滥觞。但是,宋初两朝,地方文臣一般无法干预在外的武臣统兵系统,武将尚拥有独立带兵权③。

(二)宋真宗朝的都部署及其地位的下降

宋真宗前期,在出征用兵及地方统军体制上仍以大将为都部署。如咸平二年(999年),以傅潜为镇、定、高阳关三路行营都部署,负责河北前线防务④。其麾下马步军达8万,拥兵之重为一时罕见。次年,宋廷调整河北防区与统兵将帅,以王显为定州行营都部署、王超为镇州行营都部署⑤。不久,王显、王超又分任镇、定、高阳关三路正副都部署。景德元年(1004年),辽军大举南下,王超以镇、定、高阳关都部署之职成为河北主帅⑥。"澶渊之盟"订立后,宋廷再度对北部防务进行调整:"以河北诸州禁军分隶镇、定、高阳都部署,合镇、定两路为一"⑦,"罢北面部署、钤辖、都监、使臣二百九十余员"⑧。大中祥符二年(1009年),又"合镇州、定州路部署为一","钤辖、都监路分如故。镇、定旧各置部署,既罢兵,亟省其一"⑨。除河北外,陕西、河东

---

① 《宋史》卷267《赵昌言传》,第9196—9197页。
② 《长编》卷27,雍熙三年七月壬午,第620页。
③ 参见《长编》卷12,开宝四年七月癸丑(第269页)记载:"给事中刘载权知镇州,与建武节度使何继筠不协,继筠诉于上。癸丑,黜载为山南东道行军司马"。又《宋史》卷440《文苑传·柳开》(第13024页)记载:知贝州柳开"雍熙二年,坐与监军忿争,贬上蔡令"。可知宋初两朝,地方文臣一般对驻军无干预权。
④ 《宋史》卷279《傅潜传》,第9473页。
⑤ 《长编》卷46,咸平三年二月乙丑,第994页。
⑥ 《长编》卷56,景德元年四月丁卯,第1234页。
⑦ 《长编》卷59,景德二年正月癸丑,第1307页。
⑧ 《长编》卷59,景德二年正月乙卯,第1309页。
⑨ 《长编》卷72,大中祥符二年九月壬戌,第1633页。

也以都部署统辖军队。如咸平三年(1000年),徙天雄军都部署葛霸为邠宁环庆都部署①。咸平四年(1001年),以王超为西面行营都部署,"领步骑六万以援灵州"②。之后,又调王汉忠为邠宁环庆、仪渭州镇戎军两路都部署,以增强御夏力量。这一时期都部署的地位依然显赫,文臣在军事行动中处于从属位置。有鉴于此,文臣纷纷提出异议。咸平二年(999年),钱若水建议废去部署之名,所谓"位不高则朝廷易制"。李宗谔也认为:"又岂须置三路部署之名,制六军生死之命。"③孙何更提出用文臣统军的建议:"陛下何惜上将之旗鼓,通侯之印绶,不于文资大臣择访?……勿俾武人擅其权……俟其员阙,互以儒将代之统兵。"④

正是从宋真宗朝开始,出现文臣指挥方面军的趋势,而这又与经略使的出现有关。咸平五年(1002年)正月,右仆射张齐贤为邠宁环庆泾原仪渭镇戎军经略使、判邠州,"令环庆、泾原两路及永兴军驻泊兵并受齐贤节度"。史称:"专为经略使,自此始。"⑤张齐贤的出任,对西面行营都部署王超有某种制约作用。时隔数日,宋廷又改命张齐贤判永兴军府兼马步军部署,"罢经略使之职"⑥,标志着文臣以知首州要府身份兼任本辖区都部署制度的正式形成。不久,灵州陷落,宋廷再以王超为永兴军驻泊都部署⑦,取代张齐贤。继张齐贤之后,知天雄军钱若水于咸平五年七月为并代经略使、知并州事⑧。宋人李焘解读了个中深意:"上新用儒将,未欲使兼都部署之名,而其任实同也。"⑨可知宋代统治者开始有计划地落实"以文驭武",用文臣经略使掌握方面军的指挥权,以削弱武将都部署的权威。

---

① 《长编》卷47,咸平三年四月丁巳,第1011页。
② 《长编》卷50,咸平四年闰十二月甲午,第1103页。
③ 《长编》卷45,咸平二年十二月丙子,第973—975页。
④ 孙何《上真宗乞参用儒将》,《宋朝诸臣奏议》卷64《百官门》,第711页。
⑤ 《长编》卷51,咸平五年正月甲辰,第1107—1108页。
⑥ 《长编》卷51,咸平五年正月癸亥,第1112页。
⑦ 《长编》卷51,咸平五年三月己酉,第1118页。
⑧ 《宋史》卷266《钱若水传》,第9170页。
⑨ 《长编》卷52,咸平五年七月丙申,第1140页。

第七章 分权制衡与以文驭武：宋代军制的设计思路

澶渊之盟后，随着北边罢兵局面的出现，出师性的行营都部署消失，防御性的驻泊都部署固定下来，成为常设的地方统兵官职，但其职权开始下降。此时，文臣以地方长吏身份兼管本地驻军逐渐成为制度。如景德二年(1005年)，向敏中为鄜延都部署，兼知延州①。景德四年(1007年)，以户部员外郎刘琮知并州，"同管勾并代兵马事"，徙原并代都部署葛霸至内地，而以鄜延路副部署石普为并代副部署②。统治者有意撤去节度使级大将葛霸，以资历较浅的武将石普出任副部署，使得石普只能成为刘琮的下属。到宋真宗朝后期，类似现象屡见不鲜。如寇准出知天雄军兼驻泊都部署③；御史中丞王嗣宗先知永兴军府、兼兵马部署，后又知邠州、兼邠宁环庆路都部署④，等等。对于这种变化，史称："或文臣知州则管勾军马事，旧相重臣亦为都总管。"⑤文官获得各辖区驻军的最高指挥权后，当地武将担任的都部署遂成为附庸，并且一旦受到怀疑，便立即被剥夺兵权。如曹玮任镇定都部署时，"丁谓疑玮不受命，诏河北转运使、侍御史韩亿驰往收其兵"⑥。不过，终宋真宗一朝，高级将领仍未退出各地统军系统，特别是在河北和陕西前线仍以都部署身份领军。

（三）宋仁宗朝的都部署及其与武将关系的变化

宋仁宗即位后，从根本上改变了武将出任都部署统帅军队的体制，将"以文驭武"的方针贯彻于各地统军系统之中。具体地说，就是逐渐剥夺武将担任都部署的机会，最终确定了武将以副都部署身份从属文臣经略使、兼都部署的基本原则。

---

① 《长编》卷61，景德二年九月丁未，第1360页。
② 《长编》卷65，景德四年六月癸丑，第1463—1464页。
③ 《长编》卷70，大中祥符元年十二月辛亥，第1582页。
④ 《宋史》卷287《王嗣宗传》，第9650页。
⑤ 孙逢吉：《职官分纪》卷35《马步军总管副总管》，《影印文渊阁四库全书》第923册，第666页。
⑥ 《长编》卷98，乾兴元年二月戊辰，第2276页。

早在天圣三年(1025年),武将康继英为泾原路副都部署、兼知渭州①,未设都部署正职。明道元年(1032年),曹仪为环庆路副都部署、兼知邠州②,其情形与康氏相同。宋夏交战后,文官以帅臣身份兼任都部署,而以武将充副职几成惯例。宝元初,泾原秦凤路安抚使、知延州范雍兼鄜延路都部署、鄜延环庆路安抚使③,武将刘平则任环庆路副都部署、兼鄜延环庆路安抚副使④,石元孙为鄜延路副都部署⑤。刘、石二将成为文官统帅范雍的副手。不久,知泾州夏竦兼泾原秦凤路缘边经略安抚使、泾原路都部署,知延州范雍兼鄜延环庆路缘边经略安抚使、鄜延路都部署⑥。三川口战后,范雍"坐失刘平、石元孙"内调,武臣赵振出任鄜延副都部署兼知延州,刘兴则为环庆副部署兼知环州⑦,仍只能任统军副职。

康定元年(1040年),文臣夏竦为陕西都部署兼经略安抚使、知永兴军,韩琦、范仲淹并为陕西经略安抚副使,"同管勾都部署司事";武臣夏元亨为陕西副都部署,泾原副都部署、兼泾原秦凤两路经略安抚副使葛怀敏知泾州,"兼管勾秦凤路军马事",秦凤路副都部署、知秦州曹琮"兼管勾泾原路军马事"⑧。之后,以文官陈执中出任"同陕西都部署、兼经略安抚缘边招讨等使,知永兴军"⑨,王沿知渭州、兼泾原部署司事⑩,庞籍知延州、兼鄜延路部署司事⑪,范仲淹知庆州、兼管勾环庆路部署司事⑫;以武官曹

---

① 《长编》卷103,天圣三年九月庚辰,第2388页。
② 《长编》卷111,明道元年八月丁巳,第2586页。
③ 《长编》卷122,宝元元年十二月己卯,第2888页。
④ 《长编》卷123,宝元二年正月丙午,第2892页。
⑤ 《长编》卷123,宝元二年六月辛未,第2909页。
⑥ 《长编》卷124,宝元二年七月戊午,第2919页。
⑦ 《长编》卷126,康定元年二月癸丑,第2981页。
⑧ 《长编》卷127,康定元年五月戊寅、己卯,第3013—3014页。
⑨ 《长编》卷131,庆历元年四月甲申,第3115页。
⑩ 《长编》卷129,康定元年十一月丙子,第3058页;《长编》卷129,康定元年十二月癸巳,第3059页。
⑪ 《长编》卷131,庆历元年四月壬午,第3114页。
⑫ 《长编》卷132,庆历元年五月壬申,第3129页。

琮为陕西副都部署、兼经略安抚缘边招讨副使①。这一系列的人事安排，都是紧密围绕文臣控制军队指挥权而进行的。

庆历元年(1041年)十月，宋在西北设置四个防区，以管勾秦凤路部署司事兼知秦州韩琦、管勾泾原路部署司事兼知渭州王沿、管勾环庆路部署司事兼知庆州范仲淹、管勾鄜延路部署司事兼知延州庞籍"并兼本路马步军都部署、经略安抚缘边招讨使"②。之后，宋中央下诏："近分陕西缘边为四路，各置经略安抚、招讨等使，自今路分部署、钤辖以上，许与都部署司同议军事，路分都监以下，并听都部署等节制，违者以军法论。"③明确树立了文臣在战场上的绝对指挥权。于是，武臣充当文臣手下部将的角色，遂成定制。

对夏大规模战争平息后，宋在更多的地区用文臣主持军务。如庆历七年(1047年)，以程琳判延州兼鄜延路经略使、陕西安抚使，富弼为京东路安抚使、知青州，韩琦为京西路安抚使、知郓州，叶清臣为永兴军路都部署兼本路安抚使、知永兴军④。庆历八年(1048年)，分河北为大名府、高阳关、真定府、定州四路，"四路各置安抚使"，"四路各置都部署一人、钤辖二人、都监四人。平时只以河北安抚使总制诸路，有警即北京置四路行营都部署，择尝任两府重臣为之"⑤。可见，河北地区的武将纵然一时能出任某路都部署，也不过是文臣担任的安抚使或四路行营都部署的下属。

(四)宋神宗朝及以后的武将副总管及其地位

宋神宗时期，武将仍大致只能担任副都总管，往往又简称副总管，充当文臣经略使、都总管的下属。熙宁六年(1073年)，宋廷内部因河湟地区用兵指挥权问题，即"如经略总管不在本州岛，合令何人权节制"发生争

---

① 《长编》卷131，庆历元年四月甲申，第3115页。
② 《长编》卷134，庆历元年十月甲午，第3191页。
③ 《长编》卷135，庆历二年正月庚戌，第3213页。
④ 《长编》卷160，庆历七年五月壬午，第3874页。
⑤ 《长编》卷164，庆庆历八年四月辛卯，第3948页。

论。曾任过经略使的蔡挺言:"经略使出,副总管一面指挥兵马,从来有此例。"王安石则曰:"只为近年无经略使出外,副总管在内事,然不妨副总管节制得兵官。"蔡挺又言:"臣巡边时,副总管亦不敢行文书。"王安石说:"从来副总管不敢干帅府权柄,又经略使虽出,实无事可施行,故不敢行文书耳。若经略使围闭隔绝,即副总管指挥偏裨会合,孰敢不从?且孰以为越职?"①以后,王安石向宋神宗建议,应赋予文臣统帅王韶更大用兵权。宋神宗认为:"武臣自来安敢与帅臣抗?"冯京也附和道:"孟德基止因经朝廷言利便,不由王素,王素移令监教阅,几欲自杀。"②按:孟德基乃以往文臣王素属下武将。这些记载,进一步说明武将副总管的从属地位。熙宁七年(1074年)实行"置将法"后,各地驻军基本由新设之将官训练、管辖,而听命于各路文官安抚使,武将副总管也依旧扮演帅臣的配角。

宋徽宗时,任伯雨指出:"本朝太祖、太宗时,四方未平,西北未服,乃用武臣分主要地,时势所系,不得不然。及至太宗以后,迤俪悉用儒将,至于并边小郡,始用武人。此祖宗深思远虑,鉴唐室藩镇之弊,以为子孙万世之计也。"③这段话算是道出了北宋武将从早期位高权重的都部署转到后期职卑权轻的副总管过程的原因所在。

四、小结

在宋代追求稳固的君主专制的中央集权秩序的进程中,当政者于政治生活的各个领域建立起有效的权力制约机制,以制度限制权力,而军事领域的权力控制更是其中关键的一环。从中央到地方,宋代进行了一系列的军制改革,其基本思想正是强化专制皇权和中央集权,即地方分权,中央集权;臣僚分权,皇帝集权。随着处理内外关系上"守内虚外"之策的

---

① 《长编》卷243,熙宁六年三月丁未,第5915页。
② 《长编》卷247,熙宁六年九月辛丑,第6007页。
③ 任伯雨《上徽宗论西北帅不可用武人》,《宋朝诸臣奏议》卷65《百官门》,第727页。

第七章 分权制衡与以文驭武：宋代军制的设计思路

确立，文臣以其"纵皆贪浊，亦未及武臣一人也"[①]的政治可靠性逐渐占据政坛上的主导地位。从军事决策系统到统军指挥系统，宋代以"以文驭武"之法牵制武将，并依托宦官参与军事掣肘文臣、延展君主对地方前线军队的控制力，从而一方面降低了武将在军事领域的角色地位，使之边缘化，另一方面通过制约关系保证了军队领导层各种身份的安守本位。这一做法确实在相当长的历史时期内实现了宋代控制军队、维护内部秩序稳定的目标。但是过犹不及，在宋代防弊心理下制定并发展起来的军事制度，与权力制衡思想下形成的军政体系的弊病相结合，却也对国防产生了深远的消极影响。下章将以宋代军法为切入点，对该问题作一深入探讨。

[①] 《长编》卷13，开宝五年十二月乙卯，第293页。

第八章　权力制衡规则下的宋代军制实践
——以军法为中心

古往今来,作为政权机器最刚性组成部分的军队,都需要有效的管理和约束,以保证军队服从国家意志,并达到实施各项军事目标和任务的目的。军法便是其中控制和约束军人的有力手段,所谓"法也者,驭兵之器也"①。因而,军法制定得是否完备,尤其是执行得是否有效,就直接关系到军队管理以及战斗力的水平,甚至关乎国家的安危存亡。

就中国古代历史而言,历代统治者为了掌控军队,使之成为有力的统治工具,无不重视军法的建设。《孙子》首篇即云:"一曰道,二曰天,三曰地,四曰将,五曰法。"包括军法在内的此五项内容,被确定为论兵的基础。但在唐末五代之时,由于藩镇割据、军阀混战的局面,"兵骄则逐帅,帅强则叛上"②,武力因素遂超强干预政治及社会,这便严重地瓦解了军法军纪,导致皇权沦落、统治秩序涣散和兵祸猖獗的后果,给社会带来了巨大灾难。

正因为如此,再度通过兵变上台的宋朝,高度关注军队建设。为了结束动乱,巩固专制主义中央集权统治,宋代统治者遂大力整顿军政,制定新的军制,史称:"凡其制,为什长之法,阶级之辨,使之内外相维,上下相制,截然而不可犯者,是虽以矫累朝藩镇之弊,而其所惩者深矣。"③在这个新军制中,军法无疑是极其重要的一环。

---

① 王质:《雪山集》卷6《兴国四营记》,丛书集成初编本,中华书局1985年版,第64页。
② 《新唐书》卷50《兵志》,中华书局1975年版,第1329页。
③ 《宋史》卷187《兵志一》,中华书局1985年版,第4570页。

第八章 权力制衡规则下的宋代军制实践

宋初三朝,治国理念经历了由"内外并重"向"重内轻外"的转变。追求内部统治稳定和"文治"功业,成为赵宋施政的重心。作为强化中央军事集权的利器,军法的恢复与重建成为亟待完成的任务。两宋时期,随着内外政治、军事局势的变化,历朝当政者都不断讲武修典,对军法各项内容进行调整,逐渐形成一套较为完备的军法体系。终宋之世,军队基本没有发生大的兵变祸乱,更没有出现将帅跋扈干政的现象,有效地保证了政治格局与统治秩序的稳定,这些都与军法的作用有着密不可分的联系。然而,由于宋代统治者在实际执法的过程中存在种种问题,使得军法在发挥其积极意义的同时,亦对国家的军政形势及国防实力产生了不利影响。宋代军法在国家政治生活中的双重功效,既是其本身价值的反映,也是宋代"崇文抑武"与"重内轻外"治国理念对赵宋王朝影响的一个缩影。

一、规矩:宋代军法的核心目标

惩唐末五代之弊,宋代特别注重军法建设,从刑事立法层面巩固中央军事集权的效果。而宋代治国理念以求稳为实践目标,造成军法设计及其效用保守性突出。层层设限、预设防范,严密的军法内容为宋军架构起不可逾矩的法网,规范及惩处各种可能危及赵宋统治的军事行为,有效促进了军队乃至整个社会的稳定。

(一)阶级法:严明军中等级制度

阶级法是宋代军法的核心部分。建国伊始,宋太祖亲自制定了强化军队内部上下尊卑身份等级秩序与隶属制度的阶级法。宋人吕中揭示了宋初创立此法的深刻用意:

> 五闰之乱,大帅、宿将拥兵跋扈,而天子之废置如弈棋,此国擅于将也。偏裨卒伍徒手奋呼,而将帅之去留如传舍,此将擅于兵也。然国擅于将,人皆知之;将擅于兵,则不知也。节度因为士卒所立,而五代人主

兴废皆郡卒为之,推戴一出,而天下俯首听命,不敢较。太祖既收节度兵权,于是又严阶级,使士知有校,校知有帅,帅知有朝廷矣。①

其后随着各朝军政形势的变化,阶级法内容日趋细密,适用范围日益扩大,成为宋代最重要的军法。

宋代阶级法最初仅施用于禁军,所谓"太祖作阶级法专治禁军"②。至宋真宗大中祥符元年(1008年)三月,宋朝政府正式下令对厢军施行阶级法③。禁、厢军阶级法经过后世的补充修改,其比较完整的内容体现于《宋会要辑稿》记载的"斗讼敕"中:

> 诸军厢都指挥使至长行,一阶一级全归伏事之仪。(虽非本辖,但临时差管辖亦是。)敢有违犯者,上军当行处斩,下军及厢军徒三年,下军配千里,厢军配五百里。即因应对举止偶致违忤,(谓情非故有陵犯者。)各减二等,上军配五百里,(死罪,会降者配,准此。)下军及厢军配邻州,以上禁军应配者配本城。诸事不干己辄论告者,杖一百,进状,徒二年。(并令众三日。)诸军论告本辖人,仍降配,所告之事各不得受理。(告二事以上听理,应告之事,其不干己之罪仍坐)诸军告本辖人再犯,余三犯,各情重者,徒二年,配邻州本城。④

最晚在宋仁宗康定年间(1040年—1041年),阶级法被施用于部分乡

---

① 吕中:《类编皇朝大事记讲义》卷3《太祖皇帝·严阶级》,第75—76页。
② 王应麟:《玉海》卷139《兵制·兵制四·宋朝四厢军》,江苏古籍出版社、上海书店1987年版,第2587页。据《宋大事记讲义》卷3《太祖皇帝·严阶级》(《影印文渊阁四库全书》第686册,第215页)记载:宋太祖开宝五年(972年)十一月,"严阶级法。诏禁军将校有带遥郡者,许以客礼相见。自余厢都指挥使一阶一级全归伏事之仪"。
③ 徐松辑:《宋会要辑稿》刑法7之4,中华书局1957年版,第6735页。
④ 《宋会要辑稿》食货45之13,第5600页。

第八章 权力制衡规则下的宋代军制实践

兵①。南宋初年,为了稳定军政局面,宋廷在建炎"军制二十一条"的首条中不仅重申阶级法,而且将其提升至祖宗之法的崇高地位,所谓"祖宗法,一阶一级全归伏事之议。敢有违犯,上军当行处斩;下军徒三年,配五百里"②。

宋代将阶级法施行于诸军种,其基本精神即是在军队中确立起森严的等级制度,树立起普遍的等级观念,确保上级对下级的绝对领导和下级对上级的绝对服从,"峻其等级相犯之刑,谓之阶级,以绝其犯上之心"③。这样入宋,就彻底革除了唐末五代以降"藩镇跋扈,威侮朝廷,士卒骄横,侵逼主帅,下陵上替,无复纲纪"④的社会积弊。

司马光有一篇专门论"阶级"的奏疏,从恢复封建道德和纲纪,重建封建统治秩序的高度,对阶级法进行了明确阐述:"治军无礼,则威严不行。礼者,上下之分是也","祖宗受天景命,圣德聪明,知天下之乱生于无礼也,乃立军中之制曰:'一阶一级,全归伏事之仪。敢有违犯,罪至于死。'于是上至都指挥使,下至押官、长行,等衰相承,粲然有叙。若身之使臂,臂之使指,莫敢不从。故能东征西伐,削平海内,为子孙建久大之业,至今百有余年天下太平者,皆由此道也。"⑤也就是说,阶级法的推行,对强化军队管理、保证令行禁止、巩固皇权都起到了巨大的作用。宋代史臣评价道:"太祖设阶级之法,什伍壮士以销奸雄之心,兵制最明,而百余年无祸乱。"⑥宋孝宗亦曾盛赞阶级法:"二百年军中不变乱,盖出于此!"⑦

---

① 据李焘《续资治通鉴长编》(以下简称《长编》)卷128,康定元年九月乙丑(中华书局2004年版,第3041页。)记载:宋仁宗康定元年(1040年)九月,"诏河北、河东路强壮、陕西、京东西路新置弓手,皆以二十五人为团,置押官;四团为都,置正副都头各一人;五都为指挥,置指挥使,各以阶级伏事"。
② 《宋会要辑稿》刑法7之28—29,第6747—6748页。
③ 章如愚:《群书考索》后集卷40《兵门·宋朝兵制》,《影印文渊阁四库全书》第937册,第555页。
④ 司马光:《司马光奏议》卷16《阶级札子》,山西人民出版社1986年版,第175页。
⑤ 《司马光奏议》卷16《阶级札子》,第175页。
⑥ 叶适:《水心别集》卷11《外稿·兵总论二》,《叶适集》,中华书局1961年版,第781页。
⑦ 《皇宋中兴两朝圣政》卷50,乾道七年五月戊寅,北京图书馆出版社2007年版,第4册,第53页。

(二)擅兴律:惩处军中重大违规行为

擅兴律,是宋代军法的又一项重要内容。宋太祖建隆四年(963年),宋代第一部基本的、较为系统的成文法典《宋刑统》正式颁降实施。该法典比较完整地保存了"擅兴律"。

虽然《宋刑统·擅兴律》的内容基本沿袭《唐律疏议·擅兴》,但是擅兴律于宋代,却被赋予了鲜明的时代特色和特殊的意义。中唐五代军阀混战,将骄卒横、兵不可制的祸患发展到了极点。正如南宋范浚所言:"五代之所以取天下者,皆以兵。兵权所在,则随以兴;兵权所去,则随以亡。"[①]宋初整顿军务,惟有枢密院才有调兵权,而枢密院长官又听命于皇帝。因而,这种军事体制下的擅兴律,已不同于以往朝代的擅兴律,它使军权牢固地掌握在皇帝手中,使军队直接并完全地受皇帝的控制。

"擅兴律"共9门24款律文。此律名为"擅兴",内容却很宽泛,涉及擅发兵、擅发军用物资、给发兵符不当、拣点士兵不公、征人冒名相代、大集校阅违期、乏军兴、征人稽留、资敌情报、弃城不守、临阵先退、私放征防人还、巧诈避役、镇戍犯罪、非法使用戎仗、应遣番代违限、私有禁兵器等诸种情况,以及相应刑罚,可谓相当完备。该律对宋代军事活动与军事法律关系产生了深远影响,其第1门"擅发兵(调发杂物供军)"第1、2款律条、第2门"给发兵符(拣点征人卫士、征人冒名相代)"第1款律条、第6门"出给戎仗(镇戍番代)"第1款律条的意义至为重要,关系着赵宋王朝的军政大局,终宋一代被奉为不易之典。详文如下:

第1门第1款:

> 诸擅发兵,十人以上徒一年,百人徒一年半,百人加一等,千人绞。(谓无警急,又不先言上而辄发兵者,虽即言上,而不待报,犹为擅。文书施行即坐。)给与者,随所给人数,减擅发一等。(亦谓不先

---

① 范浚:《香溪集》卷8《五代论》,丛书集成初编本,中华书局1985年版,第82页。

第八章 权力制衡规则下的宋代军制实践

言上、不待报者,告令发遣即坐。)其寇贼卒来,欲有攻袭,即城屯反叛,若贼有内应,急须兵者,得便调发,虽非所属,比部官司亦得调发、给与,并即言上。(各谓急须兵,不容得先言上者。)若不即调发及不即给与者,准所须人数,并与擅发罪同;其不即言上者,亦准所发人数,减罪一等。若有逃亡盗贼,权差人夫,足以巡捕者,不用此律。①

第1门第2款:

诸应调发杂物,供给军事者,皆先言上待报,(谓给军用,当从私出皆是。)违者,徒一年;给与者,减一等。若事有警急,得便调发、给与,并即言上,或不调发及不给与者,亦徒一年;不即言上者,各减一等。②

第2门第1款:

诸应给发兵符而不给,应下发兵符而不下,若下符违式,(谓违令、式,不得承用者。)及不以符合从事,或符不合不速以闻,各徒二年。其违限不即还符者,徒一年。余符,各减二等。(凡言余符者,契亦同。即契应发兵者,同发兵符法。)③

第6门第1款:

诸戎仗,非公文出给而辄出给者,主司徒二年。虽有符牒合给,未判而出给者,杖一百。仪仗,各减三等。④

---

① 窦仪等:《宋刑统》卷16《擅兴律》,法律出版社1999年版,第283页。
② 《宋刑统》卷16《擅兴律》,第284—285页。
③ 《宋刑统》卷16《擅兴律》,第285页。
④ 《宋刑统》卷16《擅兴律》,第295页。

这4款关于禁止擅自调发军队、军事物资的律文,是专门针对军队中各级主兵官而制定的,是对将帅权力的约束。其内容正反映了宋代强化中央军事集权所要解决的核心问题,即严格制约主兵官的调兵权。

以国家法典的立法形式颁布的"擅兴律",所涉及的军队重大违法犯罪行为几乎面面俱到,量刑规定细密。它是惩处军事活动中军人各种自作主张、违反规章制度和失职行为的重要军事法规。其基本精神是强调各级军事机关和军官在从事军事活动中,必须绝对服从最高统治者的意志,否则就是"擅兴",就要受到军法的严厉制裁。

(三)士兵逃亡法:严格士兵管治

在宋代军法中,士兵逃亡法是管理和约束士兵的最重要的法律。

宋代不同军种的军人、不同职责的士兵,各有其逃亡法。这些士兵逃亡法制定颁布的时间早晚不一,内容也不尽相同。宋初,禁军逃亡法的基本内容简约而严格,规定:"逃走一日,即斩。"[1]宋仁宗时期,将禁军逃亡后判死刑的时间延长至3天,即"仁宗改满三日"[2]。至宋神宗熙宁五年(1072年),进一步放宽了有关禁军逃亡后处斩的期限,"诸禁军逃走捉获斩,在七日内者减一等,刺配广南牢城;首身者杖一百"[3]。从此,禁军逃亡后7日内被捉获者可免除死刑的制度固定下来。至少在宋真宗景德三年(1006年)之前,厢军逃亡法即已颁布[4]。而有关厢军逃亡法的内容,最早见于宋仁宗天圣二年(1024年)审理的一宗醋库曹司逃亡案件的记载

---

[1] 《长编》卷235,熙宁五年七月庚寅,第5704页。
[2] 《宋史》卷193《兵志七·召募之制》,第4811页。
[3] 《长编》卷235,熙宁五年七月庚寅,第5704页。
[4] 据《长编》卷64,景德三年九月庚子(第1424页)记载:景德三年(1006年),"大理寺言定禁军逃亡条,其下等禁军,月给酱菜钱满二百,随军壕寨而亡命者,请如禁军例决遣,自余悉准厢军"。可知,厢军逃亡法在此之前就已存在。

第八章 权力制衡规则下的宋代军制实践

之中①;南宋《庆元条法事类》亦载其部分内容②。然传世文献所见厢军逃亡法的律文已不完整。由支离破碎的史料可知,除配军③外,一般厢军逃亡的处罚较之禁军要轻得多。现存文献对宋代乡兵逃亡法,亦缺乏全面系统的记载,仅见零星内容④;较之厢军,乡兵逃亡所受处罚要轻许多。

---

① 参见《宋会要辑稿》刑法4之11(第6627页)记载:天圣二年(1024年)八月,"开封府言醋库刺面曹司徐政坐逃走,该赦捕获,按格条即无诸军刺面、不刺面曹司逃走捉获之文。今欲依厢军逃走三年已上,不曾取却字号,杖一百,刺配千里外牢城",

② 参见谢深甫:《庆元条法事类》卷75《刑狱门五·部送罪人》(黑龙江人民出版社2002年版,第797页。)记载:"诸厢军兵级及刺面人逃亡者,不以有无料钱,第一度,杖九十,刺每度逃走字;首身者,各减三等。"

③ 配军虽属厢军范畴,但因其性质特殊,故配军逃亡后要按照禁军逃亡法问罪。宋哲宗元符元年(1098年),颁降了一部甚为详密的配军逃亡法:"配军逃亡捕获者,元配沙门岛及元犯持杖强盗、谋杀人,并罪至死。贷命并会降及因亲属或得相隐者,首告减等,并依上禁军法。如逃亡后不曾别作罪犯,或虽有罪犯而情理不致凶恶罪至死者,并奏裁。不持杖强盗罪至死、贷命并会降或因亲属得相隐者,首告减,并余元配广南及远恶处者,并依下禁军法。元配三千里以下,及指定州军或路分配者,依厢军法。即逃亡后仍归本州县系捕获者,元配本州,即配邻州,邻州配五百里,五百里配千里,千里配二千里,二千里配三千里,三千里及广南,并配远恶处。其指定州军或路分配军,无元配地里者,并配重役处。以上应行而未至配所逃亡者,准此。即比犯罪不该配而特行刺配,或比元犯特增减地里刺配者,并以特配地里为法。"(《长编》卷499,元符元年六月丙戌,第11875页。)

④ 据《宋史》卷190《兵志四·乡兵一·陕西保毅》(第4709页)记载:宋太祖开宝八年(975年),陕西渭州平凉、潘原二县保毅弓箭手"逃走,以亲属代"。《宋会要辑稿》兵4之2—3(第6821页)载有一部完整的弓箭手逃亡法:"(笔者注:宋仁宗天圣七年)十一月,泾原路钤辖、兼知镇戎军王仲宝言,'准宣,镇戎军弓箭手,自今抛下地土逃走、避罪三五日首身者,依格法区分,却给旧地土;逃走一月以上,地土已别招人种莳,即永不得收录姓名。近准宣,令所招弓箭手,并于手背上刺弓箭手指挥字号。欲乞自今如有未刺手背弓箭手,逃走一月内首身、捉获者,决讫,亦刺字号,收管差使;一月以上,止依旧例,永不收录姓名,将地土别招人请射。其已刺手背正身逃走,权令本家少壮儿孙弟侄承替应役。如无得力人丁,及全家逃走者,限三月内首身,决杖十三;捉获,决杖十五,依旧收管差使。限外不首身,本家却令儿孙弟侄情愿投代,本指挥人员保明,押领赴官呈验得中,依例刺手背收管,却给元旧地土耕种。如限外不首及捉获,又无人代名者,即将地土纳官,别招人。如元逃弓箭手,却来首身者,决杖十七;捉获,决二十,其地土如本家已有人承替及别招到人请射,其逃人少壮有武勇者,亦乞却勒依旧别给空地土耕种。如刺手背人员、弓箭手年老病患,令儿孙弟侄承替。及逃走首身、捉获到,其中亦有年老软弱、病患者,当官呈验,委的不任征役,即乞给与公凭,放令逐便。或刺手背人,往别州军界逃避,及出取却字号验认,有瘢痕,随身别无公凭,捉送所属州军勘断施行。'从之。"另据《长编》卷237,熙宁五年八月壬辰(第5769页)、《长编》卷342,元丰七年正月壬子(第8223页)记载:保甲上番期间"私逃亡,杖六十,计逃日补填",教阅期间逃亡次数累计达到两次,捕获后将被处以配刑,即"两犯捕获应配"。

283

对于不同职责的军人,宋代制定有专门逃亡法:宋仁宗天圣二年(1024年),诸军诸司库务曹司逃亡法①颁布;景祐二年(1035年),东西班殿侍逃亡法②颁降;宋徽宗政和五年(1115年),钱监兵匠逃走刺手背法③发布。

宋代士兵逃亡法中最严厉的是对临阵脱逃士兵的惩治。宋初以来,军法规定:"临对寇贼而亡者,斩。"④《武经总要·罚条》有多款律条即是针对战时逃亡士兵,如第7款"背军走者,斩";第10款"临阵先退者,斩"⑤。南宋初年,宋廷颁"军制二十一条",就根据北宋末年宋军不战而溃、逃窜各地、乘乱作乱的情况,大大加重了对临阵脱逃将士的处罚:第3款"禁军出战遇贼敌,进前用命者,赏;辄退不用命者,斩。贼众我寡,力不能胜,因致溃散,不归本部、本寨聚集者,斩。因而逃归住营去处及作过者,家族并诛";第10款"全军胜,则全军推赏;全队胜,则全队推赏。同退走者尽斩"⑥;第17款"守控扼要害敌处,至固守不去者,赏;弃所守者,斩"⑦。

在加强对逃亡士兵立法的同时,宋代也加大了对统兵官的惩罚力度。《宋刑统》规定:"若镇戍官司役使防人不以理,致令逃走者,一人杖六十,五人加一等,罪止徒一年半。"⑧宋神宗元丰五年(1082年),针对战争中士兵亡失日益严重,而统兵将官熟视无睹,没有丝毫责任感的问题,宋廷规定各级将官必须对士兵逃亡承担一定责任,诏环庆、鄜延、泾原、秦凤、熙河、河东路,"昨出界将领官所部兵,除死事及因伤而死外,会计已及数,如

---

① 据《宋会要辑稿》刑法4之11(第6627页)记载:"自今应诸军、诸司库务刺面曹司不以有无料钱,逃走并依厢军条","不刺面曹司不以有无料钱,如逃走三年内捉到者,第一次杖七十,首身杖六十;再犯捉获、首身,并于逐次上递加一等,仍旧收管;至第三次及逃走三年已上,决讫刺配五百里外州军近军分,首身决讫,仍旧皆以赦后为坐。"

② 据《长编》卷117,景祐二年十月丙辰(第2759页)记载:"诏东西班殿侍,自今有逃亡,带甲五班,比禁军条听旨;不带甲七班,比厢军条,决讫,不刺面;其受命以出者,在官以无故亡律论;权管军籍者,从军分将校定罪;主管官物者,比三司大将条。"

③ 《宋史》卷193《兵志七·召募之制》,第4814页。

④ 《宋刑统》卷28《捕亡律》,第516页。

⑤ 曾公亮等:《武经总要》前集卷14《赏格罚条》,《影印文渊阁四库全书》第726册,第456页。

⑥ 《宋会要辑稿》刑法7之29,第6748页。

⑦ 《宋会要辑稿》刑法7之30,第6748页。

⑧ 《宋刑统》卷16《擅兴律》,第296页。

第八章　权力制衡规则下的宋代军制实践

及二分,追一官;二分半,二官;三分,三官;三分半、四分,五官;四分半,六官。免勒停,差遣依旧。其降官至奉职,各罢将副差遣"①。也就是说,将官率军出征,若士兵逃亡人数超过 20%,就会受到降官处罚。

宋代士兵逃亡法还包括许多具体法律条文,如敏感地区士兵逃亡法、士兵逃亡首身法、逃兵为盗处罚法,以及缉捕逃兵赏罚条格等。综之,宋代士兵逃亡法内容严密,涉及士兵逃亡的各个环节,是法律条文最繁杂、规定最严密的军法。正如苏轼所言:"今法令莫严于御军,军法莫严于逃窜。"②

(四)战时军法:严肃战场纪律

战时军法,是宋代军法体系中又一项极其重要的内容。它作为出师临阵之际的刑罚依据,受到宋代统治者的高度重视。

宋初颁布的《宋刑统·擅兴律》中,有不少律文就是针对战时情形而设。如第 4 门第 1 款律文"诸主将守城,为贼所攻,不固守而弃去,及守备不设,为贼所掩覆者,斩。若连接寇贼,被遣斥候,不觉贼来者,徒三年;以故致有覆败者,亦斩"③;第 4 门第 2 款律文"诸主将以下,临阵先退;若寇贼对阵,舍仗投军,及弃贼来降而辄杀者,斩"④等。

宋仁宗庆历三年(1043 年)编成的《武经总要》中,保存着现存最为完备的一部宋代战时军法——"罚条"⑤。"罚条"共有 72 款律文,内容甚为详密,几乎无所不包,按惩治的主体行为,大体可以分为对贪生怕死、贻误战机、不尽职守、擅自行动、不遵军令、贪赃枉法、贪功滥杀、掳掠奸淫、扰乱鼓惑军心、风纪不肃、泄露军机、私议军事、军用器物处置不当、行军驻营不如法等军事罪行的惩治。其中除 4 款外,其余 68 款的刑罚皆量及死

---

① 《宋会要辑稿》刑法 7 之 18,第 6742 页。按:"三分半"原作"五分半",而前文系数为"二分"、"二分半"、"三分";又《长编》卷 323,元丰五年二月甲寅(第 7776—7777 页)作"三分半",据改。
② 苏轼:《苏轼文集》卷 25《奏议·上神宗皇帝书》,中华书局 1986 年版,第 734 页。
③ 《宋刑统》卷 16《擅兴律》,第 291 页。
④ 《宋刑统》卷 16《擅兴律》,第 292 页。
⑤ 参见《武经总要》前集卷 14《赏格罚条》,《影印文渊阁四库全书》第 726 册,第 456—459 页。

刑,如第1款"漏军事或散号漏泄者,斩";第11款"逐队部被攻危急,前后及左右队部当救不救因致陷者,全队部皆斩";第12款"临阵非主将命,辄离队先入者,斩";第16款"将校士卒临阵诈称病者,斩。在边镇诈有所规免者,绞";第47款"隐欺破贼收获及死亡兵士资财者,斩";第53款"贪争财物资畜而不赴杀贼者,斩";第54款"讹言诳惑妄说阴阳、卜筮、道释、鬼神、灾祥以动众心者,斩"等。

宋高宗建炎元年(1127年),囿于北宋末年宋军不战而溃的情况,宰相李纲主持颁布了"军制二十一条",是为南宋第一部较为完整的综合性军事法规。其主要军法条文大都属于战时军法范畴,如第5款"统制官、部队将遇敌怯懦,不能率众用命者,斩。贼攻一军危急,而余军不策应者,统兵官当行军法。贼攻一部一队,部队不策应者,部队将当行军法"[①];第14款"统制以下,因出师,辄敢扇摇谋变者,先家族";第18款"使劫寨,或邀截、或追逐、或设伏、或出奇、或入敌营垒探事,能如令者,赏;违戾者,斩";第20款"凡有罪,处斩讫并枭首、令众,率先退走者,家属尽杀,余并依将法"[②]等。

从上述律条来看,宋代在用兵行师时军法是相当严格的。值得注意的是,即使同一违法行为,对战时与平时在处罚的轻重方面也有着明显的区别。"罚条"中不少律文,都在斩刑后规定非出军临阵依常法,如第7款"背军走者,斩。非出军临阵日,依厢禁军敕条";第43款"自相窃盗者,不计物多少,并斩。非出军临阵,自从常法";第49款"博戏赌钱物者,斩。非出军临阵,自依常法"等。可见,宋代战时军法的基本精神是战时量刑严于平时,这也体现了军事法规与一般行政法规的不同特点。而统治者如此设立军法的用意在于"夫三军之众,畏我则不畏敌,畏敌则不畏我,此赏罚之所以设也。……使疲者勇,懦者决,进有幸生,退有必死焉"[③]。

---

① 《宋会要辑稿》刑法7之29,第6748页。
② 《宋会要辑稿》刑法7之30,第6748页。
③ 《武经总要》前集卷14《赏格罚条》,《影印文渊阁四库全书》第726册,第459—460页。

(五)诸禁律:严禁各种违纪行为

宋代军法体系中还有诸多禁律。它们制定的时间先后不同,内容同样涉及很广。

宋代军中诸禁律,主要有禁止军人躲避征役[①]、禁止军人典卖军事装备[②]、禁止军人私蓄私造兵器[③]、禁止军人赌博[④]、禁止军民男女结义社[⑤]、禁止军中角觝戏[⑥]、禁止军人习学乞试阴阳文书[⑦]、禁止军人私自传播诸教法象法[⑧]等。

王质在《雪山集》卷6《兴国四营记》中,比较集中地列举了宋代军中诸禁:

> 有斗伤之禁,有博戏之禁,有禽犬之禁,有巫卜之禁,有饮禁,有滥禁,有逃禁,有盗禁,有诡名之禁,有匿奸之禁,有敛财之禁,有弛艺

[①] 参见《宋会要辑稿》刑法7之1(第6734页)记载:宋太宗至道二年(996年),"诏自今沿边城寨诸军,内有故自伤残、冀望拣停者,仰便处斩讫奏"。又《宋会要辑稿》刑法4之5(第6624页)记载:宋真宗大中祥符五年(1012年),"诏诸军故断手足指以避征役,及图徒便郡者,自今决讫,并隶本军下名;罪重者,从重断;伤残甚者,决配本乡五百里外牢城"。

[②] 参见《宋会要辑稿》刑法7之9—10(第6738页)记载:宋仁宗天圣七年(1029年),宋廷裁定诸军衣装与军号法物规格与数量,并立法:"自今诸军兵士将军号法物转卖、典当者,并依至道元年并大中祥符七年六月二十四日敕,从违制本条定罪;若将衣赐制造到随身衣物非时破货典卖,即依天禧四年四月二十五日敕,从不应为重杖八十上定断"。又《宋会要辑稿》刑法7之24(第6745页)记载:宋徽宗建中靖国元年(1101年),从大理寺言,"诸军以军号、军器法物质买钱物者,徒二年;知情质买、若以官给鞍辔质买借人及质买之者,各杖一百,军号器物等并追还,质买钱物没官。"

[③] 参见《宋史》卷197《兵志十一·器甲之制》(第4910页)记载:宋太宗淳化二年(991年),"申明不得私蓄兵器之禁"。又《长编》卷83,大中祥符七年九月甲辰(第1896页)记:宋真宗大中祥符七年(1014年),"禁军士私蓄手刀、器械"。

[④] 参见《宋会要辑稿》刑法7之6(第6736页)记载:"军人赌博以违制,徒二年,仍降其名次。"又《宋会要辑稿》刑法4之8(第6625页)记载:宋真宗天禧元年(1017年),"诏自今军人曹司赌钱罪犯,并依法决刺面,配外处牢城"。

[⑤] 《长编》卷12,开宝四年十一月壬戌,第275页。

[⑥] 《长编》卷85,大中祥符八年八月辛丑,第1947页。

[⑦] 《宋会要辑稿》刑法2之39,第6515页。

[⑧] 《宋会要辑稿》刑法2之60,第6525页。

之禁,有窃造军器之禁,有私传兵式之禁,有出法物之禁,有结义社之禁。

诸禁律虽非严格意义上的刑法,但一经触犯,即使律文上没有规定刑罚,也要论罪处罚。所以说,诸禁律是宋代统治者针对各个时期具体的军政情况而制定的军法,是军法的重要补充。

(六)主兵官禁约:约束主兵官的行为准则

两宋时期,中央政府相继出台了诸多法律、法规,以禁止各级主兵官的某些可能引发不良后果的行为。长此以往,这些禁约便发展成为主兵官的日常行为规范,并在宋代治军中发挥着极为重要的作用。

为了防止主兵官私相往来,形成势力,威胁皇权,宋代统治者对其交结加以限制。宋真宗景德四年(1007年),禁止同一军队编制内的主兵官结亲[①];至宋神宗熙宁七年(1074年),则发展为禁止所有管军臣僚通婚[②]。之后,宋廷又对各级主兵官实行禁谒。宋神宗元丰二年(1079年),"诏在京管军臣僚、外任路分兵官、将副、押队使臣,禁出谒及见宾客,著为令"[③]。元丰七年(1084年),"诏诸路兵官、沿边都监、武臣知县、堡塞主,如尚书左右司禁谒法"[④]。到宋哲宗元祐元年(1086年),宋廷修订主兵官禁谒法,允许诸路有工作与亲属关系的主兵官相互往来,但是仍禁止不相干的主兵官交结[⑤]。鉴于北宋亡国的教训,南宋建国之

---

① 据《长编》卷67,景德四年十月己亥(第1496页):"诏诸军都虞候已上至厢都指挥使,不得与本部军员结亲,其指挥使不得与本指挥军使、都头结亲,军使、都头非本指挥即听,违者论如法。"
② 据《长编》卷257,熙宁七年十月乙酉(第6279页)记载:"诏管军臣僚毋得通婚,如未管军前已为亲属者,自陈。"
③ 《宋会要辑稿》刑法2之35,第6513页。
④ 《宋会要辑稿》刑法2之36,第6513页。
⑤ 据《宋会要辑稿》刑法2之36—37(第6513—6514页)记载:"哲宗元祐元年四月四日,诏诸路分兵官、将副、沿边都监、武臣知城县及堡塞主,非本处见任官,不得往谒及接见。如职事相干,并亲戚,并听往还。其往谒及接见宾客违法,并见之者,各杖一百。"

初，统治集团明令禁止主兵官与宦官来往。宋高宗建炎元年（1127年），诏："内侍不许与统兵官相见；如违，停官送远恶州编管。"①建炎三年（1129年），诏："自今内侍不许与主兵官交通假贷馈遗，及干预朝政。如违，并行军法。"②

主兵官私役军士，是宋代一个长期存在并十分突出的军中弊政。宋廷三令五申予以禁绝。如宋太祖乾德二年（964年），"诏诸道骑兵颇为长吏役使，失于教习，自今禁止之"③。宋哲宗元祐六年（1091年），"私役使耆户长、壮丁、保长、保丁者，杖一百；经日，徒二年。差借耆长、壮丁、保正、保长、丁防护或般担行李之类，及借之者，各徒二年"④。宋高宗绍兴三年（1133年），"禁私役战士"⑤。

主兵官刻剥军士，是宋代军政中长期存在的又一重大问题。宋廷为此亦屡颁禁令。如宋真宗大中祥符元年（1008年），"诏内外诸军勿得科率部下，盛为军装及锦绣之饰"⑥。宋徽宗宣和七年（1125年），诏："乞觅率敛困乏军众者，并重寘典刑，必无轻贷。"⑦宋高宗绍兴二十九年（1159年），"禁内外将佐营造、回易、掊敛军士"⑧。

宋代主兵官禁约，还包括禁止私置亲兵⑨、禁止擅离职守⑩、禁止兼并

---

① 李心传：《建炎以来系年要录》卷10，建炎元年十月癸未，中华书局1956年版，第236页。
② 《建炎以来系年要录》卷22，建炎三年四月丁巳，第473页。
③ 《长编》卷5，乾德二年三月丁酉，第124页。
④ 《长编》卷467，元祐六年十月庚辰，第11155页。
⑤ 《宋史》卷27《高宗本纪四》，第507页。
⑥ 《宋会要辑稿》刑法7之4—5，第6735—6736页。
⑦ 《宋大诏令集》卷181《军令·抚恤军人诏》（宣和七年十二月），第654—655页。
⑧ 《宋史》卷31《高宗本纪八》，第592页。
⑨ 参见《长编》卷7，乾德四年闰八月己丑（第178页）记载："诏殿前、侍卫诸军及边防监护使臣，不得选中军骁勇者自为牙队。"
⑩ 参见《长编》卷108，天圣七年五月辛巳（第2514页）记载："诏诸知州军、同判、部署、钤辖、都监、监押、巡检、寨主，不俟诏而辄去官者，从监临擅离场务敕加二等；计日重者，从在官无故亡律。余官减敕条二等，即有规避及致废事，加一等。辄受牌印者，减罪人一等。"

土地①，以及边将禁约②等。

综上所述，阶级法、擅兴律、士兵逃亡法、战时军法、诸禁律、主兵官禁约等构成了宋代军法的基本内容。它们制订颁行于宋代的不同时期，法规内容涵盖军人犯罪的方方面面。阶级法是宋代军法的核心部分，确立了各级军职间的上下绝对隶属关系，是防止所谓以下犯上、士兵为乱的最主要的军法；擅兴律涉及军队各种重大违法行为，保证了宋代军队的集中统一，是军中的根本大法；士兵逃亡法是管治士兵的重要法律，在发展中自成系统；战时军法作为出师临阵之际的刑罚依据，严肃战场纪律、确保军队战斗力，是宋代军法中又一项不可或缺的内容；不断增添的军中诸禁律，是宋代军法有效、适时的补充；主兵官禁约，在规范主兵官行为，稳定军政秩序方面发挥了一定的积极作用。

宋代统治者以追求内部安定少变为治政目标，而这个堪称完整的军法体系充分贯彻了制约精神，以法令的形式在军中树立起普遍的规矩原则，确保了军队的服从与稳定，也维护了赵宋王朝内政的长治久安。

二、制衡：宋代军事司法制度的主题

军事司法体系是实现军事统率权和指挥权的必要条件和重要保障。宋代从加强中央军事集权需要出发，逐渐建立起了具有时代特色的军事司法制度。除战争时期或其他紧急状态下统军将帅拥有相对较大的军事

---

① 参见《皇宋中兴两朝圣政》卷61，淳熙十一年七月戊子（第4册，第473页）记载：从右正言蒋继周言，"诸军将佐屯驻去处，自今并不许私置田宅、房廊、质库、邸店，及私自兴贩营运"。

② 宋代边将禁约主要有两个方面：其一，限制边将交易，禁其购买某些军需物资。参见《长编》卷128，康定元年八月庚子（第3034页）记载："禁陕西缘边主兵官与属羌交易，犯者以违制论。"又《宋会要辑稿》兵24之16（第7186页）记载：庆历元年（1041年），"禁沿边臣僚私市马"。其二，严禁边将以各种方式泄露军机。参见《宋会要辑稿》刑法2之29（第6510页）记载：皇祐二年（1050年），"禁绝边臣养放鹰鹘。如差士兵飞放，以违制论私罪"。又《宋会要辑稿》刑法2之86（第6538页）记载：宣和四年（1122年），"诏诸沿边官吏辄以私书报边事，以违制论"。

第八章　权力制衡规则下的宋代军制实践

审判权①外,宋代各级军事司法机构在审理各种涉及军人的案件时审判管辖不尽相同。预设防范、周密制衡,是宋代对内政策的特点,也是宋代创设军事司法制度的指导思想。

(一)对不同军种军人案件的审判管辖

1. 禁军

在京禁军案件,通常归三衙审理。宋真宗景德二年(1005年),殿前司、侍卫司上言:"开封府追取禁兵证事,皆直诣营所,事颇非便。"宋真宗认为三衙此番用意在于由本司专决禁军案件,鉴于"有唐之弊,方册可视",遂下诏:"自今除逮捕证佐悉如旧制,军人自犯杖罪以下,本司决遣;至徒者,奏裁。"②据此,禁军杖刑以下罪由三衙审决,徒刑以上罪须上奏朝廷裁断。之后,至宋仁宗时期,其间三衙的审判管辖权限有所变化,即由审决禁军杖以下罪扩大为断决流配之罪③。

除三衙外,宋代都城,即开封府或临安府也可受理京师禁军狱案,有权直接于三衙中追捕案件所牵涉的证人及犯罪嫌疑人。虽然殿前、

---

①　据《武经总要》前集卷14《赏格罚条》(《影印文渊阁四库全书》第726册,第451页)记载:宋朝之制,"大将每出讨,皆给御剑自随,有犯令者,听其专杀;兼置随军赏给库,或付空名宣符,有立功者听大将便宜爵赏,不待中覆"。即行军及临阵之际,将帅专掌刑赏大权,不必上奏中覆。又据《宋会要辑稿》兵14之3(第6994页)所载宋英宗治平三年(1066年)同知谏院傅卞言:"乞今后惟诸路帅臣受特旨许便宜从事及军前或临贼战斗,其犯罪之人仍须委实情理不可恕者,方得临时裁处,仍限十日内奏闻。"可知,将帅临机审决军事案件后,必须于规定期限内将案情上报朝廷。

②　《长编》卷60,景德二年六月壬寅,第1348页。

③　据《长编》卷430,元祐四年七月丁酉(第10405页)记载:是年,殿中侍御史孙升在奏疏中言三衙审判管辖权:"恭惟祖宗深得治军之法,设三卫管军之官,付以流配之权,自非死刑,不付有司按覆。"可知,三衙有流配之权,惟军人死罪案须有司覆核。又据《长编》卷156,庆历五年闰五月丙戌(第3777页)、《长编》卷190,嘉祐四年七月己酉(第4579—4580页)载有的两则宋仁宗朝案例,说明其时三衙确有决配禁军的司法权力:庆历五年(1045年),"上祀南郊,有骑卒亡所挟弓",步军副都指挥使李昭亮以为"宿卫不谨,不可贷",遂将其配隶下军;嘉祐四年(1059年),"有禁卒妻男皆为人所杀",殿前副都指挥使许怀德"以其夫为不能防闲,谪配下军"。可见,三衙的审判管辖权限,在宋真宗至宋仁宗时期应该有所变化,即由审决禁军杖以下罪扩大为断决流配之罪。由于相关史料缺知,三衙审判权变动的具体时间已无从可考。

侍卫司曾提出"开封府多直行捕逐禁军兵士,并不关报本司,事恐非便",但是景德二年(1005年),宋廷仍诏开封府:"自今殿前、侍卫司军人合追摄证对公事者如旧制,其军人身犯杖罪①,送本司施行。若将校及军人犯徒罪已上者,未得直牒追摄,奏闻取裁。"②需要说明的是,开封府审判禁军案件,只有杖以下的判决权。景德三年(1006年),"诏开封府,今后内降及中书、枢密院送下公事,罪至徒以上者,并须闻奏"③。

在外禁军犯罪,统治者认为"戍兵颇有上军,若诸校获罪而州郡裁之,非便也"④,所以一般所在州军地方衙门不得裁断,须申报路一级的部署(总管)司、钤辖司或提点刑狱司依法决罪⑤。天禧二年(1018年),虑及西北环、庆、宁三州禁兵犯极刑者裁决的特殊情况,所谓"狱既具,先以案牍申总管司,以俟裁断,往复近十日,致留滞",宋廷才准许这些地区"禁兵犯罪至死者,委本州依条区断讫,申总管司",但"罪状切害者,依旧例"⑥。

由于"所部去朝廷远",川峡地区钤辖司被获准"事由便宜裁决"⑦,对辖区内的禁军犯罪拥有相当大的审判管辖权限。但是,这种"便宜"之权与宋代强化中央集权的主旨相抵触,故与夺无常。据《潞公文集》卷19

---

① 原文为"其军人身死犯杖罪",据《长编》卷60,景德二年六月壬寅,"死"应为衍字。
② 《宋会要辑稿》刑法7之3,第6735页。
③ 《长编》卷63,景德三年八月戊戌,第1421页。
④ 《长编》卷71,大中祥符二年六月壬子,第1617页。
⑤ 参见《长编》卷63,景德三年六月壬申(第1405页)记载:"诏诸路部署司,禁兵逃亡,捉获及首身,所在州军不得裁遣,并送本司。"又《长编》卷71,大中祥符二年六月壬子(第1617页)记载:"诏广南、福建路诸州军禁军军使已下犯罪,徒以上禁系奏裁;杖已下具犯由,申本路提点刑狱司,委详所犯,准法决罪。虽杖罪而情重者,亦具款以闻。"
⑥ 《宋会要辑稿》刑法7之8,第6737页。
⑦ 文彦博:《潞公文集》卷19《奏议·乞别定益利钤辖司画一条贯》,《影印文渊阁四库全书》第1100册,第698页。

第八章　权力制衡规则下的宋代军制实践

《乞别定益利钤辖司画一条贯》①以及《续资治通鉴长编》卷166②记载,至少在宋仁宗中期,益、利州路钤辖司得便宜从事,可临机处置本路军人犯法。然而,宋神宗熙宁五年(1072年)六月利州路发生的一起禁军案件,则说明这一时期"成都便宜行事法"被宋廷收回③。同年十月,中书复删定敕文,又一次赋予成都四路钤辖司断"军人犯罪及边防并机速"的司法特权④。其后,该特权一度又被宋廷夺回。元丰八年(1085年),宋廷接受知成都府吕大防的建议:"川峡军人犯法,百姓犯盗,并申钤辖司酌情断配。"⑤宋廷这种反复不定的做法,足以反映统治者在集权与必要放权之间的矛盾心理。

宋神宗熙丰变法期间,实行将兵法。在全国大部分地区设置将官,专门训练士卒,"军中行图、阵队、调发、赏罚皆关决于将副"⑥。所以,诸路将官拥有相对独立的军事司法权。如元丰三年(1080年),河北第十将雷仲怀疑副将刘昌序指使云翼卒胡千"率众当教场不唱喏",乃要求霸州对当事人鞫勘。"百余日未结正",雷仲方奏请朝廷"委官体量"⑦。值得注意的是,据《续资治通鉴长编》卷341,元丰六年十一月丁卯记载:

---

① 参见《潞公文集》卷19《奏议·乞别定益利钤辖司画一条贯》(《影印文渊阁四库全书》第1100册,第698页)记载:"庆历六年,臣知益州。时属饥馑,列郡多事,贼盗兴起,刑狱淹延,事稍有疑,例欲奏决。臣勘会得益、利路钤辖多是承例酌情,便宜区断。寻曾牒辖下州军,今后勘到合行奏听敕旨公案,且先申当司,以凭相度,其间有别无疑虑,或情轻法重,可以末减,情重法轻当从严断者,率皆便宜决遣。内有事状必难裁处,方敢奏闻。兼朝廷不以为非,在川蜀甚以为便。"

② 参见《长编》卷166,皇祐元年正月乙卯(第3982页)记载:"两浙转运司请自今杭州专管勾一路兵马钤辖司事,如本路军人犯法,许钤辖司量轻重指挥。从之。(宋选为两浙宪,奏请置杭州钤辖司比益州,得便宜从事。)"

③ 据《长编》卷234,熙宁五年六月癸酉(第5687页)记载:是月,神勇兵杨进等"谋夺县尉甲为乱",钤辖司判"配进等沙门岛及广南",宋廷却下诏"斩进首送成都府令众,余配沙门岛"。旨意颁降后,宋神宗还对执政道:"朝廷改成都便宜行事法,(笔者注:知成都府)吴中复屡乞复行。及杨进结众为变,而中复乃止刺配之,若付以便宜,不过反是,妄ращ平人为多,有何所补也。"

④ 《长编》卷239,熙宁五年十月庚子,第5820页。

⑤ 《长编》卷360,元丰八年十月丁亥,第8621页。

⑥ 谢维新《古今合璧事类备要》后集卷75《将帅门》,《影印文渊阁四库全书》940册,第336页。

⑦ 《长编》卷303,元丰三年四月辛亥,第7384—7385页。

三班奉职皇甫旦言:"初为三班借职,累立战功。至如京副使、秦州第四将。驻阶州时,将下兵级孙化等谋叛,臣于将司劾实斩之,亦自劾专杀之罪。有司论臣虽为监临主司,于法不应决狱,以斗杀论当杖死。蒙恩贷配沙门岛,复蒙恩许臣效用立功,然累从偏师,不得一当阵敌。……"诏特以远使干办,迁一官。

也就是说,将官虽有权处置辖下犯罪兵将,但其本人并不能亲自决狱。前例中,将官雷仲即是请求州司鞫勘将卒。宋哲宗元祐元年(1086年),宰相司马光乞罢诸路将官,州县官吏复预军政①。至绍圣三年(1096年),枢密院上言指出州县干预军事司法的弊端:"往时军士犯法,诏许将官一面决遣,以故事无留滞。自州县官预军事以来,动多牵制,不得自在",请求"今后欲仍旧法"。诏从之②。将兵的司法管辖又再次专予将官。及宋徽宗宣和三年(1121年),朝廷接受了知婺州杨应试的建议,下诏:自今令将兵隶守臣。时隔不久,又诏:"将兵自当遵将官条教,其除前隶守臣指挥。"③

此外,在一些紧急形势下,如发生戍卒谋乱、集众滋事等事件,宋代各级统兵官及地方长官皆得当即审理处置。如宋太宗淳化元年(990年),镇州戍卒"夜或焚民舍为盗",通判王济"即斩之"④。宋真宗大中祥符九年(1016年),秦州屯驻禁军"白昼掣妇人银钗于市中",知州李及"亟命斩之"⑤。宋仁宗天圣六年(1028年),汾州广勇军因郊赏不公,一军大噪,"捽守佐堂下,劫之,约予善帛乃免"。转运使孙冲至,"推首恶十六人斩之"⑥,遂定。嘉祐四年(1059年),齐州武卫小校冯坦率100名营卒"突入

---

① 马端临:《文献通考》卷59《职官考十三》,中华书局1986年版,第539页。
② 《宋会要辑稿》刑法7之23,第6745页。
③ 《文献通考》卷153《兵考五》,第1340页。
④ 《长编》卷31,淳化元年十二月辛酉,第708页。
⑤ 《长编》卷88,大中祥符九年十一月壬子,第2028页。
⑥ 《长编》卷106,天圣六年正月己酉,第2461—2462页。

第八章 权力制衡规则下的宋代军制实践

州厅事,欲为变"。京东路都巡检甘昭吉执 10 余名为首者,"立杀之,纵其余去"①,州以无事。

2. 厢军

厢军犯法,地方官司的审判权限视案情轻重及案犯职务高低而有所区别。宋真宗大中祥符元年(1008 年)颁布的"厢军阶级法"规定:副兵马使以上勘罪,"具案闻奏";厢军军头以下至长行,犯流罪以下"只委逐处决讫",死罪须奏裁②。

刺配罪犯充军是厢军的一个重要来源。由于配军性质特殊,统治者赋予地方官司相对较大的审判管辖权,准许对犯案者先斩后奏。如宋仁宗康定元年(1040 年),宋廷令永兴军选配军加以教阅,分隶逐路,并且规定:"内贷命劫贼人,本以情理可悯及有疑虑贷命者,若至配所更作过犯罪,法至徒,情理凶恶者,处斩讫奏。"③庆历三年(1043 年),诏广南转运司,配军"有累犯情涉凶恶者,许便宜处斩以闻"④。

有关宋代地方官司对厢军的具体司法职掌由于史载缺如,在此不便妄加臆测。

3. 乡兵

宋代先后设置了很多种乡兵。现存诸史中关于各种乡兵司法状况的记载极少,惟保甲、忠义巡社相关史料略为集中。故仅以这两种乡兵为研究对象,来考察宋代官司于乡兵的审判管辖。

保甲法是宋神宗朝军事改革的主要内容。宋代统治者为了实现"以丁联兵"⑤,在保甲中推行"上番"与"教阅"。上番,是在巡检司和县尉司管辖下,"教习武艺","出入巡警"⑥。教阅,则是在农闲之时操练。宋廷

---

① 《长编》卷 189,嘉祐四年六月己丑,第 4571 页。
② 《宋会要辑稿》刑法 7 之 4,第 6735 页。
③ 《宋会要辑稿》刑法 4 之 19—20,第 6631 页。
④ 《宋会要辑稿》刑法 4 之 21,第 6632 页。
⑤ 《宋会要辑稿》兵 2 之 22,第 6782 页。
⑥ 《长编》卷 237,熙宁五年八月壬辰,第 5769 页。

专设提举保甲司，负责保甲的教阅事宜。宋神宗元丰八年（1085年），监察御史王严叟的上奏中，言及各级官司对保甲的司法管辖："其教也，保长得笞之，保正又笞之，巡检之指使与巡检者又交挞之，提举司之指使与提举司之干当公事者又互鞭之，提举之官长又鞭之，一有逃避，县令又鞭之。"①也就是说，保甲犯罪，保正、保长、巡检、巡检部属的指使、提举保甲司长官及其部属的指使与干当公事、县令等皆有处罚之权。然而，在执法过程中，由于部分人员滥用司法权力，宋政府只能将保甲的审判权更多地予以州县。如元丰七年（1084年），诏："州县除依条不许干预教阅外，其保甲有违犯及当抚谕弹压巡教官、指使违犯，自当觉察施行。若失觉察，保甲司按劾。"②元丰八年（1085年），从枢密院，命"府界、三路③巡教保甲官并指使，如保甲有犯，并牒本县，无县即申州、军行遣。"④此外，宋廷还规定，保甲犯罪情节严重者，须"具奏听裁"⑤。

宋高宗建炎元年（1127年），宋廷以诸路民兵为忠义巡社，"其法五人为甲，五甲为队，五队为部，五部为社，皆有长，五社为一都社，有正、副；二都社，有都副总首"⑥，听守令节制。各路忠义巡社中的官职，由所在州县长官兼任，"以县令为本县忠义巡社统领官，县丞为同统领官，知州为统制官，通判为同统制官"，"仍隶本路安抚使司，无安抚司处即隶钤辖司（京畿即隶提刑司。）"，逐路提点刑狱使"充提举巡社官"⑦。尽管未见忠义巡社司法权归属的确切记载，但是据此可以认为州县拥有忠义巡社的审判权。

再举一则弓箭手的案例：宋仁宗天圣七年（1029年），从泾原路钤辖、兼知镇戎军王仲宝言，刺手背弓箭手"往别州军界逃避，及出取却字号，验

---

① 《长编》卷361，元丰八年十一月丙午，第8641—8642页。
② 《长编》卷343，元丰七年二月壬午，第8243页。
③ 引文中"三路"，指河北、河东、陕西。
④ 《长编》卷360，元丰八年十月己丑，第8622页。
⑤ 《长编》卷342，元丰七年正月丁巳，第8227页。
⑥ 《建炎以来系年要录》卷8，建炎元年八月丁卯，第198—199页。
⑦ 《宋会要辑稿》兵2之53，第6798页；《宋会要辑稿》兵2之57，第6800页。

认有瘢痕,随身别无公凭,捉送所属州军勘断施行"①。

总而言之,宋代乡兵犯罪,所在州县掌有较大的审判权。

(二)对军官案件的审判管辖

军官案件无论大小,各级机构通常无权处置,须具案奏裁。宋太宗太平兴国八年(983年),诏:"今后勘诸司使副、供奉官、殿直等案,内须具出身、入仕因依。法寺断罪,亦取敕裁。"②宋孝宗淳熙十三年(1186年),臣僚语及军中刑政,亦言:"若军人,则多有名目在法,下班祗应以上,犯罪不论轻重,必具案闻奏。"③需要说明的是,犯罪军官在听候圣旨裁断期间,视其刑罚轻重,有收监与否的区别。宋太宗淳化二年(991年),光禄寺丞请求"勘鞫公事,欲乞今后命官、将校等合该杖罪,则牒送本州,仍旧勾当,候敕命指挥。如徒罪,仍旧收禁。"得到批准④。即军官徒罪以上(含徒罪)方得收监。如宋神宗元丰七年(1084年),鄜延路第二将、西头供奉官张禧"擅以所部入米脂谷采木",致使"贼马略轮税户,杀人十四"。经略司收禁张禧,纠举其罪。大理寺判张禧罚铜五斤。因张禧罪不至徒,于法不应收监,大理寺遂追究相关官司"禁禧"之罪⑤。

根据涉案军官的职务高低及罪情轻重,宋代统治者将案件交予中央不同的司法机构受理。中下级军官案件多由大理寺判决。如宋神宗元丰六年(1083年),文思副使秦世章、内殿承制焦胜、侍禁孟文宥皆"买乞弟首级与子冒赏",由大理寺决断⑥。元丰七年(1084年),三班奉职李㮣"殴盗裤递卒死",为大理寺判罪⑦。宋高宗绍兴十一年(1141年),左武大夫

---

① 《宋会要辑稿》兵4之2—3,第6821页。
② 《宋会要辑稿》刑法3之49,第6602页。
③ 《宋会要辑稿》职官24之37,第2910页。
④ 《宋会要辑稿》刑法3之50,第6602页。
⑤ 《长编》卷344,元丰七年三月甲子,第8266—8267页。
⑥ 《长编》卷333,元丰六年二月庚申,第8020页。
⑦ 《宋会要辑稿》刑法6之19,第6703页。

耿著鼓惑众听,下大理寺按问①。宋孝宗隆兴元年(1163年),修武郎、阁门祗候张耘犯法,大理寺定断②。中高级军官犯罪多下御史台审理。如宋真宗咸平四年(1001年),鄜州观察使杨琼畏敌逗留,又弃地保身,导致多处城寨陷没。宋廷召杨琼等付御史"按其罪"③。宋神宗元丰八年(1085年),武信军留后李宪等坐奏边功不实,下御史台审问④。宋高宗绍兴二年(1132年),翊卫大夫、泉州观察使鲁珏在京东"掠取良家子,且贼杀不辜"⑤,御史台鞫。一些影响重大或性质恶劣的军官案件则由临时性的审讯机构"制勘院"进行审理。如宋真宗咸平三年(1000年),宋辽交战过程中,忠武军节度使傅潜畏战不出,使辽军得以长驱直入⑥。宋真宗令"潜等诣行在,至则下狱",命工部侍郎钱若水、御史中丞魏庠、知杂御史冯拯"按鞫之"⑦。宋仁宗康定元年(1040年),夏人急攻安远寨,而白州团练使赵振"观望逗挠"、"卒不敢救"。宋仁宗命侍御史方偕就同州勘问⑧。宋神宗元丰四年(1081年),四方馆使、忠州团练使韩存宝怯懦避敌,征讨无功。宋神宗遣侍御史知杂事何正臣、勾当御药院梁从政赴泸州体量公事所鞫韩存宝等⑨。

官司审结军官案件之后,须申报枢密院、三省取旨定判。宋代旧制:军官奏案,枢密院有覆审之责,所谓"文臣、吏民断罪公案并归中书,武臣、军员、军人并归密院"⑩。宋神宗熙宁十年(1077年)诏令就强调:"内外责降官,侍从之臣委中书,宗室委大宗正司,武臣委枢密院,具元

---

① 《建炎以来系年要录》卷141,绍兴十一年七月壬寅,第2261页。
② 《宋会要辑稿》刑法6之34,第6710页。
③ 《长编》卷49,咸平四年九月乙亥,第1072页;《长编》卷49,咸平四年十月丙午,第1075页。
④ 《长编》卷352,元丰八年三月甲午,第8448页。
⑤ 《建炎以来系年要录》卷54,绍兴二年五月辛酉,第950页。
⑥ 《长编》卷45,咸平二年十二月丁卯,第972页。
⑦ 《长编》卷46,咸平三年正月乙酉,第986—987页。
⑧ 《长编》卷128,康定元年九月癸亥,第3040—3041页。
⑨ 《长编》卷311,元丰四年正月丁酉,第7535页。
⑩ 苏辙:《栾城集》卷46《论边防军政断案宜令三省枢密院同进呈札子》,第1009页。

第八章 权力制衡规则下的宋代军制实践

犯取旨。"①到元丰五年（1082年），宋廷曾一度下令，文武官员案件均由三省覆核审定②。及宋哲宗元祐五年（1090年），由于枢密院言"诸路主兵官及使臣等犯法，下所属鞫治，及案到大理寺论法，乃上尚书省取旨。虑有元犯情重，或事干边防，合原情定罪者，既元自枢密院行下，当申枢密院取旨"③，遂诏刑部："命官犯罪，事干边防军政，文臣申尚书省，武臣申枢密院。"④至此，旧制得以恢复，惟枢密院负责军官奏案。是年十二月，御史中丞苏辙上言反对三省、枢密院分理奏案，指出其弊端在于"中书、密院，又各分房，逐房断例轻重，各不相知。所断既下，中外但知奉行，无敢拟议"，而统由三省受理的好处在于"断狱轻重比例，始得归一，天下称明焉"，故请求"应断罪公案，并归三省。其事干边防军政者，令枢密院同进呈取旨而已。如此，则断狱轻重，事体归一，而兵政大臣各得其职，方得稳便"⑤。宋廷采纳了他的意见，次年下诏："文武官有犯同案，事干边防军政者，令刑部定断，申尚书省，仍三省、枢密院同取旨。"⑥即元祐六年（1091年）之后，对于与文官同案、且情涉国防的军官奏案，三省亦有责覆审。南宋初年，各地军事司法较为混乱。宋高宗绍兴五年（1135年），"诏诸路宣抚司偏裨将佐，自今士卒有犯，依条断遣问当；有官人，具情犯申枢密院量度事因，重行编置，毋得故为惨酷，因至杀害"⑦。于是，通过要求地方军官案须枢密院覆审定判，宋廷又将军官案件的判决执行权收归中央。

军官案件经枢密院、三省覆核后，如为高级军官死刑案，还需经朝

---

① 《长编》卷286，熙宁十年十二月甲申，第6996页。
② 据《长编》卷453，元祐五年十二月丁巳（第10873—10874页）载御史中丞苏辙言："及元丰五年，先帝改定官制，知此情弊，遂指挥凡断狱公案并自大理寺、刑部申尚书省，上中书取旨。"
③ 《长编》卷445，元祐五年七月丁卯，第10711页。
④ 《文献通考》卷167《刑考六》，第1450页。
⑤ 《栾城集》卷46《论边防军政断案宜令三省枢密院同进呈札子》，第1009—1010页。
⑥ 《长编》卷455，元祐六年二月己亥，第10906页。
⑦ 《建炎以来系年要录》卷85，绍兴五年二月戊子，第1400页。

廷百官集议。如宋太宗太平兴国八年(983年)，威塞节度使曹翰在颍州不法，知杂御史滕中正奉命前往制勘，"狱具，法当弃市"，"百官集议，翰林学士承旨李昉等议，如有司所定"①。前述宋真宗咸平三年忠武军节度使傅潜一案，"狱具，罪当斩。百官议论如律，上封者皆请正典刑"②；咸平四年鄜州观察使杨琼一案，"狱具，罪当死。诏五品以上集议，兵部尚书张齐贤等请如律"③。

上述司法官司虽然有权对军官案件进行审判、审核，但是无论案情大小，其判决均不具有法律效力。军官案件最终由皇帝定判。如宋太祖乾德初年，忠武军节度使王全斌等统兵讨伐西川，军纪涣散，抢人劫财，诱杀降兵④。百官裁定王全斌等当斩，宋太祖特令赦免，只处以降官的轻责⑤。宋太宗雍熙三年(986年)第二次伐辽，天平军节度使曹彬指挥不当，兵败岐沟关，"死者数万，弃戈甲若丘陵"⑥。百官议曹彬当斩，宋太宗仅责其降官⑦。前述曹翰、傅潜、杨琼案，罪皆当死，却均得到皇帝的特赦：曹翰被削夺在身官爵，送登州禁锢⑧；傅潜被削夺官爵，流房州⑨；杨琼被除名，流崖州⑩。宋初以来形成的驭将姑息政策，对后世影响深远。故而两宋时期诸如此类的案例很多，不一而足。宋代皇帝通过掌握军官案件的终审权、执行权，一方面严控军事司法权，有效地巩固了中央军事集权；另一方面强化了皇帝与军官之间的关联，有利于其

---

① 《长编》卷24，太平兴国八年五月壬申，第546页。
② 《宋会要辑稿》兵8之9，第6891页。
③ 《长编》卷50，咸平四年闰十二月丁丑，第1101页。
④ 《长编》卷6，乾德三年正月丁酉，第147—148页；《长编》卷6，乾德三年四月辛丑，第152页。
⑤ 《长编》卷8，乾德五年正月壬子，第187页；《长编》卷8，乾德五年正月癸丑，第187页；《长编》卷8，乾德五年正月甲寅，第187页。
⑥ 《辽史》卷11《圣宗本纪二》，中华书局1974年版，第122页。
⑦ 《长编》卷27，雍熙三年七月庚午，第619页。
⑧ 《长编》卷24，太平兴国八年五月壬申，第546页。
⑨ 《长编》卷46，咸平三年正月乙酉，第986页。
⑩ 《长编》卷50，咸平四年闰十二月丁丑，第1101页。

以刑罚高下安抚、笼络将心。

(三)对军民纠纷案件的审判管辖

当案件涉及军民之间的纠纷时,宋初由军民机关分别受理,即军人一方由军事机构负责审判;百姓一方由民事机构负责审理。如宋真宗大中祥符二年(1009年),镇定部署司言:"军士赌博,其民家停留及知情者,望悉决配。"宋真宗认为部署司"第当约束军伍,民家停留,乃府县之职也",不许①。可见,宋代军事官司无权处理军民纠纷案件中的百姓一方。大中祥符五年(1012年),鉴于此类案件在审理过程中军民机关"各庇所部,多致枉抑",于是宋廷"诏开封府,诸县军民相殴讼者,令知县、都监同议断"②。也就是说,军民纠纷案件改由军民两个机关协同审理。乾兴元年(1022年),宋廷再次发布诏令,强调"开封府诸县兵马都监,自今应系县郭烟火、盗贼、军人与百姓斗争公事,并须同县司施行"③。

南宋初年,宋高宗责成大理寺一司掌管殿前司军人与百姓的纠纷案件。绍兴五年(1135年),诏:"殿前司军人与百姓相犯,并送大理寺根治。"④绍兴十四年(1144年),殿前司都指挥使杨存中请"以临安府军人劫盗事移送大理寺,其诸军公事视此",遭到大理寺少卿朱裴的反对。朱裴认为大理寺审判诸军案件有损国体,所谓"非所以严理寺而重国体"。宋廷遂诏:"殿前司诸军公事非与百姓相犯者,令本司根勘,依法施行。"⑤可知,大理寺只受理殿前司军民纠纷案件,至于军人案件则由其所属军事机构审理。

至宋孝宗时期,淳熙五年(1178年)十月发布的诏书中仍强调"军

---

① 《长编》卷71,大中祥符二年五月丙寅,第1607页。
② 《长编》卷77,大中祥符五年二月癸丑,第1756页。
③ 《长编》卷99,乾兴元年十一月戊寅,第2303页。
④ 《建炎以来系年要录》卷89,绍兴五年五月壬寅,第1495页。
⑤ 《建炎以来系年要录》卷152,绍兴十四年九月癸亥,第2450页。

民哗讹者,执送大理寺鞫之"①。但是,随后发生的一宗军民纠纷案件使得宋廷明确界定了大理寺、临安府在审判军民纠纷案件上的司法管辖。是年十一月,殿前司在临安城内强行募兵,"辄捕市人,城中骚动,号呼满道";殿前司军人趁机"夺民财",军民之间爆发了严重冲突。就此案如何处置,宋廷展开了激烈的讨论,最后下诏:军民为首纠斗者令大理寺审理,其余军人由殿前司、百姓由临安府审判②。理清此案后次日,宋廷便发布诏令:"自今军民相争公事,除殿前、马、步军司依已降旨送大理寺外,其余诸司并将兵并令临安府理断。"③即大理寺负责三衙军人与百姓纠纷案件,而临安府则负责其余诸司军人及将兵与百姓的纠纷案件。淳熙十年(1183年),步军司军人与百姓纠纷案件,转归临安府审判④。

要之,宋代深鉴唐末、五代之弊,为了加强中央军事集权,确立了详密的军事司法制度。针对不同军种的军人犯罪、军官犯罪以及军民纠纷,宋代各级军事司法机构被严格地赋予了不同的司法管辖权限。尤其值得注意的是,宋代统治者对于一般刑事案件,除疑案外,始终未将地方官司的死刑终审权收归中央⑤;但是对于军人案件的态度却截然不同。中唐以来,节度使的军事司法权力极大,得"总军旅,颛诛杀"⑥。有鉴于此,宋代高度重视军人死刑案件的覆核。军人死刑案,除特定罪名及紧急形势下

---

① 《宋史》卷35《孝宗本纪三》,第669页。
② 李心传:《建炎以来朝野杂记》乙集卷7《史文惠以直谏去位》,中华书局2000年版,第615—616页。
③ 《宋会要辑稿》职官24之34,第2909页。
④ 据《宋会要辑稿》职官24之34(第2909页)记载:"(笔者注:淳熙)十年三月,复诏步军司宣敕与百姓相争,更不送大理寺,令临安府依条理断。"
⑤ 参见戴建国《宋代刑事审判制度研究》,《宋代法制初探》,黑龙江人民出版社2000年版,第199—245页。
⑥ 《新唐书》卷49下《百官志四下》,中华书局1975年版,第1309页。

第八章 权力制衡规则下的宋代军制实践

各级军事司法官司可行斩杀之外,一般情况下须经枢密院覆核①。宋廷通过覆核军人死刑案,一方面有效地降低了军中冤假错案的出现几率;另一方面则极大地遏制了军官以杀立威的现象,巩固了中央军事集权。

"以防弊之政,为立国之法",宋代极其注重内政建设,最大限度地发展中央集权。在收缴、分割诸权力的政治运动中,全面掌控军权无疑是统治者最为首要、最为迫切的任务。通过分权制衡、层层制约的方式,宋代统治者完成了对军事司法体制的构建,有效地控制了军事司法权,切实从司法制度层面促进了军事集权的效果。

三、重内轻外:宋代治国理念与军法

(一)宋初:不同于汉唐的开国气象

公元前202年,刘邦即皇帝位于氾水之南,西汉王朝建立。经历秦朝的极端统治,以及多年的战争劫乱,社会一片残破景象,经济凋敝,人民大量逃亡。国家财力寡弱,"自天子不能具钧驷,而将相或乘牛车,齐民无藏盖"②。其时,在中国北部、东北部和西北部广大地区,则是拥有骑兵30余万、势力强大的匈奴政权。公元前200年,匈奴攻晋阳(今山西太原),

---

① 据《宋大诏令集》卷201《大辟经裁决后付中书密院参酌诏》(中华书局1962年版,第746页)记载:宋真宗大中祥符二年正月戊辰,诏:"自今开封府、殿前、侍卫军司奏断大辟案,经朕裁决后,百姓即付中书,军人付枢密院,更参酌审定进入,俟畫出,乃赴本司。其虽已批断,情尚可悯者,亦须覆奏。"可知在京军人大辟案,须经枢密院覆核后上奏取旨,方可执行。据《长编》卷77,大中祥符五年五月己丑(第1766页)记载:"诏诸路部署司,科断军人大辟者,承前旨不上奏,止录案申刑部,自今具犯名上枢密院,覆奏以闻。"可知地方军人大辟案在宋真宗大中祥符五年之后,亦须经枢密院覆核。南宋初年,地方军事司法十分混乱。针对这种形势,宋廷先是罢诸军淫刑。据《建炎以来系年要录》卷16,建炎二年七月戊子(第338页)记载:"诏自今士卒有犯,并依军法,不得剜眼剖心,过为惨酷。"时隔不久,宋廷就明令军人死刑案件必须经枢密院覆核取旨。据《建炎以来系年要录》卷22,建炎三年四月己酉(第465页)记载:"诏将帅非出师临阵,毋得用刑。即军士罪至死者,申枢密院取旨。"

② 《史记》卷30《平准书》,中华书局1959年版,第1417页。

亲率大军迎战的汉高祖被匈奴围困于平城白登山（今山西大同东南），长达7天7夜。白登山脱险后，迫于刘汉政权尚未巩固的客观形势，汉高祖只好采取和亲政策，缓解匈奴侵扰中原的国防压力。之后的汉文帝、汉景帝，一方面继续保持对匈奴和亲政策，另一方面秉承黄老治国思想，与民休息，以农为本，促进生产的恢复和发展。及至汉武帝时期，中央集权极大加强，国家经济实力空前雄厚，已无内顾之忧，反击匈奴的条件成熟。元光二年（前133年），匈奴侵扰代郡、雁门一带，汉武帝对匈奴进行反击，从此揭开了西汉对匈奴进行大规模战争的序幕。

隋唐之际，漠北地区东突厥势力强大，对中原政局产生重大影响。史称："此后隋乱，中国人归之者甚众，又更强盛，势陵中夏。迎萧皇后，置於定襄。薛举、窦建德、王充、刘武周、梁师都、李轨、高开道之徒，虽僭尊号，北面称臣，受其可汗之号。东自契丹，西尽吐谷浑、高昌诸国，皆臣之。控弦百万，戎狄之盛，近代未之有也。"①公元617年，唐高祖李渊起兵太原，亦卑辞厚礼，改易旗帜，称臣于突厥②。次年，李渊建唐。在与西秦决战之时，唐朝割弃五原、榆中之地③，以换取突厥支持④。此后，突厥日益加紧对唐朝的干涉，不时侵扰中原。武德九年（626年）八月，唐太宗初登基，突厥大军直抵长安附近的渭水北岸。唐太宗以"即位日浅，国家未安，百姓未富，且当静以抚之"⑤，厚增币帛，与突厥结盟，使之退兵。是役后，突厥统治者间矛盾继续激化，多部首领率众降唐。贞观三年（629年），唐太宗趁突厥内部分裂之机，向其发动攻势，终在次年灭亡东突厥汗国。

综之，汉唐政权初创时期，由于内政未稳和国力不足等原因，事外精神均表现为妥协、退让，采取和亲甚至称臣等示弱手段，缓和与周边少数

---

① 杜佑：《通典》卷197《边防典十三》，中华书局1988年版，第5407页。
② 陈寅恪：《论唐高祖称臣于突厥事》，《香港岭南学报》1951年第2期。
③ 王钦若等：《册府元龟》卷990《外臣部·备御三》，中华书局1960年版，第12册，第11633页。
④ 参见吴玉贵：《突厥汗国与隋唐关系史研究》，中国社会科学出版社1998年版，第157—161页。
⑤ 司马光：《资治通鉴》卷191，武德九年八月乙酉，中华书局1956年版，第6020页。

第八章 权力制衡规则下的宋代军制实践

民族的关系；而至其国运延绵，随着政治、经济、军事实力的增强，则转变为积极的国防战略。与汉唐不同，素有"弱宋"之称的赵宋王朝在立国初期，却对外部少数民族政权表现出积极、迫切的进取态度。

公元960年，以兵变方式建立的宋朝，继承了后周的统治范围：北部强大的契丹和割据山西中部的北汉，对其持敌视态度；南部南唐、后蜀等割据政权，对其或持表面的贡奉态度，或持观望态度，皆图自保自立，不愿将政权和辖区拱手相送。深感"一榻之外，皆他人家"①的宋初君臣，清醒地意识到："今之勍敌，止在契丹。自开运以后，益轻中国。河东正扼两蕃，若遽取河东，便与两蕃接境，莫若且存继元，为我屏翰，候我完实，取之未晚。"②遂采取先南后北、先易后难的统一战略，从乾德元年（963年）至太平兴国四年（979年）完成了绝大多数汉族聚居区的统一。

在这场历时多年的统一战争中，让宋朝用力最多的割据政权即是北汉。自建立之初，北汉就遣使赍重币投附契丹，"愿如晋祖故事，约为父子"③。得到契丹支持的北汉，对新兴赵宋政权的北部安全构成严重威胁。建隆元年（960年），北汉主先以"蜡书"诱使镇守潞州（治今山西长治）的宋昭义节度使李筠举兵反叛④，之后亲率军队南下太平驿，封其西平王⑤。然而这场叛乱仅维持60余日，即被宋廷迅速平定。是年九月，北汉军队于汾州（治今山西汾阳）袭杀宋晋州兵马铃辖、郑州防御使荆罕儒⑥。从开宝元年（968年），宋朝正式对北汉用兵。宋太祖时期3次讨伐⑦的兵锋均抵达太原，北汉虽地狭人少，却"阴恃契丹，城久不下"⑧。宋

---

① 《长编》卷9，开宝元年七月丙午，第205页。
② 魏泰：《东轩笔录》卷1，中华书局1983年版，第1页。
③ 《宋史》卷482《世家传五·北汉刘氏》，中华书局1977年版，第13934页。
④ 《长编》卷1，建隆元年四月丁丑，第12页。
⑤ 《长编》卷1，建隆元年五月辛丑，第14—15页。
⑥ 《长编》卷1，建隆元年十月乙酉，第26—27页。
⑦ 宋太祖在位期间，分别于开宝元年（968年）、开宝二年（969年）、开宝九年（976年）举兵攻打北汉。
⑧ 《长编》卷10，开宝二年四月己未，第221页。

军屡次攻打,终至太平兴国四年(979年)宋太宗亲征,以"摧枯拉朽"之势平定北汉。

随着北汉的灭亡,宋辽"接境"。是否乘胜伐辽,成为宋太宗君臣争论的焦点。其实在北汉政权尚存时,围绕着进攻和增援北汉,宋辽之间已经发生多次战事。如乾德二年(964年)初,宋昭义节度使李继勋率军攻打北汉辽州(治今山西左权),辽派步骑6万支援,但被宋军大破之①。开宝元年(968年)秋,宋太祖利用北汉统治集团发生内乱的机会,对其发动大规模的进攻。辽以耶律挞烈为西南面都统,"发诸道兵救之"②。部分辽军与宋军发生激战,先后被宋军败于阳曲、定州等地③。此外,开宝三年(970年)十一月,辽军6万骑南下,侵入宋境。宋贺州刺史田钦祚领兵与战遂城(今河北徐水县西北),击退辽军④。正是因为有这些战绩,面对攻取太原后,宋军"馈饷且尽,军士罢乏"、"人人有希赏意"⑤的不利情势,殿前都虞候崔翰仍认为伐辽"当峻坂走丸之势,所至必顺。此若不取,后恐噬脐"⑥;参知政事赵昌言亦主张"自此取幽州,犹热鏊翻饼耳"⑦。最终,宋太宗决意北伐。

太平兴国四年(979年)六月,宋太宗率10多万大军从镇州(治今河北正定县)向北进军。在宋军的攻击下,辽东易州刺史刘禹"以州降",涿州判官刘原德"以城降",渤海酋帅大鸾河"率小校李勋等十六人、部族三百骑与范阳军民二百余人皆来降",铁林都指挥使李札卢存"以部下兵百二十五人来降"⑧,建雄节度使刘延素"与官属十四人来降",知蓟州刘守

---

① 《长编》卷5,乾德二年正月丁未,第121页。
② 《辽史》卷77《耶律挞烈传》,中华书局1974年版,第1262页。
③ 《宋史》卷2《太祖本纪二》,第29页。
④ 《长编》卷11,开宝三年十一月甲寅,第252页;《宋史》卷274《田钦祚传》,第9359页。
⑤ 《长编》卷20,太平兴国四年五月丁未,第453页
⑥ 文莹:《玉壶清话》卷7,中华书局1984年版,第71页。
⑦ 王得臣:《麈史》卷上《忠谠》,上海古籍出版社2012年版,第17页。
⑧ 《长编》卷20,太平兴国四年六月丁卯、戊辰、庚午、壬申,第455—456页。

思"与官属十七人来降"①。沙河一役,辽北院大王耶律奚底、统军使萧讨古、乙室王撒合所部被宋军打败②。然而由于宋军连续作战疲顿,幽州城15日未能攻下。七月上旬,宋辽主力在高粱河(今北京东南)发生激战,宋军大败,辽军"追杀三十余里,斩首万余级"③。宋太宗负伤,"窃乘驴车遁去"④,军器物资损失不可胜计。

第一次北伐失利后,宋太宗并未放弃攻辽的思想,一方面暂时调整了对辽前线的军事部署,在定州、镇州及关南等要地驻扎重兵,采取防御战略;另一方面则积蓄力量,等待征讨的时机。此后,辽军时常南下骚扰,宋军虽处于防御态势,但在战场上多次挫败辽军。如太平兴国四年(979年)九月,宋军在满城大败辽军,"斩首万余级,获马千余匹"⑤,缴获大批兵器辎重和牲畜。十一月,宋军在三交口破辽军千余众、忻州破辽军数千众、关南破辽军数万众⑥。太平兴国七年(982年)五月,辽军分三路侵宋,一路袭雁门(今山西代县北),被并州都部署潘美击败;一路攻府州(治今陕西府谷县),被府州闲厩使折御卿击破;一路趋高阳关,被关南都部署崔彦进击退⑦。

太平兴国七年(982年)九月,辽景宗死,12岁的辽圣宗即位,辽太后萧氏摄政。消息传至宋境,知雄州(治今河北雄县)贺令图等边将相继上奏,认为"契丹主年幼,国事决于其母,其大将韩德让宠幸用事,国人疾之,请乘其衅以取幽蓟"⑧。宋太宗以其言为然,遂有意北伐。

雍熙三年(986年),宋太宗再度北伐:东路军以天平军节度使曹彬为统帅,出瓦桥关,进军幽州;中路军以静难军节度使田重进为统帅,出飞狐

---

① 《长编》卷20,太平兴国四年七月庚辰、壬午,第456—457页。
② 《辽史》卷9《景宗纪下》,第101页。
③ 《辽史》卷83《耶律休哥传》,第1299页。
④ 《辽史》卷9《景宗本纪下》,第102页。
⑤ 《长编》卷20,太平兴国四年九月丙午,第462—463页。
⑥ 《长编》卷20,太平兴国四年十一月己亥、辛丑,第464页。
⑦ 《长编》卷23,太平兴国七年五月庚申,第521页。
⑧ 《长编》卷27,雍熙三年正月戊寅,第602页。

口(今河北涞源北),攻打蔚州(治今河北蔚县);西路军以忠武军节度使潘美为统帅,进取云中(今山西大同)。计划三路会师后,收复燕云地区,所谓"直抵幽州,共力驱攘,俾契丹之党远遁沙漠,然后控扼险固,恢复旧疆"①。战初,在辽军应援不及的情况下,宋中、西路进军顺利。田重进在飞狐口大败辽军,俘获辽西南面招安使大鹏翼等将领,"斩首数千级",辽鄞州防御使吕行德等将领投降②。中路军又攻灵丘(今属山西),辽守将步军都指挥使穆超降③。田重进再攻蔚州,辽左右都押衙李存璋等降④。潘美出雁门后与辽军遭遇,"斩首五百级";追至寰州(治今山西朔县东北马邑镇)再战,辽寰州刺史赵彦辛举城降⑤。之后潘美兵围朔州(治今山西朔州市),辽节度副使赵希赞降⑥。西路军转攻应州(治今山西应县),辽节度使艾正、观察判官宋雄降⑦。四月,潘美率军攻克辽重镇云州⑧。作为此次北伐的主力,东路军起初进展也比较顺利,连克新城、固安、涿州,十几天后因粮尽,退屯雄州,以待供馈。而当东路军部将闻知其他两路累战获利时,便出现躁动情绪,"自以握重兵不能有所攻取,谋画蜂起,更相矛盾"。主帅曹彬无法制止,只好合军再度攻得涿州,然"时方炎暑,军士疲乏,所赍粮又不继",被迫再次还师放弃⑨。大军行至岐沟关被辽军追上,大败,"死者数万,弃戈甲若丘陵"⑩。岐沟关的失利,最终导致了宋军北伐的全线溃败。

岐沟关战后,宋辽态势发生了根本性的改变,前者再也没有举兵北

---

① 《长编》卷27,雍熙三年五月丙子,第617页。
② 《长编》卷27,雍熙三年三月癸未,第608—609页;《长编》卷27,雍熙三年三月辛卯,第610页。
③ 《长编》卷27,雍熙三年三月丙申,第610页。
④ 《长编》卷27,雍熙三年四月乙卯,第611页。
⑤ 《长编》卷27,雍熙三年三月庚辰,第608页。
⑥ 《长编》卷27,雍熙三年三月辛巳,第608页。
⑦ 《长编》卷27,雍熙三年三月丁亥,第610页。
⑧ 《长编》卷27,雍熙三年四月辛丑,第610页。
⑨ 《长编》卷27,雍熙三年四月乙卯,第612—613页。
⑩ 《辽史》卷11《圣宗本记二》,第122页。

进,被迫转入守势。清人王夫之评价歧沟关之败道:"歧沟一蹶,终宋不振,吾未知其教之与否,藉其教之,亦士戏于伍,将戏于幕,主戏于国,相率以嬉而已。呜呼!斯其所以为弱宋也欤!"①且此役的影响,不仅限于国防范畴。

(二)宽猛之间:宋代"重内轻外"治国理念与军法运作

两次北伐的失败,促使宋代统治者对内外政策进行了重大调整:事外精神由建国初年的积极、进取转变为沿及两宋的消极、保守;维持内部纲纪稳定少变,从而保证政治局面乃至整个社会的安定,成为国家统治的重心。宋太宗淳化二年(991年),太宗皇帝对近臣说:"国家若无外忧,必有内患。外忧不过边事,皆可预防。惟奸邪无状,若为内患,深可惧也。帝王用心,常须谨此。"②表明统治者眼光已经转向内部,"重内轻外"治国理念业已形成。

宋真宗景德元年(1004年),辽圣宗、萧太后率军大举南下,一直打到黄河北岸的澶州。在宰相寇准的坚持下,宋真宗亲征。最终宋辽双方缔结"澶渊之盟",结束两国战争状态,迎来了一个和平发展的新的历史时期。澶渊之盟,一方面确实为宋代经济的发展、社会的繁荣奠定了基础;另一方面却对宋代国政产生了深远的消极影响。

赵宋王朝长期处于周边民族政权军事威胁中的客观形势,要求统治者审时度势,和不忘战,和不忘守,相持求安、蓄内待机而生存。但是事实上,澶渊之盟以后,宋代统治者将统治重心完全放在防治内部的"奸邪无状"上,以议和消弭边患成为"立国之素规"③,不讲求边备,恃和忘战,"上下安于无事,武备废而不修,庙堂无谋臣,边鄙无勇将,将愚不识干戈,兵骄不知战阵,器械朽腐,城郭隳颓"④,"以边臣用心者谓之引惹生事,以擂

---

① 王夫之:《宋论》卷2《太宗》,中华书局1964年版,第35页。
② 《长编》卷32,淳化二年八月丁亥,第719页。
③ 《水心别集》卷15《外稿·上殿札子》,《叶适集》,第831页。
④ 《长编》卷204,治平二年正月癸酉,第4936页。

绅虑患者谓之迂阔背时,大率忌人谈兵"①。如在宋廷准备大搞封禅活动,粉饰太平之业时,知秦州曹玮奏:"羌人潜谋入寇,请大益兵为备。"宋真宗大怒,认为曹玮"虚张虏势,恐愒朝廷,以求益兵",欲斩之,后在翰林学士李迪的劝说下才作罢②。至是,"重内轻外"治国理念定型,宋代走上了溺于和而不能自振的道路。宋仁宗庆历元年(1041年),著作佐郎张方平上言:"国家自景德以来,既与契丹盟,天下忘备,将不知兵,士不知战,民不知劳,殆三十年矣。若骤用之,必有丧师蹶将之忧。"③指明了国家和而忘备所存在的巨大隐患。宋神宗熙宁元年(1068年),朝臣钱顗亦言:"承平日久,中外臣寮惟能孜孜讲及文法,不及于武备,岂所谓安不忘危之意也!而况北虏犹梗,西戎未宾,非朝廷无事之时也。"④

随着"重内轻外"治国理念的渐趋明晰并最终确立,宋代文武关系方面的"崇文抑武"用人原则也日益突出。宋太祖在收夺兵权的同时,尊崇儒学、重视科举制度,广泛地吸纳文人参预政权,提高文臣地位和权威,以形成对武将群体的制衡机制。因为在宋太祖看来,文人儒士不可能对王朝统治构成威胁,所谓"五代方镇残虐,民受其祸,朕令选儒臣干事者百余,分治大藩,纵皆贪浊,亦未及武臣一人也"⑤。宋太宗继续大力推行"崇文"方针,并在文官集团的支持和配合下,对武将群体实行了前所未有的抑制,甚至打击。禁军将帅换成惟命是从、资望俱浅的武臣;前方将领则受到严格控制,实施"将从中御"之法等。这些做法,不仅严重地钳制了将帅的行动,而且极大地削弱了将帅的权威,遗患无穷。如名扬北疆的大将郭进便因不堪监军田钦祚的多次凌辱,自缢而死⑥;"老于边事,洞晓敌

---

① 富弼《上仁宗河北守御十三策》,赵汝愚:《宋朝诸臣奏议》卷135,上海古籍出版社1999年版,第1501页。
② 司马光:《涑水记闻》卷8,中华书局1989年版,第145页。
③ 《长编》卷131,庆历元年三月辛巳,第3112页。
④ 钱顗《上神宗乞择将久任》,《宋朝诸臣奏议》卷64,第714页。
⑤ 《长编》卷13,开宝五年十二月乙卯,第293页。
⑥ 《宋史》卷273《郭进传》,第9335—9336页。

情"①的名将杨业,也是在监军王侁等人的逼迫下,忿而出战,死于非命②。宋太祖、宋太宗朝通过一系列防微杜渐的措施,不仅成功地消除了将帅自专军队、干预政治的问题,而且在朝野营造起"崇文"的气氛,极大地降低了武官的角色地位。从宋太宗时期开始,许多明智的将领适时调整了自己的处世心态,处处表现出恭顺、谦卑、甚至无能的姿态,所谓"以仁厚清廉、雍容退让,释天子之猜疑,消相臣之倾妒"③。如曹彬,虽位居枢密使高位,但每在路途上遇到士大夫的车马,都"必引车避之"④。

宋真宗景德以后,统治集团对将领的控制更为变本加厉,"以文驭武"即以文臣任统兵官来督帅武将渐成惯例。至宋仁宗朝,统治者对武将的压制进一步加剧,"以文驭武"之风达到了顶峰。时人尹洙就曾议论道:"状元登第,虽将兵数十万,恢复幽蓟,逐强敌于穷漠,凯歌劳还,献捷太庙,其荣亦不可及也。"⑤文臣完全控制了军队的指挥权,武将则沦为副贰。个中用意正如范仲淹所言:"遣儒臣以经略、部署之名重之,又借以生杀之权,使弹压诸军。"⑥又如刘挚所指出:"不以武人为大帅专制一道,必以文臣为经略以总制之;武人为总管,领兵马,号将官,受节制,出入战守,惟所指麾。"⑦武将受到统治集团的无端猜忌和百般防范,如王德用、狄青等有功将领因"小有成劳,而防之若敌国也"⑧。于是,武将不得不苟且偷安,求得自保。

抑制武将、防范兵变,成为赵宋祖宗家法的一项重要内容。宋室南渡之后,在激烈复杂的民族战争中,武将政治地位陡然上升。正如马端临所

---

① 《长编》卷20,太平兴国四年十一月癸巳,第464页。
② 《宋史》卷272《杨业传》,第9304—9305页。
③ 《宋论》卷2《太宗》,第34页。
④ 《宋史》卷258《曹彬传》,第8982页。
⑤ 田况:《儒林公议》,《影印文渊阁四库全书》第1036册,第278页。
⑥ 范仲淹:《范文正公政府奏议》卷下《荐举·再奏辩滕宗谅张亢》,《范仲淹全集》,四川大学出版社2002年版,第630页。
⑦ 刘挚《上哲宗论祖宗不任武人为大帅用意深远》,《宋朝诸臣奏议》卷65,第724页。
⑧ 《宋论》卷2《太宗》,第46页。

概括:"建炎之后,诸大将之兵浸增,遂各以精锐雄视海内。"①韩世忠、岳飞、张俊、刘光世等大将的军队,逐渐成为国家主力军。这一时期,尾大不掉的武将势力与赵宋家法之间无疑发生了不可调和的矛盾冲突。政局初步稳定后,宋廷遂着手解决武将势力。宋高宗绍兴六年(1136年),夺刘光世兵柄;绍兴十一年(1141年),收张俊、韩世忠、岳飞兵柄。宋代第二次削兵权的完成,使得南宋初年武将骄悍跋扈、拥兵自重的局面一去不复返,祖宗家法大体恢复,政权格局重新回归"崇文抑武"、"以文驭武"的旧轨。

值得关注的是,宋代统治者一方面始终把军队将领视为腹心之患,另一方面却在军法运作中对犯罪军官大行宽纵之道。

作为宋代军法的创制者,宋太祖主张厉行军法,所谓"朕今抚养士卒,固不吝惜爵赏,若犯吾法,惟有剑耳"②。在实际执法的过程中,他对大多数军官触犯军法的行为的确做到了严惩不贷③,但是在处理某些军事案件时却对高级军官网开一面。乾德二年(964年),忠武军节度使王全斌等统兵进讨西川,军纪涣散,抢人劫财,诱杀降兵④。百官裁定王全斌等罪当斩,宋太祖特令赦免,只处以降官的轻责⑤。乾德三年(965年),保宁留后王继勋纵属下雄武卒于京城"掠人子女,里巷为之纷扰"⑥。宋太祖怒斩雄武卒百余人,却对王继勋没有追究。宋太祖这种帝王的南面之术,

---

① 《文献通考》卷154《兵考六》,第1343页。
② 《长编》卷12,开宝四年十一月壬戌,第275页。
③ 参见《长编》卷1,建隆元年十月乙酉(第26—27页)记载:郑州防御使、晋州兵马钤辖荆罕儒在与北汉的京土原战役中阵亡,宋太祖"因索京土原之将校不用命者",斩荆罕儒部下龙捷指挥使石进德等29人。《长编》卷3,建隆三年八月癸巳(第71页)记载:蔡河务纲官王训等4人"用糠核土屑杂恶军粮",被磔于市。《长编》卷8,乾德五年四月甲戌(第193页)记载:宋太祖阅得殿前承旨不逞者126人,分别配隶郓、齐、冀、博、德、沧等州。《长编》卷8,乾德五年十一月己丑(第197页)记载:供奉官、嘉州监押武仁海"枉杀人",被弃市。
④ 《长编》卷6,乾德三年正月丁酉,第147—148页;《长编》卷6,乾德三年三月戊戌,第150—151页;《长编》卷6,乾德三年四月辛丑,第152页。
⑤ 《长编》卷8,乾德五年正月壬子,第187页;《长编》卷8,乾德五年正月癸丑,第187页;《长编》卷8,乾德五年正月甲寅,第187页。
⑥ 《长编》卷6,乾德三年十一月庚午,第159页。

第八章 权力制衡规则下的宋代军制实践

对其后世子孙产生了很大的示范效应,开了以法徇情的先河,"太宗、真宗以后,遂相沿为固然,不复有驭将纪律"①。

宋太宗时期,在对一般将校的处置上尚能秉承宋太祖的严厉作风②,然而在对高级将帅的处置上就已明显表现出宽贷的态度。雍熙三年(986年),宋军第二次伐辽。东路军主帅天平军节度使曹彬指挥乖方,兵败岐沟关,"死者数万,弃戈甲若丘陵"③。西路军主帅忠武军节度使潘美不行救援之责,"俄闻业败,即麾兵却走"④,致使云州观察使杨业兵败身死。百官议曹彬当斩,宋太宗仅责其降官⑤;亦只削潘美三任⑥。时隔不久,曹彬、潘美的官职相继得到恢复⑦。

对比宋太祖、宋太宗处理的这几宗法外施恩的案例,可以发现其中明显的变化。王全斌、王继勋等所犯的罪责皆在战后,其造成的影响是对内的、有限的。而曹彬、潘美等所犯的罪责皆在战时,其造成的影响则是巨大的、深远的。岐沟关战后,宋辽态势发生了根本性的改变,前者再也没有举兵北进,被迫转入守势。较之宋太祖,宋太宗对高级军官的姑息程度显然加深了。统治者此种处置将官犯罪的态度,势必给宋代军政造成不良影响。

到了宋真宗时期,战场上怯懦不战的高级将官比比皆是,并均得到朝廷的宽贷。如咸平二年(999年),辽军再次南侵,忠武军节度使傅潜畏懦

---

① 赵翼:《廿二史札记》卷25《宋军律之弛》,中华书局1984年版,第541页。
② 参见《长编》卷19,太平兴国三年三月丙申(第424页)记载:殿直武裕统兵戍海门,于所部"恣为奸赃",被杖杀。《长编》卷22,太平兴国六年三月己未(第491页)记载:兰州团练使、邕州路兵马都部署孙全兴和宁州刺史、廉州路兵马都部署刘澄在战斗中擅自还军,致使知邕州侯仁宝遇害;宋太宗诛孙、刘二人。《长编》卷38,至道元年十二月戊戌(第825页)记载:澄州刺史、马步军都军头孙赞"擅率兵入敌境失利",被斩。
③ 《辽史》卷11《圣宗本记二》,中华书局1974年版,第122页。
④ 《长编》卷27,雍熙三年八月辛亥,第621—622页。
⑤ 《长编》卷27,雍熙三年七月戊辰、雍熙三年七月己巳,雍熙三年七月庚午,第619页。
⑥ 《长编》卷27,雍熙三年八月辛亥,第623页。
⑦ 据《宋史》卷258《曹彬传》(第8982页)记载:雍熙四年,"起彬为侍中、武宁军节度使";据《宋史》卷258《潘美传》(第8993页)记载:雍熙四年,"复检校太师、知真定府,未几,改都部署、判并州、加同平章事"。

避敌,使辽军得以长驱直入①;及诸将与辽军血战,又终未赴援,使彰国军节度使康保裔等陷于敌中②。法司断傅潜罪当斩,宋真宗特贷其死罪,削官爵、流房州。由于罚不当罪,"中外公议无不愤惋"③。流放之后,傅潜的官位亦逐渐恢复④。咸平三年(1000年),辽撤军,滨州防御使王荣奉命邀其后路,却畏惧见敌,率军狼狈奔突,"马不秣而道毙者十有四五"。其罪按律当斩,宋真宗"置荣不问"⑤。咸平四年(1001年),李继迁围清远,鄜州观察使杨琼"顿庆州,逗留不行"⑥,致使清远城陷。百官集议其罪当死,最终只被责以除名,流崖州⑦。景德元年(1004年),天平军节度使王超拥兵数十万"逗留不进",违诏失期,使得辽军得以深入⑧;河西节度使桑赞"总戎御敌,逗挠无功"⑨。宋真宗惟罢二人军职而已。

在对待军官违法的态度上,宋仁宗比前三代统治者更甚,其法外施恩的范围已扩大到中下级军官。如康定元年(1040年),宋夏延州之战,骁骑左第一都指挥使郭能"临阵退走",法当死,仅被杖脊除名⑩;夏军围攻镇西堡,西头供奉官李继明、左班殿直孙佶不即救援,被贷死、杖脊刺配⑪;夏人急攻安远寨,白州团练使赵振"观望逗挠"、"卒不敢救",罪当斩,仅被贬官⑫。庆历元年(1041年),夏军围府州,通州团练使王元、东染

---

① 《长编》卷45,咸平二年十二月丁卯,第972页。
② 《长编》卷46,咸平三年正月甲申,第985—986页。
③ 《长编》卷46,咸平三年正月乙酉,第986—987页。
④ 据《宋史》卷279《傅潜传》(第9474页)记载:"景德初,起为本州团练副使,改左千牛卫上将军,分司西京。"
⑤ 《长编》卷46,咸平三年正月庚寅,第988页。
⑥ 《长编》卷49,咸平四年九月乙亥,第1072页。
⑦ 《长编》卷50,咸平四年闰十二月丁丑,第1101页。
⑧ 《长编》卷59,景德二年正月乙卯,第1308页;《长编》卷59,景德二年正月戊辰,第1312页。
⑨ 《长编》卷59,景德二年二月乙巳,第1320页。
⑩ 《长编》卷126,康定元年正月戊寅,第2968—2969页。
⑪ 《长编》卷126,康定元年三月戊午,第2982页。
⑫ 《长编》卷128,康定元年九月癸亥,第3040—3041页。

院使・台州刺史康德舆、供备库使杨怀志"按兵不出战",仅被降官①;康州防御使许怀德"出塞讨贼逗留不进",只徙他路②。统治者对违法军官的姑息宽贷,使宋军士气丧失殆尽,极大地削弱了军队的战斗力。宋仁宗时期宋夏陕西三战,每次都以宋军的惨败告终。朝臣余靖指出此间宋将士气的变化:"延安之役,人犹勇斗。好水之师,陷敌伏中。定川之败,不战而走。此皆贼昊乘屡胜之气,而吾将勇怯之分也。"③

宋神宗时期,为了振兴武备,改变国防颓势,在一定程度上加大了对军官的惩罚力度。一方面,在对违犯军法军官的处置上出现了以往很少动用的"斩刑"。如元丰元年(1078年),内殿崇班陈嵩"妄称贼至,无故擅弃城寨而走",被斩④。元丰三年(1080年),四方馆使、忠州团练使韩存宝怯懦避敌,征讨乞弟无功,被诛⑤。元丰四年(1081年),三班奉职任光秀"从军冒赏及卖买首级",被斩⑥。其中韩存宝,是自宋仁宗朝以来被处斩刑的级别最高的军官。另一方面,注意军法建设。元丰五年(1082年),颁布士兵逃亡将官追官法⑦,以增强各级将官的责任感。其后,许多将官因率军出征,士兵逃亡超过法定比例而受到降级处罚。这些举措确使该时期的军政局面较之前朝有所改观。但是,对军官罚当其罪的案例仅占少数,绝大多数被处罚的军官仍存在罚不当罪、定罪过轻的问题。如熙宁十年(1077年),左班殿直平远、右班殿直刘赟在战斗中不策应被围宋军,"于法当诛",结果是平远勒停,刘赟冲替⑧。元丰四年(1081年),宋出师伐夏,岷州团练使高遵裕指挥严重失误,致"贼势猖獗,了无成功"⑨,仅被

---

① 《长编》卷133,庆历元年九月癸酉,第3182页。
② 《长编》卷134,庆历元年十二月甲申,第3205页。
③ 《长编》卷138,庆历二年十一月辛巳,第3323页。
④ 《长编》卷287,元丰元年闰正月癸未,第7029页。
⑤ 《长编》卷314,元丰四年七月甲辰,第7606—7607页。
⑥ 《长编》卷317,元丰四年十月戊午,第7658页。
⑦ 《宋会要辑稿》刑法7之18,第6742页。
⑧ 《长编》卷284,熙宁十年八月乙巳,第6957—6958页。
⑨ 《长编》卷321,元丰四年十二月癸亥,第7742页。

降官;内藏库使、忠州刺史彭孙以"护粮草为贼钞劫,不能御敌,致军食乏",被贷死降官①。元丰六年(1083年),丹州团练使李浦"未战弃寨出走",又不救援副将,被贷死,不刺面配沙门岛。旋即,宋廷应权发遣鄜延路经略安抚司公事刘昌祚的请求,将李浦留在鄜延路"准备缓急使唤"②。

姑息宽贷军官的祖宗之法,在宋神宗朝以后得到传承。宋哲宗元祐六年(1091年),因"斥堠不明,及不豫为清野之备,致西贼如蹈无人之境,恣行劫掠",皇城使、嘉州防御使张若讷被降一官,皇城使孙咸宁被降两官冲替,皇城使、象州防御使折克行被罚铜。鉴于宋廷对诸将量刑过轻,御史中丞郑雍上言:"若讷等责轻,臣恐边臣观望,愈增弛慢。望推原军法,明示威信,少谢一方之民,以为边臣之戒。"宋哲宗再责三人,亦不过降职而已③。至元祐七年(1092年),麟府路体量安抚司仍上言张、孙责罚太轻,"乞重行责降"。而朝廷以为二人先前已受处分,故只罢张若讷路分都监,添差充鄜延路第一将④。绍圣四年(1097年),皇城使、诚州防御使折可适擅发兵马追贼,损失严重。就此案件,宋廷展开激烈地讨论。宋哲宗和宰相章惇等认为折可适"可斩";知枢密院事曾布则认为"(笔者注:韩)存宝之事可鉴,勿使后悔","祖宗以来重惜人命,恐未可必诛"。结果,曾布说服了宋哲宗,对折可适仅追诸司副使以上官,勒停⑤。足见宋初用将姑息政策对后世的影响之大。

北宋末年,出现了像童贯、高俅一类无能之辈长期把持并败坏军政的局面,"教阅训练之事尽废,上下阶级之法不行。溃败者不诛,而招以金帛;死敌者不恤,而诬以逃亡。于是赏罚无章,而军政大坏矣"⑥,军官队伍更为混乱。到宋金联合灭辽时,宋军官的畏懦惧战暴露无遗。如宋徽

---

① 《长编》卷321,元丰四年十二月丁卯,第7744页。
② 《长编》卷339,元丰六年九月癸丑,第8165—8166页。
③ 《长编》卷468,元祐六年十一月壬辰,第11170页。
④ 《长编》卷473,元祐七年五月戊申,第11287—11288页。
⑤ 《长编》卷491,绍圣四年九月丁丑,第11662—11666页。
⑥ 真德秀:《西山文集》卷5《对越甲稿·奏状·江东奏论边事状》,《影印文渊阁四库全书》第1174册,第82—83页。

第八章 权力制衡规则下的宋代军制实践

宗宣和四年(1122年),河阳三城节度使刘延庆及战"渝约不至",致使军事行动失利;继而率部夜遁,史称"相蹂践死者百余里",自宋神宗以来储积的军器物资丢失殆尽。朝议刘延庆丧师"不可不行法",亦只是贬官而已①。至金军南侵,宋各地防线大多一触即溃,最终出现"靖康耻"的惨剧。

南宋政权建立后,并未吸取北宋亡国的前车之鉴,姑息作过军官的状况依然如故。面对大批避战逃亡的军官,宋高宗朝不仅从轻发落,甚至公开放罪②。建炎四年(1130年)正月,遂安军承宣使郭仲荀弃越州,仅被降官③;八月,宁武军节度使刘光世不救楚州之围,未予深究④。建武军承宣使王瓊在建炎三年(1129年)宋金马家渡之战中,引军先遁,导致宋军败绩⑤;在建炎四年(1130年)御营前军将杨勍反叛时,措置不力,使得"建、剑焚荡无余,流毒两路"⑥;在绍兴三年(1133年)奉命讨杨幺时,畏懦寡谋,征讨无功⑦。朝臣请求对王瓊"明正典刑"、"重加窜斥",宋高宗仅罢其军职,降授濠州团练使⑧。由于统治者惩处力度不够,至宋高宗朝中后

---

① 《宋史》卷22《徽宗本纪四》,第410—411页;《宋史》卷357《刘延庆传》,第11237页。
② 相关诏令参见《建炎以来系年要录》卷12,建炎二年正月己酉(第276页)记载:"诏沿边将兵避难入蜀者并放罪,限半月赴行在。"《建炎以来系年要录》卷20,建炎三年二月乙丑(第402页)记载:"诏应缘金人曾到州军逃避守贰兵官,并令本路监司寻访发遣归任。"《建炎以来系年要录》卷32,建炎四年三月庚申(第624页)记载:"诏昨金人犯侵州县,其投拜官除知通别取旨外,余并罢。内统兵官以众寡不敌,致有溃散,理宜矜恤,可特放罪,仍旧统押人马。"
③ 《建炎以来系年要录》卷31,建炎四年正月癸丑,第599页。
④ 《皇宋中兴两朝圣政》卷8,建炎四年八月甲午,第2册,第150页;《皇宋中兴两朝圣政》卷8,建炎四年十月戊子,第2册,第164页。
⑤ 《宋史》卷25《高宗本纪二》,第470页。
⑥ 《宋史》卷26《高宗本纪三》,第477页;《建炎以来系年要录》卷87,绍兴五年三月甲戌,第1435页。
⑦ 《宋史》卷27《高宗本纪四》,第507页;《建炎以来系年要录》卷87,绍兴五年三月甲戌,第1435页。
⑧ 《建炎以来系年要录》卷86,绍兴五年闰二月丁卯,第1427—1428页;《建炎以来系年要录》卷87,绍兴五年三月甲戌,第1435页。

期军官冒请军粮①、劫掠残害百姓②的案件呈激增态势。涉案军官的行为按法皆死,宋廷却均予宽贷,仅处以除名勒停,送州编管。绍兴三十一年(1161年),金大举侵宋。清远军节度使王权在淮西不战而遁,致使左武大夫姚兴战死,宋军民死伤惨重③。史称:"将士怨怒,号呼声动天地,指船诟骂,皆已(笔者注:王)权不战误国、负朝廷为言,且恨不食其肉也。"④不少朝臣都主张处死王权,以振奋士气⑤。结果,王权还是被贷命,"追毁出身以来文字,除名勒停,琼州编管"⑥。及宋孝宗即位以后的第二年,又复用王权⑦。

宋孝宗乾道元年(1165年),宋金战争暂告段落,宋廷着手处置败军之将。淮西守将孔福遇敌两弃城寨,使兵民"尽遭杀戮",情犯极重。臣僚请对孔福予以宽贷,宋孝宗特命依军法斩之⑧。但是仅此一则军官弃城

---

① 据《建炎以来系年要录》卷149,绍兴十三年六月甲辰(第2399页)记载:武功大夫、忠州刺史刘绍先"虚招效用,盗请钱米"。《宋会要辑稿》刑法6之29(第6708页)记载:绍兴十七年(1147年),武节郎杨林"冒请逃亡事故军兵钱物入己"。《建炎以来系年要录》卷159,绍兴十九年三月己丑(第2577页)记载:右武大夫、平海军承宣使蔡德"冒请钱粮"。

② 据《宋会要辑稿》刑法6之28—29(第6707—6708页)记载:绍兴十七年(1147年),进武校尉李福"持杖行劫"。《宋会要辑稿》刑法6之30(第6708页)记载:绍兴十九年(1149年),承信郎张横"殴击百姓马皋辜内身死"。《宋会要辑稿》刑法6之31(第6709页)记载:绍兴二十年(1150年),武功郎东文、从义郎冯青、陈全、忠训郎周宁、成忠郎赵兴、承信郎李真等"持杖劫夺民财"。《宋会要辑稿》刑法6之31(第6709页)记载:绍兴二十年(1150年),武翼郎兰宏"殴击百姓李彦致死"。《宋会要辑稿》刑法6之32(第6709页)记载:绍兴二十一年(1151年),忠翊郎阎温"殴击百姓吴二致死"。《宋会要辑稿》刑法6之32(第6709页)记载:绍兴二十二年(1152年),进武校尉徐朝"殴击百姓黄五三致死"。

③ 《建炎以来系年要录》卷193,绍兴三十一年十月丙辰,第3242页;《建炎以来系年要录》卷193,绍兴三十一年十月辛酉,第3247页。

④ 《宋会要辑稿》刑法7之39,第6753页。

⑤ 《建炎以来系年要录》卷194,绍兴三十一年十一月乙酉,第3273—3274页;《建炎以来系年要录》卷194,绍兴三十一年十一月丙戌,第3275页;《建炎以来系年要录》卷194,绍兴三十一年十一月丁亥,第3275—3276页。

⑥ 《建炎以来系年要录》卷194,绍兴三十一年十一月己丑,第3276页。

⑦ 据《宋史》卷33《孝宗本纪一》(第625页)记载:宋孝宗隆兴二年(1164年)二月,"复王权武义大夫,命权广西路都钤辖,专一措置盗贼"。

⑧ 《宋史全文》卷24下《宋孝宗二》,乾道元年正月乙亥,《影印文渊阁四库全书》第331册,第311页。

第八章 权力制衡规则下的宋代军制实践

被处极刑的案例,对于其他避战溃逃的军官,宋孝宗或定罪过轻,或示以宽贷。如镇江诸军都统制、兼淮东招抚使刘宝及战弃楚州遁,仅"责果州团练副使,琼州安置"①。建康驻扎御前后军统制顿遇屯兵戍守边郡,金人未至,弃城逃避,被特贷死,刺配吉阳军牢城②。建康诸军都统制、兼淮西招抚使王彦弃昭关遁,仅落龙神卫四厢都指挥使③。淳熙六年(1179年),宋孝宗在一臣子的策论后亲批数百言,其间有语:"国朝以来,过于忠厚,宰相而误国者,大将而败军师者,皆未尝诛戮之。"史称,御笔既出,"中外大耸"。少傅史浩认为"忠厚"、"耻言人过"乃"祖宗之家法",而孝宗皇帝居然对此提出非论,是为"归过祖宗"之举,应当自行反省。奏上,宋孝宗悔,于是"改削其辞"④。由是观之,作为宋代祖宗之法的一项内容,宽纵犯罪军官的做法已深入人心,被大多数宋人从心理上接受;后世统治者若想一改其法,就会被视为违背祖制,"行刻薄之政"⑤。宋孝宗是个力求整饬军队、以图恢复的皇帝,其对待军官犯罪的态度尚且如此,其后各朝统治者也就可想而知了,姑息宽贷军官的政策得到秉承。

综上所述,抑武与纵武同为宋代祖宗家法的重要内容,构成宋代驭将政策的两个方面。这两种态度是否矛盾?从宋太祖杯酒释兵权时对石守信等大将的言辞中,可以找出一些答案。宋太祖说:

> 人生如白驹之过隙,所谓好富贵者,不过欲多积金银,厚自娱乐,使子孙无贫乏耳。汝曹何不释去兵权,择便好田宅市之,为子孙立永久之业;多置歌儿舞女,日饮酒相欢,以终其天年。君臣之间,两无猜嫌,上下相安,不亦善乎!⑥

---

① 《宋史》卷33《孝宗本纪一》,第628页、第630页。
② 《宋会要辑稿》刑法6之35,第6711页。
③ 《宋史》卷33《孝宗本纪一》,第628页、第629页。
④ 《建炎以来朝野杂记》乙集卷3《上德三·孝宗论用人择相》,第545—546页。
⑤ 《建炎以来朝野杂记》乙集卷3《上德三·孝宗论用人择相》,第545页。
⑥ 《涑水记闻》卷1,第11—12页。

此番话语反映出了宋太祖及其后世统治者驭将的心态。即在武将的所作所为不威胁其政权的前提下,在其集团利益允许的范围内①,统治者可以在官场中给予武将们高额俸禄,允许或者鼓励他们在物质生活上的奢靡腐化,甚至可以在刑罚上对他们处处偏袒宽贷,得过且过。特别是宋真宗朝以后,随着"重内轻外"治国理念的定型,追求政治秩序稳定和推崇文治成为赵宋理政的重心,武将权力被收夺殆尽;边防退居次要问题,议和成为化解边患的重要手段,统治者对武将更是大行宽纵之道。

　　由于宋代统治集团内部的法外施恩,使得处于社会最底层的被统治阶级——士兵成为军法施行的最主要对象。在统治者看来,士兵犯罪即意味着反抗。为了维护内部政局的稳定,在宋代大部分时期内对于触犯军法的士兵,都会予以严厉的惩罚。如宋太祖开宝四年(971年),川班内殿直陈乞赏给不公。宋太祖斩妄诉者40余人,"余悉配隶许州骁捷军,其都校皆决杖降职,遂废其班"②。宋太宗太平兴国八年(983年),军士"有夜劫民家者",捕得后全部被戮③。宋真宗大中祥符三年(1010年),殿前、侍卫亲军马、步军等司上报"诸军累作过犯员僚、节级、兵士"。宋真宗钦命:"俱是无赖不逞之辈","可分作四等:一等配海岛;一等配远处牢城;一等降配远处本城;一等降配,并依例刺面。仍中书、枢密院籍之,遇赦不得放还。逐处只在差使,不得诸处屯驻"④。宋仁宗天圣六年(1028年),汾州广勇军因郊赏不公,"捽守佐堂下,劫之,约予善帛乃免"。其为首16名

---

① 宋代统治者对军官的姑息是有限度的,即其行为绝不能危及赵宋王朝的统治,否则等待他们的就是最残酷的刑罚。如张琼是宋太祖一手提拔起来的心腹猛将,且对宋太祖有过救护之功。乾德元年(963年),军校史珪、石汉卿诬告嘉州防御使、殿前都虞候张琼"畜部曲百余人,恣作威福,禁军皆惧"等事。宋太祖大怒,未经核实即召讯张琼,赐死于城西井亭。张琼死后,宋太祖方知其家并不富裕,"家无余财",仆人也只有3名(《宋史》卷259《张琼传》,第9010页)。乾德四年(966年),有人密告义成节度使、殿前都指挥使韩重赟"私取亲兵为腹心"。宋太祖盛怒之下,也不调查,就打算诛杀韩重赟。后采纳宰相赵普意见,于次年二月解除韩重赟军职,贬逐出朝(《宋史》卷250《韩重赟传》,第8823—8824页)。
② 《长编》卷12,开宝四年十一月壬戌,第274页。
③ 《长编》卷24,太平兴国八年十二月己酉,第562页。
④ 《宋会要辑稿》刑法7之5,第6736页。

第八章 权力制衡规则下的宋代军制实践

士卒被斩,余悉配隶他州①。宋神宗熙宁十年(1077年),在京床子弩雄武第二指挥王秀等10人"唱率军众毋往般卸小麦"。法寺判定"秀等比附徒三年,刺配五百里外牢城"。宋神宗认为定罪过轻,诏"斩秀军门,余九人配流海岛及广南"②。宋高宗绍兴十六年(1146年),军卒王泽"盗用军钱,亡命入北境,妄言本朝机事",被斩③。宋理宗绍定三年(1230年),逃卒穆椿"夜窃入皇城,烧毁甲仗",诏磔于市④。

附加在宋代士兵身上的严酷刑罚,使得他们不断逃亡,甚至兵变。因为宋代严控军权,所以除了两宋初年的非常时期外,军官叛乱现象较为罕见。统治集团对待叛乱者,则无论是官、兵,基本采取杀戮政策。如宋太祖开宝元年(968年),彭州士兵谋乱,"凡百余人,悉擒斩于市"⑤。宋真宗咸平四年(1001年),利州戍兵33人谋叛,皆被诛⑥。宋仁宗庆历四年(1044年),保州云翼卒据城哗变⑦。官军诱降后,背弃约定,将429名哗变士兵"悉阬杀之"⑧。宋神宗熙宁四年(1071年),庆州士兵2000余人乱,皆被官军斩杀⑨。宋高宗绍兴二十二年(1152年),虔州军乱。官军平叛,"收叛卒尽诛之"⑩。宋光宗绍熙三年(1192年),泸州军乱。官军捕杀乱卒五六十人,"沉其妻子于江"⑪。宋宁宗嘉定十二年(1219年),兴元军士叛。兵变失败后,官军诛杀叛卒1300余人⑫。

---

① 《长编》卷106,天圣六年正月己酉,第2461—2462页。
② 《长编》卷282,熙宁十年五月庚戌,第6900—6901页。
③ 《建炎以来系年要录》卷155,绍兴十六年三月戊寅,第2503页。
④ 《宋史》卷41《理宗本纪一》,第792页。
⑤ 《长编》卷9,开宝元年六月辛巳,第203页。
⑥ 《长编》卷49,咸平四年十月甲寅,第1078页。
⑦ 《长编》卷151,庆历四年八月甲午,第3676页。
⑧ 《长编》卷151,庆历四年八月甲寅,第3688页。
⑨ 《长编》卷220,熙宁四年二月庚辰,第5361—5362页。
⑩ 《建炎以来系年要录》卷163,绍兴二十二年七月丁巳,第2664页;《建炎以来系年要录》卷163,绍兴二十二年十一月丁巳,第2673页。
⑪ 《续编两朝纲目备要》卷2,绍熙三年七月,中华书局1995年版,第27—29页。
⑫ 《续编两朝纲目备要》卷15,嘉定十二年闰三月癸亥,第287页;《续编两朝纲目备要》卷15,嘉定十二年七月庚子,第288页。

军法运用的宽猛之间,体现着宋代统治者复杂的统治思想,是其对内外关系进行权重后的具体做法:所谓宽纵是统治者在剥夺武将军权之后,为了防止其不堪忍受而起身反抗,便在其行为不危及赵宋政权的前提下,于其他方面给予一定特权的补偿,甚至对覆军之将予以姑息;所谓严苛是宋代确保政局平稳的必须作为,以严刑峻法遏制士兵的违法行为,以杀立威镇压官兵的反叛行动。透析军法的实际操作情况,不难窥见宋代"重内轻外"治国理念的纵深之处。该治国理念实际上是以放弃或牺牲国防利益为代价,追求为政的治世目标,即内部的稳定少变。

(三)积重难返:军法与军政走向——宋代"重内轻外"治国理念实践的缩影

随着"重内轻外"治国理念的践行与深化,将领被不断打击、压制,权力逐渐丧失。对于各级军官手中有限的军权,统治者还采取"设官分职、分散事权"的方式层层分割与制约,以巩固军事领域的中央集权。宋初,太祖制定阶级法时即有此用意。阶级法在宣扬和维护军中等级制度的同时,规定:军官自刺史以上无阶级法[①]。也就是说,宋代高级武将之间无绝对的隶属关系。这样,既有效防止高级军官利用阶级法树立个人权威,又刻意造成高级军官间互不统属、相互制衡的局面,进一步弱化了主兵官掌控军队的力度。宋代边防戍军的情况更是如此。主帅统兵居外,则提高偏裨将佐的地位,使之牵制主帅;都部署、钤辖、都监等官位虽有高低,其实互不相属,"至于论议兵事,各出己见,主将不得自决","帅臣所统之官,若巡检、寨主等,请见主帅,率用宾客之礼"[②]。如宋仁宗朝陕西四路"诸将多不和同,大帅罕能统制教阅"[③],"军政必相参谋,计之未成,事已

---

① 参见《类编皇朝大事记讲义》卷3《太祖皇帝·严阶级》,第75页;《建炎以来朝野杂记》乙集卷11《故事·刺史以上无阶级法》,第681—682页。
② 蔡襄:《蔡襄集》卷19《奏议·乞立边帅等威》,上海古籍出版社1996年版,第343页。
③ 《潞公文集》卷17《奏议·乞令边帅练兵约束诸将》,《影印文渊阁四库全书》第1100册,第687页。

第八章 权力制衡规则下的宋代军制实践

先漏,彼可则我否,上行则下戾"①。如前所述,宋代军事司法制度也深受这一指导思想的影响:各级军事司法机构被赋予不同的审判管辖权限,且彼此之间相互牵制;涉军案件不仅地方军事官司可得管辖,而且地方行政机构对一些案件亦有管辖权。军官处理案件的积极性被束缚,动辄受限,这样势必影响军事司法活动的开展。

"权分而将不重,将不重则令不行"②,将权不专使得宋代将官无力管束军队。为了消释统治集团的猜忌,"将避权而与士卒不亲"③,将官大多也不敢管治军队。一支军队,"士卒畏将者胜,畏敌者败;爱将者胜,爱身者败。畏将则不畏敌,畏敌则不畏将。爱将则不爱身,爱身则不爱将。畏将在将之威,爱将在将之恩"④。宋代将官却无以施其恩威,无力约束部卒。这一问题在宋初即已露出端倪。宋太宗端拱二年(989年),户部郎中张洎谈及雍熙北伐时宋军将兵关系松散、军纪废弛的情形,"涿州之战,元戎不知将校之能否,将校不知三军之勇怯,各不相管辖,以谦谨自任,未闻赏一效用,戮一叛命者","敌人未至,万弩齐张,敌骑既还,箭如山积","阵场既布,或取索兵仗,或迁移部队,万口传叫,嚣声沸腾,乃至辄乱尘惊,莫知攸往",明确要求宋廷"将不中御",严行军法⑤。宋仁宗年间,将领无权治军的情况更糟。康定元年(1040年)三川口战后,河北诸州军安抚使高志宁明示朝廷:"今将不达权而兵不识法制,故败。"⑥殿中侍御史文彦博深感形势危急,在奏疏中披露将领权力不专,作战中无法严明军法的现状,"去岁以来,用兵西鄙,或禁军小校临阵而先退,边垒偏师望敌而不进。而统帅之臣,即时不行军令,悉以事状上闻,皆令邻郡置狱取勘,下法寺详案定刑",指出因之可能招致的军中弊病,"推勘之际,据引枝蔓,萌

---

① 贾昌朝《上仁宗备边六事》,《宋朝诸臣奏议》卷133,第1482页。
② 《蔡襄集》卷19《奏议·乞立边帅等威》,第343页。
③ 《宋论》卷2《太宗》,第35页。
④ 罗大经:《鹤林玉露》甲编卷5《士卒畏爱》,中华书局1983年版,第94—95页。
⑤ 《长编》卷30,端拱二年正月乙未,第666—669页。
⑥ 《长编》卷126,康定元年三月壬申,第2985页。

其苟免之心;奏报之间,淹延时日,启其幸生之路。纵不至此,亦慢令稽诛,无以励众,乃老师骄兵之弊也",并提出解决问题的办法,即允许主帅"便行军令",以期取得对夏战争的胜利①。庆历二年(1042年),御史中丞贾昌朝亦奏请宋廷赋予统兵将帅必要的军事司法权,以严明军法:"请自今命将,去疑贰,推恩意,舍其小节,责以大效,爵赏威刑,皆得便宜从事。偏裨而下,有不听令者,以军法论。"②一心旨在强化对内统治、维护中央军事集权的宋代统治者,并未理会朝臣们的请求。好水川、定川战后,蔡襄所言宋军突出问题仍为"军法未立,将谋不专"③。

太平兴国八年(983年),宋太宗向近臣道出自己的选将标准:"朕选擢将校,先取其循谨能御下者,武勇次之。"④这种重服从、轻果敢的择将条件,使得军中多贪夫庸将。宋仁宗庆历二年(1042年),御史中丞贾昌朝就指出:"太宗所命将帅,率多攀附旧臣亲姻贵胄,赏重于罚,威不逮恩,而犹伏神灵,禀成算,出师御寇,所向有功。自此已来,兵不复振。近岁恩倖子弟,饰厨传,沽名誉,不由勋效,坐取武爵者多矣。其志不过利转迁之速,俸赐之厚尔。"⑤宋代募兵制在实施过程中也存在诸多隐患。统治者收"无赖不逞之人"⑥为兵的初衷,是消弭社会潜在反抗力量,巩固自身政权长远利益。高度强调内部稳定的惯性思维,使得宋代统治者忽略了这一募兵政策的消极因子。"所谓愿应募者,非游手无籍之徒,则负罪亡命之辈耳,良民不为兵也","募兵所得者,皆不肖之小人也"⑦。这些人进入兵营,自然把不良习气带到军队,进而败坏士兵整体素质。军法的执行情况与宋代军制固有的弊病相互作用,必将对军政产生负面影响。宋真宗

---

① 《潞公文集》卷14《奏议·奏乞主帅便行军令后奏》,《影印文渊阁四库全书》第1100册,第673—674页。
② 贾昌朝《上仁宗备边六事》,《宋朝诸臣奏议》卷133,第1482页。
③ 《蔡襄集》卷23《书疏·请改军法疏》,第402—404页。
④ 《长编》卷25,雍熙元年二月壬午,第573页。
⑤ 贾昌朝《上仁宗备边六事》,《宋朝诸臣奏议》卷133,第1482页。
⑥ 《长编》卷327,元丰五年六月壬申,第7883页。
⑦ 《文献通考》卷154《兵考六》,第1348页。

第八章 权力制衡规则下的宋代军制实践

咸平年间,军中开始出现"将懦卒骄惰"现象。咸平二年(999年),京西转运副使朱台符言及"军政不修":"将帅弗用命而委任不专也,卒既骄惰而不习知边事也。"①咸平三年(1000年),知开封府钱若水指出:"今之所患,患在士卒骄惰。"②知泰州田锡亦言:"士卒不惯行阵,将帅不知战守","士卒骄而将帅鄙"③。群臣切中时弊的批评,并未得到当政者有力的回应。宋仁宗庆历三年(1043年),知谏院欧阳修说:"今军帅暗懦非其人,禁兵骄惰不可用。"④皇祐元年(1049年),权三司使叶清臣亦语:"兵不素练,将不素蓄,士卒骄悍而不可用,帅领怯懦而事姑息。"⑤其时京师之旅"终日嬉游廛市间,以鬻伎巧绣画为业,衣服举措不类军兵,习以成风"⑥;"卫兵入宿,不自持被而使人持之;禁兵给粮,不自荷而雇人荷之"⑦。缘边军队如陕西禁军"一则不惯登陟,二则不耐寒暑,三则饮食难充,骄惰相习,四则廪给至厚,倍费钱帛"⑧;河北禁军"卒骄将惰","主兵者非绮纨少年,即罢职老校,隐蔽欺诞,趋过目前,持张皇引惹之说,训练有名无实,闻者可为寒心"⑨。

这种由于将官无力管治军队,募兵制自身存在的缺陷以及朝廷选将多庸才,特别是统治者对犯法将官姑息放纵而引发的"将懦卒骄惰"状况,极大地削弱了宋军战斗力。宋真宗时,朝臣言及对辽战争中的情景:将帅"列城相望,坚壁自全,手握强兵,坐违成算,遂使契丹焚劫我县城,系累我黎庶"⑩。至宋仁宗朝,在对夏战争中将官多"退则奔北,进则被擒"⑪,士

---

① 《长编》卷44,咸平二年闰三月庚寅,第937—938页。
② 《长编》卷46,咸平三年三月丁未,第1001页。
③ 《长编》卷46,咸平三年三月丁未,第1005页。
④ 欧阳修:《欧阳修全集》卷99《论军中选将札子》,中华书局2001年版,第1520页。
⑤ 《长编》卷166,皇祐元年二月辛巳,第3988—3989页。
⑥ 苏舜钦:《苏学士集》卷10《诣目二》,《影印文渊阁四库全书》第1092册,第68页。
⑦ 《欧阳修全集》卷60《原弊》,第870页。
⑧ 《长编》卷125,宝元二年闰十二月壬子,第2958页。
⑨ 张田编:《包拯集》卷1《应诏·天章阁对策》,中华书局1963年版,第1—4页。
⑩ 《长编》卷45,咸平十二月丙子,第976—977页。
⑪ 《长编》卷163,庆历八年三月甲寅,第3932页。

卒多"望尘奔北"、"迎锋沮溃"①,以致"师惟不出,出则丧败;寇惟不来,来必得志"②。

宋神宗初即位,翰林学士司马光便上书论及严峻的军政形势:"承平日久,戎事不讲,将帅乏人,士卒骄惰,上下姑息,有如儿戏,教阅稍频,则愠怼怨望,给赐小稽,则扬言不逊,被甲行数十里,则喘汗不进,遇乡邑小盗,则望尘奔北。"③苏辙则直言禁军已不可用,其战斗力尚不如西北沿边的本地军"土兵"④。有鉴于此,神宗皇帝熙丰变法时试图通过将兵法使"兵知其将,将练其士卒"⑤、将官有权治军,以扭转军政危局。将兵法的关键是任将,宋廷却不能全部选用智勇之将。如元丰初年,陕西、河北、京东、开封府界79将"皆朝廷所选择,然尚多庸人"。淮、浙、福建、荆湖、交广等地,"虽有团结训练之法,而未见教阅案试之实"⑥。将官不仅对军队疏于训练,而且管理松弛。如元丰六年(1083年),秦州将下禁军"武艺生疎,人材厎弱,多不可出战",半年间逃亡3382人⑦。这样,自宋真宗朝就存在的"将懦卒骄惰"情况并未改观。元丰八年(1085年),门下侍郎司马光再言:"将帅愚懦,行伍骄惰。"⑧宋哲宗元祐八年(1093年),知定州苏轼谈及缘边禁军"虽近戍短使,辄与妻孥泣别,被甲持兵行数十里,即便喘汗","骄惰既久,胆力耗惫","缓急终不可用"⑨。

到北宋末年,童贯、高俅二人长期主兵,"易置将吏以植其党"、"巧媚者登,拂忤者斥"⑩,军官队伍更为混乱,致使多年以来军政领域的潜在危

---

① 《司马光奏议》卷3《拣兵》,第29页。
② 张方平:《乐全集》卷21《论事·请罢陕西招讨经略司事》,《影印文渊阁四库全书》第1104册,第195页。
③ 《司马光奏议》卷23《横山疏》,第255—256页。
④ 《栾城集》卷21《上皇帝书》,第470页。
⑤ 《文献通考》卷153《兵考五》,第1335页。
⑥ 《长编》卷308,元丰三年九月癸亥,第7476页。
⑦ 《长编》卷338,元丰六年八月戊子,第8148页。
⑧ 《长编》卷363,元丰八年十二月己丑,第8689—8691页。
⑨ 《苏轼文集》卷36《奏议·乞增修弓箭社条约状二首》,第1024页。
⑩ 陈均:《皇朝编年纲目备要》卷28《徽宗皇帝》,中华书局2006年版,第724页。

机和矛盾全面爆发。军纪废弛,士卒荒于训练,所谓"团结保伍废,而无以相维持;教阅战阵废,而无以习攻击;甲胄五兵,初不服练;旌旗金鼓,初不习熟;禁戒号令之威不振,而无以作士气;上下阶级之法不行,而无以一士心;兵将取于临时,而初不相知,彼此递相观望,而初不相救"①。及至宋都开封城破之时,"将士弛慢,嬉戏城上,坐观填濠,纵敌攻城,公然逃遁"②,终于上演了"靖康耻"的历史惨剧。

南宋政权建立后,并未从制度层面思考北宋亡国的教训,而是谨奉祖宗法度,尊崇不辍,以至前朝军制的多种弊病也被一并承袭。在宋金激战的非常局势下,将领权力膨胀,彰显骄态。绍兴元年(1131年),兵部侍郎、兼权直学士院汪藻上言:"今之诸将,爵禄极而家赀盈,习成骄而无斗志","朝廷为之黾勉曲从,不啻如奉骄子"③。绍兴二年(1132年),左宣议郎、直龙图阁胡寅应诏论时政:诸将"今也至有不知兵法、不习战斗,内不能与士卒同甘苦,而得群下之死志;外不能詟服贼盗,而书尺寸之功。平居趑趄,以邀其上。"④溃兵游寇以及起义农民是宋室南渡后的主要兵源。这些人"数年之后虽习知骑射击刺之事,而资性疲懦不改也"⑤。而且,尽管两宋兵制有其不同之处,但是南宋大多数军官对所辖军卒仍管束不力、训练不严,所谓"养兵虽众,独不闻暇时以教阅为事者"⑥;更有甚者纵容部下到处抢掠、残害百姓⑦,"甚于盗贼"⑧。因此,建炎四年(1130年)太常

---

① 李纲:《梁溪集》卷62《奏议·乞修军政札子》,《影印文渊阁四库全书》第1125册,第661页。
② 《建炎以来系年要录》卷9,建炎元年九月壬辰,第213页。
③ 熊克:《中兴小纪》卷10,绍兴元年二月癸巳,商务印书馆1937年版,第120页。
④ 《建炎以来系年要录》卷59,绍兴二年十月癸巳,第1018—1019页。
⑤ 《建炎以来系年要录》卷181,绍兴二十九年三月辛亥,第3015页。
⑥ 《建炎以来系年要录》卷59,绍兴二年十月癸巳,第1019页。
⑦ 参见《宋会要辑稿》刑法7之32—33(第6749—6750页)记载:建炎三年(1129年),御营使司言:"访闻江南东西及两浙路统兵官,并不钤束兵众,致攘夺村民财物,房掠妇女、拘占舍屋作过,深属不便。"
⑧ 《建炎以来系年要录》卷50,绍兴元年十二月丁亥,第890—891页。

少卿陈戬上奏:"今国之典刑,不能加之将;将之威令,不能施之军。"①

绍兴十一年(1141年),宋、金签订"绍兴和议"。暂时缓解"外忧"之后,南宋朝廷迅速转身,全力消除"内患"。次年,宋代历史上的第二次削兵权即宣告完成②。然而直至宋孝宗初年,武将地位仍较北宋诸朝为高。所以,在上述诸种由军法执行问题作为主要诱因而产生的军政状况的综合作用下,宋高宗朝即已呈现"将骄卒惰"③景象。及宋高宗在位晚期,朝臣纷纷指陈军政实情。绍兴二十六年(1156年),左从事郎、主管礼兵部架阁文字杜莘老上书论"将骄卒堕,军政不肃"④。绍兴三十年(1160年),殿中侍御史汪澈言:"今旧将自和好以来,各拥重兵,高爵厚禄,坐而宠荣,养成骄志。"⑤绍兴三十一年(1161年),右谏议大夫何溥上言"军政之弊":"为将帅者,不治兵而治财,刻剥之政行,而拊摩之恩绝;市井之习成,而训练之法坏。"⑥如北宋一般,南宋"将骄卒惰"亦严重影响国防实力。绍兴二年(1132年),右文殿修撰季陵言及宋军作战情形:"贼至则伪言退保,贼去则盛言收复;遇败则千为一,遇胜则一为千。"⑦到绍兴三十一年(1161年)金主完颜亮大举侵宋之时,宋军"无与敌者";所至宋城"全无守御,如蹈无人之境"⑧。

宋孝宗时期,主兵官"高爵重禄,一得所欲,畏缩求全,惟欲脱去"⑨,

---

① 《建炎以来系年要录》卷31,建炎四年正月癸酉,第606页。
② 参见虞云国:《论宋代第二次削兵权》,《上海师范大学学报》1986年第3期。
③ 此处需要特别说明的是,南宋与唐末五代的"将骄"现象不可同日而语。宋代第二次削兵权结束后,南宋政权依旧贯彻祖宗以来"崇文抑武"、"以文驭武"的家法,将帅权力基本上不能对赵宋王朝构成威胁。据《建炎以来系年要录》卷155(第2515页)记载:绍兴十六年(1136年)九月己丑日,宋高宗即大赞二次收兵权的显著成效:"自合兵以来,诸将出入,若身之使臂,臂之使指,无不如意,兹为可喜!"
④ 《建炎以来系年要录》卷175,绍兴二十六年十一月丙子,第2893页。
⑤ 《建炎以来系年要录》卷185,绍兴三十年五月辛卯,第3099—3100页。
⑥ 《建炎以来系年要录》卷189,绍兴三十一年三月己卯,第3155页。
⑦ 《建炎以来系年要录》卷54,绍兴二年五月丙戌,第961页。
⑧ 《建炎以来系年要录》卷193,绍兴三十一年十月辛亥,第3238页。
⑨ 吕祖谦:《吕东莱文集》卷1《奏状札子·乾道六年轮对札子二首》,丛书集成初编本,中华书局1985年版,第13页。

其心思已全然不在治军之上,而是大肆敛财,刻剥、私役士兵之风愈演愈烈。淳熙七年(1180年),知南康军朱熹上疏言:"今日将率之选,率皆膏粱子弟,厮役凡流所得差遣为费,已是不赀;到军之日,惟望哀敛刻剥,以偿债负。"①至宋宁宗开禧元年(1205年),淮东提举陈绩谈及主兵官贪财黩货的情状:"主帅克剥至重,莫甚于今。私役之弊、买工之弊、差使营运之弊未尝少革,是犹曰公家之事然也。至于屯驻之所私买田宅,役官兵以为之管干,役军匠以为之营造,竹木砖瓦之属悉取之官。国家竭民力以养兵,而主将廼竭兵力以奉己。"②宋代军政腐败之势已无法遏止。待到元军大举入侵时,沿江诸将"望风降附"③,南宋王朝重蹈北宋亡国的覆辙。

四、小结

宋代是一个民族矛盾极其尖锐复杂的历史时期。周边积极拓展统治空间的少数民族政权所造成的国防压力,伴随两宋王朝始终。不同于汉唐政权初期妥协、退让的事外态度,赵宋王朝立国伊始表现出积极、迫切的进取精神。两次伐辽的失败,促使宋代统治者重新考量内外环境,权重"内忧"与"外患"对国祚长远的影响,从而得出"外忧不过边事,皆可预防;惟奸邪无状,若为内患,深可惧也"④的深刻认识。此后,宋代内外政策经历了重大调整:消极事边,积极加强内政建设,确保政局稳定,至宋真宗景德年间"重内轻外"治国理念定型。

"重内轻外"治国理念的最终确立,在一定程度上已经肇始了宋代国家命运的走向。内外之间,统治者高度重视内部的"奸邪无状",对内强化统治,追求秩序平稳,严控军权以致过犹不及;对于周边少数民族政权的军事威胁,不诉求武力上一较雄长,往往被动防御,更多地以金帛换和平

---

① 《皇宋中兴两朝圣政》卷58,淳熙七年四月癸卯,第4册,第359页。
② 《宋会要辑稿》刑法2之135,第6563页。
③ 《宋季三朝政要笺证》卷5《少帝》,中华书局2010年版,第376页。
④ 《长编》卷32,淳化二年八月丁亥,第719页。

的方式消弭边患、缓解国防压力,继而恃和忘备。作为宋代治国理念施行效果的一个缩影,军法所蕴涵的预设防范、周密制约精神,使其在国家政治生活中发挥着双重功效:一方面,军法在立法和司法形制上堪称完备,切实从军事法领域起到了维护军队和强化中央集权的积极作用。在大致安定和平的内部环境下,宋代文官政治高度发达,经济、科学、文化事业取得了飞跃性发展。另一方面,由于军法制度本身以及运作环节存在着无法根除的负面因素,在"应变机制"始终缺乏的宋代不断被放大,呈现愈来愈恶化的趋势,对国家军政产生了深远的消极影响。军法不明,无以惩治庸将,加之君主选将喜好庸才,使得军中的将官职位多为无能之辈充斥;军法不明,上不惩无以驭下,以及募兵制下士兵多"无赖不逞之人",加之在统治集团的不断打压下将权微弱,使得将官无力、不敢治军,军中士卒失于训练,恶习滋长。北宋"将懦卒骄惰"、南宋"将骄卒惰"局面的出现,严重削弱了军队的战斗力和国家的国防实力。赵宋王朝两亡于外部势力之手的历史结局,既是军法及军制其他固有弊病交互作用的结果,也是"重内轻外"治国理念践行的直接后果。因为不惜牺牲国防利益,以实现为政的治世目标,是这一治国理念的核心价值标准。

参考文献

（按作者音序顺序排列）

古籍部分：

班固：《汉书》，中华书局1962年版。
不著撰人：《皇宋中兴两朝圣政》，北京图书馆出版社2007年影印本。
蔡絛：《铁围山丛谈》，中华书局1983年版。
蔡襄：《蔡襄集》，上海古籍出版社1996年版。
蔡幼学：《育德堂奏议》，古逸丛书三编本，中华书局1987年影印本。
曹彦约：《经幄管见》，台北商务印书馆1986年影印《文渊阁四库全书》本。
陈均：《皇朝编年纲目备要》，中华书局2012年版。
陈亮：《陈亮集》，中华书局1987年增订版。
陈骙：《南宋馆阁录》，中华书局1998年版。
陈耆卿：《嘉定赤城志》，《宋元方志丛刊》本，中华书局1990年版。
陈寿：《三国志》，中华书局1959年版。
程大昌：《演繁露》，台北商务印书馆1986年影印《文渊阁四库全书》本。
程俱：《北山集》，台北商务印书馆1986年影印《文渊阁四库全书》本。
程俱撰，张富祥校证：《麟台故事校证》，中华书局2000年版。
程颢、程颐：《二程集》，中华书局1981年版。
窦仪等：《宋刑统》，法律出版社1999年版。
杜佑：《通典》，中华书局1988年版。
段玉裁注：《说文解字注》，浙江古籍出版社2002年版。
范浚：《香溪集》，丛书集成初编本，中华书局1985年版。

范晔:《后汉书》,中华书局1965年版。

范仲淹:《范仲淹全集》,四川大学出版社2002年版。

范祖禹:《唐鉴》,上海古籍出版社1984年版。

范祖禹:《帝学》,台北商务印书馆1986年影印《文渊阁四库全书》本。

范祖禹:《范太史集》,台北商务印书馆1986年影印《文渊阁四库全书》本。

房玄龄等:《晋书》,中华书局1974年版。

顾炎武:《日知录》,上海古籍出版社2006年版。

韩元吉:《南涧甲乙稿》,丛书集成初编本,中华书局1985年版。

洪迈:《容斋随笔》,中华书局2005年版。

洪咨夔:《平斋集》,台北商务印书馆1986年影印《文渊阁四库全书》本。

洪遵:《翰苑群书》,台北商务印书馆1986年影印《文渊阁四库全书》本。

黄宗羲、全祖望:《宋元学案》,中华书局1996年版。

纪昀等:《钦定四库全书总目提要(整理本)》,中华书局1997年版。

江少虞:《宋朝事实类苑》,上海古籍出版社1981年版。

姜夔著,夏承焘校,吴无闻注释:《姜白石词校注》,广东人民出版社1983年版。

蒋礼鸿:《商君书锥指》,中华书局1986年版。

李纲:《梁溪集》,台北商务印书馆1986年影印《文渊阁四库全书》本。

李世民:《帝苑》,台北商务印书馆1986年影印《文渊阁四库全书》本。

李焘:《续资治通鉴长编》,中华书局2004年版。

李心传:《建炎以来系年要录》,中华书局1956年版。

李心传编撰,胡坤点校:《建炎以来系年要录》,中华书局2013年版。

李心传:《建炎以来朝野杂记》,中华书局2000年版。

黎靖德编:《朱子语类》,中华书局1986年版。

林駉:《古今源流至论》,台北商务印书馆1986年影印《文渊阁四库全书》本。

令狐德棻:《周书》,中华书局1971年版。

刘克庄撰,辛更儒笺校:《刘克庄集笺校》,中华书局2011年版。

刘时举:《续宋中兴编年资治通鉴》,中华书局2014年版。

刘昫:《旧唐书》,中华书局1975年版。

刘挚:《忠肃集》,中华书局2002年版。

柳宗元:《柳河东集》,上海人民出版社1974年版。

楼钥:《攻媿集》,四部丛刊初编本,商务印书馆1922年版。

陆贾撰,王利器校注:《新语校注》,中华书局1986年版。

吕乔年编:《丽泽论说集录》,台北商务印书馆1986年影印《文渊阁四库全书》本。

吕希哲:《吕氏杂记》,台北商务印书馆1986年影印《文渊阁四库全书》本。

吕颐浩:《忠穆集》,台北商务印书馆1986年影印《文渊阁四库全书》本。

吕中:《类编皇朝大事记讲义》,上海人民出版社2014年版。

吕祖谦:《吕东莱文集》,丛书集成初编本,中华书局1985年版。

栾贵明辑:《四库辑本别集拾遗》,中华书局1983年版。

罗璧:《识遗》,台北商务印书馆1986年影印《文渊阁四库全书》本。

罗从彦:《豫章文集》,台北商务印书馆1986年影印《文渊阁四库全书》本。

罗大经:《鹤林玉露》,中华书局1983年版。

马端临:《文献通考》,中华书局1986年版。

毛亨传,郑玄笺,孔颖达疏:《毛诗正义》,《十三经注疏》本,中华书局1980年版。

欧阳修、宋祁:《新唐书》,中华书局1975年版。

欧阳修:《新五代史》,中华书局1974年版。

欧阳修:《归田录》,中华书局1981年版。

欧阳修:《欧阳修全集》,中华书局2001年版。

钱若水修,范学辉校注:《宋太宗皇帝实录校注》,中华书局2012年版。

钱若水撰,燕永成点校:《宋太宗实录》,甘肃人民出版社2005年版。

潜说友:《咸淳临安志》,《宋元方志丛刊》本,中华书局1990年版。

沈作喆:《寓简》,台北商务印书馆1986年影印《文渊阁四库全书》本。

司马光撰,王亦令点校:《稽古录点校本》,中国友谊出版公司1987年版。

司马光:《资治通鉴》,中华书局1956年版。

司马光:《涑水记闻》,中华书局1989年版。

司马光:《温国文正司马公文集》,四部丛刊初编本,商务印书馆1922年版。

司马光:《司马光奏议》,山西人民出版社1986年版。
司马迁:《史记》,中华书局1959年版。
宋敏求编:《唐大诏令集》,商务印书馆1959年版。
苏轼:《苏轼文集》,中华书局1986年版。
苏颂:《苏魏公文集》,中华书局1988年版。
苏舜钦:《苏学士集》,台北商务印书馆1986年影印《文渊阁四库全书》本。
苏洵:《嘉祐集笺注》,上海古籍出版社1993年版。
苏辙:《栾城集》,上海古籍出版社1987年版。
孙逢吉:《职官分纪》,台北商务印书馆1986年影印《文渊阁四库全书》本。
宋祁:《景文集》,台北商务印书馆1986年影印《文渊阁四库全书》本。
唐仲友:《悦斋文钞》,上海古籍出版社2002年影印《续修四库全书》本。
田况:《儒林公议》,台北商务印书馆1986年影印《文渊阁四库全书》本。
田锡:《咸平集》,巴蜀书社2008年版。
脱脱等:《宋史》,中华书局1977年版。
脱脱等:《辽史》,中华书局1974年版。
王安石:《王安石全集》,上海古籍出版社1999年版。
王安石:《王文公文集》,上海人民出版社1974年版。
王得臣:《麈史》,上海古籍出版社2012年版。
王稱:《东都事略》,台北商务印书馆1986年影印《文渊阁四库全书》本。
王稱:《东都事略》,齐鲁书社2000年版。
王夫之:《读通鉴论》,中华书局1975年版。
王夫之:《宋论》,中华书局1964年版。
王利器校注:《新语校注》,《新编诸子集成》本,中华书局1986年版。
王利器校注:《盐铁论校注》,《新编诸子集成》本,中华书局1992年版。
王明清:《挥麈录》,上海书店2001年版。
王闢之:《渑水燕谈录》,中华书局1981年版。
王钦若等:《册府元龟》,中华书局1982年影印本。
王素:《文正王公遗事》,《全宋笔记》第1编,大象出版社2003年版。
王先慎撰,钟哲点校:《韩非子集解》,中华书局1998年版。

王岩叟:《忠献韩魏王家传》,《宋集珍本丛刊》本,线装书局 2004 年版。

王应麟:《玉海》,江苏古籍出版社、上海书店 1987 年影印本。

王栐:《燕翼诒谋录》,中华书局 1981 年版。

王曾:《王文正公笔录》,《全宋笔记》第 1 编,大象出版社 2003 年版。

王质:《雪山集》,丛书集成初编本,中华书局 1985 年版。

汪藻:《浮溪集》,台北商务印书馆 1986 年影印《文渊阁四库全书》本。

魏泰:《东轩笔录》,中华书局 1983 年版。

魏征等:《隋书》,中华书局 1973 年版。

文彦博:《潞公文集》,台北商务印书馆 1986 年影印《文渊阁四库全书》本。

文莹:《玉壶清话》,中华书局 1984 年版。

吴兢撰,谢保成集校:《贞观政要集校》,中华书局 2009 年版。

吴泳:《鹤林集》,台北商务印书馆 1986 年影印《文渊阁四库全书》本。

吴曾:《能改斋漫录》,上海古籍出版社 1979 年版。

熊克:《中兴小纪》,《国学基本丛书》本,商务印书馆 1937 年版。

夏竦:《文庄集》,《宋集珍本丛刊》本,线装书局 2004 年版。

谢深甫等编:《庆元条法事类》,黑龙江人民出版社 2002 年版。

谢维新:《古今合璧事类备要》,台北商务印书馆 1986 年影印《文渊阁四库全书》本。

徐鹿卿:《清正存稿》,台北商务印书馆 1986 年影印《文渊阁四库全书》本。

徐梦莘:《三朝北盟会编》,上海古籍出版社 1987 年影印本。

徐松辑:《宋会要辑稿》,中华书局 1957 年影印本。

徐元杰:《进讲日记》,《宋代日记丛编》本,上海书店 2013 年版。

徐元杰:《楳埜集》,台北商务印书馆 1986 年影印《文渊阁四库全书》本。

徐自明撰,王瑞来校补:《宋宰辅编年录校补》,中华书局 1986 年版。

薛居正:《旧五代史》,中华书局 1976 年版。

杨伯峻注:《春秋左传注》,中华书局 1983 年版。

杨时:《杨时集》,福建人民出版社 1993 年版。

杨士奇、黄淮编:《历代名臣奏议》,上海古籍出版社 2012 年影印本。

杨亿:《杨文公谈苑》,上海古籍出版社 1993 年版。

杨亿:《武夷新集》,台北商务印书馆1986年影印《文渊阁四库全书》本。
杨仲良:《皇宋通鉴长编纪事本末》,黑龙江人民出版社2006年版。
叶梦得:《避暑录话》,《宋元笔记小说大观》本,上海古籍出版社2001年版。
叶梦得:《避暑录话》,《全宋笔记》第2编,大象出版社2006年版。
叶梦得:《建康集》,台北商务印书馆1986年影印《文渊阁四库全书》本。
叶绍翁:《四朝闻见录》,中华书局2006年版。
叶适:《叶适集》,中华书局1961年版。
佚名:《续编两朝纲目备要》,中华书局1995年版。
佚名撰,王瑞来笺证:《宋季三朝政要笺证》,中华书局2010年版。
佚名:《宋史全文》,台北商务印书馆1986年影印《文渊阁四库全书》本。
佚名:《宋史全文续资治通鉴》,台北文海出版社1969年影印本。
佚名编:《宋大诏令集》,中华书局1962年版。
佚名编:《吏部条法》,黑龙江人民出版社2002年版。
俞德邻:《佩韦斋辑闻》,台北商务印书馆1986年影印《文渊阁四库全书》本。
袁甫:《蒙斋集》,台北商务印书馆1986年影印《文渊阁四库全书》本。
袁燮:《絜斋集》,台北商务印书馆1986年影印《文渊阁四库全书》本。
赞宁:《宋高僧传》,中华书局1997年版。
曾丰:《缘督集》,台北商务印书馆1986年影印《文渊阁四库全书》本。
曾公亮等:《武经总要》,台北商务印书馆1986年影印《文渊阁四库全书》本。
曾巩撰,王瑞来校证:《隆平集校证》,中华书局2012年版。
张端义:《贵耳集》,中华书局1959年版。
张方平:《乐全集》,台北商务印书馆1986年影印《文渊阁四库全书》本。
张田编:《包拯集》,中华书局1963年版。
张知甫:《可书》,中华书局2002年版。
章如愚:《群书考索》,台北商务印书馆1986年影印《文渊阁四库全书》本。
赵汝愚编:《宋朝诸臣奏议》,上海古籍出版社1999年版。
赵升:《朝野类要》,中华书局2007年版。
赵翼:《廿二史札记》,中华书局1984年版。
周必大:《庐陵周益国文忠公集》,《宋集珍本丛刊》本,线装书局2004年版。

周煇:《清波别志》,《全宋笔记》第 5 编,大象出版社 2012 年版。
周应合:《景定建康志》,南京出版社 2009 年版。
真德秀:《西山文集》,台北商务印书馆 1986 年影印《文渊阁四库全书》本。
郑獬:《郧溪集》,台北商务印书馆 1986 年影印《文渊阁四库全书》本。
郑玄注,孔颖达疏:《礼记正义》,《十三经注疏》本,中华书局 1980 年版。
朱弁:《曲洧旧闻》,中华书局 2002 年版。
朱熹:《晦庵先生朱文公文集》,四部丛刊初编本,商务印书馆 1922 年版。
朱熹:《三朝名臣言行录》,上海古籍出版社、安徽教育出版社 2002 年《朱子全书》本。
朱彧:《萍洲可谈》,中华书局 2007 年版。
庄绰:《鸡肋编》,中华书局 1983 年版。

研究著作

曹旅宁:《秦律新探》,中国社会科学出版社 2002 年版。
陈峰:《北宋武将群体与相关问题研究》,中华书局 2004 年版。
陈峰:《宋代军政研究》,中国社会科学出版社 2010 年版。
陈来:《宋明理学》,三联书店 2011 年版。
陈寅恪:《隋唐制度渊源略论稿》,三联书店 2001 年版。
戴建国:《宋代法制初探》,黑龙江人民出版社 2000 年版。
邓广铭:《北宋政治改革家王安石》,三联书店 2007 年版。
邓广铭:《陈龙川传》,三联书店 2007 年版。
邓小南:《宋代文官选任制度诸层面》,河北教育出版社 1993 年版。
邓小南:《祖宗之法——北宋前期政治述略》,三联书店 2006 年版。
龚延明:《中国古代职官科举研究》,中华书局 2006 年版。
韩昇:《隋文帝传》,人民出版社 1998 年版。
康有为:《康南海官制议》,上海广智书局光绪三十二年(1906 年)版。
雷家骥:《隋史十二讲》,清华大学出版社 2012 年版。
雷家骥:《武则天传》,人民出版社 2008 年版。
李华瑞:《宋夏关系史》,中国人民大学出版社 2010 年版。

李华瑞:《王安石变法研究史》,人民出版社2004年版。

李弘祺:《宋代官学教育与科举》,(台湾)联经出版事业公司1994年版。

李开元:《汉帝国的建立与刘邦集团:军功受益阶层研究》,三联书店2000年版。

李全德:《唐宋变革的枢密院研究》,国家图书馆出版社2009年版。

林幹:《匈奴史》,内蒙古人民出版社2007年版。

刘静贞:《北宋前期皇帝和他们的权力》,台北稻乡出版社1996年版。

苗春德:《宋代教育》,河南大学出版社1992年版。

苗书梅:《宋代官员选任和管理制度》,河南大学出版社1996年版。

牛致功:《唐高祖传》,人民出版社1998年版。

漆侠:《王安石变法》,上海人民出版社1979年版。

唐长孺:《魏晋南北朝隋唐史三论——中国封建社会的形成和前期的变化》,武汉大学出版社1992年版。

陶晋生:《宋辽关系史研究》,中华书局2008年版。

田余庆:《秦汉魏晋史探微(重订本)》,中华书局2004年版。

万绳楠整理:《陈寅恪魏晋南北朝史讲演录》,贵州人民出版社2007年版。

汪圣铎:《两宋财政史》,中华书局1995年版。

王素:《三省制略论》,齐鲁书社1986年版。

王晓龙:《宋代提点刑狱司制度研究》,人民出版社2008年版。

王勋成:《唐代铨选与文学》,中华书局2004年版。

王仲荦:《魏晋南北朝史》,上海人民出版社2003年版。

王曾瑜:《宋朝军制初探》(增订本),中华书局2011年版。

吴玉贵:《突厥汗国与隋唐关系史研究》,中国社会科学出版社1998年版。

吴宗国:《唐代科举制度研究》,辽宁大学出版社1992年版。

杨渭生:《宋丽关系史研究》,杭州大学出版社1997年版。

余英时:《朱熹的历史世界——宋代士大夫政治文化的研究》,三联书店2004年版。

曾瑞龙:《拓边西北:北宋中后期对夏战争研究》,北京大学出版社2013年版。

张邦炜:《宋代皇亲与政治》,四川人民出版社1993年版。

张明:《宋代军法研究》,中国社会科学出版社 2010 年版。
张其凡:《赵普评传》,北京出版社 1991 年版。
赵克尧、许道勋:《唐太宗传》,人民出版社 1984 年版。
朱瑞熙:《疁城集》,华东师范大学出版社 2001 年版。
朱瑞熙:《中国政治制度通史·宋代卷》,人民出版社 1996 年版。
祝尚书:《宋代科举与文学考论》,大象出版社 2006 年版。
邹贺:《宋代政治文化举隅:经筵、文献及其他》,陕西人民出版社 2012 年版。

论文

曹家齐:《"嘉祐之治"问题探论》,《学术月刊》2004 年第 9 期。
曹金华:《东汉前期统治方略的演变与得失》,《安徽史学》2003 年第 3 期。
曹金华:《汉明帝及其"严切"政治》,《扬州大学学报》1999 年第 3 期。
曹永年:《拓跋力微卒后"诸部叛离,国内纷扰"考》,《内蒙古师范大学学报》1988 年第 2 期。
柴德赓:《宋宦官参预军事考》,《辅仁学志》第 10 卷第 1、2 合期,1941 年 12 月。
陈峰:《北宋后期文官与宦官共同统军体制的流弊》,《国学研究》第 17 卷,北京大学出版社 2006 年版。
陈峰:《北宋皇室与"将门"通婚现象探析》,《文史哲》2004 年第 3 期。
陈峰:《从呼延赞事迹看宋初朝政路线的演变》,《人文杂志》2009 年第 1 期。
陈峰:《从枢密院长贰出身变化看北宋"以文驭武"方针的影响》,《历史研究》2001 年第 2 期。
陈峰:《从"文不换武"现象看北宋社会的崇文抑武风气》,《中国史研究》2001 年第 2 期。
陈峰:《都部署与北宋武将地位的变迁》,《安徽大学学报》2001 年第 4 期。
陈峰:《论宋初三朝的禁军三衙将帅》,《河北学刊》2002 年第 2 期。
陈峰:《"平戎万全阵"与宋太宗》,《历史研究》2006 年第 6 期。
陈峰:《宋代军功集团在政治上的消亡及其影响》,《中国史研究》2008 年第 4 期。
陈峰:《宋太祖朝节度使类别及其转型述论》,《河北大学学报》2012 年第 4 期。

陈峰:《政治选择与文官士大夫的政治角色——以宋朝治国方略及处理文武关系方面探究为中心》,《河南大学学报》(社会科学版)2007年第1期。

陈峰:《宋朝开国史与士人的记忆及改造——以宋朝"崇文"气象为中心的考察》,《人文杂志》2010年第5期。

陈峰、胡文宁:《宋代武成王庙与朝政关系初探》,《中国史研究》2012年第2期。

陈琳国:《西晋内迁杂胡与杂胡化趋势》,《学术月刊》2007年第10期。

陈金凤:《汉光武帝边防政策及其相关问题论析》,《史学集刊》2008年第1期。

陈寅恪:《论唐高祖称臣于突厥事》,《香港岭南学报》1951年第2期。

程民生:《宋代兵力部署考察》,《史学集刊》2009年第5期。

邓广铭:《略谈宋学》,载邓广铭、徐规等主编:《宋史研究论文集》,浙江人民出版社1987年版。

邓广铭:《宋太祖太宗皇位授受问题辨析》,《邓广铭治史丛稿》,北京大学出版社1997年版。

丁建军:《宋代地方官员考核制度研究》,河北大学宋史研究中心博士学位论文,2009年。

段玉明:《大理国的周边关系》,《云南社会科学》1997年第3期。

范学辉:《北宋三衙除授制度简论》,《河南大学学报》(社会科学版)2004年第2期。

范学辉:《论北宋制衡三衙的相关措施》,《史学集刊》2005年第2期。

方铁:《古代"守中治边"、"守在四夷"治边思想初探》,《中国边疆史地研究》2006年第4期。

方铁、邹建达:《论中国古代治边之重北轻南倾向及其形成原因》,《云南师范大学学报》2006年第3期。

方诚峰:《〈宋史·职官志〉所载选格疏正》,《文史》74辑,2006年。

傅乐焕:《宋辽交聘表稿》,载氏著《辽史丛考》,中华书局1984年版。

高福顺:《论昭宣时期的拨乱反正政策》,《长白学刊》2003年第2期。

高荣:《东汉西北边疆政策述评》,《学术研究》1997年第7期。

龚留柱:《"王者无外"和"夷夏之防"——秦汉时期边疆思想论略》,《南都学坛》2000年第4期。

龚延明:《宋代及第进士之鉴别》,《文史》第 41 辑,中华书局 1996 年版。

古丽巍:《宋神宗元丰之政的形成及展开》,北京大学历史学系博士学位论文,2011 年。

郭东旭:《〈宋刑统〉的制定及其变化》,《宋朝法制史论》,河北大学出版社 2001 年版。

郭声波:《试论宋代的羁縻州管理》,《中国历史地理论丛》2000 年第 3 期。

韩昇:《隋文帝的"雄猜"与开皇初期政局》,《史学月刊》1999 年第 3 期。

何冠环:《败军之将刘平——兼论宋代的儒将》,载氏著《北宋武将研究》,香港中华书局 2008 年版。

何忠礼:《试论北宋科举制的特点及其历史作用》,《宋史研究论文集》,河南人民出版社 1984 年版。

贺润坤:《论秦王朝的法律思想》,《秦文化论丛》第 10 辑,三秦出版社 2003 年版。

胡阿祥:《六朝疆域与政区述论》,《南京理工大学学报(社会科学版)》2003 年第 1 期。

胡坤:《制度运行与文书流转:宋代荐举改官研究》,北京大学历史学系博士后研究工作报告,2011 年。

胡坤:《限考受荐:宋代选人改官的资格》,《中国史研究》2012 年第 1 期。

季子涯(漆侠):《赵匡胤和赵宋专制主义中央集权制度的发展》,《历史教学》1954 年第 12 期。

李昌宪:《试论宋代地方统兵体制的形成及其历史意义》,《史学月刊》1996 年第 2 期。

李昌宪:《宋代安抚使制度研究》,《文史》第 47—49 辑,中华书局 1999 年版。

李昌宪:《宋代路制研究》,《国学研究》第九卷,北京大学出版社 2002 年版。

李鸿宾:《〈徙戎论〉的命运与"天下一家"的格局》,《河北学刊》2005 年第 3 期。

李立:《宋朝与高丽的外交关系》,《城市研究》1995 年第 5 期。

刘浦江:《祖宗之法:再论宋太祖誓约及誓碑》,《文史》2010 年第 3 辑。

罗新:《从萧曹为相看所谓"汉承秦制"》,《北京大学学报》1996 年第 5 期。

马卫东:《商鞅法治路线与大秦帝国建立》,中国文化研究所主编:《华夏文化论坛》第 6 辑,吉林文史出版社 2011 年版。

马勇:《论东汉王朝对北匈奴的政策》,《云南民族大学学报》2003 年第 6 期。

马占军:《从秦简看秦亡的法律意识因素》,《简牍学研究》第 3 辑,甘肃人民出版社 2002 年版。

麦思明:《地域经济与羁縻制度——宋代广西左右江地区羁縻制度研究》,《广西民族研究》2009 年第 1 期。

宁超:《"宋挥玉斧"辨》,《思想战线》1978 年第 4 期。

卜宪群:《秦制、楚制、汉制》,《中国史研究》1995 年第 1 期。

沈世培:《唐太宗政治思想探源》,《中国史研究》1995 年第 2 期。

施丁:《再评〈过秦论〉》,《史学史研究》1996 年第 1 期。

史建群:《儒道法治国方略与汉初政治》,《郑州大学学报》1990 年第 3 期。

尚民杰:《隋唐长安城的设计思想与隋唐政治》,《人文杂志》1991 年第 1 期。

尚志迈:《晋武帝与太康之治》,《内蒙古大学学报》1996 年第 3 期。

漆侠:《宋太宗雍熙北伐》,《河北学刊》1992 年第 1 期。

漆侠:《宋太宗与守内虚外》,《宋史研究论丛》第 3 辑,河北大学出版社 1999 年版。

田余庆:《论轮台诏》,《历史研究》1984 年第 2 期。

田志光:《试论北宋前期宰辅军事决策机制的演变》,《史林》2011 年第 2 期。

田志光:《北宋中后期"三省——枢密院"运作机制之演变》,《史学月刊》2012 年第 3 期。

王育济:《论"杯酒释兵权"》,《中国史研究》1996 年第 3 期。

王育济:《论"陈桥兵变"》,《文史哲》1997 年第 1 期。

王育济:《宋初"先南后北"统一策略的再探讨》,《东岳论丛》1996 年第 1 期。

王云裳:《宋太祖任边帅"皆富于财"的怀柔政策及影响》,《浙江师范大学学报》2010 年第 1 期。

王力平:《隋朝的边疆经略》,《中国边疆史地研究》1999 年第 1 期。

王明荪:《宋初的反战论》,邓广铭、漆侠主编:《国际宋史研讨会论文选集》,河北大学出版社 1992 年版。

王瑞来:《金榜题名后:"破白"与"合尖"——宋元变革论实证研究举隅之一》,

《国际社会科学杂志》(中文版)第 26 卷第 3 期,2009 年。

王绍东:《论商鞅变法对秦文化传统的顺应与整合》,《内蒙古大学学报》2002 年第 5 期。

王曾瑜:《从门第到有、无出身》,《燕京学报》新 22 期,北京大学出版社 2007 年版。

王曾瑜:《王安石变法简论》,《中国社会科学》1980 年第 3 期。

吴玉亚、包伟民:《变动社会中的外交模式——从宋廷对高丽使臣接待制度看宋丽关系之流变》,《山东师范大学学报》2004 年第 1 期。

徐规:《评宋太祖"先南后北"的统一战略》,《宋史研究论文集》,河南人民出版社 1984 年版。

杨建宏:《论东汉明章时期柔道政策的两极分化》,《长沙大学学报》1996 年第 4 期。

张其凡:《宋代宦官对军队的监督与指挥概述》,《中州学刊》1992 年第 3 期。

张其凡:《"皇帝与士大夫共治天下"试析——北宋政治架构探微》,《暨南学报》(哲社版)2001 年第 6 期。

张爱波、亓凤珍:《论民族融合大势之下的西晋"徙戎"理论》,《东岳论丛》2012 年第 7 期。

张邦炜:《北宋宦官问题辨析》,《四川师范大学学报》(社会科学版)1993 年第 2 期。

张军:《西晋时期的地方军府与州府》,《阅江学刊》2013 年第 5 期。

虞云国:《论宋代第二次削兵权》,《上海师范大学学报》1986 年第 3 期。

虞云国:《祖宗之法:在因革两难之间》,《东方早报·上海书评编辑部》:《两百年的孤独》,上海书店 2010 年版。

赵晶:《略论贞观时期的民族政策》,《晋阳学刊》1989 年第 6 期。

祝总斌:《"八王之乱"爆发原因试探》,《北京大学学报》1980 年第 6 期。

赵铁寒:《关于宋代"强干弱枝"国策的管见》,《大陆杂志》第 9 卷第 8 期,1954 年 10 月。

郑建萍:《黄老思想及其对汉初治道之影响》,《陕西师范大学学报》1997 年第 3 期。

郑强胜:《略论宋代"路州县"三级政治体制》,《上海师范大学学报》1990 年第 1 期。

后　记

　　在长期从事中国古代史教学与研究过程中,对于影响中国古代历史进程的诸多重大关键问题,既无法回避学生的提问,自己常常也需要加以思考,特别是历代王朝的治国理念、模式及时代特征,不仅是纯粹的学术话题,也不免要关照到现实,都值得深入探究。所谓"究天人之际,通古今之变"。

　　与前后中央集权王朝相较,宋朝治国的路线似乎有点另类,这不仅体现在对外被动求和之类众所周知的方面,更有开国以降追求目标变迁下的内政外交的复杂互动过程,以及由此引发的诸多方面的独特表现。这些皆具有不同前后的鲜明个性,如最为人称道的不杀文臣的规矩,的确超越了秦汉以来专制时代的暴虐藩篱;坚持不变的文治追求,塑造出古代世界辉煌造极的文教成就;而统治者一味求稳心态下的防弊设计,带来机构效率低下甚至无法作为的后果,等等。究其根源,则与宋代治国理念及其迁移存在深刻的关联。以往学界对宋朝政治史的研究,已从各自的出发点阐述了有关方面的内容,包括中央集权、君主专制的恢复与强化,祖宗之法、传统方针与变法,中央与地方官制,驭将政策与军制,和战及与周边政权的关系等等,都为解析宋朝历史及其特征提供了有力的证据。不过,从贯穿两宋的治国理念这一主线考察宋代特征,仍有极大的空间可加以着力。正是基于以上认识,我们申请并获批了教育部人文社会科学规划项目《宋代治国理念及其实践研究》(项目编号:09XJA770003)。

　　经过五年多的努力,我们终于完成了这项课题任务。在此需要说明的是,这项最终完成的成果,是项目组集体承担工作的结果。五年间,我

后　记

们既有明确的分工，也屡经讨论，几易其稿，虽仍不免存在诸多不足，但围绕主题设计还是大致达到了预期的目标。撰写本书稿的具体分工是：序言、第二章、第三章由我执笔，第一章由李军副教授完成，第四章由邹贺博士负责，第五章、第六章由胡坤博士执笔，第七章、第八章由张明副教授承担，最后由我提出修改意见并统稿。衷心感谢各位参与本课题并付出辛勤的工作，若仍存在明显问题，则一应由我来承担。

陈　峰

2014 年 10 月于西北大学

责任编辑:贺 畅
责任校对:孟 蕾

图书在版编目(CIP)数据

宋代治国理念及其实践研究/陈峰等 著. -北京:人民出版社,2015.3
ISBN 978-7-01-014314-9

Ⅰ.①宋… Ⅱ.①陈… Ⅲ.①国家-行政管理-研究-宋代 Ⅳ.①D691

中国版本图书馆 CIP 数据核字(2014)第 301783 号

宋代治国理念及其实践研究
SONGDAI ZHIGUO LINIAN JI QI SHIJIAN YANJIU

陈峰 等 著

人民出版社 出版发行
(100706 北京市东城区隆福寺街99号)

北京市文林印务有限责任公司印刷 新华书店经销

2015年3月第1版 2015年3月北京第1次印刷
开本:710毫米×1000毫米 1/16 印张:23
字数:340千字

ISBN 978-7-01-014314-9 定价:56.00元

邮购地址 100706 北京市东城区隆福寺街99号
人民东方图书销售中心 电话 (010)65250042 65289539

版权所有·侵权必究
凡购买本社图书,如有印制质量问题,我社负责调换。
服务电话:(010)65250042